本研究获江西省高校人文社科重点研究基地

赣南师范学院中央苏区研究中心、江西省重点学科

赣南师范学院中国史学科经费资助

中央苏区研究系列

曾志刚　张玉龙　主编

市场·革命·战争

近代赣闽粤边区的变动与转型

游海华　著

中国社会科学出版社

图书在版编目（CIP）数据

市场·革命·战争：近代赣闽粤边区的变动与转型／游海华著．

—北京：中国社会科学出版社，2015.12

（中央苏区研究系列／曾志刚，张玉龙主编）

ISBN 978 – 7 – 5161 – 7150 – 9

Ⅰ．①市…　Ⅱ．①游…　Ⅲ．①闽粤赣革命根据地—研究

Ⅳ．①K269.407

中国版本图书馆 CIP 数据核字（2015）第 283365 号

出 版 人	赵剑英
责任编辑	刘志兵
特约编辑	张翠萍等
责任校对	董晓月
责任印制	李寡寡

出　　　版	中国社会科学出版社
社　　　址	北京鼓楼西大街甲 158 号
邮　　　编	100720
网　　　址	http：//www.csspw.cn
发 行 部	010 – 84083685
门 市 部	010 – 84029450
经　　　销	新华书店及其他书店

印刷装订	三河市君旺印务有限公司
版　　　次	2015 年 12 月第 1 版
印　　　次	2015 年 12 月第 1 次印刷

开　　　本	710 × 1000　1/16
印　　　张	20.5
插　　　页	2
字　　　数	328 千字
定　　　价	69.00 元

凡购买中国社会科学出版社图书，如有质量问题请与本社营销中心联系调换

电话：010 – 84083683

总　序

因其在中共党史、革命史乃至中国近现代史上的独特地位与重要意义，20 世纪八九十年代来，有关苏区这段历史的研究一直是大陆学界乐道的话题。学术机构和研究部门的成立、林林总总资料的整理出版、不少有影响的论著与论文的问世以及系列纪念性、学术性会议的举办，凸显出这一领域持续备受关注的基本态势与研究的一般进展。

从学术史角度梳理，苏区史研究一度是台湾地区和西方学界关注的焦点。20 世纪 80 年代前，台湾地区和西方学界一直围绕着"国民党为何丢失大陆政权"或"谁丢了大陆政权"而责问不已，苏区时期国共两党的成败之鉴自然而然成为学者们探究的旨趣所在。不同的是，台湾学界一直沉湎于强调中共革命的"阴谋论"和回避国民党自身存在的问题。而西方学界在经历近三十年的高层路线研究之后，开始从社会经济史的路径去追寻中共革命何以能够成功。到 80 年代后期，当西方与台湾苏区史研究兴盛之风逐渐消退之时，大陆学界的相关研究却是持续升温。不过，从所使用的话语系统、研究路径与研究视角视之，大陆苏区史研究大致历经了由传统革命史范式向社会史与"新革命史"范式转变的发展过程。20 世纪八九十年代中期前，与西方学界早期的苏区史研究主要围绕"中共革命何以成功"问题的研究路径和方法不一，大陆的苏区史研究则主要围绕"政策—效应"的模式展开，属于传统的革命史书写范式①，其结果往往致使"分析术语和思维方式与当时的历史文献十分接

---

① 应该指出的是，20 世纪 90 年代初，已经有部分敏锐的学者着手寻求中共党史研究思维的转换和研究方法的创新方面的思考与实践。张静如先生率先倡导"以社会史为基础深化党史研究"（1991）。何友良先生所撰《中国苏维埃区域社会变动史》堪称这方面的开篇之作（1996）。

近",进而"大大遮蔽了中国革命的复杂、曲折、艰难和痛苦"①,而后,特别是近些年来,对于传统分析模式引发弊端的反思,导致寻求研究思维转换和方法的创新逐渐成为学界的追求,并因此而产生了诸多有价值且令人瞩目的学术性成果。

作为中央苏区史研究与红色文化传承的平台,赣南师范学院中央苏区研究中心适逢其会"预流"入中共党史研究由传统革命史范式向社会史与"新革命史"范式转变的发展过程之中,并从中获得不少研究思维和研究方法上的经验和启迪,出了较好的阶段性研究成果。即将推出的《中央苏区研究系列》,既是中心与国内相关高校、研究机构专家协同创新形成的研究成果,也是作者同仁运用新的研究视角和研究方法的结晶。

游海华博士的著作《市场·革命·战争:近代赣闽粤边区的变动与转型》,从长时段的角度,考察了近代以来历经市场、革命、战争诸变量多重冲击和洗刷下的赣闽粤边区社会经济的变动和转型基本过程与阶段性特征,以及这一变动与转型在中共革命、民族抗战与社会整合中的作用。

钟日兴博士的著作《乡村社会中的革命动员——以中央苏区为例》,考察了中央苏区革命时期中国共产党的乡村社会革命动员机制以及这一机制的运行在乡村民众的革命化、乡村社会资源整合、苏区政权与乡村社会互动中的地位和作用。

张宏卿博士的著作《乡土社会与国家建构——以新中国成立初期原中央苏区的土改为中心的考察》,以江西的土地改革为考察核心,试图从以乡土意识和国家认同的视角,挖掘革命与后革命年代的亲和力和路径依赖及其与国家向乡土社会渗透之关联与作用。新中国成立后的土地改革运动是一场宏大而深刻的社会变革运动。江西曾是中国苏维埃运动的中心区域,又是土地改革的新区,对其土地改革运动的研究极具典型性。

在学术环境日益优越与宽松的当下,运用新的研究思维与研究方法对苏区史的若干问题、史事进行深入探究和客观评价是学界义不容辞的

---

① 李金铮:《向"新革命史"转型:中共革命史研究方法反思与突破》,《中共党史研究》2010年第1期。

责任。我们相信，上述著作的研究视角与方法、相关的观点与见解自有
其值得借鉴之处，且也是推进苏区史研究发展的台阶之一。

　　是为序。

编　者

2015 年 10 月 3 日于中央苏区研究中心

目　录

第 一 章

绪　言

第一节　问题与思考

但凡研究中国近代经济史的学者，都免不了思考这样一些问题，诸如：近代中国的土地占有是越来越集中，还是越来越分散？农民租种地主的土地，地租率是高了，还是低了？进而可能追问：什么比例的地租率才是合理的？农业生产方式，是小农经济即农民家庭经营的生产效率高，还是规模经营的大农场效率高？民间借贷是好还是坏，为什么盛行？什么是高利贷，什么比例的借贷利率才是合理的？中国农民是道义小农，还是理性小农；是保守主义者，还是现实主义者？近代中国经济是发展了，还是倒退了，抑或是停滞了？近代中国社会经济发展的动力到底在哪里，是内因占主导，还是外因起决定性作用？……

跨入 20 世纪以后，以上问题引起了中国社会精英的关注和思考，并引发了他们挽救农村、复兴农村的实际行动。例如知识分子的乡村建设运动、中国国民党主持的农村改进（二五减租、农村合作、扶持自耕农尝试等）、中国共产党领导的苏维埃革命①，等等。

对于以上问题，传统的革命史观叙事，早在 20 世纪二三十年代就已经有了标准答案。这些标准答案是革命的思想基础和革命合法性的依据。毋庸置疑，革命发动者当然就是为了解决这些问题，救国救民于倒悬。依照标准答案，当然的逻辑推论无疑是：革命成功之后，大多数问题将

---

① 　参见游海华《近百年中国农村建设考察》，《福建论坛》2009 年第 1 期。

迎刃而解，乃至不复存在。

　　事实证明，革命功成乃至历经长期的建设之后，原来面临的诸多问题并未得到消解，有的问题（如民间借贷、贫富分化、城乡和地区差别等）甚至有愈演愈烈之势，其间还冒出了许多新问题（如城市病、生态问题、社会保障问题等）。显然，革命史观叙事的标准答案，似有简单化之嫌，不是一个学术思考的结果。

　　当然，即使从学术的角度，要解答上述问题也属不易。

　　首先，要从总体史的角度，对近代中国的自然环境、人口、交通、农业、工业、金融、财政、贸易、消费等经济领域内进行分门别类的考察，还要对影响经济发展的至关重要的政治、军事（战争）、外交、思想、文化、社会心态等诸因素做深入的研究。很明显，这不是单个学者所能完成的事业，而要依靠学术团队的协同攻关；这也不是短时期内可以完成的任务，而要依靠长期细致的科学研究。

　　其次，中国国土辽阔，地形地貌多样，气象水文不同，不同区域历史传统和人文环境迥异，所谓"东南西北中、各个不相同"。我们年复一年见诸的事实是，北方闹旱防旱，同时空的南方却苦雨防涝；东南沿海台风肆虐、雨水绵绵，西北内陆却艳阳高照、天高云淡。所谓"东边日出西边雨，道是无晴却有晴"。我国著名经济史学家吴承明对此有充分的认识，他说："以中国之大，除非划定区域，进行这种整体研究是非常困难的。"① 因此，要对这样一个复杂、多样情形国家的近代经济状况作全面的、整体的描述，其困难程度不亚于攀登学术的珠穆朗玛峰。

　　正因为如此，学界关于中国近代经济问题的看法，从问题提出以来就各说各理，纷争不已，贯穿了整个 20 世纪，延续到了 21 世纪仍然少有共识和定论。② 除其他原因以外，其主要根源之一，就在于论争者将区域典型性的观点当作中国普遍化的结论，即论争者将某时某地的研究结论，

---

① 吴承明：《中国的现代化：市场与社会》，生活·读书·新知三联书店 2001 年版，第 13 页。

② 李金铮所撰写的《中国近代乡村经济史研究的十大论争》，就是中国近代经济史研究纷争一个方面的反映。参见李金铮《中国近代乡村经济史研究的十大论争》，《历史研究》2012 年第 1 期。

当作中国整体的解释。

那么，如何走出这种困境呢？比较好的办法就是采用区域研究的方法，即"只有首先对各个局部进行深入研究并总结出各个局部的具体特征之后，才能从中归纳得出整体的特征"。① 除此之外，区域研究方法还能较好地兼顾社会经济各方面的内在关联，避免有意无意地过分强调或渲染某一方面的作用，有利于从总体上提升对中国经济史的认识，这样可以接近"总体史"的目标。②

基于此，对于"单干"的经济史研究者来说，与其他的研究方法相比，采用区域研究的方法相对为优，也更为可靠。本书即采用这种研究方法，考察的区域则是近代的赣闽粤边区，讨论的主题是：在市场、革命、战争等因素作用下，近代赣闽粤边区经历了怎样的变动与转型？这些变动与转型给我们今天和谐社会的构建，提供了哪些可资借鉴的经验和启示？

第二节　研究地域的典型性与普遍性

赣闽粤边区是指江西、福建、广东三省毗邻的广大区域，包括江西省的赣东南、福建省的闽西、广东省的粤东北地区。其中，赣东南主要指广昌、石城、宁都、瑞金、会昌、寻乌、于都、兴国、赣县、赣州、安远、信丰、定南等十余县市；闽西主要包括长汀、上杭、武平、永定、龙岩、连城、宁化等数县市；粤东北则主要包括平远、蕉岭、梅县、兴宁、大埔、丰顺等数县市。这是从行政区划来定位的。

从地理区位看，赣闽粤边区的中心地带是南北斜贯的武夷山脉南端余脉和东西横亘的九连山脉的相交处，其所属的上述众多县市行政中心散落于山脉的河谷地带或盆地中央。正是由于这一山地环境（崇山峻岭、

---

① 李伯重：《理论、方法、发展趋势：中国经济史研究新探》，清华大学出版社2002年版，第171页。

② 参见李金铮《区域路径：近代中国乡村社会经济史研究方法论》，《河北学刊》2007年第5期。

沟壑纵横、山体宽厚等),决定了边区地处三省边陲,交通不便,不仅远离三省的政治经济中心(南昌、福州、广州),而且社会经济发展相对滞后。在传统统治者的眼中,这是一个贼渊盗薮、鞭长莫及的化外之地。边区诸多县份的初始冠名,如安远、宁都、长宁(寻乌县原名)、定南、镇平(蕉岭县原名)、平远、武平、永定、宁化等,无不折射着传统统治者的忧思,及其所寄予的长治久安、永享太平的愿望。

然而,从市场的角度看,赣闽粤边区绝不是孤岛,隔绝于国内外经济文化圈之外。首先,尽管关山阻隔、交通不便,然而边区自有顺山势而成的贡江、汀江—韩江、梅江—东江等天然河流,这些河流及其支流将三边地区紧紧相连,是20世纪50年代以前边区与外界沟通的主要进出口通道。这一水运网络和边区纵横交错的古道网络,不仅通达赣州、南昌、广州、汕头、厦门、福州等三省区域中心,而且连通武汉、上海、天津、香港和日本、东南亚等国内外市场。清末民国时期,邮电、铁路、公路等交通通信系统的构建,以及电报、电话、轮船、火车、汽车等新式通信和运输方式的兴起,进一步完善了边区的进出口网络。

其次,尽管明中期以前,三边地区还是一个人口甚稀的边蛮之地,但是此后该地区山长谷荒的原始景观渐渐得以改观,地方市场星罗棋布,内部互动与交流日趋增多,社会经济呈现一定程度的发展。[①] 依赖上述传统的进出口网络(水运网络和古道网络),边区和外界的交流频繁而密切。19世纪中叶以来,凭借东南沿海开放口岸尤其是汕头的地利之便,边区地方市场日趋勃兴,内部各县市的交流与互动更为频繁,其与国内外的人流、物流、信息流也更为密切。

当然,选定这样一个区域作为研究区域,除了其他因素以外,更重要的是因为近代赣闽粤边区具有几个鲜明的特色,能够从区域典型性中较好地反映出中国的普遍性。

其一,赣闽粤边区是中国典型的传统农村社会的丘陵山区。粮食作物种植是边区农民谋生的主业,造纸业、榨糖业、刨烟业、织染业等各种传统手工业盛行,以农为主、副业为辅的农民兼业行为普遍,家庭经营是最

---

① 参见曹树基《明清时期的流民和赣南山区的开发》,《中国农史》1985年第4期、1986年第2期。

基本的生产单元；距离省级中心市场较远，地处国内外市场网络的终端，近至民国前期绝大多数县城仍然保持着"日中而市"的逢圩办法。这是"前近代社会"或"传统社会"中"标准化"的所谓"自然经济"状况。这一具有丘陵山区特色的典型传统农村经济，在近代以来的历史巨变中辗转前行，展现了其逐步走出传统经济束缚的全部过程，从而为我们观察与研究传统农村经济的变迁和转型进程，提供了一个不可多得的标本。

其二，赣闽粤边区有较早的近代"资本主义"冲击的经历。近代以来，广州、厦门、汕头、福州相继成为中国沿海最早开放的口岸之一。作为这些通商口岸的腹地，赣闽粤边区因有与出海口相呼应的便利交通网络，其地方区域市场日益成为国内国际市场的一部分。西方商品、科技、文化、生产方式等源源不断地输入并潜移默化地影响边区。伴随而来的，是近代"资本主义"赤裸裸的野蛮掠夺性，以及与中国传统专制体制完全不同的现代性和进步性。这为我们观察"市场经济"影响下的近代中国区域变动与转型，提供了一个绝好的窗口。

其三，赣闽粤边区历经革命与战争洪流的洗礼。它不但是大革命失败以后农民暴动的频发地，而且是 20 世纪 30 年代中国共产党人领导土地革命斗争的中心地区，是全国土地革命斗争的指挥所。中国共产党在这里创建了中央苏区和中华苏维埃共和国；南京国民政府则对之发动了多次"围剿"，三年游击战争时期，对当地游击队又展开了多次"清剿"。这里，也是抗日战争时期中国东南抗战的大本营，不仅赣闽粤浙四省党政军机构纷迁至武夷山脉山麓坚持抗战，沿海和东南沦陷区的难民、工厂、学校、银行、医院等也纷迁至以赣闽粤边区为中心的国统区安身立命。革命与战争的洪流，一度涤荡了边区的角角落落。革命与战争，带给了边区怎样的洗礼和影响？边区人民又是怎样顺应并展开创造？

纵观之，早在西汉时期，赣闽粤边区就被纳入中原统治者的视野，有了于都、赣县两个最早的县治。历经朝代更迭，到明末清初，边区最终完成了县治分设的工作，奠定了县治行政区划的基本格局。① 从这个意

---

① 参见温锐、游海华《劳动力的流动与农村社会经济变迁——20 世纪赣闽粤三边地区实证研究》，中国社会科学出版社 2001 年版，第 36 页。

义上，我们可以说作为中国统治版图基本组成区域之一的赣闽粤边区，是中国的缩影，具有其他区域所共有的一般性暨普遍性。与此同时，赣闽粤边区独特的地理区位、自然条件、社会经济和历史文化传统，也使得其在中国众多的区域中具有显著的地方特色，从而增强了研究该地区所具有的典型性。发掘其普遍性，可以总结出近代中国区域变迁与转型中的"同"；研究其典型性，可以归纳出近代中国区域变迁与转型中的"异"。条缕史实，求同析异，知古鉴今，展望未来，是社会科学和人文学科研究者的基本任务，也是笔者的兴趣所在。

第三节　学术回顾和研究思路

　　或许是社会经济发展相对滞后，以及远离省级政治经济中心，明清以来，赣闽粤边区似乎是社会各界关注的"盲点"。大革命失败以后，中国共产党在这里发动农民暴动，掀起苏区革命，创建革命政权，边区一度成为中外关注的"焦点"。时至今日，它自然成为学界尤其是历史学界研究的"热点"之一。

　　关于该地区的研究，形成了三支各有研究旨趣和学术传统的研究队伍。

　　一是中共党史和中国革命史研究队伍。进入 21 世纪以前，这支队伍主要以中国共产党在边区的发生发展史、革命斗争史、土地革命史、革命人物等为主要研究内容①；跨入新世纪前后，前述内容在继续为部分学

---

① 代表作有：吉水革命斗争史编纂委员会编：《吉水革命斗争史》，1959 年印；中共于都县委革命斗争史编辑委员会编：《于都人民革命斗争史》（三修稿），1960 年印；龙岩地区党史研究分会等：《闽西革命史论文资料》，1981 年编印；马齐彬等：《中央革命根据地史》，人民出版社 1986 年版；孔永松：《中国共产党土地政策演变史》，江西人民出版社 1987 年版；夏道汉、陈立明：《江西苏区史》，江西人民出版社 1987 年版；温锐：《中央苏区土地革命研究》，南开大学出版社 1991 年版；蒋伯英主编：《福建革命史》，福建人民出版社 1991 年版；刘勉玉：《中央苏区三年游击战争史》，江西人民出版社 1993 年版；戴向青、罗惠兰：《AB 团与富田事变》，河南人民出版社 1994 年版；余伯流、凌步机：《中央苏区史》，江西人民出版社 2001 年版。另外，闽西在 20 世纪 90 年代前后编撰了以县市为单位的人民革命史，如《长汀人民革命史》（厦门大学出版社 1989 年版）；赣南在稍后也开始了这一工作，如《宁都人民革命史》（中央文献出版社 1993 年版）《赣南人民革命史》（中共党史出版社 1998 年版）等。

者拓展的同时，中央苏区的经济史、社会史、新闻史、妇女史、思想文化史等越来越受到人们的青睐①，凸显了学者们研究视野越来越宽广的特点。总体说来，研究者的主要问题意识是："中央苏区的革命何以发生？""中央苏区的革命何以成功？"换言之，其研究的主要目的在于，在梳理清楚基本史实的基础上，探求和说明革命的合法性，研究重心自然落在党的发展史、斗争史、建设史和贡献史等上面。

在一段时间内，赣闽边区的国共斗争史或中共发展史，也曾是台湾地区部分学者的关注热点②，其问题意识除和大陆相同（"中央苏区的革命何以发生？"）外，更主要的是探讨和说明："中央苏区的革命何以崩溃或失败？"在基本史实大致相同的情况下（当然也存在屏蔽或忽视相关史实的情况），由于长期受政治意识形态的影响，加之党史姓"党"，海峡两岸革命叙事的风格非常突出，研究结论自然带有明显的政治立场和时代烙印。相对说来，大陆党史学界研究课题陈旧，重复现象普遍；研究视角偏窄，思维相对单一。③ 进入新世纪以来，尽管革命叙事风格和"炒现饭"现象并

① 代表作有：孔永松、邱松庆：《闽西革命根据地的经济建设》，福建人民出版社 1981 年版；许毅主编：《中央革命根据地财政经济史长编》，人民出版社 1982 年版；严帆：《中央革命根据地新闻出版史》，江西高校出版社 1991 年版；余伯流：《中央苏区经济史》，江西人民出版社 1995 年版；何友良：《中国苏维埃区域社会变动史》，当代中国出版社 1996 年版；刘云主编：《中央苏区文化艺术史》，百花洲文艺出版社 1998 年版；孙家骅、刘云主编：《江西苏区文化研究》，2001 年印；谢一彪：《中国苏维埃宪政研究》，中央文献出版社 2002 年版；杨会清：《中国苏维埃运动中的革命动员模式研究》，江西人民出版社 2008 年版；张雪英：《中央苏区妇女运动史》，中国社会科学出版社 2009 年版；钟俊昆：《中央苏区文艺研究：以歌谣和戏剧为重点的考察》，中国社会科学出版社 2009 年版；舒龙、谢一彪：《中央苏区贸易史》，中国社会科学出版社 2009 年版；何朝银：《革命与血缘、地缘：由纠葛到消解——以江西石城为个案》，中国社会科学出版社 2009 年版；张宏卿：《农民性格与中共的乡村动员模式——以中央苏区为中心的考察》，中国社会科学出版社 2012 年版。

② 代表作有：王健民：《中国共产党史稿·江西时期》，香港中文图书供应社 1974—1975 年出版；曹伯一：《江西苏维埃之建立及其崩溃（1931—1934）》，"国立"政治大学高级研究生毕业论文；秦孝仪主编：《中华民国政治发展史》，近代中国出版社 1985 年版；陈永发：《中国共产革命七十年》（上），联经出版事业公司 1998 年版。

③ 1999 年 4 月，《中共党史研究》编辑部和中国人民大学中共党史系举行座谈会，与会代表认为："过去的党史研究中，存在着研究领域窄、研究课题陈旧、重复的现象"；1998 年 6 月，中央党校党史教研部和《中共党史研究》杂志社共同召开了"中共党史研究前沿和热点问题座谈会"，盖军、张静如、金春明、杨奎松、郭雄等均表达了类似观点。虽然他们是就整个党史研究现状而言，但具体到中央苏区革命研究，又何尝不是如此。党史专家发表上述观点一晃又过去

未根本改变（主流仍是如此），但已有所改观。一些研究者或运用新方法，或采用新思维，对中央苏区进行了多维探究，提出了若干新观点。[①]

二是客家学研究队伍。其开创者为民国时期的罗香林[②]。作为客家主要聚集地的赣闽粤边区，20 世纪 80 年代，出于对地方历史寻根尤其是新形势下"招商引资"的需要，客家学研究蔚然兴起。其主要成员为边区的地方文化人士，以及赣闽粤等省的高校教师。客家学研究以嘉应大学为研究重镇，以其主编的《客家研究集刊》为主要阵地，采用传统史学研究方法，辅之以人类学、社会学、民俗学等学科的研究理论，注重探讨客家的源流、民俗、民居、族谱、家世、迁移史、方言、俗语、山歌、民谣、名人名作及文化教育等。多年以来，客家学研究虽然有所发展，取得了不少成果[③]，

了十多年，中共党史研究的"炒现饭"现状虽然有所改观，但并没有得到根本改变。参见《锲而不舍　永创一流》，《中共党史研究》1999 年第 3 期；《中共党史研究前沿和热点问题座谈会摘要》，《中共党史研究》1998 年第 4 期。

①　代表作有：温锐：《苏维埃时期中共工商业政策的再探讨——简论敌人、朋友、同盟者的转换与劳动者、公民、主人的定位》，《中共党史研究》2005 年第 4 期；温锐、杨丽琼：《中央苏区平分土地政策与农民权益保障的再认识》，《中共党史研究》2010 年第 5 期；王才友：《土地革命的地方因应：以东固根据地分田运动为中心》，《开放时代》2011 年第 8 期；何友良：《苏区制度、社会和民众研究》，社会科学文献出版社 2012 年版。另外，黄道炫有系列中央苏区研究论文在《近代史研究》《历史研究》《史学月刊》等杂志上发表，后均收录于其专著中，见黄道炫《中央苏区的革命（1933—1934）》，社会科学文献出版社 2011 年版。

②　罗香林撰写的《客家研究导论》，是国内第一部系统研究客家文化的专著。罗香林：《客家研究导论》，希山书藏 1933 年版。

③　代表作有：房学嘉：《客家源流探奥》，广东高等教育出版社 1994 年版；黄钰钊主编：《客从何来》，广东经济出版社 1998 年版；赣南客家联谊会、赣南日报社编：《客家与赣南——研究论文选辑》，2000 年印；钟德标、苏钟生：《闽西近代客家研究》，北京燕山出版社 2000 年版；谢重光：《客家形成发展史纲》，华南理工大学出版社 2001 年版；房学嘉：《围不住的围龙屋——粤东古镇松口的社会变迁》、肖文评：《民间文化与乡土社会——粤东民俗文化与地方社会》、宋德剑：《民间文化与乡土社会——粤东丰顺县族群关系研究》、周建新：《民间文化与乡土社会——粤东五大墟镇考察研究》，花城出版社 2002 年版。另外，法国远东学院教授劳格文主编了《客家传统社会丛书》，出版了 20 多册，主要包括：房学嘉的《梅州地区的庙会与宗族》（1996），杨彦杰的《闽西客家宗族社会研究》（1996），杨彦杰主编的《闽西的城乡庙会与村落文化》（1997）、《汀州府的宗族庙会与经济》（1998）、《长汀县的宗族、经济与民俗》（2002），罗勇与劳格文合编的《赣南地区的庙会与宗族》（1997），罗勇和林晓平合编的《赣南庙会与民俗》（1998），刘劲峰的《赣南宗族社会与道教文化研究》（2000）等。嘉应大学客家研究所先后出版了两辑多册客家研究大讲坛丛书，其第二辑 8 册由华南理工大学出版社出版，包括：《华侨与侨乡社会变迁——清末民国时期广东梅州个案研究》（2011）、《客家妇女社会与文化》（2012）、《多元视角下的客家地域文化》（2012）、《多重视角下的客家传统社会与聚落文化》（2012）、《客家河源》（2012）、《客家商人与企业家的社会责任研究》（2012）、《张弼士为商之道研究》（2012）、《多元一体的客家》（2012）。

但似乎并未进入学界的"正堂"，这一窘状①近年正在改变。

　　有趣的是，客家学和中共党史、中国革命史研究队伍之间有不少"客串"者，他们或讴歌近代以来反帝反封建的客家志士，或颂扬参与中央苏区革命的客家先驱，或探讨客家文化与苏区革命的相互影响。② 客家的大名、革命的小酒，抑或是革命的大名、客家的小酒，在学术研究的平台上得以"交相辉映"。这或许是客家学难以真正进入学界"正堂"的原因之一吧。

　　三是区域社会经济史和区域社会史研究队伍。该研究队伍的开创者为厦门大学的傅衣凌，其研究重心为区域社会经济史。他们以厦门大学主编的《中国社会经济史研究》为主要阵地，对明清时期福建（闽西）和赣南地区的社会经济展开探讨。③ 20 世纪 90 年代以来，该队伍以厦门

---

　　① 20 世纪 90 年代以来，多次参与客家学研讨的一位学界前辈，于 2006 年初在一次客家学研讨会余，向笔者这样形容客家学研究现状："恳亲大会热热闹闹，学术讨论冷冷清清。"这无疑是他多年的感触。笔者认为，客家学最具争议的问题是如何定义"客"，这不仅关乎客家的源流和定位，而且几乎影响到客家其他所有问题的讨论。一般说来，"客"是土著对外来者的称呼，是先来者对后来者的称呼。从这个意义上说，在中国历史的长河中，"客"是相对的、模糊的、难以确指的，客家自然难以界定。20 世纪 90 年代，有些学者提出所谓"新客""老客"的概念，以此界定历史上的客家群体。这一提法曾经引起了小小的讨论热潮，但不久就烟消云散，今天已经没有人再提这一概念了。这也许可以看作是学术史上的一个笑料。真正的学者，当于中国人的"共性"中去讨论客家人的"特性"，或者在客家人的"特性"中看到中国人的"共性"，而不应被客家的"特性"眩晕了智慧的眼睛，或者折断了自由思考之翅膀。

　　② 代表作有：房学嘉：《客籍志士与辛亥革命》，广东人民出版社 1992 年版；谢一彪：《客家人在赣闽边三年游击战争中的历史作用》，《赣南师院学报》1992 年第 4 期；董承耕、钟晋兰：《试论客家对我国革命事业的贡献》，《福建论坛》1998 年第 4 期；黄保华：《赣南客家人对苏维埃革命的贡献》，《南方文物》2005 年第 1 期；谢重光：《土地革命时期闽粤赣苏区的客家妇女生活》，《党史研究与教学》2005 年第 1 期；胡军华、唐莲英：《中央苏区时期客家妇女对革命的贡献》，《中华女子学院学报》2011 年第 6 期；张雪英：《闽西苏区客家妇女积极投身革命的原因》，《龙岩学院学报》2012 年第 4 期；付进林：《浅谈汀州客家人对苏维埃革命的历史贡献》，《福建党史月刊》2012 年第 24 期。

　　③ 代表作有：傅衣凌：《明清农村社会经济》，三联书店 1961 年版；傅衣凌、杨国桢主编：《明清福建社会与乡村经济》，厦门大学出版社 1987 年版；傅衣凌：《明清封建土地所有制论纲》，上海人民出版社 1992 年版；曹树基：《明清时期的流民和赣南山区的开发》，《中国农史》1985 年第 4 期、1986 年第 2 期；王业键、陈春声：《十八世纪福建的粮食供需与粮价分析》，《中国社会经济史研究》1987 年第 2 期；叶显恩、陈春声：《论社会经济史的区域性研究》，《中国经济史研究》1988 年第 1 期；陈支平、郑振满：《清代闽西四堡族商研究》，《中国经济史研究》1988 年第 2 期；傅衣凌：《中国传统社会：多元的结构》，《中国社会经济史研究》1988 年第3 期。

大学、中山大学等高校为研究重镇,在坚守传统研究重心的同时,出现了区域社会史①研究的新趋势。他们在"国家与社会"的理论框架下,采用跨学科的理论与方法,对基层社会制度、生态环境、文化资源、乡村权力网络、宗族、地方自治、民间宗教与信仰等课题进行了深入考察②,既注重细部研究和比较研究,也注重实地调查和民间文献的使用,形成了以"华南学派"为品牌的颇具特色的研究队伍和新传统。

尽管三支研究队伍出现人员交叉、研究内容重叠的趋势,但是各学科的问题意识、研究旨趣、研究方法和内容还是有明显的差别。当然,无论哪一支研究队伍,其关于赣闽粤边区的研究成果,对于丰富赣闽粤边区的历史,增进人们对于边区的了解,无疑都是有帮助的。

20世纪90年代中叶,笔者始叩开史学研究之门,有幸成为区域社会经济史研究队伍中的一名新兵。在温锐导师的指导下,协助他从事1994年获批的国家社科基金课题——"近百年来东南腹地农村劳动力的流动与出路——兼论中国农村市场经济的发育"的攻关。笔者借此开始了对赣闽粤边区的了解和研究。

---

① 所谓"社会史"研究,学界对于其概念和研究内容争论比较大,笔者比较认同周晓虹的观点,即"社会史以人类历史上的社会,或者说以人类历史上的社会结构和社会行为及其相互作用为自己的研究对象,它既力求描绘历史上不同时期的社会结构及其变迁对人们的社会行为的影响,也着眼于说明人们有意识的社会行为对社会结构及其变迁的建构和推动作用"。参见周晓虹《试论社会史研究的若干理论问题》,《历史研究》1997年第3期,第71页。

② 代表作有:邵鸿:《明清江西农村社区中的会——以乐安县流坑村为例》《中国社会经济史研究》1997年第1期;戴一峰:《闽西:土地与移民》,厦门大学出版社2001年英文版;谢庐明:《赣南的农村墟市与近代社会变迁》,《中国社会经济史研究》2001年第1期;温锐:《清末民初赣闽粤边区土地租佃制度与农村社会经济》,《中国经济史研究》2002年第4期;唐立宗:《在"盗区"与"政区"之间——明代闽粤赣湘交界的秩序变动与地方行政演化》,《台大文史丛刊》第118期,"国立"台湾大学文学院2002年版;唐立宗:《一个县城的近代发展:以赣州的城区建设与市容变迁为例(1912—1945)》,《近代中国》第153期;温锐:《民间传统借贷与农村社会经济——以20世纪初期(1900—1930)赣闽边区为例》,《近代史研究》2004年第3期;饶伟新:《论土地革命时期赣南农村的社会矛盾》,《厦门大学学报》2004年第5期;刘永华:《墟市、宗族与地方政治——以明代至民国时期闽西四保为中心》,《中国社会科学》2004年第6期;黄志繁:《"贼""民"之间:12—18世纪赣南地域社会》,生活·读书·新知三联书店2006年版;刘永华:《道教传统、士大夫文化与地方社会:宋明以来闽西四保邹公崇拜研究》,《历史研究》2007年第3期;郑振满:《清代闽西客家的乡族自治传统——〈培田吴氏族谱〉研究》,《学术月刊》2012年第4期。

这个课题其实是温锐老师从中共党史研究转向区域社会经济史研究的重要标志。他告诉笔者，在研究视角上，我们不再仅仅从中共党史和中国革命史的角度去探讨中央苏区的革命，而应更多地从区域社会经济史的角度去探讨赣闽粤边区的现代变迁与转型。在研究时段上，我们不再仅仅局限于土地革命时期的赣闽粤边区，或 1929 年至 1934 年的中央苏区，而应着眼于近代以来至 20 世纪末赣闽粤边区的长时段发展。循着这一思路，花了几年时间，我们完成了《劳动力的流动与农村社会经济变迁——20 世纪赣闽粤三边地区实证研究》这一专著，作为课题的结项成果出版。① 期间，笔者顺利完成了硕士毕业论文《20 世纪上半叶赣闽粤边区交通发展与社会经济变迁》。

最初几年的研究经历，使得笔者不但了解了学界关于赣闽粤边区的研究动态，接触到并积累了众多相关的史料，更为重要的是逐渐认识到，任何一个研究者，都必须从区域的自然环境、区位、交通、人口（劳动力）、产业结构、地方历史文化传统等基本构成入手，才有可能成长为一名合格的区域社会经济史学者。尤其是在阅读毛泽东的《寻乌调查》②时，明白了"市场"（包括交易制度、交易场所、运输方式、进出口商品和通道等）对于任何一个区域社会经济发展的基础性意义。从某种程度上讲，对于研究者而言，"市场"是打开区域社会经济实况大门的一把钥匙，是研究和理解区域社会经济史的不二法门。细心的读者可以发现，笔者早年研究经历的体悟，犹如一根无形的丝线，贯穿于本书讨论的前前后后。

近 10 年来，随着个人研习的深入，深感以往的研究，更多是关于赣闽粤边区史实的梳理，以及对历史事件、现象等前因后果的解读（这当然是历史学的基本任务），而少有对史实背后运行规则的思考，以及从宏观的视野和长时段的角度，去探究社会运行规则所体现的社会发展观。基于此，2005 年，笔者完成了博士论文《重构与整合——1934—1937 年

---

　① 参见温锐、游海华《劳动力的流动与农村社会经济变迁——20 世纪赣闽粤三边地区实证研究》，中国社会科学出版社 2001 年版。

　② 《毛泽东农村调查文集》（人民出版社 1982 年版）是温锐老师推荐给学生的必读书目之一。其中，《寻乌调查》又是重中之重。他极为推崇《寻乌调查》，多次和笔者提及：每次重读，感觉都有新意。笔者亦如是。

赣南闽西社会重建研究》。该文以中共中央和主力红军长征以后的赣闽边区（原中央苏区）作为研究区域，以赣闽边区的重构与整合为研究主题，从社会发展观的角度，力究其背后所体现的现代化转型动力和长期稳定的社会运行规则。这一研究，不仅从内容上填补了传统党史和革命史研究的某些空白，而且从视角和观点上弥补了以往史学界的某些不足。这样一个有意义的研究，在毕业论文盲审时差点儿被"枪毙"，因为文中的主要观点为送审的福建地方党史专家所难认同。好在时间和后来的事实证明，文中所涉及的内容并不是政治和学术上的禁忌，文中所持主要观点（保护产权）所体现的社会发展观与今天中国的改革开放并不矛盾①，国共现代化发展道路可能只是殊途同归而已。这一主题还可以深入探讨②，本书继续了对这一主题的思考。

中央苏区革命与国共争战，虽然不是笔者研究的重心，但依然是本书研究的重点和主要内容。笔者将之置于中国近代社会转型的宏观框架内，放在现代化发展的总体进程中进行审视。众所周知，中国近代社会转型是16世纪以来（明末始）现代化趋势的继续，物质多样化、市场一体化（全球化）、思想与人性解放、政治民主化等都是不可逆转的潮流，尽管其中有逆流（例如康乾盛世的专制主义）和反复（例如17世纪的经济危机、康熙和道光时期的市场萧条、18世纪经世致用启蒙思潮的夭折等）。在这一趋势下，20世纪的国共两党，都面临着现代化发展和重新建构社会发展观的任务。中央苏区革命就是中国共产党人领导底层民众演练制度创新和变革传统农村社会的伟大尝试与探索。在当时战时环境下，这一尝试与探索既有成功的经验，也有需要总结的教训。

---

① 毕业以后，从博士学位论文中，笔者整理和修改出几篇文章，先后在《福建师范大学学报》《近代史研究》《江西师范大学学报》《中国农史》《福建论坛》《中共党史研究》等期刊上发表；博士学位论文的核心观点最近在《近代史研究》上刊出，博士学位论文则于2008年公开出版。参见游海华《苏区革命后赣闽边区地方公产处置研究》，《近代史研究》2013年第3期；游海华《重构与整合——1934—1937年赣南闽西社会重建研究》，经济日报出版社2008年版。

② 温锐老师所主持的第二个国家社科基金课题，直面探讨了赣闽边区80多年来的农地产权变革与制度演进，以及产权变革与边区经济发展之困、农地产权虚位对边区发展环境的不利影响，进而提出解放农民：从保护"小"与"私"做起。结论虽非石破天惊，但醒人耳目！参见温锐《农地产权变革与社会生态的互动——八十多年来赣南闽西边区经济社会发展环境考察》，中国社会科学出版社2012年版。

本书的研究，既将之放在当时战时环境下进行考察，也用当前社会转型（现代化发展）的眼光予以评判。对抗战时期赣闽粤边区社会与经济的探讨，也是如此。

第二章

市场变迁与地域社会经济发展

第一节　市场网络的传承与嬗变

近代赣闽粤边区社会经济是发展了，还是衰败了？学者们对此有不同的看法。戴一峰认为，闽西的自然环境和人文环境导致了 20 世纪上半叶闽西社会经济发展衰败。[①] 谢庐明认为，近代赣南农村墟市数量锐减、发展不稳，逐渐走向衰败，并指出："随着五口通商和粤汉铁路的修通，国内贸易中心由广州转向上海，大庾岭驿道衰退，赣南农业开始萎缩。"[②]温锐通过对土地租佃制度与赣南闽西农村社会经济发展关系的探讨，展现了清末民初年间赣闽边社会经济近代化的积极应变。[③] 此外，不少学者都注意到交通变化对赣闽粤边区社会经济产生了重大影响，但其论述多限于传统的水陆商道，对于清末以来边区新式的邮电通信网、公路交通网、信息传递速度等方面的变迁，及其与社会经济的关系均语焉不详。同时，这些研究成果基本上以行政区划为旨归，没有把赣闽粤边区作为

---

① 参见戴一峰《环境与发展：二十世纪上半期闽西农村的社会经济》，《中国社会经济史研究》2000 年第 4 期。

② 参见谢庐明《赣南农村墟市与近代社会变迁》，《中国社会经济史研究》2001 年第 1 期；《赣南农村市场中的非正式制度与近代社会变迁》，《史学月刊》2003 年第 2 期，第 99 页。

③ 参见温锐《清末民初赣闽边土地租佃制度与农村社会经济》，《中国经济史研究》2002 年第 4 期。

一个整体进行考察①，难以整体把握近代以来该地区社会经济的变迁轨迹。

交通通信网络是市场网络的主要组成部分。它不仅是社会经济发展的重要内容之一，也是社会经济发展的载体，更是社会经济发展的"排头兵"。因此，考察特定历史时段和特定地区的市场网络（交通通信网络）变迁，可以较为准确地把握该地区一个历史时期内的社会经济发展脉搏。基于以上原因，笔者试从市场网络（传统古商道网、公路交通网、邮电通信网、信息传递速度）变迁的角度，对近代赣闽粤边区社会经济发展抑或衰败这一问题进行探讨。

一　传统商道的延伸

传统商道包括水路和陆路。赣闽粤边区水路是由自然地理环境的切割而形成，它由南北斜贯的武夷山脉和东西横亘的九连山脉切割成赣东南、闽西和粤东北三个互不统属的行政区。各行政区自有顺山势而成的天然河流。

赣东南有贡水水系，有6条主要支流，分别为：湘水，流经寻乌罗塘墟（现罗珊）、会昌筠门岭至会昌县城（湘江镇）；绵水，流经瑞金县城（象湖镇）至湘江镇，与湘水合流后称贡水；梅江，由宁都县城（梅江镇）南下，在江口村（宁都属）接纳从石城县城（琴江镇）、宁都长胜墟而来的琴江，然后经过瑞林（瑞金属）、曲洋、河头（于都属）等大集镇，在于都县龙口嘴注入贡水；平江，由兴国县城（潋江镇）向南奔流至赣县江口注入贡水；桃江，流经全南、定南、龙南，北上信丰县城，至赣县茅店注入贡水，是贡水水系最长的支流；濂水，北上经过安远县城（欣山镇）、版石、重石（安远属），于会昌小坝口注入贡水。上述6条水路汇聚贡水而入赣江。贡水犹如一只巨手，通过其支流把赣东南12个县市紧紧地与赣州城连为一体，下赣江，通长江各口岸。

---

① 实际上，尽管赣闽粤边区（赣东南、闽西、粤东北）分属三个不同的省级行政区，但是，自明清以来，该边区间的市场网络日趋紧密和完善，三边间的人流、物流也日趋频繁，三边间社会经济的"同质"远远大于"异质"。

闽西主要有汀江水系,汀江源于宁化,流经长汀县城(汀州镇)、河田镇、上杭县城(临江镇)、永定之峰市入粤。中途纳濯田河(沿途流经长汀四都、濯田等墟镇)、南山河(长汀属)、旧县河(沿途流经连城新泉、旧县等墟镇)、黄潭河(沿途经上杭太拔、兰溪、稔田等墟镇)、永定河(沿途经永定坎市、湖雷、凤城镇等墟镇)。

粤东北有梅江水系,沿途纳兴宁而来之宁江(流经兴宁县城、水口等墟镇),平远、武平、蕉岭而来之石窟河(流经平远坝头、差干,武平下坝,蕉岭县城、新埔,梅县白渡等墟镇)、松源河(流经梅县松源、松口等墟镇)。汀、梅二江奔流至大埔县三河坝合流后称韩江,下潮汕,通东南沿海各口。此外,粤东北还有东江水系,它的上游有两条主要支流,均来自赣东南,一条是寻乌水(沿途流经寻乌的澄江、吉潭、流车等墟镇),另一条是定南水(沿途流经安远的鹤子墟、定南的鹅公墟和九曲街、龙川的贝岭等墟镇)。两条河流在龙川的老隆合流后称东江,它出龙川、下惠州、通广州和香港,是赣闽粤边区除韩江外的连接南部中国出海口的另一条纽带。以上河流是新中国成立以前边区主要水路运输线,也是边区主要交通运输线。

陆路交通方面,据各县地方志记载,宋明时期,边区交通开始发展,古陆道得到开辟。这些古陆道大多数为卵石砌成或三合土筑成,也有青石铺成,宽一至数米不等,即便是雨天,商旅也能行走。迄清末民国,赣闽粤边区已经形成较为完善的陆路交通网络,它和水路共同构成了边区的市场网络。下面,笔者把边区进出口通道概括如下:

赣粤省际交通运输。以寻乌为中心的赣粤省际交通运输干道有三条①:其一由会昌县城(赣州周边各县都可溯贡水上至会昌县城)溯湘水而上至筠门岭、寻乌罗塘转陆路至下坝,再顺石窟河南下蕉岭县城、新铺镇往梅县县城或直往松口下韩江至潮汕。这条路是兴国、于都、石城、会昌各县通梅县的水陆联运途,也是赣东南与粤东北最繁忙的交通运输

---

① 参见《寻乌调查(1930.5)》,载中共中央文献研究室编《毛泽东农村调查文集》,人民出版社1982年版,第44—52页。

干道之一，仅石城、瑞金往梅县的米，"每天有约三百担过"①；罗塘与下坝之间，挑运之夫"如同蚂蚁牵线，络绎不绝于途"，下坝商业的鼎盛时期，平日里本地船工及往来于此地的挑夫，不下一两千人②。这条水陆联运线自明后期渐渐兴起，到清末民国，时人称这一运输干道的转运中心筠门岭为"闽粤要冲，最为扼要"。③其二由筠门岭过盘古隘（会昌、寻乌交界山隘）到澄江上船，顺流下吉潭至石排下（寻乌属）；由南康、信丰、安远等县而来的商客货物，经太阳关（安远、寻乌交界山隘）、三标（寻乌属）也至石排下。两路均到石排下集中，南下牛斗光（今寻乌南桥镇），经平远八尺、大柘（平远属）至梅县，为会昌、安远两方通梅县的大路，这条大路是赣东南与粤东北最主要的陆路交通运输线。该条商道上，"日有挑夫二三百人以上"④；另据民国年间的统计，赣东南各县经过平远至梅县的各条陆路上，来往有挑夫 3000 余人⑤。其三由石排下过留车到兴宁之罗浮、罗冈或由安远、定南至寻乌之篁乡（今晨光镇），再下兴宁之罗浮、罗冈，往兴宁、五华，是寻乌下惠州的大路，路上也是"每日数以百计的挑脚力的穷人早出暮归两头断黑"。⑥

　　除上述三条干道外，赣粤间还有一条交通运输干道，它由粤省东江龙川属之老隆为中心，分两道：一道由老隆溯江而上至和平县城转陆路经定南至龙南，再由龙南顺桃江抵信丰、赣县，"以前凡粤东食盐、布疋之类运赣，都取道于此"⑦；一道由老隆溯江抵龙川贝岭、定南之九曲街、鹅公圩达安远之鹤子圩，自鹤子圩至贝岭，"长约六十公里，在昔航运颇为发达……自贝岭以下，终年可通五吨之民船，通达东江各县"⑧。这条

---

　　①　《寻乌调查（1930.5）》，载中共中央文献研究室编《毛泽东农村调查文集》，人民出版社 1982 年版，第 48 页。

　　②　王增能：《当年武平的商业重镇——下坝》，载政协武平县委员会文史资料工作组编《武平文史资料》总第 5 辑，1985 年印，第 2—3、7 页。

　　③　林传甲：《大中华江西省地理志》，江西省教育学会 1918 年印，第 254 页。

　　④　温锐、游海华 1999 年寻乌县城实地调查。

　　⑤　参见平远县地方志编纂委员会编《平远县志》，广东人民出版社 1993 年版，第 268 页。

　　⑥　罗祖宁：《陈侃将军》，载政协梅州市委员会学习文史委员会编《梅州文史》第 11 辑，1997 年印，第 69 页。

　　⑦　何瑞珍：《论赣南食盐》，《正气日报》1943 年 11 月 9 日。

　　⑧　石流：《归途话信丰》，《正气日报》1943 年 4 月 24 日；林木：《赣粤交通孔道》，《正气日报》1942 年 10 月 29 日。

干道把赣南各属和东江各县连为一体。实际上,近代以前,赣粤间还有一条最为著名的通道——赣江大庾岭通道,因其偏居赣西南,不在本节研究范围之内,且其较为研究者熟悉,在此不赘言。

赣闽省际交通运输。主要有四条陆路:第一条是由石城县的高田圩东达福建宁化县安远司的山路,它是闽西经宁化通赣省石城、广昌、南丰至南昌、武汉的"闽赣通衢","自元及清初的近三百年间,高田圩成了闽赣两省过往客商的常顾之地","挑夫日有三五百人"。① 第二条由石城或宁都下三乡经瑞金篁竹岭至长汀,这一段古道至今仍保存完好,"自山下至山背,全线铺设青石路面,宽度1—2米不等,古道中央的车辙烙印,至今历历在目,车印深为1—2寸,最深处达3—4寸"。② 由此可以想见当时运输之繁忙。第三条由瑞金县城经临岭、古城(长汀属)到长汀县城。这条大路是赣县通闽西最早的交通运输线。据韩大成的研究,明代赣州府至闽长汀、粤潮州的水陆交通线是由贡水上溯瑞金入闽汀再顺汀江至潮州。③ 这条大路也是赣东南通闽最便捷之交通运输线,明清以降,"往来者靡绝"。④ 第四条由筠门岭越武夷山,经东留(武平属)直达武平县城,再经十方(武平属)通上杭县城。

闽粤省际交通运输。主要有四条:一为水陆线,"由长汀顺汀江,经上杭、永定等县,入广东大埔,以迄潮汕……为闽粤交通的孔道",民国时期,"汀江流域之人入粤外出的,都取这条路"⑤;即前述之汀江水运,是闽西和粤东最主要的交通运输线。二由梅县或松口至蕉岭,入武平岩前、十方至上杭县城,再达长汀或连城的陆路,这一路货运"以纸盐米等为主",是闽西与粤东北陆路交通大动脉。三由武平县城经武所(现中山镇)到下坝,再顺石窟河至蕉岭县城、新铺的水陆联运线。四由兴(宁)梅(县)经大埔入永定达龙岩、南靖或入平和达漳州一带,"这一

---

① 朱祖振:《高田的牛马岗会》,载政协石城县文史资料编辑委员会编《石城文史资料》第3辑,1990年印,第88—89页。

② 据瑞金县志办杨德仁主任介绍,温锐、游海华1998年瑞金县实地调查。

③ 参见韩大成《明代城市研究》,中国人民大学出版社1991年版,第555页。

④ 黄恺元修、邓光赢纂:《长汀县志》,"古迹志",1942年铅印,长汀县博物馆1983年重刊本。

⑤ 盛叙功:《福建省一瞥》,上海商务印书馆1927年版,第9页。

线货运频繁，终日肩挑脚夫，络绎于途"。[1]

　　进入 20 世纪后，这些传统商道得到进一步拓展。如苏区革命时，中华苏维埃政府出于战争需要，对苏区内交通干道及支路进行了规划和整修；民国时期，赣闽粤边区各航道都得到一定程度的疏浚和治理。[2] 此外，边区各县间省际小路极多，不胜枚举，如"瑞金石城，距闽尤近，肩挑逾岭，山径极多"[3]；又云"赣南因毗连闽粤，山岭崎岖，孔道繁多"[4]；1930 年毛泽东所作的《寻乌调查》中也详细载有多条寻乌至闽粤两省的小路[5]。这些小路，既是当地居民与外界联系的孔道，也是走私闽粤私盐逃避官方缉查的安全便捷途径。

二　公路交通网的崛起

　　20 世纪 30 年代前后，边区市场网络有了进一步的发展，其显著标志是现代公路的修筑。现代公路的崛起，一来受近代以来中国现代化浪潮的驱动（以侨乡粤东北之兴梅等地表现最为明显），二来应 30 年代国民政府"交通剿共"政策之需。[6] 边区修筑较早的公路当为龙岩县，1920 年成立官商合办的龙岩公路筹备处，开辟了溪南至崎濑的路基；公路修筑较为完善的是梅县，1927—1949 年，梅县已建成通车的公路有省道 3 条，县乡道 9 条。30 年代，边区中心地区的各县相继兴建了通达县城和主要乡镇的公路（见表 2 - 1）。

---

　　① 陈椿：《粤东散记》，《力行日报》1946 年 8 月 16 日。
　　② 参见江西苏区交通运输史编写组编《江西苏区交通运输史》，人民交通出版社 1991 年版；江西内河航运史编写组《江西内河航运史》，人民交通出版社 1991 版；蒋祖缘《广东航运史（近代部分）》，人民交通出版社 1989 年版。
　　③ 林传甲：《大中华江西省地理志》，江西省教育学会 1918 年印，第 134 页。
　　④ 《江西盐务全区业务检讨会议专辑（下）》，《力行日报》1947 年 5 月 15 日。
　　⑤ 参见《寻乌调查（1930.5）》，载中共中央文献研究室编《毛泽东农村调查文集》，人民出版社 1982 年版，第 45 页。
　　⑥ 参见熊式辉《宣誓就职答词（1930.12）》（1）、谭炳训《十年来之江西公路》（22），载江西省政府《赣政十年》编委会编《赣政十年》，1941 年印，第 4 页（文页）、第 1 页（文页）；谢友仁《旧福建的公路是怎样修建起来的》，载政协福建省委员会文史资料编辑室编《福建文史资料》第 4 辑，福建人民出版社 1981 年版，第 37 页。

表 2 - 1　　　　　赣闽粤边区各县最早修建公路和出现
汽车运输时间概况

县名	最早修建公路时间	最早出现汽车运输时间	县名	最早修建公路时间	最早出现汽车运输时间
长汀	1928	1935	寻乌	1933	1930
上杭	1932	1936	会昌		1938
武平	1931	1935	瑞金	1928	1939
龙岩	1920	1928	石城	1934	
永定	1927	1933	宁都	1934	
梅县	1927		兴国	1933	1935
兴宁	1926	1929	于都	1933	1936
平远	1930	1930	赣县	1932	1934
蕉岭	1933	1933	安远	1933	1943

　　说明:据本表"资料来源"所列资料编制而成。

　　资料来源:长汀县志编纂委员会编:《长汀县志》,生活·读书·新知三联书店1993年版,第276、286页;上杭县地方志编纂委员会编:《上杭县志》,福建人民出版社1993年版,第281、294页;武平县志编纂委员会编:《武平县志》,中国大百科全书出版社1993年版,第258、268页;龙岩市志编纂委员会编:《龙岩市志》,中国科学技术出版社1993年版,第204页;永定县志编纂委员会编:《永定县志》,中国科学技术出版社1994年版,第362、371页;梅县志编纂委员会编:《梅县志》,广东人民出版社1994年版,第444页;兴宁县志编纂委员会编:《兴宁县志》,广东人民出版社1992年版,第307、316页;平远县地方志编纂委员会编:《平远县志》,广东人民出版社1993年版,第246、251页;蕉岭县志编纂委员会编:《蕉岭县志》,广东人民出版社1992年版,第270、275页;寻乌县志编纂委员会编:《寻乌县志》,新华出版社1996年版,第153、159页;会昌县志编纂委员会编:《会昌县志》,新华出版社1993年版,第330、331页;瑞金县志编纂委员会编:《瑞金县志》,中央文献出版社1993年版,第488、494页;石城县志编纂委员会编:《石城县志》,书目文献出版社1989年版,第268页;宁都县志编纂委员会编:《宁都县志》(内部版),1986年印,第216页;兴国县志编纂委员会编:《兴国县志》(内部版),1988年印,第282、291页;于都县志编纂委员会编:《于都县志》,新华出版社1991年版,第331、336页;赣县县志编纂委员会编:《赣县志》,新华出版社1991年版,第208、213页;安远县志编纂委员会编:《安远县志》,新华出版社1993年版,第341、347页。

　　边区内的公路建设虽然随着国民政府军的进占而不断展拓,尤其是闽西和粤东北形成了自己的公路网,但是,截止到抗日战争前的1936年,赣闽粤三省边区间的省际公路网络并没有形成。全面抗战爆发后，随着日军的进攻和东南抗日后方的形成，江南铁路中断、水运失畅，赣闽粤边区内公路运输的地位日益凸显。鉴于此，赣闽粤三省政府相继修建了几条重要的省际公路。1936 年，闽西新泉至上杭县城公路修通，蕉岭县城至武平岩前公路通车，于都县城至本县银坑段公路接通；1937 年，赣县江口至于都县城公路通车，瑞金经会昌至筠门岭公路全线贯通；1939 年，兴国县城至于都银坑公路修通，于都县城至瑞金县城公路通车。① 至 20 世纪 30 年代末，由于上述几条重要区间公路的修建与贯通，赣闽粤边区建成了"三横两纵"格局的通达公路交通网络。

　　所谓"三横"，一是鹰（潭）界（化陇）线，即由鹰潭经南城、宁都、银坑、兴国、泰和、永阳、永新至界化陇（湘赣交界）。这条交通孔道把支离破碎的浙赣、湘桂、粤汉等铁路干线连接起来，往西可经界化陇入湘或经赣县达粤北韶关，东可经鹰潭至江浙或由黎川、光泽、上饶入闽，是东南诸省到西南各省的"交通的要冲"②。二是朋（口）赣（县）线，即由闽西朋口经长汀、瑞金、于都达赣县。这条线往西可至粤北韶关或经赣（县）遂（川）泰（和）与鹰界线相接入湘，往东可经永安、南平至福州或经过闽北建阳分至鹰潭、上饶等地，也可经龙岩通厦门。每天"可以看见络绎不绝的肩挑苦力与挑着一包包的盐从福建运至江西"，华南各省"大部分亦将依赖福建的供给"③，此线上的瑞金益发显示其"闽赣通衢"的地位。三是官（渡）汕（头）线，即由粤北韶关翁源的官渡经过连平、龙川、兴宁、梅县至潮州、汕头。1939 年潮汕被日军占领前，"江西、湖南、广西以及广东都把它当作比较便捷的出口交通线"④。所谓"两纵"，一是宁（都）平（远）线，即由宁都经瑞金、会昌、筠门岭、吉潭至平远仁居。这条公路北接鹰界线、朋赣线，南接

　　① 参见上杭县地方志编纂委员会编《上杭县志》，福建人民出版社 1993 年版，第 282 页；蕉岭县志编纂委员会编《蕉岭县志》，广东人民出版 1992 年版，第 270 页；于都县志编纂委员会编《于都县志》，新华出版社 1991 年版，第 331 页；兴国县志编纂委员会编《兴国县志》（内部版），1988 年印，第 282 页；会昌县志编纂委员会编《会昌县志》，新华出版社 1993 年版，第 325 页；瑞金县志编纂委员会编《瑞金县志》，中央文献出版社 1993 年版，第 488 页。

　　② 笑百：《四十日旅行杂记》，《江西民国日报》1940 年 10 月 2 日。

　　③ 彭世桢：《福建的盐》，《江西民国日报》1939 年 10 月 17 日。

　　④ 彭世桢：《曲江至潮汕的公路》，《江西民国日报》1939 年 8 月 1 日。

官汕线,为粤盐赣米交互运输的主要路线,也是江西钨、锡外运及自香港经广州或汕头进口物资的主要通道,还是重要的军运补给线①。二是宁(化)梅(县)线,即由闽西宁化经连城、新泉、上杭、岩前、蕉岭至梅县。此线北接朋赣线,南接官汕线,为闽粤交通干道。

于此可见,循着边区"三横两纵"的公路网,东可达江浙;东南可至福州、厦门;南可至潮汕;西可至赣县、韶关、湖南;北可至南城、鹰潭。抗战期间,虽然东南沿海港口(汕头、厦门、福州等)相继沦陷,赣闽粤边区的东南出海口被封锁,但无可置疑的是,边区与东南各省(皖、浙等省)、西南各省(云、贵、川等省)的公路交通从来就没有长期中断过(1942年的浙赣战役曾短暂中断),"三横两纵"的公路交通网络是大西南和东南诸省联系的大动脉,是东南抗战的重要军事补给线,也是抗战时期南部中国的交通中心。尽管这一公路交通网络带有明显的战时特征,但是,它对赣闽粤边区社会经济的积极影响显著而深远。

三　邮电通信网的兴起

20世纪头20年,赣闽粤边区中心各县均设立了现代邮政局(邮政代办所);电报局(电信代办所)的设立稍晚于邮政局,到30年代才全部完成设点工作(见表2-2)。邮电通信网络的设立有明显的地域性差异,主要表现在两个方面:一是闽西各县普遍早于赣东南各县(例如闽西各县邮电普遍开办于1902—1905年的清季末年,而赣东南各县邮电普遍开办于1912—1919年的民国初年),粤东北各县又普遍早于闽西各县(例如粤东北各线的电报或电信普遍在1911—1912年创立,而闽西各县则在1914—1937年才完成创立工作);二是区域经济中心城市明显早于周边各县城(例如闽西的龙岩、粤东北的梅县、赣东南的赣州等都是如此)。总体说来,20世纪上半叶,邮电通信网络设点布局局限在各县县城和交通要道商镇或主要乡镇政府所在地,适合于当时社会经济发展水平和需要。

---

① 参见江西省交通厅公路管理局编《江西公路史》第1册,人民交通出版社1989年版,第163页。

表 2-2　　　　　　赣闽粤边区各县邮政局（邮政代办所）、
电报局（电信代办所）最早设立时间和
民国电话用户数一览

县名	邮政局（邮政代办所）	电报局（电信代办所）	电话用户数	县名	邮政局（邮政代办所）	电报局（电信代办所）	电话用户数
长汀	1905	1914	50	寻乌	1916	1931	38
上杭	1905	1914	30	会昌	1919	1934	45
武平	1905	1937	19	瑞金	1913	1922	
龙岩	1904	1914		石城	1918	1934	26
永定	1902	1934		宁都	1914	1922	17
梅县	1904	1911	416	于都	1915	1925	36
平远		1911	45	赣县	1912	1896	50
蕉岭	1911	1912	100 多	安远	1918	1935	29

说明：1. 据本表"资料来源"所列资料编制而成。2. 电话用户数采用新县志记载民国时期的最高数据。3. 电话用户包括公用和私人用户。4. 长汀、上杭、平远、赣县电话用户数字仅为县城电话用户，宁都电话用户数字仅为农村电话用户。

资料来源：长汀县志编纂委员会编：《长汀县志》，生活·读书·新知三联书店 1993 年版，第 247、310 页；上杭县地方志编纂委员会编：《上杭县志》，福建人民出版社 1993 年版，第 307、319 页；武平县志编纂委员会编：《武平县志》，中国大百科全书出版社 1993 年版，第 282、292 页；龙岩市志编纂委员会编：《龙岩市志》，中国科学技术出版社 1993 年版，第 228 页；永定县志编纂委员会编：《永定县志》，中国科学技术出版社 1994 年版，第 388、395 页；梅县志编纂委员会编：《梅县志》，广东人民出版社 1994 年版，第 443、471、472 页；平远县地方志编纂委员会编：《平远县志》，广东人民出版社 1993 年版，第 261、263 页；蕉岭县志编纂委员会编：《蕉岭县志》，广东人民出版 1992 年版，第 281、285、286 页；寻乌县志编纂委员会编：《寻乌县志》，新华出版社 1996 年版，第 163、168 页；会昌县志编纂委员会编：《会昌县志》，新华出版社 1993 年版，第 338 页；瑞金县志编纂委员会编：《瑞金县志》，中央文献出版社 1993 年版，第 502 页；石城县志编纂委员会编：《石城县志》，书目文献出版社 1989 年版，第 280、284 页；宁都县志编纂委员会编：《宁都县志》（内部版），1986 年印，第 228、233 页；于都县志编纂委员会编：《于都县志》，新华出版社 1991 年版，第 346、351、350 页；赣县志编纂委员会编：《赣县志》，新华出版社 1991 年版，第 220、226 页；安远县志编纂委员会编：《安远县志》，新华出版社 1993 年版，第 351、352、356 页。

清末民国时期，邮件投递主要靠步行投送，有每（逐）日班，有隔日班。例如民国时期,由宁化县派出邮差通往外县的干线邮路有 3 条,即宁化县至石城县、宁化至明溪县、宁化至建宁县。其中前者为每日班,后两者为隔日班。① 20 世纪二三十年代以后,少量交通干道如会昌—寻乌(1939 年开通)、会昌—平远(1948 年开通)②、于都—宁都—广昌、宁都—瑞金(1938 年开通)③、蕉岭—梅县(1933 年开通)④、长汀—南平、长汀—水潮(1939 年开通)⑤、上杭—蕉岭、上杭—龙岩(1937 年开通)⑥ 等线开通汽车邮路。

邮局主要经营函件、包件和汇兑业务,边区各县自现代邮局设立以后,其业务稳步发展。例如,20 世纪 30 年代以前的民国龙岩邮局,开办以后业务逐渐拓展,邮票由月销 30 多元上升到 400 多元,包件业务发展到收寄烟纸和烟丝等商品,汇兑款项年达万元。⑦ 现代邮政业务对社会经济的积极影响一经产生,便永以为继。即使在 20 年代末 30 年代初国共激烈争战时期和 40 年代末民国经济崩溃时期,边区的邮递也没有彻底或长期停止过。⑧

电信与此相类似,至抗战时期,各县县城和主要乡镇,尤其是交通要道乡镇均架设电报线或电话线(县城之间的电话线与电报线一般共线)。赣东南的电报中心宁都局"负责瑞金、长汀、于都、会昌、兴国、泰和等地的转报任务"⑨,可发给南昌和赣县。闽西的电报中心长汀局,"凡发往江西、湖南、广东、广西等地的电报均由此路发出,又开通直达

---

① 参见戴天《宁化邮电史初探》,载政协福建省宁化县委员会文史组编《宁化文史资料》第 4 辑,1984 年印,第 83 页。

② 参见会昌县志编纂委员会编《会昌县志》,新华出版社 1993 年版,第 338 页。

③ 参见宁都县志编纂委员会编《宁都县志》(内部版),1986 年印,第 229 页。

④ 参见蕉岭县志编纂委员会编《蕉岭县志》,广东人民出版 1992 年版,第 503 页。

⑤ 参见长汀县志编纂委员会编《长汀县志》,生活·读书·新知三联书店 1993 年版,第 299 页。

⑥ 参见上杭县地方志编纂委员会编《上杭县志》,福建人民出版社 1993 年版,第 311 页。

⑦ 参见龙乐皆、邱梓松《龙岩邮政创办人林经》,载政协福建省龙岩市委员会文史资料工作组编《龙岩文史资料》第 14 辑,1987 年印,第 30 页。

⑧ 参见邱梓松《龙岩——古田邮线浅介》,载政协福建省龙岩市委员会文史资料工作组编《龙岩文史资料》第 14 辑,1987 年印,第 32—33 页;戴天《宁化邮电史初探》,载政协福建省宁化县委员会文史组编《宁化文史资料》第 4 辑,1984 年印,第 84—85 页。

⑨ 参见宁都县志编纂委员会编《宁都县志》(内部版),1986 年印,第 232 页。

福州报路"①；粤东的蕉岭，"联络地点有梅县、平远、福建省长汀、江西的筠门岭和会昌"②。从而，赣闽粤边区形成一个电信传递网络。电信网络的铺设使电话入户成为可能（见表2-2），赣闽粤三边中心地区各县都普设电话，多的如梅县，电话数达几百户；少的如武平、石城等县，也有几十户。当然，真正的私人电话用户除了政府官员外，几乎都是巨商大贾和当地豪绅。总的看来，电话用户还很少。相形之下，电报则普惠于广大民众，有些城市之间还开办了特快电报业务。例如民国末年的梅县，开办梅汕间特快电报业务，交发的电报最迟在一个半小时内送达，其收费则比普通电报贵5倍。③

四　信息传递的变迁

（一）交通工具的兴替

随着20世纪上半叶赣闽粤边区进出通道的拓展，三边地区的交通工具也随之发生兴替。清末民初，水路交通工具主要为木船、竹筏。例如，闽西交通要道汀江自古即有"上河三千，下河八百"（即上杭县城以上的汀江上流段有船只3000多艘，上杭县城至峰市的汀江下流段有船只800多艘）的俗语④；清末民初，来往于下坝河（石窟河上游）的木船，最多时每天有600多条⑤；粤东梅江航道，民国时期，木船有近2000艘⑥。陆路交通工具主要是活人的肩胛和少量骡马。⑦ 例如清末民初的兴国，"贫农兼做盐生意的颇多"，永丰区"百家贫农中，有十家兼去挑脚"⑧；

① 长汀县志编纂委员会编：《长汀县志》，生活·读书·新知三联书店1993年版，第303页。

② 蕉岭县志编纂委员会编：《蕉岭县志》，广东人民出版社1992年版，第285页。

③ 参见《梅县电信局开放梅汕特电》，《汕报》1949年2月16日。

④ 温锐、游海华2000年长汀县、上杭县实地调查。

⑤ 参见王增能《当年武平的商业重镇——下坝》，载政协武平县委员会文史资料工作组编《武平文史资料》总第5辑，1985年印，第4页。

⑥ 参见梅县志编纂委员会编《梅县志》，广东人民出版社1994年版，第462页。

⑦ 参见《寻乌调查（1930.5）》，载中共中央文献研究室编《毛泽东农村调查文集》，人民出版社1982年版，第122页。

⑧ 《兴国调查（1930.10）》，载中共中央文献研究室编《毛泽东农村调查文集》，人民出版社1982年版，第208页。

平远县超竹乡的老圩管理区、超竹管理区、超南管理区、田兴村、石正镇的马山管理区和大柘镇的黄沙管理区等地农民挑担之家比比皆是①。我们在赣闽粤边区调查访问的所有老人中（地主出身和读书人除外），几乎没有人没有挑过担，小部分还是专业的挑夫（帮人家挑），大部分是自己从事小额米盐贸易或油盐贸易。据受访老人估计，清末民国，平均几乎每个农家都有一个劳力兼营挑脚。此外，陆路运输工具还有少量的独轮车（俗称"鸡公车"）。例如，抗战期间，闽赣两省实行联运，东起福建永安，西迄江西瑞金，全线共有独轮车 300 余辆。② 自行车作为一种现代交通工具虽然较早被引进边区，但还只是作为富裕阶层的奢侈品消费，远没有发展成为老百姓家庭的运输工具；在民国时期的粤东北各县县城，它却成为短途运输的主要工具。③ 摩托车虽然民国时期就出现于边区，但为数极少，如民国上杭县，仅天主教堂有一辆摩托车。④

20 世纪 30 年代中后期，由于区域公路网络的形成，现代新式的交通工具汽车开始出现于边区，水上运输工具汽轮也航行在边区的河道上。赣东南第一辆私人汽车是 1936 年吉潭人潘作璋先生购买的美国福特牌汽车。抗战期间，潘先生的汽车运输公司——新兴公司拥有汽车六七部，澄江有 10 多部车子跟着他跑业务。⑤ 粤东民族企业家林蒂棠先生为了解决企业的物资运输问题，先后购买载重货车四五部，这些汽车穿梭于边区各县。⑥ 梅县汽车运输发展较早，1937 年，有私营客车 57 部；1949 年，达 75 部。⑦ 粤东北的汽车运输中心在兴宁，抗战初期客、货运汽车达 320 多辆，名列广东省第二，仅次于作为战时省会的曲江县；1945 年

---

① 参见中共平远县委党史研究室编《平远解放战争史料集》，1993 年印，第 267、273、279、289、318、401 页。

② 参见《闽赣驿运实行联运》，《正气日报》1944 年 3 月 7 日。

③ 参见朱哲《梅县巡礼》，《正气日报》1944 年 3 月 3 日。

④ 参见上杭县地方志编纂委员会编《上杭县志》，福建人民出版社 1993 年版，第 295 页。

⑤ 温锐、游海华 1999 年寻乌县城实地调查。

⑥ 参见政协梅州市委员会学习文史委员会编《梅州文史·纪念林蒂棠专辑》，1997 年印，第 11 页。

⑦ 参见梅县志编纂委员会编《梅县志》，广东人民出版社 1994 年版，第 456 页。

增至 500 余辆；截至 1949 年全县仍有私人汽车 212 辆。① 汽轮主要行驶于
梅韩航道，民国一代，赣东南各县和闽西汀江航运都没有汽轮运输，唯
粤东的梅韩水运有少量汽轮运行。例如，民国时期，航行于梅江水道的
汽轮有 70 艘。② 另外，飞机及其运输也一度萌生于赣闽粤山区，但主要
是军用，对边区社会经济影响不大。

（二）直达距离的扩张

直达距离是指出发地到目的地之间的距离。清末民国时期，兴国至
梅县或遂川、南康至梅县、松口可谓是边区最远之人力（肩挑）运输了。
《寻乌调查》记载，经过寻乌往梅县城或松口发卖的鸡"大部分是唐江、
南康、信丰的，安远也有一点，甚有从遂川来的"，"鸡贩子由唐江一带
一直挑到梅县城或新铺圩（由寻乌走大柘去新铺下船，直往松口，不经
梅县）发卖"。《兴国调查》也载，兴国农民"收买鸡挑往嘉应州（广东
梅县），一担鸡去，一担盐回"。③ 这里讲的是肩挑运输。

水运距离因受航道的长短而不同。闽西的船只主要航行于汀江的长
汀—上杭—峰市间，因为峰市至广东石市之间的河流不能通航，来往货
物只能改为人力搬运。粤东北的船只则可来往于兴宁、平远经梅县到汕
头的梅（江）韩（江）水道上，例如平远县差干镇湍溪管理区的谢淇泉
老人就过了 50 年平远至汕头之间的放运木排的水上生活。④ 赣东南各县
的船只则穿梭于赣州以上的贡水航道，很少有船只直接下赣江、入长江
的。如民国后期，瑞金谢屋排村谢金洪老人在壬田镇开了一间小商店，
他通常是和其他商人合租民船到赣州进货。⑤

汽车运输出现之后，边区远距离直达变得更为可能和频繁（以寻乌、
平远、武平为中心论）。例如汽车客运之直达车有瑞金—赣县、宁都—赣
县、宁都—筠门岭，粤东和闽西的直达车都较短；客运班次，有的是隔

---

① 参见兴宁县志编纂委员会编《兴宁县志》，广东人民出版社 1992 年版，第 316 页。
② 参见梅县志编纂委员会编《梅县志》，广东人民出版社 1994 年版，第 462 页。
③ 《寻乌调查（1930.5）》《兴国调查（1930.10）》，载中共中央文献研究室编《毛泽东农村调查文集》，人民出版社 1982 年版，第 49、208 页。
④ 温锐、游海华 2000 年平远县差干镇湍溪管理区实地调查。
⑤ 温锐、游海华 1998 年瑞金县叶坪乡谢屋排村实地调查。

日班,有的是一旬三班,有的是每旬一班,很少每日一班的。相对客运来说,汽车货运直达范围则大为扩张,区域中心城市如宁都、赣州、韶关、梅县、龙岩交通互动频繁,即使是三省省会城市南昌、广州、福州及沿海大城市潮汕、厦门之间的车辆来往也很密切。尤其值得一提的是,跨省的长途运输业已开始经办。例如1939年10月间,福建省运输公司开办福建经江西、湖南至陪都重庆的直达车并试行成功,单程行驶近半个月。①

(三)传递速度的变迁

交通线路的建设、交通工具的兴替和运输方式的变化,尤其是电报和电话的开通,使得信息传递的速度呈飞跃式发展,和传统社会已经不可同日而语了。

清末民国肩挑运输速度如表2-3所示。赣闽粤边区各点之间因远近距离不同,往返肩挑运输速度不一,较近的如长汀至瑞金,只需两三天;较远的如兴国至嘉应州(梅县),费时达20天到30天之久。因系肩挑货物(每担货物重约七八十斤),又是长途运输,中途需停歇、食宿,每天只能走60—80华里。如果是贩卖猪、牛、狗等牲畜,速度则更慢。例如,从信丰赶猪到寻乌,中途要走20天,每天只能走15华里。② 如果空手行走,加之可早晚赶路,速度则快得多。例如,20世纪40年代的中共秘密革命者往返于筠门岭和大埔的大麻之间,来回一般只需10天左右的时间③,比筠门岭至梅县肩挑的速度快5天左右。从梅城至松口50公里的沿河驿路,空手步行需10小时,每小时可步行10华里。④

---

① 参见项衡方《入蜀日记——第一步直达闽渝试车》,载福建省运输公司编《福建运输》第2期,1940年印。

② 温锐、游海华1999年寻乌县城实地调查。

③ 参见中共梅县县委党史研究室编《中共梅县白区党史资料汇编》,梅县党史资料丛刊之九,1997年印,第250页。

④ 参见梁河《梅松交通今昔谈》,载中共梅县县委党史教研室编《梅县党史通信》,总第48期。

表 2 – 3　　　　　清末民国赣闽粤边区肩挑运输速度概况　　　　单位：天

起迄地点	往返天数	起迄地点	往返天数
周田圩—梅县	15	长汀—宁化或清流	4
筠门岭—梅县	15	长汀—归化（今明溪）	6—7
澄江—梅县	7	上杭—溪口或南阳或武平	2.5
中和圩（现晨光镇）—罗浮	3	上杭—永定	3.5
壬田—长汀	2	上杭—古田或大池或湖雷或峰市	4
兴国—瑞金	10	上杭—龙岩	5
兴国—嘉应州（梅县）	20—30	上杭—长汀或梅县	8
长汀—瑞金	2—3	上杭—漳州	10
长汀—宁都或石城	6		

说明：据本表"资料来源"所列资料编制而成。

资料来源：王贤选、何三苟：《中央苏区经济封锁的片断回忆》，陈毅、肖华等：《回忆中央苏区》，江西人民出版社 1981 年版，第 354 页；《兴国调查（1930.10）》，载中共中央文献研究室编：《毛泽东农村调查文集》，人民出版社 1982 年版，第 208 页；长汀县志编纂委员会编：《长汀县志》，生活·读书·新知三联书店 1993 年版，第 287 页；上杭县地方志编纂委员会编：《上杭县志》，福建人民出版社 1993 年版，第 293 页；其他均据温锐、游海华 1998 年、1999 年实地调查材料。

　　水运速度与肩挑及空手步行速度又不相同（见表 2 – 4）。如果是顺水行舟，通常能日行一二百华里，但又因各河段水深不同和滩险程度不同而致速度相差较大。例如上杭旧县河段，滩多水浅，由矶头顺水达九州的速度每天只合 100 华里左右；梅城至松口梅江河段，江阔水深，航速每天可达 200 华里以上。如果是逆水行舟，航速则要慢得多。例如峰市至上杭，65 公里的航程耗时 4—5 天，全靠船工拉纤，"一天最多航行 20 公里左右"①；而上杭顺水至峰市只需 8—10 小时。一顺一逆，相差几倍，远不如空手步行的速度，约相当于肩挑速度的一半。因此，若逆水行舟，一般以货运为主，很少旅客搭乘。如果来回（顺水与逆水）称一个航程，航运速度也因河段不同而有差异。例如长汀县城至上杭县城，来回平均航速每天在 61.5—88 华里；上杭县城至峰市段，每天来回平

———————
① 福建上杭客家联谊会编：《上杭客家》1999 年第 1 期，第 59 页。

均航速在 32.5—52 华里。总的看来,来回平均航速与肩挑速度差不多。相对来说,水运省力和稍快而已。竹木排的放运速度比木船还要慢。例如,从平远差干放竹排至汕头,每天只能放 16.5—20 华里,与逆水行舟速度差不多,这是因为放运竹木排沿途困难、危险较多,需费时排险的缘故。

表 2-4　　　　　　　　清末民国闽粤边区水运速度概况

起迄地点	航程 (公里)	时　间	速　度	备注
长汀—上杭	154	7—10 天 (来回)	61.5—88 华里/天	木船运输
矶头—九州	40	1 天 (单程)	80 华里/天 (顺)	木船运输
上杭—峰市	65	5—8 天 (来回)	32.5—52 华里/天 (顺)	木船运输
上杭—峰市	65	8—10 小时 (单程)	13—16.3 华里/天 (逆)	木船运输
峰市—上杭	65	4—5 天 (单程)	26—32.5 华里/天 (逆)	木船运输
梅城—松口	50	4—5 小时 (单程)	20—25 华里/小时 (顺)	木船运输
坝头(柚树河)—汕头(意溪)	124.5	13 天 (单程)	20 华里/天 (顺)	放竹木排
差干(差干河)—汕头(潮安)	123.5	15 天 (单程)	16.5 华里/天 (顺)	放竹木排

说明:据本表"资料来源"所列资料编制而成。

资料来源:上杭县地方志编纂委员会编:《上杭县志》,福建人民出版社 1993 年版,第 297、298 页;梁河:《梅松交通今昔谈》,载中共梅县县委党史教研室编《梅县党史通信》总第 48 期;平远县地方志编纂委员会编:《平远县志》,广东人民出版社 1993 年版,第 174 页;温锐、游海华 2000 年平远县差干镇湍溪管理区实地调查。

民国汽车运输兴起后,其速度较之水运与肩挑,则大为提高。据文献资料记载,松口至梅城公路,汽车每小时速度仅为 10 多公里[1];平远境内公路的车速,每小时 15—20 公里[2];闽西上杭汽车运输,时速不足

---

① 参见梁河《梅松交通今昔谈》,载中共梅县县委党史教研室编《梅县党史通信》,总第 48 期。

② 参见平远县地方志编纂委员会编《平远县志》,广东人民出版社 1993 年版,第 251 页。

15 公里①。由于路面质量、汽车燃料等因素的制约，这一速度虽远不可与今天同日而语，但较之于当时的水运与肩挑，已经大显其优势了。这一提高和优势主要体现在两个方面。其一，就单位时间来看，汽车运输速度比水运顺水速度还要快，即便在航运较好的梅城至松口段也是如此；相对于肩挑速度而言，则至少是其两倍以上。其二，汽车运输不像水运有顺水逆水之分，也不像肩挑运输要停歇休息，汽车可以连续运转。因此，从单位时间看（如一天或一周），汽车运输速度远快于水运与肩挑。但是，汽车由于前述几个因素的限制，与今日而较，它的速度还是比较慢的。例如 1935 年，"赣至厦门，三日可达"②，即江西至厦门，单程亦需 3 日；1939 年宁都至筠门岭客班车，尚需"中途宿瑞金"③，可见，单程亦需 2 日到达；松口至梅城 57 公里的路程，上午八九时由松口发车，至白渡途中，汽车需补充木炭、加水和乘客吃饭等，抵梅城时已是下午三四点钟。④

　　电报、电话等现代通信方式出现以后，传统以来短时间内难以跨越的空间距离消弭于无形之中，千万里外的信息转瞬间即可获得，边区的信息传递才有了质的变迁。抗战期间的瑞金，布匹、百货价格涨跌频繁，套购倾销之风大盛，电报因而成为各大商户、商场出奇制胜的"核武器"：裕兴祥商号利用电报传递商讯时以"烟、纸、豆"代"金、银、锡箔"；徐恒太得到丰城土布涨价消息，即向广东帮的福兴昌、杨和茂等商号购进兴宁棉布，甚至雇人抢购，当获得跌价消息时，则四处招揽，兜售倾销。⑤ 同时期的寻乌县吉潭乡潘作醴家，装有一部电话，通平远、梅县，主要用于做粮食等商品贸易，从而对边区商品贸易的信息有较迅速准确的掌握⑥；兴宁的无线电台，也"多为商人使用"⑦。市场波动与现代通信，为各大商户带来无限商机。但是，民国时期，电信服务业务

---

① 参见上杭县地方志编纂委员会编《上杭县志》，福建人民出版社 1993 年版，第 278 页。

② 《瑞宁公路已竣工》，《新赣南日报》（赣州）1935 年 5 月 20 日。

③ 瑞金县志编纂委员会编：《瑞金县志》，中央文献出版社 1993 年版，第 494 页。

④ 参见梁河《梅松交通今昔谈》，载中共梅县县委党史教研室编《梅县党史通信》，总第 48 期。

⑤ 参见瑞金县工商行政管理局编《瑞金县工商行政管理志》，1988 年印，第 119 页。

⑥ 温锐、游海华 1999 年寻乌县城实地调查。

⑦ 兴宁县志编纂委员会编：《兴宁县志》，广东人民出版社 1992 年版，第 327 页。

只在各县县城和商业重镇如筠门岭、峰市、新铺等地开办,除少数富商大贾不时利用外,主要为军用和政府行政之用。民国一代,政局动荡,电信基础设施在苏区国共战争中毁灭殆尽,抗战军兴虽然重建,旋又在 20 世纪 40 年代后期的国共争战中遭到破坏。另外,这个时期的电信基础设施也不完善,电话与电报一般共线,非相邻县之间的电报电话往往要口头转报等。这一切都使得民国时期电信的传递在质与量上大打折扣。

五 结论

近代以来,在西方列强"炮舰""商品""资本""文化"等的冲击下,中国传统社会结构与经济结构都发生了巨大的变化,赣闽粤边区的市场网络就是在这种大背景下发生了传承与嬗变,并在一定程度上得到有机整合的。边区市场网络的有机整合对边区社会经济发展产生了积极的影响,使得边区社会经济在动荡的近代中国仍然呈现出缓慢的向上演进的发展趋势。

首先,赣闽粤边区交通通信网络经历了兴衰变化,在一定程度上得到有机整合。清末民初,边区进出运输依赖传统的古商道。这些运输干道中,有的是水运一枝独秀,如汀韩水运、梅韩水运;有的是陆运独占鳌头,如瑞金经篁竹岭或隘岭至长汀二线;有的是水陆联运相得益彰,如筠门岭—罗塘—下坝—善吉—新埔线。因为水运较陆运为优为廉的缘故,"宜水则水"是传统运输方式遵循的最主要原则。20 世纪初,日本人野田势次郎在闽西南做调查,他感慨道,由厦经汀至瑞金,"交通线路,不一而途,然较为便利者,当以厦门航海至汕头溯韩江而上至于瑞金称最"。[①] 赣东南各县同样如此,如瑞金,"昔时商业繁盛的时候,水道交通为县中主要运输工具"[②];抗战前的会昌,"交通全赖水道"[③]。正是因为

---

① 张兴权译:《述野田氏福建省南西部之调查报告》,《地学杂志》第 5 期,1933 年 5 月再版。

② 李文勋:《瑞金杂记》,《江西民国日报》1940 年 8 月 20 日。

③ 草生:《会昌剪影》,《江西民国日报》1944 年 10 月 25 日。

水运省力、费廉、运量大等优点，因而成为清末民国时期赣闽粤边区交通运输的首选方式。实际上，20世纪中期以前，贡水水系、汀韩水运、梅韩水运一直是边区进出口货物最主要的交通运输线。

20世纪二三十年代，随着现代公路的修建，新式交通运输如汽车运输的功用开始凸显，大有取代传统运输方式的趋势，边区运输线路也随之改变。例如抗战期间的筠门岭—吉潭—梅县线，"每天有一两百辆车子来回跑"①。汽车运输的兴盛造成对传统古商道筠门岭—罗塘—下坝—善吉—新埔段的分割，该线的"罗塘、善吉则一落千丈，萧条不堪"。②再如1939年6月前官渡线上运行的汽车最多时每日可达300辆，因为"从潮州或揭阳运货到至曲江……不消走几次便可捞回本钱。……利之所在，商民（兴宁的最多，其次为潮州梅县）趋之若鹜，稍有钱者都购置汽车做摇钱树"③。由于汽车运输一度居于垄断地位，在上述二线曾经发生过汽车排挤肩挑劳动力现象。④但是，民国时期，汽车运输因公路路况差、运价昂贵、汽车燃料紧张等几个限制因素，并没有力量完全取代传统运输方式，只是在上述几条主要的公路线曾一度居于垄断地位。

在边区其他公路尤其是没有修建公路的地方，人力运输仍然是主要的运输方式。例如，大埔县经永定县高头村到南靖县山城镇一线，从1933年起的民国后期繁荣异常，抗战期间每天的肩挑运输量由抗战初期的四五百担增至抗战中期的两三千担；该线的高头村成为闽粤赣三省陆运枢纽。⑤该线的另一分支大埔经永定县城、坎市到龙岩县城线，民国后期也是潮汕物资运销闽西的通途。⑥另外，20世纪上半叶，邮电通信网络在边区各县县城和交通要道商镇及主要乡镇政府所在地之间已经建立起来了。

---

① 温锐、游海华1999年寻乌县城实地调查。

② 《兴筠罗吉公路》，《新赣南旬刊》，1941印。

③ 彭世桢：《曲江至潮汕的公路》，《江西民国日报》1939年8月1日。

④ 温锐、游海华1999年寻乌县城实地调查。

⑤ 参见国联《抗日战争时期高头的肩挑运输业》，载政协永定县委员会文史资料编辑室编《永定文史资料》第6辑，1987年印，第121—123页。

⑥ 参见永定县志编纂委员会编《永定县志》，中国科学技术出版社1994年版，第371页。

这里尤需强调的是,清末民国时期,传统古商道网、公路交通网、邮电通信网三者是互为补充、有机连接在一起的,它们共同构筑成完整的边区市场网络。即使是传统古商道网和公路交通网之间的竞争,也是主次地位之争,不是有你无我之争,这是由边区地理环境、动荡的政治与经济环境、市场需求的多层次、公路和汽车技术含量较低等多种因素决定的。

其次,赣闽粤边区市场信息传递日益频繁和迅速。在公路交通网和邮电通信兴起之前,传统古商道是边区对外联络交流的通道。民间书信传递,一部分靠民船或私人带运,另一部分靠商办书信局或信馆送递,其他信息也随船或人而传播。很明显,由于受交通路线及交通工具的限制,20 世纪以前,赣闽粤边区内最远距离之间(如兴国至梅县或遂川、南康至梅县、松口)的信息单程传达(假设空手步行)一般大约需一个星期到 10 天,相邻县城之间的信息反馈一般也要 2 天以上。

20 世纪二三十年代以后,现代公路和交通工具(自行车、摩托车、汽车、轮船)的兴起,为短途信息的快速传递提供了可能,信息传递速度大为提高,相邻县城之间的信息反馈最慢也可在 1—2 天内完成。尤具意义的是,20 世纪以来,随着邮电通信网络(电报与电话)的敷设与完善,历史以来难以跨越的长时空距离消弭于无形,这使得信息的大量和快捷传递有了充分的可能性。尽管民国一代边区电信网主要是作为军用和政府行政之用,且在 30 年代初的国共争战中遭受严重破坏,但是,邮电通信网络很快在战后得到重建,对东南抗战大后方的社会与经济产生了积极的影响。

最后,赣闽粤边区在全国的交通与市场地位发生了重大变迁,这一重大变迁相当程度上改变了边区社会经济的发展环境,使得其社会经济在动荡的近代中国仍然呈现出缓慢向上演进发展的趋势。

传统社会中,赣闽粤边区地处崇山峻岭,沟壑丛生,交通不便,加之近代以前,清政府实行闭关锁国政策,赣闽粤边区地方区域市场与国内外市场的交流主要凭借两条运输路线得以展开。一条是赣东南的贡水贸易线,即由贡水连接赣江—大庾岭商道的水路;另一条是粤东的东江贸易线，即通过东江连接出海口——广州的水路。① 由于上述因素的影响，传统社会中，赣闽粤边区长期以来一直是全国市场网络的终端，也是三省社会经济的边缘化地区。近代以降，随着赣江—大庾岭这条中国南北大通道的衰落，学界普遍认为赣闽粤边区更为贫困和破落，山区社会经济逐渐衰败②，这也是中央苏区革命兴起的主要原因之一。

　　然而，边区历史发展的实际情况却与上述认识不完全一致。19世纪中叶潮汕开埠以后，汕头迅速崛起为我国著名的近代化城市之一，其近代工业、商业、金融业、房地产业、城市公用事业和市政建设等均取得了长足的发展。③ 进入20世纪以来，随着潮汕铁路的修建贯通，梅韩水运轮船运输业的兴起④，汕头与其腹地——赣闽粤边区的联系更为便捷，也更为密切。

　　在此市场变迁背景下，赣闽粤边区地方区域市场与国内外市场的物流、人流、文化信息流路线及其流向逐渐发生了改变。整个"闽西、潮

---

　　① 同治《赣州府志》记载："省之南顾，则赣州为一省咽喉，而独当闽粤之冲，其出入之路有三：由惠州南雄者，则以南安大庾岭为出入；由潮州者，则以会昌筠门岭为出入；由福建汀州者，则以瑞金隘口为出入"；东江贸易线即赣东南寻乌等县、潮州北部、嘉应州和闽西部分进出口货物循东江到广州贸易，其具体路线是由寻乌水、汀江、韩江上游及嘉应州北部各小河入梅江至五华境内的歧岭，取陆运到龙川县的老隆，再循东江南下，以达广州。参见同治《赣州府志》卷70，"艺文"；《寻乌调查（1930.5）》，载中共中央文献研究室编《毛泽东农村调查文集》，人民出版社1982年版，第52—54页；蒋祖缘《广东航运史（近代部分）》，人民交通出版社1989年版，第38页。

　　② 参见戴一峰《环境与发展：二十世纪上半期闽西农村的社会经济》，《中国社会经济史研究》2000年第4期；谢庐明《赣南农村墟市与近代社会变迁》，《中国社会经济史研究》2001年第1期；谢庐明《赣南农村市场中的非正式制度与近代社会变迁》，《史学月刊》2003年第2期。

　　③ 参见林金枝《解放前华侨在广东的投资状况及其作用》，《学术研究》1981年第6期；《近代华侨在汕头地区的投资》，《汕头大学学报》1986年第4期。

　　④ 潮汕铁路是由梅县华侨张煜南兄弟组织公司经营的中国第一家华侨投资的商办铁路，全线长90华里，1905年开始兴筑，1907年完成。1931年以前，平均每日载运旅客约3000人，载货约70吨；20世纪30年代以后，每日载运旅客四五千人，货物100吨以上；车辆每日来往潮汕6次，铁路经营长达30多年。1913年，梅江开始有电轮行驶，石窟河上的新铺镇，也时时出现上上下下的小火轮。民国时期，航行于梅江水道的汽轮有70艘。参见林金枝《近代华侨投资国内企业概论》，厦门大学出版社1988年版，第87—88页；欧阳英《梅县工商业发展梗概》，载政协梅县委员会文史资料委员会编《梅县文史资料》第28辑，1996年印，第92页；梅县志编纂委员会编《梅县志》，广东人民出版社1994年版，第462页；温锐、游海华2000年蕉岭县新铺镇实地调查。

州北部、嘉应州以及惠州西北部等地向西方国家进行贸易的货物,不再
循东江而至广州,改走韩江在汕头进出口"①。20 世纪初的"梅县、汕头
这个市,现在算是华南主要商埠之一,与厦、福、港、粤并驾齐驱……
粤省东江廿一市县,其至闽西上杭平武永定赣南的寻乌筠门岭瑞金等县,
一切货物出入,商旅往来,均须经由汕头往洛安大埔、梅县等县转运"②;
汕头"埠中金融势力,常足以左右上述各地之经济事业,就事实上言,
汕头即不啻各地经济之重心点也"③。梅韩水运、潮汕铁路、梅汕公路逐
步取代贡水成为边区最繁忙的运输线。汕头不仅以其优越的出海口地位
取代赣州成为边区最主要的转运中心,而且以其崭新的近代工商城市文
明形象成为边区墟镇城乡效法的榜样,西方资本主义生产方式和科学技
术文化循着韩江水系逐渐向北延伸拓展。与此同时,从 19 世纪中叶至
1919 年,汕头一直是中国近代"苦力贸易"的一个主要据点,经汕头出
国的苦力数以百万计。④ 粤东北的兴梅客家地区在当地生存环境的巨大压
力下,成为全国劳力输出海外的中心地之一。⑤ 出国谋生潮起潮涌,巨量
劳力进进出出(老客带新客),在赴海外谋生的同时,他们也把国际市场
的资金、技术、物资、信息、新观念等带回了家乡,这进一步加速了西
方资本主义生产方式和科学技术文化向边区中心各县延伸的速度,并拓
展了传播的深度和广度。

抗日战争时期,由于华北和长江沿线的沦陷、东南出海口的被封锁、
边区"三横两纵"公路交通网和邮电通信网的形成与完善,使得赣闽粤
边区成为东南抗战的大本营,也是大西南和东南诸省联系的大动脉,是
抗战时期南部中国的政治、经济与交通中心。赣闽粤边区凭借着良好的
市场网络和自然环境,接纳东南各省军政机关、工商企业、学校、避战
逃难人员,这使得其社会经济再次历经资本主义生产方式的激励和近代

① 蒋祖缘:《广东航运史(近代部分)》,人民交通出版社 1989 年版,第 38—39 页。
② 《汕头商业的今昔观》,《江西民国日报》1936 年 7 月 17 日第 8 版。
③ 《潮梅经济界前途之危机》,《广州民国日报》1925 年 5 月 5 日。
④ 参见吴凤斌《契约华工史》,江西人民出版社 1988 年版,第 69—70 页。
⑤ 参见朱国宏《中国人口的国际迁移之历史考察》,《历史研究》1998 年第 6 期。

市场的冲刷，其近代农业①、工商产业②、传统与近代新型的服务产业、墟镇与商品经济③等都呈现出或大或小、或多或少、或快或慢的递进发展趋势，边区社会经济发展到近代历史的最高峰。

因此，19世纪中期以来，由于汕头、厦门等沿海口岸的开埠，赣闽粤边区有了更为便捷的进出口通道，这使得它与国内外市场的联系比之以前更加紧密，其社会经济边缘化地位得到逐步改变。尽管20世纪初的地方军阀混战和20世纪30年代的国共内战影响着这一现代化转型趋势，但是，战乱只是恶化了边区社会经济发展的环境，加大了边区社会经济转型的成本，迟滞和延长了转型的进程，没有改变边区社会经济现代化发展的方向和趋势。因此，近代以来的赣闽粤边区，其社会经济并没有随着赣江—大庾岭商道的衰落而破败。从历史发展的长河来看，清末民国以来，赣闽粤边区市场网络与社会经济变迁，呈现的是缓慢地向上演进的历史发展趋势。

第二节　农业的演进与转型

近代中国农业是发展了，还是停滞了？新世纪初，中国经济史学界曾有一场激烈的争论。④ 而有关赣闽粤边区近代农业变迁的研究，尽管相互间没有争论，观点却不尽相同。例如戴一峰通过对闽西高度集中的土地关系及农业经营状况的分析，认为20世纪上半叶闽西农业凋敝；谢庐明也认为"随着五口通商和粤汉铁路的修通，国内贸易中心由广州转向

---

① 参见游海华《清末至民国时期赣闽粤边区农业变迁与转型》，《史学月刊》2005年第6期。

② 参见温锐、游海华《抗日战争时期赣闽粤边区的第一次现代化浪潮》，《抗日战争研究》2004年第4期。

③ 参见游海华《发展抑或衰败——清末民国赣闽粤边区墟镇变迁研究》，未刊稿。

④ 参见郑起东《近代华北农业的发展和农民生活》，《中国经济史研究》2000年第1期；刘克祥《对〈近代华北农业的发展和农民生活〉一文的质疑和辨误》，《中国经济史研究》2000年第3期；郑起东《再论近代华北的农业发展和农民生活》，《中国经济史研究》2001年第1期；夏明方《发展的幻象——近代华北农村农户收入状况与农民生活水平辨析》，《近代史研究》2002年第2期。

上海,大庾岭驿道衰退,赣南农业开始萎缩"(但文中未见其具体的分析);温锐则通过对土地租佃制度与赣南闽西农村社会经济发展关系的探讨,展现了清末民国年间赣闽边农村社会经济面向近代化积极应变的一面。[①] 以此看来,近代农业变迁是发展了,还是停滞了? 仍是一个争论未决的问题,当然是一个值得继续探讨的问题。另外,江南和华北地区农村是目前学界研究的热点和重点,可谓成果众多,不胜枚举。相形之下,学界对内陆和山区农村的关注则显得较为薄弱。基于以上原因,本节即以清末民国年间赣闽粤边区这一相对封闭山区为例,从传统农业产业的兴衰嬗变、农业新因素的诞生与成长两个方面(因温锐、戴一峰对土地和农业的关系已经作了详细的探讨,本节从略),考察其近代农业的渐进性演进与转型。在此基础上,对如何评价近代中国农业变迁提出一孔之见。

一　传统农业的兴衰嬗变

(一) 粮食作物种植的延伸

清末民国,赣闽粤边区粮食作物种植在种植业中占据主要地位,表2-5显示了20世纪30年代初赣闽粤边区15个县粮食作物种植面积结构。其中,水稻是最主要的粮食作物种植品种,种植面积比例高的如粤东北的兴宁、大埔等县,均在86%以上;低的如瑞金、石城等县,也在50%以上;各县平均比重为76.5%。大豆和小麦的种植面积比例比较低,平均比重分别为11.85%、12.25%。瑞金、石城水稻种植比例相对较低,是因为该两县大豆种植面积比例比较高(38.6%、33.5%),是表中各县种植面积比例最高的县份。1930年的《寻乌调查》也有类似记载,说20世纪初的瑞金和石城,米和豆子为输出大宗,年值几十万元。[②] 近代以

---

① 参见戴一峰《环境与发展:二十世纪上半期闽西农村的社会经济》,《中国社会经济史研究》2000年第4期,第3—5页;谢庐明《赣南农村市场中的非正式制度与近代社会变迁》,《史学月刊》2003年第2期,第99页;温锐《清末民初赣闽边土地租佃制度与农村社会经济》,《中国经济史研究》2002第4期。

② 参见《寻乌调查(1930.5)》,载中共中央文献研究室编《毛泽东农村调查文集》,人民出版社1982年版,第48页。

来，由于传统手工业如刨烟业、夏布纺织业的衰落，引起其原料烟叶、蓝靛、苎麻等经济作物种植面积大为缩减（见后文论述），有些县份粮食作物种植面积反而大为扩张。以瑞金为例，清时，瑞金成为赣东南的烟叶种植中心，烟叶种植占用大量稻田，造成本县米粮供应不足[①]；清末民

表 2 - 5　　　20 世纪 30 年代初赣闽粤边区粮食作物平常年之种植
面积结构及亩产量概况

	籼粳稻		糯稻		大豆		小麦	
	结构 （%）	亩产量 （斤）	结构 （%）	亩产量 （斤）	结构 （%）	亩产量 （斤）	结构 （%）	亩产量 （斤）
寻乌	70.1	255.9	—	206.2	3.1	121.8	26.8	128.4
会昌	75.0	333.7	—	247.2	15.2	111.8	9.8	114.6
瑞金	56.2	340.2	—	261.1	38.6	108.7	5.2	106.2
宁都	71.3	299.9	—	261.6	18.4	106.9	8.0	102.2
石城	50.6	266.1	—	272	33.5	112.2	15.9	101.2
宁化	78.0	315.1	—	304.2	7.3	116.7	14.7	135.5
长汀	67.0	314.6	—	297	17.8	116.8	15.2	136.7
武平	73.6	313.2	—	311.1	13.6	121.5	12.7	139
上杭	73.6	314.1	—	301.9	—	—	26.4	136.7
永定	80.5	313.9	—	301.2	9.1	118.1	10.4	136.4
兴宁	90.6	436.2	—	265.2	3.0	108	6.0	131.6
平远	93.0	433.6	—	325.2	2.6	116.5	4.4	244.6
蕉岭	90.3	523.4	—	583.3	1.1	166.5	8.5	300
梅县	90.9	269.7	—	266.1	1.5	99.8	7.6	179.2
大埔	86.8	359.9	—	373	1.1	117	12.1	76.0
合计	76.5	339.3	—	305.08	11.85	117.3	12.25	144.6

说明：1. 据本表"资料来源"所列资料编制而成。2. 籼粳稻之种植结构数据包括糯稻在内。

资料来源：国民政府主计处统计局编：《统计月报·农业专号》1932 年 1、2 月合刊，第 51、53、54 页。

[①]　参见郭灿、赖定俸等纂修乾隆《瑞金县志》卷 2，"物产"。

国,瑞金烟叶种植渐趋衰落,粮食作物种植面积逐渐增加,因此"稻米之产量,自食之余,仍可供给闽粤"①。民国地方报纸也载,瑞金食粮除自给外,谷"每年盈余 40000 石",豆年"盈余 12000 石",均运销闽粤。② 瑞金的情况可以说是赣东南各县种植业变化的普遍反映。

除水稻外,边区农民还大量种植番薯、芋头等杂粮。赣南各县的情况是:占寻乌农村人口 7% 的贫农最穷的阶层"三餐饭两餐食杂粮(粟板呀,番薯片呀)";兴国永丰区杂粮的大宗是番薯,平均占全部人口食粮的四成。③ 于都县银坑的老百姓"每年一半的时间要吃番薯"。④ 整个福建省,番薯"为替代米食之最重要食物,其栽培面积之广,仅次于水稻",据调查约占 31%。⑤ 由于番薯和芋头的产量较高,亩均产量是水稻的两、三倍,所以多种植番薯和芋头,是补充粮食不足和度荒年的现实办法。其具体种植面积,限于资料,无法作出准确的估量。

由于气候、水利、地形等地区差异,农作物的复种指数因地而异。赣东南和闽西差不多。"赣东南各县……年概种二次,仅山间陇亩及水源缺乏之田,年种一次"⑥;闽西的长汀县,种植单季稻面积一般占全县水田面积的 95%,栽培稻—薯(豆)等二熟制面积占水田面积的 50% 以下,尚有 50% 以上水田一年种植一季水稻后休闲。⑦ 粤东北的梅县,民初以前以一年两熟的稻—稻、稻—薯耕休形式为主;20 世纪 30 年代推广一年三熟制,即稻—稻—麦、稻—薯—豆;30 年代末 40 年代初,全县早晚两季稻面积约 25 万亩。⑧ 可见,以梅县为代表的粤东北地区耕作制度较为先进。相对来说,旱地要好些,边区大部分地区都能一年二熟至三熟。

---

① 陈诒修、陈政均纂:《瑞金县志稿》,1942 年印,第 128 页。

② 李文勳:《瑞金杂记》,《江西民国日报》1940 年 8 月 20 日。

③ 参见《寻乌调查(1930.5)》《兴国调查(1930.10)》,载中共中央文献研究室编《毛泽东农村调查文集》,人民出版社 1982 年版,第 133、239 页。

④ 王克浪:《赣南三日行》,《江西民国日报》1939 年 12 月 24 日。

⑤ 夏之骅:《农林事业在本省》,载福建省政府秘书处公报室编《闽政月刊》第 4 卷第 1 期,1939 年 3 月,第 69 页。

⑥ 刘治乾主编、江西省政府统计室编:《江西年鉴》,1936 年印,第 369 页。

⑦ 参见长汀县志编纂委员会编《长汀县志》,生活·读书·新知三联书店 1993 年版,第 136 页。

⑧ 参见梅县志编纂委员会编《梅县志》,广东人民出版社 1994 年版,第 267 页。

清末民国时期，粮食作物单产和农业劳动生产率相对较低。据20世纪30年代对江西省宁都县主要农作物亩均产量的调查，水稻高产如上等田晚稻达到320斤，低产如下等田早稻为126斤；黄豆高的86斤，低的41斤（因附种在番薯田中，故收成不多）；花生在86—197斤。[①] 40年代初上杭县农作物产量和宁都差不多，唯山薯的产量比宁都平均亩均高到两三百斤（上杭县山薯亩产最高1000斤，最低700斤，普通的有820斤）。[②] 农业劳动生产率也较低，根据笔者的计算（见表2-6），二三十年代的闽西，一个劳动力终年辛苦（劳动时间2—6个月不等），所得粮食在1250—3500斤；各县每个劳动力劳作一天的谷物收获量在14.0—17.5市斤。劳动力劳作一天，仅得十几斤谷物，真可谓"糊口"农业。

表2-6　　　　闽西各县每人一年耕种田地额与劳作天数比较

	龙岩		上杭		永定		连城		长汀	
	担数	天数	担数	天数	担数	天数	担数	天数	担数	天数
山田	30	210	10	80	12	108	20	160	20	160
洋田	40	200	15	75	30—40	150—200	20	100	20—30	100—150
劳力平均劳作	35	205	12.5	77.5	23.5	141.5	20	130	22.5	142.5
劳 均收获量	3500（市斤）		1250（市斤）		2100—2600（市斤）		2000（市斤）		2000—2500（市斤）	
劳均天收获量	17.1（市斤）		16.1（市斤）		14.8—18.4（市斤）		15.4（市斤）		14.0—17.5（市斤）	

说明：1. 据本表"资料来源"所列资料编制而成。2. 本表所指"担数"是以官秤百斤计算。

资料来源：《中共闽西党第二次代表大会日刊（1932.7.8—20）》，载江西省档案馆、中共江西省委党校党史教研室编《中央革命根据地史料选编》上册，江西人民出版社1982年版，第302页。

① 参见经济部江西省农村服务管理处编《江西农村社会调查》，1940年印，第111—113页。
② 参见蓝洪谟《上杭粮食生产与消费初步调查》，载福建省政府统计处编《统计副刊》第38号，1941年10月31日，第172页。

（二）经济作物种植的兴衰

据前人的研究成果，明清时期，赣闽粤边区大量种植烟草、蓝靛、甘蔗等经济作物，并成为全国重要的经济作物种植中心。① 清末民初，闽西烟叶种植仍"随处有之"，"其最著名者，则首推南靖、龙岩、永定、上杭四县及其邻县之平和"。② 其中，永定是闽西烟叶种植中心，其土壤和气候尤其适宜烟叶的种植。永定"全县没有一家人不种烟叶的"，因为"种烟的利息，比较任何农作物利息为厚"。③ 民国前期的上杭县，"庐丰、安乡、蓝家渡、丰稔寺四处多种烟叶"。④ 从上述记载来看，清末民初，烟叶种植业实为闽西各县种植业中的一大支柱产业。20世纪 30 年代以后，闽西烟叶种植业迅速衰落。据海关统计，1930 年以前，福建省每年出口烟丝价值达二百余万元，30 年代中期以后，跌至十余万元。⑤ 主要原因有二：一是受 30 年代国共内战的影响，闽西"农民分得田地，把烟田转种禾稻，以补足粮食"⑥；二是"近十余年来（民国中后期，笔者注），纸烟流行"，致使烟丝"价格日趋低落、产量日形减少"⑦。

民国赣南烟叶种植同样有所衰落。据 1930 年和 1948 年对信丰、安远、石城、瑞金、龙南、赣县、会昌 7 县的调查计算，烟叶种植面积最

① 参见刘翔《明清两代的烟草生产》，《农业考古》1993 年第 1 期；许怀林《江西史稿》，江西高校出版社 1993 年版，第 575—583 页；曹树基《明清时期的流民和赣南山区的开发》，《中国农史》1985 年第 4 期；叶显恩《清代广东水运与社会经济》，《中国社会经济史研究》1987 年第 4 期。

② 《述野田氏福建省南西部之调查报告》，《地学杂志》第 5 期，1933 年 5 月再版，第 12 页。

③ 《旧时代的手工业　闽永定的皮丝烟》，《江西民国日报》1936 年 7 月 1 日，第 8 版。

④ 《上杭县概况初步调查》，载福建省政府统计处编《统计月刊》第 3 卷第 3 期，1936 年 9 月 1 日，第 4 页。

⑤ 参见夏之骅《农林事业在本省（中）》，载福建省政府秘书处公报室编《闽政月刊》第 4 卷第 3 期，1939 年 5 月，第 45 页。

⑥ 《中共闽西党第二次代表大会日刊（1930.7.8—20）》，载江西省档案馆、中共江西省委党校党史教研室编《中央革命根据地史料选编》上册，江西人民出版社 1982 年版，第 234 页。

⑦ 傅家麟主编：《福建省农村经济参考资料汇编》，福建省银行经济研究室 1941 年版，第 329 页。

大的信丰县为 10000 亩，其他各县均在 5000 亩以下。① 尤其是瑞金，1930 年的种植规模仅为清盛时的 1/10。瑞金烟叶种植中心地位的没落和各县几千亩的种植数据表明，民国赣南烟叶种植业已经不再是种植业中的支柱产业了。粤东的烟叶种植，多"属自给性生产"。②

赣南的甘蔗在传统种植的基础依然兴盛。清末民国时期，从大庾新城到赣县蟠龙的章河沿岸，长约 150 里的沙田上，"栽满了绿油油的甘蔗"。③ 甘蔗榨成的蔗糖依然"是赣南主要出产之一，糖的中心产地聚集在南康的唐江、潭口、凤岗以西，赣县的蟠龙一带"；赣南甘蔗专业化种植历久不衰，既有其土质适于甘蔗种植的优点，也有近代市场与商人的激励因素。④ 与清中期相较，民国赣南甘蔗种植区已有些许变化：一为蔗区有西移的趋势，除集中在原来的赣县、南康、大庾、信丰一带外，还延伸到上犹江河谷两岸。民国报纸载："从南康一直到上犹，几乎全是种植的甘蔗。"⑤ 二为赣东南各县甘蔗种植相对萎缩，不如以前兴盛。例如"于都、宁都也产糖，但为数不多"，瑞金糖"年产八千担"，产品主要销往福建长汀。⑥ 赣东南各县总的甘蔗种植面积不是很大，除自给外，只有少部分糖输出。

闽西和粤东北甘蔗仍保持着明清时期的小规模种植面积，远不如本省闽南和粤东沿海大，不足供本邑消费。例如，1949 年前，"长汀食糖历来主要靠江西、漳州运入"；上杭食糖则"从广东潮州、汕头购进"，

---

① 王松年《江西之特产》记载："就一般产量说，每亩至少可以收烟叶三担，最多可收入八担，但平均总在五担左右"（第 218 页）；据平均数 5 担和 7 县烟叶总产量推算，7 县烟叶种植面积如下：1930 年信丰、安远、石城、瑞金、龙南、赣县 6 县分别为 10000 亩、4000 亩、4000 亩、2000 亩、200 亩、2000 亩，1948 年信丰、安远、石城、会昌 4 县分别为 9320 亩、4000 亩、5000 亩、1960 亩。烟叶总产量数据参见王松年编著《江西之特产》，联合征信所南昌分所 1949 年版，第 215 页。
② 梅县志编纂委员会编：《梅县志》，广东人民出版社 1994 年版，第 266 页。
③ 《力行日报》1948 年 11 月 8 日。
④ 《力行日报》1948 年 11 月 8 日。
⑤ 朴夫：《从赣州到上犹》，《正气日报》1942 年 11 月 19 日。
⑥ 《产糖的季节 记赣南蔗糖》，《正气日报》1944 年 12 月 9 日；《瑞金的特产》，《力行日报》1947 年 7 月 30 日。

1949 年该县甘蔗种植仅 41 亩;民国武平"邑所种皆甘蔗,止作水果食"。① 粤东北梅县,1949 年前"市面销售的白糖、红糖均由私商从外地采购";1949 年,梅县全县糖蔗种植仅 806 亩。②

与烟叶、甘蔗种植变化不同,蓝靛和苎麻的种植则迅速走向衰落。清末民国,由于洋靛、快靛等舶来品的侵入,边区土产蓝靛受到排挤,因为"洋靛一斤能顶土靛十斤,快靛一斤能顶土靛五十斤。用洋靛、快靛与用土靛的成本不相上下,但资金周转较快"。③ 土靛的滞销促使蓝靛种植趋于萎缩。例如民国武平县,"自洋靛由外输入,而土靛不销,种蓝者少矣"。④ 苎麻的种植命运与蓝靛差不多。随着洋布、洋纱的倾销,一向用自种苎麻和棉花为衣服原料的武平县农民,民国时期已是"种棉绝少,苎间种之,然不多也,布皆全仰给于他省"。⑤ 民国武平县的情况是边区蓝靛和棉麻种植业衰落的一个缩影。

(三) 近代山林业的起落

2000 年夏季,在武平县下坝村与谢炎章老先生交谈时,谢炎章老先生告诉笔者一种农民"耕山"的谋生方式。他说,下坝好多山,新中国成立前,这里的人大部分都是"靠山养山、养山吃山",田根本不值钱,种田人家的生活远不如"耕山"的人家。与下坝村连为一体的广东省平远县湍溪管理区也有人以"耕山"为生。该管理区河背村邱明礼的祖辈就是靠经营山冈为生。邱明礼告诉笔者,当时他家买了一块山冈,山冈就是他们家。⑥ 王松年编著的《江西之特产》中则详细描绘了一幅当时山

---

① 长汀县志编纂委员会编:《长汀县志》,生活·读书·新知三联书店 1993 年版,第 326 页;上杭县志编纂委员会编:《上杭县志》,福建人民出版社 1993 年版,第 357、156 页;丘复等纂:《武平县志》,"物产志",1941 年印。

② 梅县志编纂委员会编:《梅县志》,广东人民出版社 1994 年版,第 528、267 页。

③ 曾石门:《清末民初宁都染纺和鞔荣布店》,载政协宁都县委员会文史资料研究委员会编《宁都县文史资料》第 4 辑,1989 年印。

④ 丘复等纂:《武平县志》,"物产志",1941 年印。

⑤ 丘复等纂:《武平县志》,"实业志",1941 年印。

⑥ 温锐、海华 2000 年武平县下坝乡实地调查;温锐、游海华 2000 年平远县差干镇湍溪村实地调查。

农"耕山造林"的图景。[①] 上述材料说明,清末民国时期,以经营山林为生的职业化"山农"在三边山区普遍地存在着。职业化山农主要包括林农、茶农、菇农和笋农,其具体数量难以统计。以闽西为例(见表2－7),表中8县区共有林农9355户、茶农1973户7525人、菇农970人、笋农21038人。这是职业化的山农。此外,还有兼业性生产的山农,例如武平县的笋农,多由当地农民兼业。再如江西的兴国县,《寻乌调查》记载:兴国到梅县的货,以"茶油为大宗"[②],兴国一般农家靠桐油和茶油来维持半年粮食的大有人在[③]。于此可见,山林经营与粮食作物种植同被兴国县农民看重。

表 2－7　　　　　1937 年闽西各县区职业化山农及林副产量概况

	林户数	茶农数		茶地亩数	菇农人数	香菇产量		笋农人数	竹笋产量	
		户数	人数			担	元		担	元
长汀	3539	136	403	184	68	116	10440	3207	25850	20680
上杭	3162	64	307	90	20	36	3780	13881	4501	6751
武平	944			540	22	50	5000		2000	1800
永定	1170	500	2100	810	860	110	3900	3840	45700	3290
峰市	130	37	75	96				110	460	730
宁化		30	60							
连城	210	162	410	223						
龙岩	200	1044	4170							
合计	9355	1973	7525	1943	970	312	23120	21038	78511	33251

说明:1. 据本表"资料来源"所列资料编制而成。2. 长汀香菇产量一栏实为红菇产量数字,因香菇产量数字缺,故以红菇数字补。3. 武平笋农多系当地农民兼业,故笋农一栏从缺。4. 龙岩茶农户数和人数为1940年数据。5. 产值依产地价格计算。6. 数量单位系旧担,1担等于1.1936市担。

资料来源:《民国二十六年各县区木材产销统计》,福建省政府秘书处公报室编《闽政月刊》第3卷第5期,1939年1月,第51页;《民国二十六年各县区茶叶产销统计》,载福建省政府秘

---

① 参见王松年编著《江西之特产》,联合征信所南昌分所1949年版,第184—185页。

② 《寻乌调查(1930.5)》,载中共中央文献研究室编《毛泽东农村调查文集》,人民出版社1982年版,第48页。

③ 参见《力行日报》1947年8月26日。

书处公报室编《闽政月刊》第 3 卷第 4 期，1938 年 12 月，第 50 页；《民国二十六年各县区香菇产销统计》《民国二十六年各县区竹笋产销统计》，载福建省政府办公厅编《闽政月刊》第 3 卷第 2 期，1938 年 10 月，第 58—61 页；唐永基《闽茶之生产者》，载福建省政府统计处编《统计副刊》第 34 号，1941 年 6 月 30 日，第 290 页。

　　正是由于职业化山农的广泛存在，赣闽粤边区一直是我国的林产基地之一。清末民国时期的闽西，木材主产地为"长汀、连城、永定、上杭、武平等县，以武平产量为最多，永定、上杭亦是主要林地"。① 闽西木材输出数量和历史，据有关资料记载，清朝末年，武平、连城等县，年输出数量值百万元以上；整个汀江流域，年值在 350 万元以上；民国初年，木材输出数量剧减，20 世纪 20 年代渐有增长；30 年代因国共内战，转趋衰落，汀江流域输出数量，仅值百万元左右。② 江西木材，以赣南为大宗，由贡水而下者称东关木，由章水而下者称西关木；其中，西关木占 7/10，东关木占 3/10。③ 西关木因其价廉，销售量占常州木材贸易额的 7/10④；整个赣南木材"每年出口，在民国十五年（1926 年）以前，总计可达数百万元"⑤。30 年代受国共内战的影响，木商不得往来，赣南木业曾"一落千丈"。⑥

　　在职业化山农的辛勤劳动与经营下，毛竹、茶叶、香菇、竹笋等山货出产十分丰富。例如粤东梅县出产茶叶甚巨，其产茶区主要在石坑、梅西和梅南等乡镇；全县产量高的年份达 95 吨，其中石坑年产达 75 吨。⑦ 表 2–7 中的数据也大致反映了闽西 8 县区香菇和竹笋的年产量。这些山货除满足当地需求外，还远销国内和东南亚等海外市场。另外，赣南和闽西因毛竹遍植，以毛竹为主要原料的造纸业因而极为兴盛。闽

① 小方：《福建的三大特产》，《正气日报》1944 年 12 月 14 日。
② 参见《福建汀江流域之木材业》，载福建省政府秘书处统计室《统计月刊》第 2 卷第 4 期，1936 年 4 月 1 日，第 1、10 页。
③ 参见王松年编著《江西之特产》，联合征信所南昌分所 1949 年版，第 184 页。
④ 参见吴宗慈主编《江西通志稿》第 19 册，江西省博物馆江西通志稿整理组 1985 年印，第 93 页。
⑤ 《江西民国日报》1936 年 11 月 14 日。
⑥ 《赣南各县木业销路停滞》，《江西民国日报》1935 年 9 月 22 日第 6 版。
⑦ 参见梅县志编纂委员会编《梅县志》，广东人民出版社 1994 年版，第 266 页。

西"汀江流域，如连城、长汀、永定、武平等县，均为重要产地，闽南之龙岩，产纸亦多"。① 整个"闽西的出产以纸、烟为大宗，其次是茶叶等"。② 赣南各县也产纸，以石城、宁都、瑞金三县为盛，尤以石城为冠。

（四）家庭养殖业的延续

家庭养殖是传统农村社会的主要副业之一。清末民国时期，赣闽粤边区家庭养殖一向以猪、牛、鸡、鸭、鹅为主。例如，"赣南农家养猪的十有七家，养鸡的亦多，差不多每家都有，以至于养鸭、养鹅的，不过十分之四五"。③ 赣南家禽家畜养殖总规模到底有多大呢？据1936年《江西年鉴》所载赣南12县的统计数据计算④，12县饲养牛总数为335523头，猪为497754头，鸡为2078215只；家庭饲养规模为：饲养户户均养牛1.06头、养猪1.35头、养鸡5只，规模并不大。闽西相对小些。据1936年上杭县农户总户数和饲养总头数等数据⑤，笔者假设当时上杭县只有一半的居民饲养家禽家畜（这个假设应当比较可信），按照这个比例计算，1936年上杭县饲养户户均养牛0.2头、养猪1.3头、养鸡5只。猪、鸡的饲养规模与赣南差不多，而牛的饲养规模只有赣南的1/5。这有两个基本原因：一是20世纪20年代末，上杭县"常发生瘴疫，耕牛常有死亡"⑥；二是苏区革命期间，上杭县多为红白交界地带，耕牛宰杀比赣南更为严重。粤东北家禽家畜的饲养规模应不会超过赣南。这不仅因为粤东北的肉食供应主要是来自赣南各县，而且因为当时粤东北的粮食供应一直比较紧张，不存在大力发展家庭养殖业的条件。例如民国梅县不少

---

① 盛叙功编：《福建省一瞥》，上海商务印书馆1927年版，第78页。
② 《中共闽西党第二次代表大会日刊（1930.7.8—20）》，载江西省档案馆、中共江西省委党校党史教研室编《中央革命根据地史料选编》上册，江西人民出版社1982年版，第278页。
③ 萧承荟：《赣南农家的副业》，《正气日报》1943年6月29日。
④ 赣南12县分别是南康、赣县、于都、龙南、全南、定南、安远、寻乌、会昌、瑞金、宁都、石城。参见刘治乾主编、江西省政府统计室编《江西年鉴》，1936年印，第826—830页。
⑤ 据《上杭县概况初步调查》第5、22—23页有关数据计算。参见福建省政府统计处编《统计月刊》第3卷第4期，1936年9月1日。
⑥ 《上杭县概况初步调查》，载福建省政府统计处编《统计月刊》第3卷第4期，1936年9月1日，第23页。

农家由于粮食欠缺，不能养猪，一般农户养鸡也不过是几只。①

　　赣南家庭养殖规模相对较大，这使得赣南家禽家畜的商品率也比较高，主要供应广东。例如，赣南的鸡和鸡蛋"大多由乡民肩贩行销于广州及兴宁潮汕一带"；寻乌、会昌等县，贩牛生意颇为兴旺，销售的牛多半是牵到广东或者香港去作为食用。② 1930 年以前，赣南销售到粤东、粤东北的牛每年有 4500 头以上，猪约 5000 头，鸡约 216 万斤。③ 这还不包括赣南往广州、香港一带的销售量和其他家禽如鸭、鹅的销售量。可见，赣南往广东省的销售量相当可观，而前述赣南农户家庭养殖的规模并不大。因此，这一巨大销售额实际上是赣南各县集腋成裘、汇流成海的结果。

　　除上述养殖品种外，边区农家还养殖鱼、羊、兔、蜜蜂等。例如养鱼业，各县都有利用山塘、池塘和稻田养鱼的习惯，主要养殖品种——四大家鱼鱼苗（青、草、鲢、鳙）大部分要从江西九江、安徽安庆、湖南衡阳、广东珠江和潮州等地肩挑而来，本地只能繁殖鲴（鲛）、鲫、鲤少量鱼苗种。宁都田埠的东龙村、田头的渡头村是边区有名的鱼苗（鲴）繁殖村，瑞金叶坪的谢屋排村是边区专业的养鱼村。④ 再如养蜂业，民国龙岩全县只有几个人养蜂，养殖规模都不大，产量比较小，"病虫害无法预防和治疗，分封无法控制"。⑤ 实际上，因技术、场地、市场等因素，上述特种养殖都不具有普遍养殖的意义。

---

　　① 参见政协广东省梅州市文史资料委员会编《梅州文史》第 2 辑，1989 年印，第 18 页。

　　② 参见萧承荟《赣南农家的副业》，《正气日报》1943 年 6 月 29 日；《寻乌调查（1930.5）》，载中共中央文献研究室编《毛泽东农村调查文集》，人民出版社 1982 年版，第 50 页；《会昌肥牛身价百倍》，《力行日报》1947 年 12 月 2 日。

　　③ 参见《寻乌调查（1930.5）》，载中共中央文献研究室编《毛泽东农村调查文集》，人民出版社 1982 年版，第 49—51 页。

　　④ 参见宁都县志编纂委员会编《宁都县志》（内部版），1986 年印，第 161 页；温锐、游海华 1998 年瑞金叶坪乡实地调查。

　　⑤ 郭达根：《龙岩养蜂业概况》，载政协福建省龙岩市委员会文史资料工作组编《龙岩文史资料》第 12 辑，1985 年印，第 13 页。

二 农业新因素的诞生与成长

20世纪初以来，在清末新政、民国肇新、实业救国、科技救国、教育救国等体制改革与创新思潮的推动下，赣闽粤边区也涌动着农业革新的浪潮，地方政府、社区组织与普通民众都不同程度地投身于这一洪流。另外，30年代中期国共内战的结束，使得赣闽粤边区获得了休养生息的机会。1937年抗战军兴后，尽管全民族投入了抗战洪流，但是边区尤其是其腹地一直是抗战的大后方，没有沦为战场。所以，30年代中期以后，赣闽粤边区有一个相对良好的经济建设环境，"抗战建国"名副其实。因此，这一不同于华北和江南的地理因素为赣闽粤边区农业的进一步革新和转型提供了可能和保障。主要表现在以下几个方面。

首先，地方政府设立专业化管理机构，主持农政事业管理与服务工作。20世纪初以来，边区各县先后设立了县立苗圃、农场和农技推广处等专门农政管理机构。例如，1910年，梅县成立了实业分所，管理农牧业等事宜；1935年，兴办县苗圃场；1932—1936年，设立农业技术推广所；1940—1941年，设立农业工作站；1941年，县府设立垦荒指导员，各区、乡、保设立垦荒会，鼓励与推行垦荒垦殖；此外，还设有广东省稻作改进所梅县指导分区、蚕桑研究所等研究机构。[①] 据统计，1938年，兴宁、梅县、蕉岭、平远4县共有10个苗圃。[②] 1935年，瑞金县设立农业技术指导站，还成立了农林推广所，并附设了农业试验场；1943年，安远县成立县粮食增产总指导团，从事农业耕作制度、选种育种、除害灭病等方面的指导，1947年，又成立县垦殖督导团，督促指导农民垦殖荒山荒地；1936年，赣东南赣县、寻乌等12县均设立了县苗圃。[③] 1936

---

① 参见梅县志编纂委员会编《梅县志》，广东人民出版社1994年版，第238、302、250、899页。

② 参见《广东省各县市苗圃概况统计（1938年）》，载广东省政府秘书处统计室编《广东统计汇刊》第2期，1940年10月，第109页。

③ 参见瑞金县志编纂委员会编《瑞金县志》，中央文献出版社1993年版，第663、355页；安远县志编纂委员会编《安远县志》，新华出版社1993年版，第244页；参见本节表2–8统计。

年，长汀县建立苗圃，1943 年更名为县农场，其工作主要是培育良种、试种农林新品种等。① 1937 年，福建省设第二中心苗圃于连城文亨乡，次年，改组为第二林区，管辖各县区林场苗圃之作业及林政之推进；抗战初年，福建省增设 8 个县中心农场，其中之一在长汀县，1938 年，福建省各县均设立了县农场（金门和柘洋除外）。② 上述农政专门管理与服务机构的成立，表明边区地方政府在近代资本主义市场的推动下，逐渐顺应时代潮流，转变政府职能，以加强对农业的专业化管理和指导。这对于边区传统农业的转型与革新，无疑有着强力推动作用。

其次，地方政府身体力行，在实践中积极从事农业示范与推广工作。例如，1943 年，蒋经国先后在赣县的吉埠、南康的横市、上犹的广田、信丰的游田等地设立扶植自耕农示范区，其职责是：（1）办理土地审核、产权转换；（2）调解区内土地纠纷；（3）推广农业技术；（4）兴办公益事业；（5）管理示范农场；另外，示范区中心农场还兼负区内优良品种、农具改良和病虫害防治技术推广的职责。③ 尤其值得一提的是，1936 年 1 月，全国经济委员会正式在宁都石上成立的江西省第十农村服务区，从农业、合作、卫生和教育四个方面入手，复兴农村。当年推进的农业工作主要有：（1）造林工作，指导当地农民播种茶树 53900 株、油桐 16050 株，指导两个村的农民开辟了苗圃；（2）农事实验，服务区农场培育各种林苗约 100 万株，开辟了园圃，试种了蔬菜和枇杷、蜜橘、草莓等各种果树 3130 棵；试种了水稻品种；（3）农事推广，推广油桐 16000 株、茶树 50000 株、柑橘 9 株、稻作特约农家 5 处。④ 尽管上述农业改进事业刚刚入手，但有条不紊、步步推进，显示出勃勃生机。另外，地方政府主持的林业建设工作也有了实实在在的成绩。例如，20 世纪 30 年代中后

---

① 参见长汀县志编纂委员会编《长汀县志》，生活·读书·新知三联书店 1993 年版，第 714 页。

② 参见夏之骅《农林事业在本省（中）》，载福建省政府秘书处公报室编《闽政月刊》第 4 卷第 3 期，1939 年 5 月，第 40 页；宋增榘《福建省之农业建设》，载福建省政府秘书处参译室编《闽政月刊》第 9 卷第 2 期，1941 年 8 月，第 19 页。

③ 参见政协江西省信丰县委员会文史资料研究委员会编《信丰文史资料》第 3 辑，第 1、5、7 页。

④ 参见菴荣《石上农村服务区概况》，载江西省政府统计室编《经济旬刊》第 7 卷第 6 期，1936 年 8 月 25 日，第 40—41 页。

期，赣东南和粤东北 16 县共造林 25908 亩、2162384 株，培育各类树苗 12866553 株（见表 2－8），造林和育苗数量扎实推进。此外，伴随着现代公路的出现，公路沿线的植树造林也逐步纳入了地方政府林政的日常工作。民国中后期，边区各县政府都把 3 月 12 日作为法定的植树造林日，每年届时，边区政府工作人员和学校师生身先士卒，纷纷上山植树造林，并积极发动民间参与。

表 2－8　　　　　20 世纪 30 年代中后期赣东南和粤东北各县
造林及苗圃概况

	造林亩数	造林株数	苗圃面积（亩）	育苗株数		造林亩数	造林株数	苗圃面积（亩）	育苗株数
赣县			473.7	10068490	瑞金	1000	35000	10	3500
赣县	716	102380	16	50503	会昌	14721	308504	27	103700
信丰	190	10000	11	60000	兴国	4411	1060000	26	210560
龙南	700	66500	100	105300	于都			14	1372000
定南	100	7000	15	12000	兴宁			58.0	220000
寻乌	120	20000	15	51000	梅县			108.26	3500
安远	120	84000	12	2000	平远			55.0	94500
宁都	3700	326000	63	170000	蕉岭			113.0	3500
石城	130	143000	100	336000					
合计	25908	2162384	1216.96	12866553					

说明：1. 据本表"资料来源"所列资料编制而成。2. 赣县第一栏为中心苗圃统计数据，第二栏为县立苗圃统计数据。3. 赣东南各县为 1936 年统计数据。4. 粤东北各县为 1938 年统计数据，其中育苗数量为 1935—1938 年 4 年统计数字总和。5. 合计一栏是本表所有县份的叠加数据。

资料来源：江西省政府秘书处统计室编：《经济旬刊》第 9 卷第 3 期，1937 年 7 月 25 日，第 21—25 页；第 7 期，1937 年 9 月 5 日，第 41—43 页。《广东省各县市苗圃概况统计（1938 年）》，载广东省政府秘书处统计室编《广东统计汇刊》第 2 期，1940 年 10 月，第 109 页。

在政府的各项农业工作中，良种的推广工作较为显著，突出表现在 20 世纪 30 年代中期以后的民国时期。清末民初，农民种养品种基本上是传统承传的自种自留，或由进出的人流带进传播，边区良种的更新一直较为缓慢。政府行为介入后，良种引进的速度和推广的效果明显加快了。

例如，1939 年梅县地方政府与一些学校和实验所合作，选择了 10 多个乡村作为良种试验示范区，推广了一批早造和晚造良种，比原来农家传统选种可普遍增产 20%；1941 年梅县推广早稻新品种面积 1 万余亩。① 赣东南的宁都县，由于宁都师范农场师生和前述石上农村服务区的努力，从 1935 年至 1941 年，全县共种植改良稻种面积 91.95 万亩。② 30 年代中期，福建省曾在上杭县组设鱼苗生产合作社，培育鱼苗 1.45 亿尾。③ 抗战时期闽西连城的文亨乡，设有福建省农业改进处农场，该场曾试验引种优良小麦品种和江西绿肥优良品种紫云英。④ 1938 年，福建省农业改进处购进 200 余种烟种（其中一部分为美国品种和适于制造卷烟的品种），在连城、永定及其他各地的农场、农户中试种。⑤ 这是民国时期赣闽粤边区良种推广较好的几个县。与此同时，各县农业技术机构还先后引进了外国猪、牛、羊等品种，并和当地传统品种进行杂交试验，培育适合当地的新养殖品种。

再次，社区组织与普通民众在农业的转型与革新中也表现不俗。19世纪末 20 世纪初，受近代资本市场的刺激，一批带有现代农业企业性质的林业公司开始涌现，其中闽粤边区人走在前面。清末民初的闽西永定县，"近来邑人注重实业，多种油桐蓖麻果类"，规模较大的有：城南振华园（清末郑泮香、郑金禄等向公众承垦）、东门外的商务公司（宣统年间大有、秋昌等十余商号组办承垦）和华实园、坎市丰大农场（1938 年开垦，有山场数里，卢实秋私营）。⑥ 民国初期，上杭中都丘族曾合资建立万济庄，提倡林业，在上都购山场数十里；上白沙华姓组合裕源公司，于竹木外注重桐茶两种，经营数年，竹木颇有成绩，桐茶亦

① 参见梅县志编纂委员会编《梅县志》，广东人民出版社 1994 年版，第 260 页。
② 参见宁都县志编纂委员会编《宁都县志》（内部版），1986 年印，第 134 页。
③ 参见合作事业管理处《本省战时合作事业实况撮要》，载福建省政府秘书处公报室编《闽政月刊》第 3 卷第 3 期，第 31 页。
④ 参见农业改进处《本省改良农作物进行状况》，载福建省政府秘书处公报室编《闽政月刊》第 3 卷第 5 期，1939 年 1 月，第 27 页；夏之骅《农林事业在本省》，载福建省政府秘书处公报室编《闽政月刊》第 4 卷第 1 期，1939 年 3 月，第 70 页。
⑤ 参见夏之骅《农林事业在本省（中）》，载福建省政府秘书处公报室编《闽政月刊》第 4 卷第 3 期，1939 年 5 月，第 45 页。
⑥ 参见徐元龙修，张超南、林上楠纂《永定县志》第 19 卷，"实业志"，1949 年印。

渐有收获；30 年代前后，湖梓里人着手垦山栽种，后因农民革命暴动而付之一炬。① 至 1937 年，中都还成立了私营笠民农场。② 与此同时，武平县城关、十方、六甲、中山一带相继成立林业合作社，向银行贷款造林。③

　　粤东北人也不甘其后。1911 年冬，兴宁人罗则桓以白石岭张庙塘祖堂山为基地，集股兴办蓼塘罗族树木公司。在其影响下，曲塘的学泗公树木公司、车沥的长冈埂树木公司、叶塘人萧惠长近千亩的务本实业公司、新陂区石陂头蓝水凤等凑股种树 300 亩、宁塘石子岭村商人李谷兰的辉生垦殖场等分公司、场相继成立，后三个公司（场）均持续经营了几十年，直至新中国成立，获益颇大。④ 1931—1941 年，在县政府的发动下，梅县的松南、丙村、西阳、东厢等乡组织起 10 家垦殖公司，植桐 50 余万株。⑤

　　赣东南宁都县人也紧跟步伐。1904 年，宁都县安福乡刘姓诸户将公业刘家山荒山约 10 里分段认垦种树，规定三年内垦种齐全，谁垦种谁管理谁受益。至 1905 年，仁义、安福、清泰等乡共种树 17.46 万株。1906 年，怀德乡钓峰村林农罗平澜在自家山上种树约 6000 株，罗鹤鸣在炭山岭添种松、杉等树 6000 余株，罗骥星等在城北七仙庙添种树 100 余株。太平乡廖其杉等种树约 800 株。⑥

　　这些农业企业或家庭林场大多依托地方宗族或合作社，采用股份合作或私人经营的方式展拓农林事业。从单个县看来，尽管每个县的农业企业不过几家，家庭林场规模不是很大，但是它们毕竟是边区农业中的新事物，其中有些农业企业和家庭林场显示了其强大而经久的生命力。就当时来说，这些农业企业和家庭林场的示范效应还是功不可没的。

---

① 参见张汉等修、丘复等纂《上杭县志》，"实业志"，1938 年印。
② 参见上杭县地方志编纂委员会编《上杭县志》，福建人民出版社 1993 年版，第 188 页。
③ 参见武平县志编纂委员会编《武平县志》，中国大百科全书出版社 1993 年版，第 173 页。
④ 参见兴宁县志编纂委员会编《兴宁县志》，广东人民出版社 1992 年版，第 222 页。
⑤ 参见梅县志编纂委员会编《梅县志》，广东人民出版社 1994 年版，第 303 页。
⑥ 参见宁都县志编纂委员会编《宁都县志》（内部版），1986 年印，第 146 页。

随着近代人流的进出涌动，新的种养品种不断传播并扎根于边区各县。例如著名的梅县丙村的沙田柚，是民国初年由丙村的郭冠雄先生从广西引进；梅县石扇的花皮西瓜，20 世纪 40 年代前后由石扇象村归侨傅锐文先生从南洋引进。① 另据地方志记载，抗日战争期间，兴宁县出现了专业化养殖模式，该县龙田区利溪乡刘英明从上海引进来航红玉鸡、芦花鸡等品种，自办养鸡场②；上杭县的官庄花猪，是 1924 年由官庄贵泉村钟加模从梅州南口地区引进，后经当地群众多年辛勤选育而成③。赣县自 1885 年引进甜橙、黄金柚后，又由传教士和商旅引进福橘、金钱蜜橘、大红袍、连城柑、三湖橘、肇庆橘、椪橘、蕉柑、金柑等多个柑橘品种。④ 清末民国时期，民间种养品种的引进尽管看起来细微、缓慢，远不如政治变革那样惊天动地，但是它们对当地农村经济的积极作用却不可低估。

最后，为满足近代农业发展的需要，培养专门人才的农业职业技术学校应运而生。据不完全统计（见表 2－9），20 世纪上半叶，赣闽粤边区各县创办了 18 所农业职业学校（抗战前 6 所，抗战中 12 所）。从学校的办学性质看，有省立、有县立、有私立；从所办专业来看，有农艺、有林业、有畜牧、有蚕业；学生有多有少，多的达 400 人，少的近百人；开办的时间有长有短，长的有 20 多年，短的当年就停办。有的学校备有学生实习基地，使教、学、用有机结合，相辅相成。大部分学校创办于三四十年代，正是 30 年代边区国共内战结束和抗战建国勃兴亟须专业人才恢复与振兴农村经济的时刻，从这个意义上来说，农业职业学校的创办为边区经济恢复与发展培养了适时性专业人才。

---

① 参见吴炳奎《梅县市著名土特产》，载政协梅县文史资料编辑委员会编《梅县文史资料》第 7 辑，1993 年印，第 97、98 页。

② 参见兴宁县志编纂委员会编《兴宁县志》，广东人民出版社 1992 年版，第 205 页。

③ 参见丘星辉、廖金才《上杭猪种史话》，载政协福建省上杭县委员会文史资料编辑室编《上杭文史资料》总第 4 期，1984 年印，第 72 页。

④ 参见赣县志编纂委员会编《赣县志》，新华出版社 1991 年版，第 134 页。

表 2 - 9　　　　20 世纪上半叶赣闽粤边区各县创办农业学校概况

	学校名称	性质	创办年份	学生人数	备注
赣县	甲种农业学校	公办	1915		1918 年改称省立第一农业学校；1933 年停办
	四区联立高级农业学校	公办	1942	4 班 150 余人	1937 年改称县立高级农业职业学校
	赣县初级农业职业学校	私立	1944	3 班 144 人	毕业一届学生后停办
信丰	信丰乙级农业学校	公办	1920		当年停办
于都	农业职业补习学校	公办	1937	87 人；最多时达 200 余人	先后改名为初级实用农业职业学校、于都县立农业职业学校
瑞金	建成森林职业中学	私立	1941	120 多人	1949 年停办
长汀	县立农业职业学校	公办	1938		1939 年并入县立初中
上杭	民生农校	私立	1940	100 余人	1941 年迁回晋江
	上杭力行农校	私立	1941		1949 年停办
武平	县立初中	公办	1925		1925 年办了两届蚕业班
龙岩	县立初级农业职业学校	公办	1942	两校共毕业	
	省立高级农业职业学校	公办	1942	160 人	
梅县	蚕桑学校		1923	3 个班	1935 年改称省立梅州农业职业学校，1936 年改称省立梅州高级农业职业学校
	蚕桑学校讲习所			1933 年 150 人；最多时达 400 人	
	省立第三农业学校		1933		
蕉岭	仓海职业学校	私立	1939		1945 年停办
兴宁	蚕业学堂	公办	1907		数年后停办
平远	梅兴初级农业学校		1943	每年有 100 多人	1947 年改称梅青初级农业职业学校，1949 年停办

说明：1. 据本表"资料来源"所列资料编制而成。2. 1933 年，梅县省立第三农业学校设高级农艺、森林、畜牧三个专业；1939 年，蕉岭仓海职业学校开设农、林两个专业。3. 1942 年，于都初级实用农业职业学校有实习基地 18 亩；上杭力行农校有实验田 40 多亩；1943 年春，平远梅兴初级农业学校有水旱实验地 20 亩。

资料来源：赣县志编纂委员会编：《赣县志》，新华出版社 1991 年版，第 471—472 页；信丰县志编纂委员会编：《信丰县志》，江西人民出版社 1991 年版，第 596 页；于都县志编纂委员会

编:《于都县志》,新华出版社 1991 年版,第 473 页;瑞金县志编纂委员会编:《瑞金县志》,中央文献出版社 1993 年版,第 654—655 页;长汀县志编纂委员会编:《长汀县志》,生活·读书·新知三联书店 1993 年版,第 699 页;上杭县地方志编纂委员会编:《上杭县志》,福建人民出版社 1993 年版,第 709 页;武平县志编纂委员会编:《武平县志》,中国大百科全书出版社 1993 年版,第 608 页;龙岩市地方志编纂委员会编:《龙岩市志》,中国科学技术出版社 1993 年版,第 646 页;梅县志编纂委员会编:《梅县志》,广东人民出版社 1994 年版,第 867 页;蕉岭县志编纂委员会编:《蕉岭县志》广东人民出版社 1992 年版,第 537 页;兴宁县志编纂委员会编:《兴宁县志》,广东人民出版社 1992 年版,第 650 页;平远县志编纂委员会编:《平远县志》,广东人民出版社 1993 年版,第 519 页。

三 结论

综上所述,对清末民国赣闽粤边区农业演进与转型,我们可作如下归纳。

1. 19 世纪下半叶以来,受近代资本主义市场和 20 世纪 30 年代边区国共内战的冲击与震荡,一方面,边区大部分传统经济作物如烟叶种植业逐步呈现出衰落的趋势,木材输出业曾一落千丈,蓝靛和苎麻种植业走向没落,养殖业如养牛业受到打击。另一方面,为求战乱中的生存,农民的粮食作物种植面积大为扩张;赣南的甘蔗种植业则凭借地利和传统优势,种植依然兴盛;烟叶种植和木材业尽管呈衰落趋势,但还是占有相当的市场。正是由于突然而来的激烈市场竞争环境,使得边区农业短时难以应对激变、无法适时调整种养结构,因而边区农业表现为生产率比较低、单产长期徘徊于较低水平、养殖业局限于家庭小规模、大部分经济作物种植呈被抑制发展的态势;30 年代惨烈的国共政治争战加剧并恶化了边区农业转型的成本,使得其农业转型步伐更为缓慢。

2. 20 世纪初以来,尤其是 30 年代中期以后,为复兴农村、赈济农业,边区地方政府相继设立专业化农业管理机构,积极从事农业示范与推广工作。受市场的激励,社区组织和普通民众也组建了一些近代农业企业,引进了一些农业种养品种。与此同时,边区农业职业学校的创办,也为边区农业的转型与革新培养了一批适时性人才。总体上看来,边区农业正呈现出积极的渐进性演进和转型。

清末民国赣闽粤边区农业演进与转型为我们观照近代中国农业提供

了一个独特的区域视角。

　　一是中国不同地区农业变迁与转型步伐差异明显。表现在以下两个方面。

　　其一，赣闽粤边区是传统社会中一个较为封闭的山区，因此，尽管华北、江南地区农业早在 19 世纪下半叶就经历了近代资本主义的激荡，并开始出现了近代农业新技术、新管理、新人才、新的经营方式等新的因素，但赣闽粤山区到 20 世纪初期才明显感受到市场震荡，农业新因素迟至民国中后期才较为普遍出现。

　　其二，学界新观点一般认为，20 世纪初（1937 年抗战爆发前）的华北和江南地区农业有发展或增长的态势。① 此后，由于八年民族抗战和接踵而至的国共内战，华北和江南沦为战区，其农村和农业趋于破产。赣闽粤边区却完全不同，全面抗战爆发后，一跃成为东南抗战的大后方，闽粤赣三省军政机关、沦陷区人员、工商企业、学校等纷迁于此，并带来了边区的第一次现代化浪潮。② 加之，30 年代中期边区激烈的国共争战结束以后，国民政府致力于边区社会经济建设，休养生息。在此背景下，边区农业反而有较好的发展状态，与华北和江南地区形成鲜明的对比。

　　二是近代中国农业是发展了，还是停滞了？根据本节的分析，笔者认为：从更长的历史时段（1840—1949）和宏观上看，清末民国年间赣闽粤边区农业面对新的市场竞争环境经历了兴衰嬗变、重组调适的过程，这一过程有衰落、有收缩、有扩张，并出现了诸多近代农业新因素，农业正朝着积极的方向做渐进性转型和演进，近代农业完全衰败的观点在边区缺乏强有力的证据。正如国外制度经济学家所指出的：人类知识的演化"大部分不能归功于突发性的重大创新，而应归功于适应性变革，即通过试错，通过对需求和不断变化的条件作出适应性反应的调整和改良而表现出来的创造性"。③ 赣闽粤边区近代农业的演进与转型正表现了

---

　　① 参见郑起东《近代华北农业的发展和农民生活》，《中国经济史研究》2000 年第 1 期；夏明方《发展的幻象——近代华北农村农户收入状况与农民生活水平辨析》，《近代史研究》2002 年第 2 期；王铭农《近代江苏畜牧业概述》，《中国农史》1997 年第 4 期。

　　② 参见温锐、游海华《抗日战争时期赣闽粤边区的第一次现代化浪潮》，《抗日战争研究》2004 年第 4 期。

　　③ ［德］柯武刚、史漫飞：《制度经济学》，韩朝华译，商务印书馆 2002 年版，第 58—59 页。

这一特点。遗憾的是，中国学界传统观点长期囿于意识形态，过度关注和强调近代农业的"破产"，一直漠视近代农业的适应性变革，以致难以客观把握和充分肯定中国近代农业的"渐进性变革"脉搏。

最后，笔者想特别强调：对近代中国农业整体变迁评价应立足于多区域的实证研究，任何单一区域的农业评价都无法涵盖近代中国农业的整体变迁内容和特点。如果考虑到全国的地区差异性和丰富性，对近代中国农业整体变迁的任何单一评价模式都是没有意义的。

第三节　寻乌农民经济观念的变迁

在近代国门大开，欧风美雨徐徐东渐、东西方市场日益接轨的大背景下，远离沿海和城市等发达地区的广大内地尤其是山区的芸芸众生，对于这一席卷全球的近代化浪潮，从长时段和整体行为反应来看，他们是"心存抵触"，还是"主动接受"？是"退缩"回农村、农业，还是多种兼业乃至积极进军工商产业？中国农民能否适应现代化？客观地说，学界对此的研究是不充分的，但这似乎并不妨碍人们对农民"落后""保守"的观念定位。

中国农民真的是这样的吗？人们的观念通过其日常行为得以展现。学界已有的相关成果，或以宏观叙述见长，或以精英阶层为认识重点，或以沿海发达地区和城市为研究中心[1]，相对而言，对于内地尤其是山区

---

① 参见张鸣《乡土心路八十年——中国近代化过程中农民意识的变迁》，上海三联书店1997年版；周晓虹《传统与变迁——江浙农民的社会心理及其近代以来的嬗变》，三联书店1998年版；高翔《近代的初曙：18世纪中国观念变迁与社会发展》，社会科学文献出版社2000年版；李湘敏《基督教教育与近代中国妇女社会思想观念的变迁》，《教育评论》1997年第1期；刘增合《近代绅商与经济伦理观念的变迁》，《社会科学研究》1999年第2期；逸民《辛亥革命后中国人婚姻家庭观念的变迁》，《中华文化论坛》2003年第1期；杨志昂《晚清民法观念的变迁与清末民律的修订》，《南华大学学报》2003年第3期；赵可《20世纪20年代新型知识分子城市观念的变迁》，《社会科学研究》2003年第5期；李长莉《以上海为例看晚清时期社会生活方式及观念变迁》，《史学月刊》2004年第5期；左日非《"近代中国社会生活与观念变迁"学术研讨会综述》，《近代史研究》2002年第2期；郭德宏、陈廷湘主编《中国现代社会心理与社会思潮研究》，当代世界出版社2005年版。

普通社会大众的研究，还显得不足。本节通过对地处江西、福建、广东三省交界的寻乌县，清末民国时期其农民[①]就业、消费、生产经营行为所体现的经济观念和市场风险意识等的梳理与分析，对此作一讨论，以求进一步推动学界对农民问题的理论认识。

一　就业观念的市场化发展趋势

近代以前，在传统统治者"重本轻末""重农抑商"这一宏观政策的调控下，寻乌县"民力稼穑，女勤纺绩"[②]，老百姓谋生和就业方式基本上以农耕为主，难以跳出传统"以农为本"就业观的圈子，与市场也只是保留着有限的交换关系。近代以降，在市场利润的刺激下，寻乌人进军商业、圩镇和挤入商道的谋生人员日渐增多。清末民初时期，进军墟镇从事工商业的寻乌人比比皆是。1930 年毛泽东所作的《寻乌调查》中，就记载了这一时期多个进入寻城和墟镇开店经商的例子。例如，家住南门城外钟周瑞的盐店（店开在东门城内），"开了二十多年"（到 1930 年为止，下同）；车头人邝明奎的新发昌盐店，"开了十多年"；家住东门外的何子贞，"民国十六年领了张帖子开豆行"；荣春祥，"小时候很穷，帮土豪管账赚了些钱，买点田起家"，在寻城开了家水货店，"资本七八百元"；19 世纪中后期开始，范渊甫及其兄弟子孙等，先后开办经营了顺昌老店、兴记、达记、茂记、钧记、鸿昌、禄丰 7 家商店；陈登祺（留车人），原来"穷得没有饭吃"，1925 年来寻乌城"开了同来安店，兼做油行"；何祥盛，先是"摆摊子"，后"做水货生意发了财"；王菊圆（澄江人），"在澄江圩开了三个店，做水货、杂货及鸦片烟贩生意"；陈万保（廷岭人），"做猪贩，做烟土贩，开杂货店"。[③] 民国年间，寻乌"全县

[①]　近代中国社会还是一个农业社会，人们的就业和居住均难以脱离农村，即使是城市居民，其与农村的联系，也相当密切，具体到寻乌，则更是如此。因此，本节所指的寻乌农民，包括在寻乌居住和就业的所有人。

[②]　（清）魏瀛等修、钟音鸿等纂：《赣州府志》（一），第 20 卷，长宁"风俗"，清同治十二年刊本，台湾成文出版社有限公司印行。

[③]　《寻乌调查（1930.5）》，载中共中央文献研究室编《毛泽东农村调查文集》，人民出版社 1982 年版，第 58—59、67、75、86、102、114、115 页。

豪绅的领袖"潘明征（吉潭小杭村人），是进军商业和圩镇的杰出代表。他约生于清咸丰年间，其父亲手上只有 80 石谷田，至潘明征当家时，勤苦精干，家境逐渐富裕。在"力农致富"的同时，他先后在吉潭圩开有药店、杂货店，还兴办经营了一所长达近 20 年（1912—1930 年）的"知耻小学"；1928 年，又在县城开办当铺。到 20 世纪 20 年代末，潘明征家产"共计价值三十万元，田地收租一万石左右"。国共内战后，他复在县城开药店，1936 年开办运输公司——"新兴公司"，从汕头买回"福特"牌汽车 1 辆，经营汽车运输业务，其后，公司汽车发展到六七辆；抗战时期，公司主要经营赣东南和粤东北各县之间的米粮贸易；1939 年，新兴公司请进技工王城立开办汽车维修厂，师徒 3—4 人，维修公司内外的汽车。以上各业获利丰厚。①

富裕阶层进军工商业的比例，据《寻乌调查》所载明的地主兼业状况统计，全县 8 个头等大地主中，兼营工商业者 3 家，占 37.5%；113 个中地主中，兼营工商者 20 家，占 18%；占寻乌地主总数 48% 的所谓"新发户子"的小地主，都是"由农民力作致富升上来的，或由小商业致富来的"；在城的 17 家地主中，经营工商业和曾经经营工商业者 9 家，占 53%。② 这个数据虽然是不完全统计，但或多或少反映了传统市场向近代市场转化过程中，寻乌富裕阶层进军墟镇、进军工商业的趋势和力度，也折射出了寻乌富裕阶层就业观的实际状况。

出于生存压力和发家致富的激励，众多缺乏资本和机缘开店的寻乌人，则利用自己天生的力气和地处边境的地缘优势，"农隙负贩米盐"③，成为来来往往的小贩和"挑脚"。刘步权老人（1918 年生），原籍寻乌篁乡，他的祖父迁到寻乌城租田种，兼开伙店，父亲很早就去世了，他 19 岁小学毕业后帮助家里经营伙店，并开始跟人合伙做生意，从唐江、信

---

① 参见温锐、游海华 1999 年寻乌县实地调查；《寻乌调查（1930.5）》，载中共中央文献研究室编《毛泽东农村调查文集》，人民出版社 1982 年版，第 113 页；寻乌县志编纂委员会编《寻乌县志》，新华出版社 1996 年版，第 12、128 页。

② 参见《寻乌调查（1930.5）》，载中共中央文献研究室编《毛泽东农村调查文集》，人民出版社 1982 年版，第 113—124、101—103 页。

③ （清）王衍曾修、古有辉纂：《长宁县志》第 2 卷，"风俗"，光绪三十三年（1907）活字本。

丰等地贩牛、猪到寻乌卖；20 世纪 40 年代出生的古伟富（篁乡人），他家 10 姊妹，全靠他父亲挑米下龙川，挑盐回来，出卖后养活全家；1920 年出生的陈亚魁（原籍平远人），22 岁逃"抓壮丁"到寻乌后做了挑脚，"挑了十多年"，并在寻乌成家立业。① 晨光镇上黄村的严水莲老人（1905 年生），秋收以后农闲的几个月内，天天挑米下广东的罗浮、兴宁，然后挑盐回来，挑担最远到过信丰；同村的严纯标老人（1929 年生），17 岁开始挑担讨生活，挑纸、红薯、米等下广东，挑盐、糖、洋油、花生油上来。井背自然村的汪广尧老人（1915 年生），20 岁开始挑担，做"盐上米下"的小生意；同村的汪良宾老人（1918 年生），开始是挑担，二十七八岁开始学杀猪，以后一直以杀猪业为生。② 寻乌城的水货店主张均益，在开店前是奔走于寻乌与梅县之间的专业挑夫；寻乌城靠"精苦勤干"摆水货摊子发起财来的有潘登记、何祥盛、罗义盛、刘恒泰、范老四等许多人，"他们有家，但没有开张门面的店，一、四、七挑着担子赶本城的圩，三、六、九又挑着担子赶吉潭的圩，这样子挣得几个钱"。③

　　笔者在寻乌访问的所有老人中（地主出身和读书人除外），几乎都挑过担，小部分是专业的挑夫（帮人家挑），大部分是自己从事小额米盐贸易或油盐贸易等。随着工商产业的变迁，一些传统的手工业（如制伞业、纺织业）逐渐走上了衰落的不归路，同时也有一些人在激烈竞争的市场中被甩出了原来谋生的行业，这些人大部分也挤入商道，靠出卖劳动力为生。因此，在寻乌通往广东的商道上，终日是来来往往的贩夫走卒。例如，筠门岭、罗塘、下坝一路，仅石城、瑞金往梅县的米，"每天有约三百担过"，即至少每天有 300 个挑夫，因而罗塘与下坝之间，挑夫"如同蚂蚁牵线，络绎于途"；由筠门岭经过澄江圩下广东的油，"有四船（门岭肩挑到澄江下船），每船装油十二担"，每圩共 48 担，同路运来的豆，每圩约有 80 担，油豆两项合计 128 担，换言之，共需 128 个挑夫；从南康、信丰、安远、遂川等县经过寻乌贩卖到梅县一带的鸡，"每天少

①　温锐、游海华 1999 年寻乌县城实地调查。
②　温锐、游海华 1999 年寻乌县晨光镇实地调查。
③　《寻乌调查（1930.5）》，载中共中央文献研究室编《毛泽东农村调查文集》，人民出版社 1982 年版，第 77 页。

也有一百担,多的到百三十担",也就是说,挑运鸡的脚夫每天至少有100多号人。[1] 另外,寻乌县城经牛斗光往梅县的大路上,"日有挑夫二三百人以上"[2];由寻乌篁乡经兴宁之罗浮、罗冈到兴宁县城一线,也是"每日数以百计的挑脚力的穷人早出暮归两头断黑"[3]。尽管"挑脚"纯粹是出卖劳动力,煞是辛苦,小买小卖的贩运生涯也不一定包赚不赔,往往还要冒相当的"赔本"风险。例如澄江镇凌富村凌虚波老人(1898年生),其祖父(时60多岁)从寻城挑盐回家贩卖,得感冒后第二天就发病死去;前述寻城的刘步权老人,其贩牛的生涯中,就"被土匪抢了三次",其中抢牛一次,抢钱两次;陈亚魁老人则说,曾有一段时间,挑担途中"有军队拦路,抓到充公"。[4] 但是,大部分被访问的老人都表示更愿意挑担或做点小生意,因为"挑担比种田更划得来","挑烟叶赚得更多","比当长工自由",更何况挑担可在农闲时进行,并不耽误农忙时的种田。

与寻乌本县人进军市场相媲美,外省外县人奔赴寻乌寻求发展的可谓人数众多。因为"寻乌这个县,介在闽粤赣三省的交界"[5],明清以来,该县就是三省省际边贸的中心地带之一。近代以降,由沿海而来的涌动的商品经济大潮又一次为寻乌带来了商机,周边各地商人纷纷到寻乌抢摊设店,把握商机。仅《寻乌调查》中明确记载的、19世纪末以来外地人来寻城开店经商的有:万安人的周裕昌盐店,在寻城"开了二十多年"(到1930年为止,下同);泰和人的万丰兴盐店(和寻乌本地人合开),在寻城"开了四年";王普泰(樟树人),原来在寻城开药店,1929年再开了一间洋货店;黄裕丰刨烟店(上杭人),"在寻乌开店开了两代";涌泉号烟店(安远人),1928年新开的;李祥仁(南康人)"民国初年当了

---

① 《寻乌调查(1930.5)》,载中共中央文献研究室编《毛泽东农村调查文集》,人民出版社1982年版,第48—49页;王增能:《当年武平的商业重镇——下坝》,载政协武平县委员会文史资料工作组编《武平文史资料》总第5辑,1985年印,第2—3页。

② 温锐、游海华1999年寻乌县城实地调查。

③ 温锐、游海华1999年寻乌县实地调查;罗祖宁:《陈侃将军》,载政协梅州市委员会学习文史委员会编《梅州文史》第11辑,1997年印,第69页。

④ 温锐、游海华1999年澄江镇、寻乌城实地调查。

⑤ 《寻乌调查(1930.5)》,载中共中央文献研究室编《毛泽东农村调查文集》,人民出版社1982年版,第42页。

老板"，在寻乌城开造纸伞店；胡东林（赣州人）木器店，民国初年开办；他的亲戚薛某（也可能是寻乌人，调查中未载明，笔者注），1929 年开了个小小木货店；另每年有 10 来个上杭师傅，来寻乌一两次，专门造风车和棺材；县城的三家打铁店，一家是安远人，两家是于都人；钟老板（会昌人）的爆竹店，"开了六七年"。① 18 世纪尤其是近代以来到寻城开店谋生的客籍商人就更多。

在众多奔赴寻乌抢摊设店、寻求商机的工商业者中，粤东各县人表现活跃，引人注目。例如，《寻乌调查》中明确记载的、19 世纪末以来粤东各县来寻城开店经商的有：平远人韩祥盛开设的盐店；兴宁人罗义成，"他到寻乌有了三十多年，发了财，开杂货店也有十大几年了（十五年以上叫十大几年）"；潮州人池某（原是篁乡人，小时因家穷卖给潮州池姓药商），"到寻乌开药材店，本钱千元内外，就当起老板来"；兴宁人何（裁缝）师傅，"原先在留车开店，民国九年搬到县城来"；兴宁人刘俊记，1928 年来寻城开设打洋铁店；同年，梅县人叶公昌，来县城做修理钟表的生意。② 另外，寻乌出口广东的茶叶和木材，每年都是"兴宁客子"亲自到寻乌来收买；每逢寻乌城的圩日，很多梅县人或大柘人，"挑来一担盐，兑一担米回去"，因而，米生意成为寻城最大的一宗生意。③ 于此可见，从事米生意人数的众多。1935 年，平远石正人吴金章购进石印设备，在寻城开办"金章印务局"，后采用机器和铅字印刷。④ 另据笔者调查，在寻乌，几乎每一个屋场（农民居住点）都至少有一个广东人（尽管他们不都是商人，但是通过此一现象，不难想象广东人来寻乌谋生众多的情况），今天的寻乌和筠门岭一带还流传着："无广不成墟，无广不成岸"的口碑史。⑤ 而据新修的《寻乌县志》记载，1927 年以后寻乌城相继开业的银店有 10 余家，载明籍贯的业主共有 4 人，其中梅县人就

---

① 《寻乌调查（1930.5）》，载中共中央文献研究室编《毛泽东农村调查文集》，人民出版社 1982 年版，第 58、78、79、82—84、91 页。

② 同上书，第 58—59、63、77、92、93 页。

③ 同上书，第 53—54、93 页。

④ 参见寻乌县志编纂委员会编《寻乌县志》，新华出版社 1996 年版，第 12、128、366 页。

⑤ 温锐、游海华 1999 年寻乌县实地调查。

有 3 人。① 另据《寻乌调查》记载,1930 年前后,寻乌城 135 位店铺业主中,载明粤籍籍贯之业主共 13 位(分属 6 个行业),占其所在行业总业主(34 位)的 38%,占寻乌城载明客籍总业主(37 位)的 35%。② "商贾饶于程,本多者非土著。"③

正是由于众多的劳力进军城镇或工商业,造就了寻乌县这一中国东南山区墟镇和商品经济的相对繁荣。19 世纪末至 20 世纪 30 年代的寻乌县,超过县城生意的墟镇居然有 3 家,依次为吉潭、牛斗光(今南桥镇)、留车。④ 20 世纪 40 年代末期的吉潭墟,每日来往停留商车仍"达三四十辆之多,颇称繁荣"。⑤

二 生产经营观念和市场风险意识日趋成熟

在频繁的政治变革和近代市场的激荡下,寻乌老百姓的市场观念越来越强,日趋成熟。清末民初频繁的政治变革,往往带来社会尤其是金融和经济的动荡,同时,由于 20 世纪上半叶交通通信网(公路交通网、电话和电报网)的形成,市场信息反馈迅速。在上述因素的历练下,出于谋生需要和发家致富的激励,19 世纪末尤其是 20 世纪初以来,寻乌农民与市场的联系更为密切,其经营理念、投机心理、逐利观念、风险意识等市场观念越来越强,日趋成熟。

一是农民有经营与理财理念,善于进行市场投机(投资),尽可能实现成本的最小化或收益的最大化。土地租佃制度的灵活运用就是一个很好的例子。温俊才家,有 7 口人,父亲教书,自己在政府做事,家中原有 2 亩田,十多里远,温则把自己的田租给田地附近的农民耕作,行定租,同时不至浪费家中剩余的劳力(妇女、小孩等),在村旁附近租种了

---

① 参见寻乌县志编纂委员会编《寻乌县志》,新华出版社 1996 年版,第 199 页。

② 据《寻乌调查》所载资料统计而来。参见《寻乌调查(1930.5)》,载中共中央文献研究室编《毛泽东农村调查文集》,人民出版社 1982 年版,第 58—103 页。

③ (清)王衍曾修、古有辉纂:《长宁县志》第 2 卷,"风俗",光绪三十三年(1907)活字本。

④ 参见《寻乌调查(1930.5)》,载中共中央文献研究室编《毛泽东农村调查文集》,人民出版社 1982 年版,第 55 页。

⑤ 《力行日报》1948 年 11 月 5 日。

3亩田，行见面分割制；赵月星家，有11人，自有水田20亩左右，出租约3亩，因为离家远，行定租，另外租进本族公堂田3亩，这3亩田与自家田连在一起，共水塘，行定租。① 行定租，省心省事；以离家的远近距离来决定田地租出或租进，无形中节约了生产和管理成本。租佃制度的灵活具有相当的普遍性。占寻乌地主总数48%的"新发户子"（小地主），也是这样经营和管理自家的生产："一面自己耕种（雇长工帮助的很少，雇零工帮助的很多），一面又把那弯远的瘦瘠的土地租与别人种而自己收取租谷。"② 零工可应农时的需要，且工作效率非常高，相比之下，长工就差多了，而耕种"弯远的瘦瘠的土地"既浪费时间、花费精力，产量又不高，远不如耕种肥沃的土地来得划算，因而"新发户子"采取上述经营方式，无形中降低了管理与生产成本。

　　类似的生产经营决策和管理不仅仅表现在寻乌农民对租佃制度的灵活运用，面对不同的市场环境和生产条件，不同阶层的寻乌人都有一套自己的应对之策。赚取农产品季节差价，就是很通常的一个办法。占全县人口3%的寻乌小地主，他们在开"小杂货店"的同时，经常"收买廉价农产物候价贵时卖出去"，兼做这种小买卖生意的大约占小地主总数的10%；占全县人口4%的富农阶层，也经常"做些小的囤买囤卖的生意"。③ 赚取农产品加工后的高附加值和地区差价是另一个较为通常的办法。例如，上述"新发户子"的"粮食年有剩余"，但他们"有许多不是把谷子出卖，而是把谷子加工做成米子，自己挑了去大圩市，甚至去平远的八尺等处发卖，以期多赚几个铜钱"；"把谷子加工做成米子"，是因为米子的价钱卖得比谷子高，挑到广东平远等处去卖，是因为"梅县一带很缺米，价比寻乌贵一倍"。④ 占全县人口4%的富农阶层，一般也是"在自己农产物上面加工，如使谷子变成米子，自己挑了出卖"。⑤ 前述寻乌通往广东各条商道上终日来来往往的贩夫走卒，很大一部分就是

---

① 张开云2001年寻乌县实地调查。
② 《寻乌调查（1930.5）》，载中共中央文献研究室编《毛泽东农村调查文集》，人民出版社1982年版，第129页。
③ 同上书，第127、131页。
④ 同上书，第129、52页。
⑤ 同上书，第127页。

做这种米盐贸易的边区贫苦农民。

　　当然,大部分农民面对瞬息万变的市场,希望通过自己的苦心经营,维持基本的生存线或尽可能地改善生活。前述的刘步权,尽管"被土匪抢了三次",但还是愿做贩牛生意,因为"更赚钱些",加上因为自己"不够体力",可"不要挑担";陈亚魁更喜欢做挑脚,不愿意做长工,是因为"挑担比种田更划得来","比当长工自由";晨光镇井背自然村的刘云贤,自己没有做生意的本钱,借钱"赶牛岗",生活程度还好。① 寻乌县城最大的杂货店主陈志成,尽管每年要付出900元的高额利息,为了维持日常生活开支和其"又嫖又赌"的开销,他借了3000元钱,"在县城、吉潭、澄江各开一间店"。② 而穷到没法子过日子的农民就卖儿子,"每百家人家有十家是卖过儿子的",仅刘亮凡(富福山人,离城18里)"曾见过和听过卖儿子的事,在他家乡的附近共有上百的数目";卖儿子更愿意卖到广东去,"因为卖的价钱更高",寻乌本地"卖价每个百元(起码)到两百元(最多)",广东"一个奶子卖得二百多到三百元"。③ 卖儿子是人间上演的惨剧,但是,赤贫的农民在生存压力下不得不进行抉择时,其交易行为仍然遵循着市场价格规律的支配。而没有生存压力的大中地主,也是尽量通过合理化的生产决策,实现资源的最大化利用。"为了使人畜粪草堆积起来不致弃之可惜,再则使雇工不致闲起",寻乌的大中地主(全县共133个),"普通是请一个工人","便择了自己土地中的最肥沃者耕上十多二十石谷"④,从而实现资源的优化配置。

　　二是部分富裕农民在市场的长期淘炼中,逐渐掌握了市场变化规律,逐利观念越来越强烈。贫农借谷遭遇"高利盘剥"的情况很能说明问题。寻乌"贫农为了过年,故十二月要借谷;为了莳田,故三月要借谷。不论十二月借,三月借,均六月早子收割时候要还","利息均是加五,即借一石还一石半(三箩)";新发户子"很多是'加五'(即百分之五十)的利息。放谷子出去,压迫贫民'上档量本,下档量利'(上档下档即夏

---

　　① 温锐、游海华1999年寻乌县城、晨光镇实地调查。

　　② 《寻乌调查(1930.5)》,载中共中央文献研究室编《毛泽东农村调查文集》,人民出版社1982年版,第63页。

　　③ 同上书,第152、150页。

　　④ 同上书,第124页。

收冬收）"。① 有过农村生活经历的人都熟悉，每年过年尤其是上半年青黄不接时，最是粮价"牛市"之时，而六月早谷收割后，因新粮登市，粮价自然比较便宜。因此，如果以实物看，借一石还一石半（三箩），属"高利盘剥"，但如果以不同季节的粮食市价看，过年尤其是上半年青黄不接时一石谷的价格和新粮登市时的一石半（三箩）的谷价差不多等同，甚至青黄不接时的谷价超过新粮登市时的数倍。由于摸透了每年粮价变化的一般规律，有些富农和殷实中小地主就利用这则规律向贫农出借粮食以获取高利。同样的道理，从市场的角度看，寻乌"豪绅把持的公堂、神会，为了有利他们的侵蚀（候谷价高时钱卖得多），便强迫农民交谷上仓……同一理由，地主田租总是交谷而不准农民交钱，只有离田庄很远的地主才有准许折钱的"② 的行为就有相当程度的合理性。

　　因资金短缺而形成"卖方市场"，因此，利用放高利贷进行"逐利"的现象在寻乌非常普遍。"大地主、中地主、公堂、新发户子（发财的小地主及富农）都有钱借"，其中以借额论，中地主占50%，新发户子占30%，大地主及公堂占20%；以起数论，新发户子最多，占75%，中地主占20%，大地主及公堂占5%；以借债利息论，有加五利（年利五分，每百元利50元）、加一利（月利一分，每百元年利120元）、加三利（月利三厘，每百元年利36元）等；大中地主放债，通常是"加三利"，新发户子"很多是'加五'的利息"。③ 利用放高利贷进行"逐利"的手段有多种，除上述谷利外，还有钱利。例如，"借主时时想吞并贫农的房屋牛猪，或他很小的一块田，或一个园子，察到贫农要钱用，就借给他，还不起，就没收抵押品"；寻乌苏区革命领导人古柏的祖父古有尧，"他曾经用这种借贷法吞并贫农三个菜园子、两个房子"，"算得个典型的重利盘剥者"。④ 另外，通过典田也可以实现土地的迅速积累。在寻乌，对典主来说，"'先典后买'，成了普遍现象"；对田主来说，"'田就姓大，

---

　　① 《寻乌调查（1930.5）》，载中共中央文献研究室编《毛泽东农村调查文集》，人民出版社1982年版，第147、129—130页。

　　② 同上书，第141页。

　　③ 同上书，第145、130、129页。

　　④ 同上书，第146页。

一典就卖',也是普遍现象"。① 换言之,所谓"天下熙熙,皆为利来;天下攘攘,皆为利往",寻乌的富裕阶层几乎都参加了纯粹的"以钱博钱"的高利贷"逐利"游戏。

借谷还谷、借钱还钱在"逐利"行为中,相对来说还算是好的,寻乌南半县很多贫农为了生存,向地主富农借钱借物,往往还借不到。因为地主富农通常宁愿"借油"而不愿借钱物给贫农,其中主要原因是"油利太贵",为"对加油",即"借一斤,还两斤,借两斤,还四斤,借四斤,还八斤",全部在九月茶油收获的季节还,而且"九月以前一年之内不论什么时候借的,一概对加利"。地主富农通过这种苛刻的方法可以捞到更多的利益,这种"油利是所有借贷关系中的最恶劣者"。② 此外,还有更凶的"月月加一"利,即见月还利10%,一年便对倍有过,和油利差不多。所以,毛泽东在调查中说,"前清时候放恶利的比较少,民国以来放恶利的渐渐加多……'今个人,人心较贪了咧'这个话,在寻乌贫民群众中到处都听见"。③ 反映了近代市场开放以后,人们在利用市场规律合法逐利的同时,也出现了急剧变化的社会和动荡不安的市场促使人们的经济行为和逐利观念走向反常的黑暗面。

三是人们在进行市场交易时,比较注意保障交易安全,市场风险意识较强。清末民国时期,农民可能并不熟悉国家的法律条文,但是,在他们的日常生活中,约定成俗的方法暨契约观念已经固化在他们的头脑中。寻乌的债务人向债权人借钱,"通通要抵押,有田地的拿田地抵押,无田地的拿房屋、拿牛猪、拿木梓抵押,都要在'借字'上写明","还不起,就没收抵押品"。④ 不仅借债,农民向田主租赁土地,也必须写一个"赁字"交给田主,"赁字"上面必须写明田眼(田的所在及界址)、租额、租的质量及田信。"因为若不写赁字,一则怕农民不照额交租,打起官司无凭据,二则怕年深日久农民吞没地主的田地";这种赁字,"没有不写的","哪怕少到三担谷田都要写一张",是"东佃间的'规矩',

---

① 《寻乌调查(1930.5)》,载中共中央文献研究室编《毛泽东农村调查文集》,人民出版社1982年版,第144页。

② 同上书,第148页。

③ 同上书,第130页。

④ 同上书,第145、146页。

也就是不成文的法律"。① 买卖儿子也要"写张'过继帖',普通也叫做
'身契'";"中人,多的有四五个","房族戚友临场有多到十几个的",
"这种卖身契只有卖主写给买主,买主不写文件给卖主"。② 很显然,借
钱、租赁土地、买卖儿子,都要提供"抵押品"或"签订"一份契约,
见证人一一到场,签字画押,其目的就是规范买卖双方的交易行为,保
障交易安全,规避市场风险。

　　除签订契约外,寻乌人规避市场风险的手段还有多种。例如,为了
将风险减到最低,寻乌富裕阶层借出的账总是采取各种方法尽可能快地
收回来。通常采取的方法是:催促债务人"很快还清,还清一次,再借
二次",因为"欠久了靠不住";大多数时候也准许债务人"还本欠息,
息上加息,推算下去,也只三年五年达止,不准太欠久了"。③ 再如,债
权人出借资金的多少和收取利息的高低因债务人的信用度而决定。贫农
向富农借钱,一般只是"三元五元一借",且只借得到利息高的加五、加
一利,而富农向富农借钱,"普通总是二百元、三百元一借",却可借得
到利息较低的加三利,其中主要原因之一就是债权人认为富农"靠得
住","有田契作抵押,他的经营又是生利的、有希望的,不象贫农之财
产很少,借钱多半是为消费或转还别人债务,很不可靠"。④ 新发户子出
借的钱"年利三分起码",但是田主将土地典给新发户子,得到典价后,
只需付给新发户子(典主)年利二分的利息,"因为一般富农(新发户子
们)的心理,高利放债不如低利典当靠得住,'把钱放在泥里头'是很稳
当的"。⑤ 另外,面对着清末以来动荡的社会环境,"那些有多钱余剩的,
没有工商业可以大注地投资"的寻乌大地主,则很少出借钱,因为借债
人——小地主及农民,"既借得不多,又不甚可靠",因此,除了自己的
开销(如生活享乐、子弟上学、做生意)外,他们"就宁可挖窖埋藏,

---

　　① 《寻乌调查(1930.5)》,载中共中央文献研究室编《毛泽东农村调查文集》,人民出版
社1982年版,第139—140页。

　　② 同上书,第150、151页。

　　③ 同上书,第149页。

　　④ 同上书,第146页。

　　⑤ 同上书,第144页。

不贪这点利息"。①

三　消费观念的商品化和"西化"趋势

清初,寻乌人邱上峰谈到本县风俗,曾经说:"邑俗布袍蔬食,不艳华丽……宴会婚丧俭约,有唐魏之风。"② 19 世纪中叶潮汕开埠以后,价廉物美的洋货和近代工业产品大量涌入,沿着赣闽粤边区交通通道(汀韩水运、贡水水运、省际古商道和现代公路)进进出出的人流也把山外流行的观念和时尚带进山区。在这种情况下,寻乌老百姓的消费观念开始发生了悄悄的变化,开始为自己的生活增"色"添"彩"。当时的地方文献记载,19 世纪末 20 世纪初寻乌人的风俗,"稍尚侈靡,嗤朴素",文献编纂者对此发表评论说,"夫量入为出,古有明训,以瘠土效尤沃土之习,是尤□赢之夫强眉贲之任,鲜有不断筋□胪者",并希望当地官员加以引导。③ 历史的发展总是与"保守"者的初衷相反。20 世纪初,寻乌老百姓的生活用品越来越多地依赖于向市场购买,人们的消费观念日益呈现商品化和"西化"发展趋势。

第一,生活用品的商品化发展趋势。例如,寻乌老百姓的衣布,"棉、蕉、苧、葛,向年皆能自织,自洋布输入,受大抨击,今已消灭于无形矣"。④ 民国初年的老百姓,大部分都要到市场上购买洋布制作衣服,仅城区和三标(堡)(全县共 12 堡),每年就要销售约 10 万元的布匹。⑤ 整个寻乌县城乡市场上,是洋货充斥、广货畅销。《寻乌调查》中记载的一个送礼的例子,就是一个非常好的注脚。在寻乌城开药材店的樟树人王普泰,为了向娼妓来凤子借到钱,再开一间洋货店,他"想方法巴结来凤子借了这笔钱",结果钱借到了,作为感谢,他送了"花露水""汗

---

① 《寻乌调查(1930.5)》,载中共中央文献研究室编《毛泽东农村调查文集》,人民出版社 1982 年版,第 146—147 页。

② (清)王衍曾修、古有辉纂:《长宁县志》第 2 卷,"风俗",光绪三十三年(1907)活字本。

③ 同上。

④ 谢竹铭:《寻邬乡土志》,1923 年编,1937 年抄本,第 4 页。

⑤ 参见《寻乌调查(1930.5)》,载中共中央文献研究室编《毛泽东农村调查文集》,人民出版社 1982 年版,第 62 页。

巾"等许多洋货给来凤子。①

　　洋货、广货在寻乌的畅销概况，以县城为例，作一量化分析。据统计，县城市场上有 131 种洋货，"这个小小的市场竟什么洋货也有卖"，都是老百姓日常生活中不可缺少的东西。其中 23 种销数较多，分别是：（1）牙粉、牙刷、洋钉、电筒、电土（电池）、马灯、肥皂；（2）洋火、信纸、信封、洋靛（蓝的）、染布用的颜料（洋红、乌粉、灰粉、品洋）、不灯（即草灯）、各种瓷器、洋瓷水角（把碗）；（3）胶底鞋、皮鞋、套鞋、运动鞋、毛面巾、洋袜子、围巾、洋油。② 笔者将之归为上述 3 类，第一类是开埠通商以后全新的商品，如牙刷、洋钉、电筒、电土等，是近代以前市场上没有的商品，共 7 种；第二类是开埠通商以后生产出的替代商品（如洋火、信纸、洋靛），它们替代了近代以前市场上的传统手工业品（如火燫、土纸、土靛），共 8 种；第三类也是开埠通商以后生产出的替代商品（如各种新鞋、洋油），它们替代了近代以前老百姓完全能够自己生产的用品（如自制布鞋、茶油），共 8 种。第一类是近代以前市场上没有的商品，近代以前的寻乌老百姓完全可以不用，无须购买；第三类近代以前老百姓完全能够自己生产的用品，也无须从市场购买。但是，到清末民国时期，随着社会和市场的变迁，寻乌老百姓基本上要从市场上购买第一、第三两类共 15 种商品了。第二类是近代以前寻乌老百姓也须从市场上购买的商品。我们假设近代以前寻乌百姓的商品购买率是 100%（8 种商品），那么，清末民国时期，寻乌老百姓的商品（15种）购买率增加了 187.5%，达到 287.5% 了。

　　上述 131 种洋货中，"有一百一十八种是从梅县及兴宁来的"。"自从梅县的洋货生意和兴宁的布匹生意发展了，便把赣州的土制货色的生意夺去了，不但东江以至八尺都不到寻乌城来办货了，南半县的留车等地也不到寻乌城办货了。"③ 这种洋货、广货的畅销，"土制货色生意"的衰败，并不是"洋人"和"粤商"故意倾销的结果，而是寻乌老百姓对

---

　　① 参见《寻乌调查（1930.5）》，载中共中央文献研究室编《毛泽东农村调查文集》，人民出版社 1982 年版，第 78 页。

　　② 同上书，第 59—62 页。

　　③ 同上书，第 62、57 页。

生活消费品的自愿和主动选择,是近代寻乌农民"喜好洋货"消费观的真切反映。

　　第二,在生活用品日益呈现商品化发展趋向的同时,寻乌百姓日常生活和社会风俗也逐步追尚沿海口岸、大城市甚至海外市场潮流。梅汕通道涌动的人流物流以及兴梅地区海外移民的进进出出,使得其社会时尚几乎与大城市同步。例如,兴宁县"男女所着衣服与广州无稍异"。① 邻近兴宁的寻乌县自然步兴梅之后尘,百姓日常生活逐步追逐外面世界的"亮点",其清末时期的社会风俗出现了"稍尚侈靡,嗤朴素"的势头②;民初以后,"西化"趋势更是有增无减。

　　引领寻乌消费潮流的自然首先是富裕阶层。有些中学毕业生或商人,"接受资本主义影响多","他们的生活比较奢华。他们看钱看得松,什么洋货也要买,衣服穿的是破胸装,头也要挥一个洋装";寻乌学校和教堂的木器用具,都"采取进步样范"。③ 随着西方钟表的传入,寻乌人也很快用上了这种稀罕的奢侈品,全县2%的人有了钟表,"共有钟或表二千四百个",以至于竟然产生了新的手工业——钟表修理业,1928年,全县新开两家钟表修理店,一家在牛斗光,另一家在县城。④ 即使家境一般的农民,也在自己经济条件允许的范围内追尚潮流。民国初年的寻乌,"不论城乡,不论工农商学,凡属'后生家'和'嫩妇女子',差不多一概打着洋伞",不再喜欢用原来的纸伞了;牛斗光(现南桥镇)以前"要到县城彭店来买纸伞,现在却通通往梅县、兴宁买洋伞去了",以至于"伞业现在没有人学徒弟了";寻乌伞的销售比例是:洋伞(从梅县、兴宁来)占7成,纸伞(寻城手工制造)占3成。⑤ 寻乌的女人,个个都喜欢戴头

---

　　① 郎擎宵:《广东东江社会风俗概观》,《东方杂志》第38卷第6号,1941年3月16日,第27页。

　　② (清)王衍曾修、古有辉纂:《长宁县志》第2卷,"风俗",光绪三十三年(1907)活字本。

　　③ 参见《寻乌调查(1930.5)》,载中共中央文献研究室编《毛泽东农村调查文集》,人民出版社1982年版,第124—125、84页。

　　④ 同上书,第93页。

　　⑤ 同上书,第82—83页。

帕，这种头帕，是从杭州运来的漂亮的华丝葛、纺绸等绸缎编织而成的。①

在寻乌百姓生活追尚潮流的方方面面中，以穿着和头发样式变化最为典型。民初以前，寻乌人的衣服一律是旧式的"大襟装"（侧边开、布扣，女性衣袖、襟、裙边、裤边均镶以大条刺绣花边）。"从兴新学起，开始有破胸新装，到了民国七八年，新装渐渐多起来"。所谓"新装"流行的款式依次为：1920 年，兴宁来的何师傅带来"上海装"（破胸、圆角、打边）；1923 年，"行一种破胸、方角、大边装"；1929 年起，兴"广州装"（七扣四袋而身很长）。到 1929 年，全县"还是旧装的多，新装的少"；但与此同时，"新装日渐加多"，青年学生老早是新装，青年农民和青年工人也几乎都穿新装；寻乌南半县 30 岁以下的青年人 7/10 都穿起了胶底鞋和运动鞋，"赤卫队和苏维埃办事人，不但一概是新式衣和新式鞋，他们还要佩个电筒，系条围巾，有些还要穿薄毛羽的夹褂子裤"。老百姓的发式也随着时代的变革和潮流而变化。流行的头发样式依次为：清末，男性"一律是辫子"；1912 年起，随着大清专制体制的结束，"一概和尚头"；从 1913 年开始，兴"东洋装"；1917 年、1918 年，兴"平头装""陆军装"；1921 年，赣州读书的寻乌学生传来"博士装"；1926 年、1927 年，"原来在学生和商人中盛行的平头装和陆军装，却在青年工农贫民群众中普遍地盛行起来"，同时又从梅县传来南洋流行的"文装"（西装）"花旗装""圆头装"等；到 1930 年，寻乌县城和各大市镇中，已经没有人剃光头了，农村中的青年人基本上都剃平头和陆军头，其他的男性剃光头。②

四　结论

赣闽粤边区崇山峻岭，沟壑丛生，是中国内地一个典型的山区。近代以前，清政府实行闭关锁国政策，赣闽粤边区与国内外市场的联系主

---

① 参见《寻乌调查（1930.5）》，载中共中央文献研究室编《毛泽东农村调查文集》，人民出版社 1982 年版，第 62 页。

② 同上书，第 80—81、88 页。

要以赣州和广州为桥头堡。尽管有多条古陆商道、贡水、东江等水陆通道，但是，山区陆路要么"山高岭峻，极不易行"，要么"山僻曲径""路径崎岖，居民寥落"①，水道则迂回曲折。受上述因素影响，传统社会中，赣闽粤边区长期以来一直是全国市场网络的终端，也是三省社会经济发展的边缘化地区。

19 世纪中叶潮汕开埠以后，汕头迅速崛起为著名的近代化城市之一，其工商、金融等近代新兴产业均取得了长足的发展。进入 20 世纪以来，随着潮汕铁路的贯通、梅韩水运业的兴起、现代公路的修建、邮局的设点以及电报、电话等通信网络的敷设，汕头与其腹地——赣闽粤边区的联系更为便捷，也更为密切。在此市场变迁背景下，梅韩水运、潮汕铁路、梅汕公路逐步取代贡水成为边区最繁忙的运输线，汕头不仅以其优越的出海口地位取代赣州成为边区最主要的转运中心，而且以其崭新的近代工商城市文明形象成为边区墟镇城乡效法的榜样，西方资本主义生产方式和科学技术文化循着韩江水系逐渐向北延伸展拓。在上述因素的激荡下，19 世纪末 20 世纪初，赣闽粤边区即开始了缓慢的经济现代化进程。② 抗战军兴，东南各省军政机关、工商企业、学校、避战逃难人员等纷迁赣闽粤边区，给边区社会经济发展注入了新活力，并激发了边区的第一次现代化浪潮（参见本书第四章第五节相关内容）。

与上述变化相伴随，地处边区中心地带的寻乌县，其农民就业、消费、生产经营和市场风险意识等经济观念在承袭传统的同时，也呈现出明显的近代化发展趋势。首先，寻乌农民逐渐"跳出""民力稼穑，女勤纺绩"这一"以农为本"就业观的圈子，不再死守"泥巴"讨生存，而是大量进军商业、圩镇和挤入商道谋生；农民兼业现象极为普遍，普通农家全年收入分配比例，"田收占三分之二，杂收占三分之一"。③ 其次，面对不同的市场环境和生产条件，农民能够灵活地运用土地租佃制度，

---

① （清）曾国藩等修，顾长龄汇编:《江西全省舆图》（二）（清同治七年本），台湾成文出版社有限公司 1989 年影印，第 864—865 页。

② 参见温锐、游海华《劳动力的流动与农村社会经济变迁——20 世纪赣闽粤边区实证研究》，中国社会科学出版社 2001 年版，第 228 页。

③ 《寻乌调查（1930.5）》，载中共中央文献研究室编《毛泽东农村调查文集》，人民出版社 1982 年版，第 170 页。

实现家庭资源的优化配置，也能够熟练地掌握价值规律，尽可能地实现收益的最大化；城乡借贷市场中存在着普遍的"高利盘剥"现象；农民之间的借贷、租赁、买卖儿子等经济行为也通常需要提供"抵押品"或"签订"契约，以规范买卖双方的交易行为。尽管农民的某些经济行为已经突破了社会正常道德的底线，但是不可否认的是，以上农民的种种经济行为，都反映了其经营（生产）理念、投机心理、逐利观念、风险意识等市场观念日趋发展成熟的趋势。最后，农民消费观在继承传统"俭朴"的同时，增添了"稍尚侈靡""喜好洋货"等新的内容，农民的生活用品越来越多地依赖于向市场购买，其衣着款式和头发样式也日益追尚山外世界的流行"亮点"，商品化和"西化"发展趋势较为明显。

学界传统观点认为，农民是小生产的眷恋者，是"保守""封闭""落后""平均主义"的代名词，中国农民兼业行为的普遍与"紧密程度在全世界可以说是无与伦比的，这种结合严重阻碍了市场交换的发展"①，进而将小农经济归结为中国传统社会现代化转型难以顺利实现的"罪魁祸首"或直接根源。② 小农（经济）在中国现代化进程中，自然而然地成为被改造的对象或被消灭的目标。的确，在中国传统社会中，小农表现出上述种种特性。但是，这种种的特性，实在是"源自高悬于整个社会之上且又是权利'不受限制的'专制政权，是政府长期坚持的'重农抑商'、'抑制兼并'、户籍制度等超经济强制政策和在意识形态领域的严厉控制的产物"，"是社会主导者长期以平均主义改造农民与社会的结果，而非农民本性使然"。③ 因此，学界传统观点将中国长期落后的板子打在农民的屁股上，显然大失公平。

本节的研究表明，在寻乌这样一个传统山区的农民群体，面对近代

---

① 刘佛丁主编：《中国近代经济发展史》，高等教育出版社 1999 年版，第 39 页。

② 例如，有的学者认为，农民战争对落后的小农经济的保护是导致封建社会长期延续的原因之一，或认为小农经济是中国封建社会的经济基础，并以小农经济长期存在解释中国封建社会为何长期处于迟滞状态；金观涛认为小农经济作为封建社会的经济基础，是超稳定的"板结体"，导致中国封建社会长期停滞；黄宗智则以华北小农经济与小农社会为例，提出小农经济"内卷化"理论。参见温锐《毛泽东视野中的中国农民问题》（江西人民出版社 2004 年版）绪论第 11—12 页中所作的学术史回顾。

③ 温锐、游海华：《劳动力的流动与农村社会经济变迁——20 世纪赣闽粤边区实证研究》，中国社会科学出版社 2001 年版，第 370、371 页。

开埠通商以后席卷中国的近代化浪潮，其经济观念在保留传统的同时，也呈现出明显的近代化发展趋势。观念变迁背后所反映的是农民实实在在的经济行为选择。近代寻乌农民经济行为与观念变迁的个案说明，从长时段和整体行为反应来看，传统农民与近代商品经济乃至大生产方式并非"格格不入"，而是在面对市场求生存的过程中主动或被动地选择和适应。作为市场主体的农民，其在市场中的具体表现（是"退缩""保守"还是"进取""主动"），全视市场环境的优劣和市场主体资格的"有无多少"而定。因此，他们并非注定是中国现代化的"绊脚石"，相反倒很可能成长为市场经济的"搏击者"和现代化的"适应者"。在中国"三农"问题陷入困境、"三农"解结招数难寻的今天，能否尽快落实农民市场主体资格，还农民市场主体权利，完善市场经济体制和环境建设，是中国农村现代化乃至中国现代化能否成功实现的关键之举。

第三章

生态环境变化与中央苏区革命

第一节　社会生态环境变迁与中央苏区革命的缘起

中央苏区土地革命是如何发生的？这是一个似乎古老而又常常引起历史学者思考的问题。毛泽东在《中国革命和中国共产党》一文中认为：近代中国社会是一个半殖民地半封建社会，"帝国主义和中华民族的矛盾，封建主义和人民大众的矛盾，这些就是近代中国社会的主要矛盾……这些矛盾的斗争及其尖锐化，就不能不造成日益发展的中国革命运动。伟大的近代和现代的中国革命，是在这些基本矛盾的基础上发生和发展起来的"。[①] 毛泽东这一高屋建瓴的分析，被地方革命史的编撰者加以引用，从而对近代地方革命尤其是中央苏区土地革命的缘起作出了学理解释。[②] 笔者认为，这一简单引用并试图对中央苏区土地革命发生原

---

① 毛泽东：《中国革命和中国共产党》，《毛泽东选集》，人民出版社 1966 年版，第 625—626 页。

② 例如，《龙岩人民革命史》的编纂者在阐述近代龙岩社会概况的基础上，认为："在封建地主、帝国主义势力与地方军阀三位一体的统治下，龙岩农村经济残破，广大工农群众为求自身的解放，而走向革命。"《长汀人民革命史》的编纂者在对近代长汀政治经济概况描述的基础上，认为："在帝国主义和封建主义的残酷掠夺和剥削下，民不聊生，天怒人怨。哪里有压迫，哪里就有反抗。近百年来，长汀人民为反抗压迫、争取自由解放，进行了英勇顽强的斗争，用鲜血和生命谱写了一部光辉的人民革命史。"《连城人民革命史》的编纂者在阐述近代连城政治经济概况的基础上，认为："帝国主义、封建地主官僚和反动军阀对连城人民政治上的残酷压迫和经济上的疯狂掠夺，在连城 2600 平方公里的土地上，给贫苦人民留下了血泪斑斑的历史，这就是历史上连城人民不断进行反抗斗争的根本原因。"参见龙岩市委党史资料征集研究委员会编《龙岩人民革命史》，厦门大学出版社 1989 年版，第 4 页；中共长汀县委党史工作委员会编《长汀人民革命史》，厦门大学出版社 1989 年版，第 7—8 页；中共连城县委党史工作委员会编《连城人民革命史》，厦门大学出版社 1989 年版，第 8 页。

因作出学理解释的行为，忽视了对近代以来赣闽边区社会生态环境作细致考察，缺乏对该地区历史发展多重面相的把握。

另外，戴一峰从生态环境与人文环境两个角度考察了 20 世纪上半叶闽西社会经济的衰败①；饶伟新则从历史人类学的角度分析了土地革命时期赣南地区不同社会人群之间的分化与对立，以及由此形成的土地革命中错综复杂的社会矛盾②；黄道炫通过对 20 世纪 20—40 年代中国东南地区（实际上主要是指中央苏区——笔者注）土地占有状况的研究，认为：东南地方土地占有不如许多历史著作描绘的那样畸形，东南农村普遍的贫困意味着农村确已酝酿着爆发革命的条件，但在什么情况下发生革命，在什么地方形成革命中心，并不一定必然和当地的土地占有状况相联系，也不能单纯用贫困加以解说，苏维埃革命形成的关键在于中共对农村的历史性介入，是特殊政治态势下各种力量综合作用的结果。③

上述研究可以说是步步推进，有助于我们了解中央苏区土地革命前后的历史发展脉络并深入思考其爆发的原因。以此为基础，笔者认为，重新梳理近代以来赣闽边区的历史发展脉络，从社会生态环境变迁的角度探究该地区土地革命的缘起，不仅具有学术研究的价值，而且对于当前中国深化改革，妥善处理和解决纷繁复杂的经济、社会困难和矛盾，成功构建和谐社会，都有着重要的现实意义。

一　市场变迁与社会经济剧变

赣闽粤边区地处江西、福建、广东毗邻地区，武夷山脉和九连山脉相交于边区的中心地带，境内崇山峻岭、沟壑纵横，交通极为不便，社会经济发展相对滞后。近代以前，清政府实行闭关锁国政策，赣闽粤边区地方区域市场与国内外市场的交流主要凭借着两条运输路线得以展开。

---

① 参见戴一峰《环境与发展：二十世纪上半期闽西农村的社会经济》，《中国社会经济史研究》2000 年第 4 期。

② 参见饶伟新《论土地革命时期赣南农村的社会矛盾——历史人类学视野下的中国土地革命史研究》，《厦门大学学报》2004 年第 5 期。

③ 参见黄道炫《一九二〇——一九四〇年代中国东南地区的土地占有——兼谈地主、农民与土地革命》，《历史研究》2005 年第 1 期。

一条是赣东南的贡水贸易线，即由贡水连接赣江—大庾岭商道的水路；另一条是粤东的东江贸易线，即通过东江连接出海口——广州的水路。因此，传统社会中，赣闽粤边区一直是全国市场网络的终端，也是三省社会经济的边缘化地区。近代以降，伴随着赣江—大庾岭这条中国南北大通道的衰落，赣闽粤边区似乎更为贫困和破落，并逐渐沦落为被世人"遗忘的角落"。

然而，赣闽边区历史发展的实际情况却与上述认识恰恰相反。19世纪中叶潮汕开埠以后，汕头迅速崛起为中国著名的近代化城市之一，其近代工业、商业、金融业、房地产业、城市公用事业和市政厅建设等均取得了长足的发展。① 进入20世纪以来，随着潮汕铁路的修建贯通，梅韩水运轮船运输业的兴起，汕头与其腹地——赣闽粤边区的联系更为便捷，也更为密切。

在此市场变迁背景下，赣闽粤边区地方区域市场与国内外市场的物流、人流、科技流、文化信息流路线及其流向逐渐发生了改变。整个"闽西、潮州北部、嘉应州以及惠州西北部等地向西方国家进行贸易的货物，不再循东江而至广州，改走韩江在汕头进出口"。② 20世纪初的"梅县、汕头这个市，现在算是华南主要商埠之一，与厦、福、港、粤并驾齐驱……粤省东江廿一市县，甚至闽西上杭、平武、永定、赣南的寻乌、筠门岭、瑞金等县，一切货物出入，商旅往来，均须经由汕头往洛安大埔、梅县等县转运"③；"闽西各县出产的煤、铁、石灰石、木、竹、烟等主要经汀江运往粤东一带出售……汀属各县的进口物资，亦多由潮汕输入，经广东韩江接运至汀江后，分转各县"④。20世纪20年代曾经担任两任汕头市政厅厅长的萧冠英也记述："汕头一埠，据海关报告每岁贸易额六七千万两，为潮梅各属及闽赣边县之门户。凡此等地方，外出南洋群岛及东南亚细亚之移民，与夫对外贸易，悉由此经过。故其商业影响所及范围甚大，含有潮属之潮安……嘉属之梅县、兴宁、五华、平远、蕉岭五属，

---

① 参见林金枝《解放前华侨在广东的投资状况及其作用》，《学术研究》1981年第6期；《近代华侨在汕头地区的投资》，《汕头大学学报》1986年第4期。

② 蒋祖缘主编：《广东航运史（近代部分）》，人民交通出版社1989年版，第38—39页。

③ 《汕头商业的今昔观》，《江西民国日报》1936年7月17日第8版。

④ 林开明主编：《福建航运史（古近代部分）》，人民交通出版社1994年版，第276页。

汀属之长汀、宁化、上杭、武平、清流、连城、归化（今明溪县——笔者注）、永定八属，赣州及宁都之于都、兴国、会昌、长宁（今寻乌县——笔者注）、宁都、瑞金、石城七属。"① 上述不同时期、不同来源的文献记载都表明：自 19 世纪中叶汕头开埠以后，尤其是 20 世纪初年以来，梅韩水运、汀韩水运、潮汕铁路逐步取代贡水成为边区最繁忙的运输线。

与进出口通道变化相一致，20 世纪头 20 年，赣闽粤边区的邮政与电信事业也迅速崛起，并形成网络。边区中心各县（寻乌、会昌、瑞金、平远、蕉岭、梅县、长汀、上杭、武平等）均设立了邮政局（邮政代办所），电报局（电报代办所）也大部分完成了设点工作。②

随着汕头等东南沿海口岸的开埠，赣闽粤边区有了更为便捷的进出口，进入 20 世纪以后，它又有了更为完善的市场网络（梅韩水运、汀韩水运、潮汕铁路、邮政与通信网络），这使得它与国内外市场的联系比以前更加紧密。因此，19 世纪中期尤其是进入 20 世纪以来，赣闽粤边区不但没有成为"死角"，其社会经济反而呈现出某种新兴的趋势。

赣东南宁都县城乡市场的繁荣典型反映了近代以来的这一新兴趋势。"自资本主义怒潮由都市而侵入农村，一切资本主义商品普遍输入，洋纱、布匹、洋油、火柴、化妆品、奢侈品，以及一切日常必需品等等之输入甚多。同时因宁都出产甚多，足称富庶，过剩之农产品亦向外输入，因此商业日渐繁盛。县城商店将近千家，典当铺有八家，牙行三十余家，其他如洋货店、南货店、粮食店、旅馆、照相馆、镶牙馆与新式理发店，无不应有尽有。……四乡之商店虽不甚大，但市廛甚多，日渐繁荣。"③ 20 世纪 30 年代的中共革命者对这一趋势也有着深刻的描述。闽西的革命者说，"城市资本家赚了钱进乡购买土地"，龙岩、连城、永定都成为他们的投资场所，一大批往南洋经商发了财的华侨也积极加入这一投资热潮；与"下乡置田买业"热潮相对应的是"乡村地主的商人化，他们一面在乡村是地主，一面却把从农民剥来的孳钱投入城市经商"，"闽西的

① 萧冠英：《六十年来之岭东纪略》，广州培英图书印务公司 1925 年初版，广东人民出版社 1996 年影印版，自序第 2 页。
② 参见温锐、游海华《劳动力的流动与农村社会经济变迁——20 世纪赣闽粤边区实证研究》，中国社会科学出版社 2001 年版，第 69—70 页。
③ 刘斌：《宁都视察记》，《大公报》1934 年 12 月 22 日第 3 版。

商业即在扰乱的政局下仍然是发展的"①。江西的革命者则说："在一九二九年前，赣西南的商业经济是发展的形势，他的原因有二，第一，洋货侵入，吉安、赣州，都有很新的洋货店，仿照上海的模样，商店（如吉安之×强）街道门面，渐趋现代化（资本主义化）吉安新开了很多新式饭店，如中山大旅社，大陆饭店，以及原有之吉祥旅馆，等之改新，洋货店，绸缎铺，都是仿照上海汉口的式样渐渐改新，吉安附近比较大的县城市镇，如永新，永阳，横江渡一带，都是如此，几处很小的圩场……都有洋货……赣州在革命以前都是商业发展的形势"；工商产业的发展和繁荣为劳动力提供了众多的工作和出路，"赣州大商人大抵是广东佬，吉安则本地人为多，赣西各比较多大的县城（二等县域口）及大市镇，如永阳，阜田，永新，莲花一带，大半是吉安人为多，赣州亦有很多商人是吉安的，在湖南经商的江西老表，亦大半是吉安人，所以吉安在赣西南占了商业的经济中心。在交通上，政治上，扼赣江的焦点，因此由吉安商业经济之发展，可以推及一般，证明商业时期是向前发展的。第二，地主经济向城市集中（即地主蜕化到资本家的一种形势），许多地主把他的金钱拿到城市来开商店，甚至卖掉田到城市来经商的，另有一种是赚了钱，又到乡村来置田买业的"。②

　　与近代商业发展趋势相一致，赣闽粤边区还升腾起现代工业化气息。19世纪末至20世纪30年代革命前，受市场机制的驱动、政府的提倡和努力，赣闽粤边区各县创办了一些以纺织、印刷和电力为主的近代工业企业。③例如赣县的日新公司印刷所、光华电灯厂，信丰的采煤厂，上杭的福曜电灯公司，长汀的毛铭新印刷所、锦云织布公司，梅县的黄奕记机械修理厂、泰通玻璃厂、振东有限公司，兴宁的振兴布厂、合益玻璃厂等。其中，粤东北的兴梅地区因临近东南沿海开放口岸的地理优势，

---

①　《中共闽西第一次代表大会之政治决议案（1929.7）》，载江西省档案馆、中共江西省委党校党史教研室编《中央革命根据地史料选编》中册，江西人民出版社1982年版，第109—110页。

②　士奇、昌廖、天干：《赣西南苏维埃区域的经济状况及经济政策（1930.10.12）》，载江西省档案馆、中共江西省委党校党史教研室编《中央革命根据地史料选编》下册，江西人民出版社1982年版，第555—556页。

③　参见温锐、游海华《劳动力的流动与农村社会经济变迁——20世纪赣闽粤边区实证研究》，中国社会科学出版社2001年版，第227—228页。

无论企业数量和规模,均远远居于领先地位。[①] 这些近代工业企业,基本上是半机械化生产,采用当时先进的工业生产工艺和管理模式。

　　浩浩荡荡的近代资本主义市场与工商业大潮在带给赣闽粤边区发展机会与繁荣希望的同时,也带来了残酷的竞争和破产的风险。闽西农村社会的变化堪称典型。近代以降,赣东南各县农业经济结构以粮食种植业为主,粮食产量比较丰富。闽西则山多田少,粮产不足,长期以来,一直依赖赣东南各县的接济。[②] 但是,闽西传统的手工业和山林种植业发达,"闽西的出产以纸、烟为大宗,其次是茶叶等。在从前,产纸的数量,即拿连城一县来计算,每年产额有一百多万,闽西的群众,即用这些土产工业,来交换食盐、煤油、布料及日用工业品等"。[③] 此外,闽西还出产大量的木材,清末为汀江流域木材输出的全盛时期,"武平连城各县,每年输出之数值,已各在百万元以上,至全区之统计,年值至少当在三百五十万元以上"。[④] 这些产品的商品化程度相当高,成为农民家庭经济另一个主要收入来源。戴一峰通过其研究也指出:"在闽西农田不足于养育农民的情况下,林业资源对闽西的社会经济发展起了极其重要的作用。"[⑤] 然正因为如此,面对着激烈的市场竞争,闽西传统的手工业和山林种植业也遭受着强烈的冲击。"木材价格,逐渐下跌","民元以还,迄未稍减,直至民七八之间,尤益加剧,因是,旧有木商,大半改业"。[⑥] 20 世纪 30 年代的中共革命者带着惋惜的语气说:"因为手工业出品不好,成本又贵,比不上机器出品的又好看又便宜,所以,自帝国主义的工业

---

　　① 20 世纪 20 年代曾经担任两任汕头市政厅厅长的萧冠英对此有详细的记述。参见萧冠英《六十年来之岭东纪略》,广州培英图书印务公司 1925 年初版、广东人民出版社 1996 年影印版,第 23—24、31—36 页。

　　② 参见温锐、游海华《劳动力的流动与农村社会经济变迁——20 世纪赣闽粤边区实证研究》,中国社会科学出版社 2001 年版,第 173—174、253 页。

　　③ 《中共闽西党第二次代表大会日刊 (1930.7.8—12)》,载江西省档案馆、中共江西省委党校党史教研室编《中央革命根据地史料选编》上册,江西人民出版社 1982 年版,第 278 页。

　　④ 《福建汀江流域之木材业》,载福建省政府秘书处统计室《统计月刊》第 2 卷第 4 期,1936 年 4 月 1 日,第 1、10 页。

　　⑤ 戴一峰:《环境与发展:二十世纪上半期闽西农村的社会经济》,《中国社会经济史研究》2000 年第 4 期,第 2、6 页。

　　⑥ 《福建汀江流域之木材业》,载福建省政府秘书处统计室《统计月刊》第 2 卷第 4 期,1936 年 4 月 1 日,第 1 页。

品侵入以后，闽西的手工业便逐渐破产，洋布战胜土布，洋纸打倒土纸，卷烟打倒了条丝。"① 赣闽边区传统手工业和山林种植业所遭受的冲击，表明边区农民由传统市场进入近代市场经济的搏击中，市场竞争日趋激烈，生存压力越来越大。

二 市场变迁与地方社会转型失控

循着通商口岸和市场网络向边区进军的不仅有浩荡的工商大潮、激烈的市场竞争以及破产风险，还有现代新兴思潮、政党组织。20世纪初年新文化运动的兴起、五四运动的爆发，古老的中国又经历了一次新思潮的洗礼。这些新思潮通过外出求学的"洋"学生不断地带回家乡，扩散到赣闽边山区。1921年，改造社在南昌出版《新江西》；1922年，万安青年学会在家乡创办《青年》；1925年，《吉光》《血痕》《平民》《吉州学生》等进步刊物也先后在吉安出版。② 闽西各县也是如此。1921年以后，以邓子恢为首的龙岩进步知识青年发起组织"奇山书社"，开展"青年自修的读书运动"，决心"先从改造个人做起，而后及于改造社会"，并创办刊物《读书录》，1923年在厦门以《岩声》公开发行；类似的进步组织和刊物有永定的"晨钟社"和《钟声》杂志，"上杭青年读书会"与《幻灯》杂志（后改为《上杭评论》），长汀籍青年在广州成立的"汀雷社"和《汀雷》月刊；20年代初期闽西各地先后出现的进步刊物有《曙汀》《改进》《虹痕》《奋斗》《赤花》《雷鸣》《突击》《长汀月刊》《莲钟月刊》《到民间去》《新龙岩季刊》等十几种。③ 这些刊物主要宣传无政府主义、自由主义、马克思主义、科学主义、空想社会主义、新村主义、工读互助主义等多种西方思潮，并开始尝试着用他们自己理解的、还不很成熟的西方思潮解剖社会，鼓吹革命，揭露现实社会黑暗，

① 《中共闽西党第二次代表大会日刊（1930.7.8—12）》，载江西省档案馆、中共江西省委党校党史教研室编《中央革命根据地史料选编》上册，江西人民出版社1982年版，第278页。

② 参见黄日星、张德意《江西期刊综录》，江西人民出版社1994年版，第4—5页。

③ 参见林强主编《中共福建地方史》上册，中央文献出版社1993年版，第85—86页；中共龙岩地委党史资料征集研究委员会编《闽西革命根据地史》，华夏出版社1987年版，第8—10页。

主张改造并变革传统社会。

1924 年初,历经风霜的中国国民党和新生的中国共产党在广州实现了"政治联姻",联手开创"大革命"时代,并通过组建新型的政党组织向全国渗透,撒播革命种子,以达到夺取政权改造中国的目的。借助东征与北伐的东风,赣闽边区的国共组织初步建立。1926 年以后,赣南的南康、赣州、大庾、于都、兴国等地都成立了中共县党部。① 同年春,寻乌人古柏等在梅县创建"中国共产党寻乌小组",属中共梅县特支领导;1927 年秋,古柏回寻乌建立中共的地方党组织,隶属东江特委领导。② 1926 年前,闽西的永定、长汀、龙岩等地,已经成立了国民党临时县党部或筹备处;同年底,国民革命军平定福建全省,大大促进了各地国共党组织的建设;1927 年以后,闽西各县地方国共党组织纷纷建立,由于地理的原因,闽西中共地方党组织也和寻乌县一样,隶属于广东区委领导。③ 国共地方党组织建立以后,积极宣传反帝反封建主张,创办农民养成所(讲习所),培训农民运动骨干,组建农民协会,发动农民开展"二五减租"和废除苛捐杂税等运动。值得一提的是,1927 年春夏以前,由于前述"政治联姻"的缘故,上述国共党组织往往交织在一起,共同开展活动。

早在新兴思潮和政党组织成立之前,赣闽边区地方士绅之间的斗争硝烟已经悄悄弥漫。民元以来的龙岩,先是九中派(以龙岩中学校长魏梦云和原松涛小学校长杜连茹为首领的地方实力集团,1916 年龙岩中学改为省立第九中学)与公民派(以公民小学校长丘文甫和郑笔山为首领的地方实力集团)对地方权力的争夺;1924 年以后,一变为三民主义促进会(九中派与公民派联合后组成,简称旧派;该集团标榜自己是正统的国民党,奉行的是正宗的三民主义)和新岩同志社(简称新派,该派以国民党老同盟会员,后任福建省政务委员、省党部主任委员的詹调元

---

① 参见夏道汉、陈立明《江西苏区史》,江西人民出版社 1987 年版,第 39 页。

② 参见寻乌县志编纂委员会编《寻乌县志》,新华出版社 1996 年版,第 221、460 页。

③ 参见林强主编《中共福建地方史》上册,中央文献出版社 1993 年版,第 154—157 页;中共龙岩地委党史资料征集研究委员会编《闽西革命根据地史》,华夏出版社 1987 年版,第 13—15 页。

为后盾）之间的对抗。① 民国初年的于都县，有县绅洪氏兄弟各发起创办中学一所，一名雩水，一名昌村，负笈来学者各五六百人。新学的创办带来了士绅的分野，自此以后，于都"地方士绅分为两派，不入于雩水即入于昌村，旗帜鲜明……而两校学生毕业回归本乡者，其情亦复如是"。② 革命亲历者的回忆也证实，于都"全县的土豪劣绅，当时分成了昌村与于水两派对峙，两派之间既有勾结又有倾轧。他们翻手为云，覆手为雨，左右于都全县的反动政权。昌村派代表了农村封建大地主阶级的势力，他们以北乡的银坑、马鞍石、赖村、葛坳、水头，东乡的固院、梓山，南乡的禾丰、小溪等村为基础……于水派的势力范围在县城和西南两乡，这两个乡中小地主居多……凡是想在地方上混饭吃的知识分子，不依附于昌村派就得拜倒于水派下，否则就无进身之阶"。③

此外，瑞金有"新派"与"老派"、寻乌有中山派（合作社派）与新寻派（青年革命同志会）、长汀有所谓的张绍族派和康派、永定有"城内派"与"静庐派"等。这些地方实力派别之间的斗争非常复杂，既有新旧观念之间的分歧，又有国民党"左派"和"右派"之争，还夹杂着国共两党间的摩擦与分裂，以及地方上的宗族矛盾、土客矛盾等。当然，几乎所有的斗争，均围绕着争夺地方教育、财政、建设、政权等核心内容而展开。

赣闽边区地方经济与社会结构的深层变动，有赖于强有力的政府对之进行有效的整合，可惜的是，进入 20 世纪的中国，上自中央政府下至地方政权，可谓"城头变幻大王旗"。1913—1926 年，短短 14 年之间，江西便先后更换了 6 任督军，其中 5 任（李纯、陈光远、蔡成勋、方本仁、邓如琢）赣督都是外省人，他们对江西地方建设几乎毫无成就。民国初年的福建，表面上看起来似乎政局相对平稳，实际上却是军阀割据、民军林立。20 年代尤其是 1927 年以来，福建省政府"政令不出省门"④，各县地方政权或为军阀专政（如福建陆军王献臣、李凤翔等部相继称雄

---

① 参见陈仙海《龙岩二十年代前后的社会政治教育概况》，《龙岩文博》第 6 期，1999 年印，第 46—48 页。

② 《于都观感记》，《江西民国日报》1935 年 2 月 11 日第 4 版。

③ 丘倜：《回忆于都暴动》，载政协江西省委员会文史资料委员会编《江西文史资料》第 8 辑，1982 年印，第 64 页。

④ 《福建赤祸的前因后果（一）》，《申报》1932 年 7 月 3 日第 12 版。

闽西),或为豪绅(民团)把持(如陈国辉、卢新邦、郭凤鸣、张贞、卢新铭、陈国华、张大成、兰玉田、钟绍葵、江湘、陈荣光等多如牛毛)。为了争夺地盘和税源,大小军阀之间的混战则如家常便饭。据统计,1922—1925年,闽西有大小战争30余次之多。[1]

连年的军阀混战,给边区各县人民带来了无穷的负担。为了维持庞大的军政开支,大小军阀如抽丝剥茧般强令筹饷。在江西,农民"除原有赋税统税等正税外,其余的杂税竟有十余种之多……最近更为新奇,竟有喜捐丧捐与人头捐"。[2]赣东南的瑞金县,"自民十一以来,叠驻大军,兵差供应,所费甚巨"[3];会昌县从筠门岭到西江短短180里路,就设有9个"厘金卡",来往赣粤之间挑脚贩卖的小商小贩,受尽关卡盘剥之苦[4]。在闽西的龙岩,暴动前"捐税有四十多种,每人的负担要二十八元"。[5]预征田赋是各地军阀敛财的主要手段。1925年,张毅所辖漳州、龙岩二县,田赋已征至1930年;李凤翔所辖汀属八县,田赋已征至1931年;孔昭同在兴泉永各地,甚至已经预征1932年的田赋。[6]军阀曹万顺统治上杭时,向人民预征了20多年的钱粮。[7]不少商家和富户不堪重负,纷纷迁居异地,逃避摊派。1918年出生的长汀县河田镇李秉清回忆说,为了躲避乡村苛重的捐饷,1925年,他父亲带领全家由河田镇搬到长汀县城居住。[8]

黑金政治导致动荡的政局,转嫁给农民无穷的负担;前述残酷的市场竞争也恶化了赣闽边区农民的生存环境,堵塞了下层百姓的谋生之途,农民"迫于生活无奈,不得不去当土匪";败退的小股军阀部队也往往与他们沆瀣一气,拖枪上山,自立为王,干起剪径打劫和绑票吊参的土匪

---

① 参见张鼎丞《中国共产党创建闽西革命根据地》,人民出版社1982年版,第3页。
② 《江西近况工作——综合性报告(1928.7.8)》,载江西省档案馆、中共江西省委党校党史教研室编《中央革命根据地史料选编》上册,江西人民出版社1982年版,第2页。
③ 《瑞金旅省同乡为桑梓呼吁》,《江西民国日报》1930年11月5日第5版。
④ 参见中共赣州地委党史工作办公室编《赣南人民革命史》,中共党史出版社1998年版,第6页。
⑤ 《中共闽西党第二次代表大会日刊(1930.7.8—20)》,载江西省档案馆、中共江西省委党校党史教研室编《中央革命根据地史料选编》上册,江西人民出版社1982年版,第280页。
⑥ 转引自林强主编《中共福建地方志》上册,中央文献出版社1993年版,第103页。
⑦ 转引自中共龙岩地委党史资料征集研究委员会编《闽西革命根据地史》,华夏出版社1987年版,第3页。
⑧ 据温锐、游海华2000年长汀县河田镇实地调查。

生涯。例如，清末民初，从兴国到梅县的途中，"路上不安靖，民团、靖卫团时常搜抢客人身上的钱"。① 苏区革命前，"由龙岩至连城庙前这条大路是跑不通的，土匪充斥了旅途"。② 下坝至武平县城、江西、广东的几条大路，每条大路都有土匪收取保护费③；"在闽西土匪特别多"④，江西"赣南的土匪极多"⑤，等等。

三 结论

19 世纪中叶以前（太平天国战争以前），赣闽边区地处两省边陲，境内崇山峻岭、沟壑纵横，交通极为不便。由于上述区位和交通条件的限制，在传统市场环境和相对稳定的地方政治结构中，尽管其社会经济发展相对滞后，赣闽边区的社会秩序尚称有序，农民生活尚称安定。

19 世纪中叶以后的赣闽边区，因其有了更为便捷的进出口（汕头）和更为完善的市场网络，这使得它与国内外市场的联系比之以前更加紧密，西方资本主义生产方式、科学技术文化循着韩江水系逐渐向赣闽边区延伸拓展。但是，浩浩荡荡的近代资本主义市场与工商业大潮在带给赣闽边区发展机会与繁荣希望的同时，也带来了残酷的竞争和破产的风险。依赖传统谋生方式的农民面对激烈的市场竞争环境，一时应对失据，生存陷入困境，其对近代市场经济的适应尚需时日。民元以来，地方军阀的混战与黑金政治，转嫁给农民无穷的负担，进一步恶化了边区农民的生存环境，堵塞了底层百姓的谋生之途。而外来的新兴思潮、政党组织犹如旋风，它们和地方固有的士绅争斗暗流交汇激荡；阶级矛盾、土

---

① 《兴国调查（1930.10）》，载中共中央文献研究室编《毛泽东农村调查文集》，人民出版社 1982 年版，第 211 页。

② 《中共闽西党第二次代表大会日刊（1930.7.8—20）》，载江西省档案馆、中共江西省委党校党史教研室编《中央革命根据地史料选编》上册，江西人民出版社 1982 年版，第 278—279 页。

③ 据温锐、游海华 2000 年武平县下坝乡实地调查。

④ 《中共福建省委报告（1929.4.20）》，载江西省档案馆、中共江西省委党校党史教研室编《中央革命根据地史料选编》上册，江西人民出版社 1982 年版，第 69 页。

⑤ 《张怀万巡视赣西南报告（1930.4.5）》，载江西省档案馆、中共江西省委党校党史教研室编《中央革命根据地史料选编》上册，江西人民出版社 1982 年版，第 183 页。

客矛盾、宗族矛盾、姓氏矛盾等多种社会矛盾逐渐汇集成社会不稳定的洪流①，深深撼动着古老的赣闽山区。这一切表明，20世纪初以来的赣闽边区，其社会生态环境处于严重的失调状态。

赣闽边区地方经济与社会结构的深层变动，有赖于强有力的政府对之进行有效的整合；被市场竞争机制暂时淘汰出局的边区底层农民，也有赖于现代政府的社会保障制度给予及时的必要救济；外来西方思潮的本土化也需要一定的时间，思想文化界的新派与旧派，既需要实践中相互间的磨合，更需要对待思想异己的宽容。遗憾的是，进入20世纪以来，帝制的覆灭也伴随着"中央权威"的丧失，中国进入了一个诸侯称雄且连绵不已的时代；新兴的政党势力——国共两党又未能精诚合作，错失整合国家与社会的时代良机。1927年春夏，国共两党最终走向政治分野，中国共产党在政治弱势形势下，转入农村展开武装割据斗争，寻求夺取政权的另一条道路。社会生态环境严重失调的赣闽边区，恰在此时成为催生革命最好的温床。

第二节　吉泰盆地的生态环境与
东固革命的兴起

长期以来，学界乃至社会各界的主流观点认为：帝国主义的压迫与国内尖锐的阶级矛盾、土地占有的不均和农民的极端贫困，是红色革命爆发的根本原因。近年来，随着研究环境的宽松尤其是学界研究的深入，上述陈说日益受到质疑并得以完善。② 作为中央苏区重要组成部分的东固

---

① 饶伟新对土地革命时期赣南农村的社会矛盾有较为详细的描述。参见饶伟新《论土地革命时期赣南农村的社会矛盾——历史人类学视野下的中国土地革命史研究》，《厦门大学学报》2004年第5期。

② 饶伟新认为：在革命地区具体的社会历史环境下，土地革命斗争并不完全表现为单纯的阶级斗争；黄道炫进一步指出：红色革命中心的形成，并不一定必然和当地的土地占有状况相联系，也不能单纯用贫困加以解说。毫无疑问，他们的研究成果，对于苏区革命研究的深入开展，都极具理论和方法意义。分别参见饶伟新《论土地革命时期赣南农村的社会矛盾——历史人类学视野下的中国土地革命史研究》，《厦门大学学报》2004年第5期；黄道炫《一九二〇——一九四〇年代中国东南地区的土地占有——兼谈地主、农民与土地革命》，《历史研究》2005年第1期。

苏区①，其创建的源头要追溯到东固革命。前节从宏观上论述了中央苏区革命的兴起，本节试图从微观上以东固革命为例作一个案分析，通过对相关史实的梳理和分析，再现当地革命爆发的生态环境和历史场景，并为读者呈现其兴起的深层原因。

一　暴动前吉泰盆地的生态环境

从江西省政区图上看，东固地区位于赣省的中部偏南，隶属于吉安县，地处吉安、吉水、永丰、兴国、泰和5县交界山区，距离周边各县县城均在百里以上。境内崇山峻岭，地势险要，交通极为不便。自清末江西巡抚修建一小段公路以来，新型的现代化公路建设事业并未向其他地区延伸拓展②，地处山区的东固地区，则更是闭塞如旧。当地居民的进出口通道仅仅依靠5条羊肠小道，曲折跌宕地通向山外的世界。日常生活必需品也是由"精苦勤干"的小商贩翻山越岭蚁运而来，商品和信息的流通缓慢而艰难。③

好在大自然赐予了东固人民以优越的生存环境。据气象资料显示，东固年平均气温达 17.3℃（江西全省为 16.2—19.7℃），≥10℃ 积温为

---

①　东固革命根据地时空范围，目前学界比较成熟的看法是：以吉安县东固为中心，北至吉水县水南、白沙，永丰县的罗坊；西至吉安县富田，泰和县中洞、桥市；南至兴国县贺堂、崇贤、枫边；东至永丰县潭头、沙溪、上固等地。全盛时期面积达 2000 平方公里，人口约 15 万，其存续时间为 1927 年 9 月至 1929 年 11 月。参见中共吉安县委党史办《东固革命根据地概述》、沈庆鸿和白溪生《试谈东固革命根据地的历史分期和区域范围》，载中共江西省委党史资料征集委员会、中共江西省委党史研究室编《江西党史资料·东固革命根据地专辑》第 10 辑，1989 年印，第 1、220—223 页。

②　1909—1910 年，为方便中外人士游览庐山，江西巡抚冯汝骙拨库银修建了本省第一条公路——九江至莲花洞公路。自此以后，江西公路建设中断 15 年之久，到 1925 年，主政者才重续公路现代化进程，修建江西第二条公路——南昌至莲塘公路，1928 年建成通车。参见江西省交通厅公路管理局编《江西公路史》第 1 册，人民交通出版社 1989 年版，第 65、66 页。

③　有一个例子相当典型，可作说明。1927 年 8 月 6 日，吉安国民政府军制造了"八·六"事变，密谋逮捕了县城各革命团体的负责人，并枪杀了县总工会委员长梁一清等 3 人。时在家中的赖经邦（东固暴动的领导人）毫不知情，于 14 日由家乡东固步行回吉安，行至富田附近发现情况有异，才幸免于难。震惊吉安地方乃至全省的大事变发生一个多星期后，赖居然毫不知情，于此可见东固信息闭塞之一斑。参见江西省军区党史资料征集办公室编《江西革命暴动（1927.8—1928.6）》，1988 年印，第 81 页。

5365℃（吉安县为 5823.5℃，江西全省为 5044—6339℃），无霜期有 250 天（吉安县为 278.4 天，江西全省为 241—304 天），年降水量在 1623 毫米左右（吉安县为 1457 毫米，江西全省为 1341.4—1939.4 毫米）。① 东固是吉泰盆地的重要组成部分，该盆地水源充足，土层较厚，土质肥美，传统社会以来，就是江西省著名的商品粮基地。丰富的热量资源、充沛的降水量和肥沃的土壤，为以水稻为主的种植业和茶叶、油茶、油桐、毛竹、杉木等经济用材林木提供了茁壮成长的优良环境，也为当地农民的粮食供给和其他基本生活资源提供了充分的保障。革命领导人段起凤（1893—1930）的家庭生活可资说明。他是永丰县潭头乡芹菜坑丝茅坪村（与东固仅一岭之隔）人，是东固革命的主要组织者之一。他的父亲段新宙是一位农村武术师，"家里没有一丘田，全靠租种地主富农的土地维持生活"，但即便如此，他仍将 5 个儿子、3 个女儿养大成人；其中 5 个男孩均学了手艺。② 这一典型事例说明，在通常情况下，只要能够勤于劳作，哪怕完全佃耕别人的土地，农民的日常生活当不致陷入困境，其种族繁衍也不会成为突出问题。

当然，东固地区及其邻近山区绝大部分山民还是过着物资贫乏的生活，生活的重担一直没有离开过他们负重的肩膀。大革命前的东固，有人口 15000 人，田地 22000 余亩，大部分田地都为豪绅地主所有，大多数农民都靠租种水田和茶山为生。③ 据来自东固区西城村的调查，革命前全村原有 28 户人家，耕地 1800 余亩，其中 2 户地主占有 1100 余亩，占总数的 61%；15 户贫雇农仅占 145 亩，不到总数的 8%；其他阶级成分 11 户，只占有少量的耕地，其余皆为豪绅地主把持的公田。东固大源坑人、暴动的主要组织人之一汪安国的回忆也证实："在土地革命前，东固境内约有 3200 余户人家。大多是明末清初从福建、广东迁来的客籍人，除李、

① 东固气象资料参见江西省吉安县人民政府地名办公室编纂《吉安县地名志》，1987 年印，第 73 页；吉安县和江西全省气象资料参见谭钜生等编《江西省地理》，江西教育出版社 1989 年版，第 66—74、128 页。

② 参见中共吉安地委党史工作办公室编《吉安英烈》，中共党史出版社 1992 年版，第 407 页。

③ 参见江西省军区党史资料征集办公室编《江西革命暴动（1927.8—1928.6）》，1988 年印，第 79 页。

刘、汪等姓，比较集中居住在黄沙、东固、西城、大源等处外，其余是三五家、十多家不等分散而居，绝大部分是贫农、佃农、中农。他们租种富田王家、陂下胡家，以及东固徐、兰两姓和富农的土地耕种（在土地革命初期，东固只有富农之称，不称地主）"。① 西城村及东固土地占有不均的状况可能是整个吉泰盆地的普遍反映。吉安全县的情况大致是，70%以上的土地掌握在占人口约10%的地主、富农手里，占人口总数80%以上的贫雇农却只占有10%左右的土地。② 赣西南各县土地"百分之六十到八十集中在地主阶级手里（包括祠堂寺庙富农），特别是肥沃的土地，集中在地主富农手里，而且农村一般的现象，是田少人多（只有少数山地的田比较多），大地主少小地主多"。③ 土地占有的不均可能加重了某些农民谋生的艰难。这种艰难其一表现在地租上，其二表现在民间借贷上，其三表现在农民收入低下上。革命者当年的调查对此有充分的显示。赣西南各县"一般的租率是农民地主各半，有的地主得十分之六，还有一种铁租，不论收获如何要照额定数目交租，都是以农产品交租，一般的利率是二分半至三分，农村的富农放债还有十分或五分的，特别是在青黄不接的时候，地主富农故意积谷居奇高抬谷价闭粜等，这是农民觉得最痛苦的事情。工人的生活非常恶劣，长工每年最高工钱八十吊，有的三十吊或二十吊，短工每日二百至三百，工作时间一般的都是日出而作日落而息。一般的待遇，长工是非常痛苦的，短工要比较好些"。④ 汪安国则称，东固贫苦农民"在经济上受到地主的重利重租的剥削"。⑤ 这种土地占有不均、地租负担、高利贷及低工资等种种经济不平等现象

---

① 汪安国：《我所知道的东固革命根据地的几件事》，载中共江西省委党史资料征集委员会、中共江西省委党史研究室编《江西党史资料·东固革命根据地专辑》第10辑，1989年印，第107—108页。

② 参见吉安县志编纂委员会编《吉安县志》，新华出版社1994年版，第516页。

③ 《赣西南的（综合）工作报告（1931.9.20）》，载江西省档案馆、中共江西省委党校党史教研室编《中央革命根据地史料选编》上册，江西人民出版社1982年版，第408—409页。

④ 赣西南特委：《赣西南的（综合）工作报告（1931.9.20）》，载江西省档案馆、中共江西省委党校党史教研室编《中央革命根据地史料选编》上册，江西人民出版社1982年版，第409页。

⑤ 汪安国：《我所知道的东固革命根据地的几件事》，载中共江西省委党史资料征集委员会、中共江西省委党史研究室编《江西党史资料·东固革命根据地专辑》第10辑，1989年印，第107—108页。

可能成为革命的孕育因素之一。

其实，当地农民不仅面临着传统社会以来一直就有的谋生压力，五口通商以后，他们还面临着近代工商经济大潮带来的机遇、挑战与风险。东固所属的吉安地扼赣江的中游，明清以来，它就是中国南北大通道上的一颗明珠。进入近代以后，尽管江西身处内地，吉安则是内地的内地，但是，与传统社会相比，它与国内外市场的联系更为紧密。西方资本主义生产方式、商品与文化循着长江流域逐渐向赣省腹地延伸拓展，身为赣西政治、经济中心的吉安，清末民初时期呈现的是一派欣欣向荣的发展势头，"一切货物的出口入口都是这个地方"，并出现了"银行银楼等等的大商业"①，"有美孚、亚细亚等油行"，"市面洋货、西药、纸烟非常充斥"②。对此，当年的革命者有着切身的体察，他们描述："在一九二九年前，赣西南的商业经济是发展的形势……吉安、赣州，都有很新的洋货店，仿照上海的模样，商店（如吉安之×强）街道门面，渐趋现代化（资本主义化），吉安新开了很多新式饭店，如中山大旅社，大陆饭店，以及原有之吉祥旅馆，等之改新，洋货店，绸缎铺，都是仿照上海汉口的式样渐渐改新，吉安附近比较大的县城市镇，如永新，永阳，横江渡一带，都是如此，几处很小的圩场……都有洋货"；工商产业的发展和繁荣为当地劳动力提供了众多的工作和出路，"赣州大商人大抵是广东佬，吉安则本地人为多，赣西各比较多大的县城（二等县域口）及大市镇，如永阳，阜田，永新，莲花一带，大半是吉安人为多，赣州亦有很多商人是吉安的，在湖南经商的江西老表，亦大半是吉安人"③。浩浩荡荡的近代资本主义市场与工商业大潮在带给吉赣发展机会与繁荣希望的同时，也带来了残酷的市场竞争和破产的高风险。洋油、洋货、西药、纸烟等的充斥，意味着市场上原有本土同类产品销售的萎缩，依赖制造

---

① 《刘作抚关于赣西情形的综合报告（1929.9.6）》，载江西省档案馆、中共江西省委党校党史教研室编《中央革命根据地史料选编》上册，江西人民出版社1982年版，第136页。

② 张怀万：《张怀万巡视赣西南报告（1930.4.5）》，载江西省档案馆、中共江西省委党校党史教研室编《中央革命根据地史料选编》上册，江西人民出版社1982年版，第188页。

③ 士奇、昌廖、天干：《赣西南苏维埃区域的经济状况及经济政策（1930.10.12）》，载江西省档案馆、中共江西省委党校党史教研室编《中央革命根据地史料选编》下册，江西人民出版社1982年版，第555—556页。

或销售这些本土产品谋生的农民，面对激烈的市场竞争环境（短时期内）能否适应？若有破产风险，又能否承受？可以预测的是，激烈的市场竞争可能意味着部分农民会应对失据，生存陷入困境。

与阶级矛盾、经济不平等、市场竞争加剧和高风险并行的是错综复杂的姓氏、宗族等地方矛盾。受区域、交通、文化与自然环境等因素的影响，江西公堂祠堂的土地特别多，公田的部分收获，往往用来救济"同族的贫人"，或"补助同族子弟读书"，因此，"农民的氏族观念，特别浓厚"。① 民国吉安县志的编纂者也感叹："邑人重宗族，生没嫁娶，必告于宗祠，吉相庆，凶相弔，守望相助，疾病相扶持，闻有同族为他族所凌者，必合群而往救之，或械而助之斗，其为偏袒与否不可知，而睦族之意则笃矣。"② 此种现象说明，上述姓氏、宗族的运作方式已经得到当地农民的高度认同。但是，姓氏与宗族的影响和作用远不至此，它的权力触角伸展到乡村社会的角角落落。与东固一山之隔的兴国县，此种现象堪称典型。崇贤暴动③的亲历者李挺回忆说："大革命前，崇贤乡的统治权都为地主恶霸、土豪劣绅、几个大族的族长（头人）所操纵，指派一些流氓、地痞、狗腿子，帮县衙门收缴捐税，摊派款项……地主恶霸、土豪劣绅、族长之间为了争权夺利，常常挑拨和发起宗族之间的仇视和械斗。"④ 不仅崇贤如此，兴国全县和赣南各县皆然。兴国早期革命的领导人之一陈奇涵⑤说：赣南"氏族社会的传统习气浓厚，规模宏大的宗祠到处林立。性情强悍好斗，每因发生个人纠纷都缠到氏族上来解决，

---

① 《江西苏区中共省委工作总结报告（一、二、三、四月总报告）（1932.5）》，载江西省档案馆、中共江西省委党校党史教研室编《中央革命根据地史料选编》上册，江西人民出版社1982年版，第445页。

② 李正谊等修，邹鹄纂：《吉安县志》，1941年铅印本，江苏古籍出版社1996年影印版，第555页。

③ 1928年5月10日，兴国县崇贤党组织负责人谢云龙，在曾炳春、李文林率领的赣西工农革命军第七纵队的配合下，领导当地农民攻打崇贤靖卫团，占领崇贤圩，并宣布成立"崇贤农民协会"，史称"崇贤暴动"。

④ 李挺：《回忆第七纵队与崇贤暴动》，载中共江西省委党史资料征集委员会、中共江西省委党史研究室编《江西党史资料·东固革命根据地专辑》第10辑，1989年印，第130页。

⑤ 陈奇涵（1897—1981），男，江西兴国人，早年从军，黄埔一期生，1925年入党，曾任中共赣南特委委员、军事部长等职，1955年被授予上将军衔。

调解不成，战祸即开"。① 另一革命亲历者肖华②回忆："那时，兴国的姓氏观念很浓厚，肖、陈两姓在兴国很有势力，兴国的伪商会会长历来都姓肖，伪县长来兴就任时都要拜过肖以钱。"③ 上述不同革命者的回忆都揭示，宗族纵向或横向的权力网络几乎构成了乡村社会权力的核心，上自县政（如与县长联系密切）、下至基层行政（如收粮纳税等），乃至地方社群间的关系，无不如此。同时也揭示，无论是宗族权力掌控者间的"争权夺利"，还是纯粹族众的"个人纠纷"，都有可能引发社群间的"仇视和械斗"。暴动前的东固就广泛存在着这种社群间的歧视，汪安国回忆，"在土地革命前……外地的豪绅地主，侮辱东固的劳动人民为'岭背佬'"。④ 这种社群间的歧视可能进一步促使弱势群体（农民）为寻求生存"安全感"而产生对社群的高度认同。也许正因为如此，"农民的氏族观念，特别浓厚"就在情理之中。

此外，"会匪"等民间秘密组织和洋教（基督教与天主教）也得到农民相当程度的认同。陈奇涵指出：赣南"秘密组织'三点会'亦甚普遍"。⑤ 另据当地人回忆，在永丰、东固、兴国一带有几股洪帮"三点会"绿林武装力量。这种组织打着"劫富济贫"的旗号，干着"抢劫钱财"的营生，没有明确的阶级路线；他们除了抢劫富有人家的钱财之外，有时还会到一般农民家里行劫。参加者大多数是最苦最穷的山区农民，但有些比较富裕的农民为了保护自己的家产，也加入了"三点会"，"交五元钱了事，并不参加活动"。⑥

---

① 陈奇涵：《赣南党的历史》，载陈毅、肖华等《回忆中央苏区》，江西人民出版社 1981 年版，第 1 页。

② 肖华（1916—1985），男，江西兴国人，1928 年参加革命，1930 年入党，曾任共青团兴国县委书记、红军总政治部青年部部长等职，1955 年被授予上将军衔。

③ 肖华：《兴国革命斗争与"少共国际师"》，载陈毅、肖华等《回忆中央苏区》，江西人民出版社 1981 年版，第 390 页。

④ 汪安国：《我所知道的东固革命根据地的几件事》，载中共江西省委党史资料征集委员会、中共江西省委党史研究室编《江西党史资料·东固革命根据地专辑》第 10 辑，1989 年印，第 108 页。

⑤ 陈奇涵：《赣南党的历史》，载陈毅、肖华等《回忆中央苏区》，江西人民出版社 1981 年版，第 1 页。

⑥ 赖孝福：《绿林武装"三点会"》，载中共江西省委党史资料征集委员会、中共江西省委党史研究室编《江西党史资料·东固革命根据地专辑》第 10 辑，1989 年印，第 135—136 页。

表 3-1　　　　　　　　　东固周边五县近代洋教传播概况

	基督教				天主教			
	传入时间	传入国别	教众人数	教堂处数	传入时间	传入国别	教众人数	教堂处数
吉安*	1923 1894		50余 360余	1 3	1923 1928	意大利	13000 80余	1
吉水	1900	意大利		6			80	
永丰	1906	芬兰		2	1880	法国	656	4
兴国					1903	法国		1
泰和	1906	英国		1	1853	法国	500余	8

说明：1. 据本表"资料来源"所列资料编制而成。2. 吉安*栏分别为福音教和圣公会。3. 教众人数统计年份不详。

资料来源：吉安县志编纂委员会编：《吉安县志》，新华出版社1994年版，第720页；李正谊等修，邹鹄纂：《吉安县志》，1941年铅印本，江苏古籍出版社1996年影印版，第249—250页；吉水县地方志编纂委员会编纂：《吉水县志》，新华出版社1989年版，第529页；江西永丰县志编纂委员会编：《永丰县志》，新华出版社1993年版，第568页；兴国县志编纂委员会编：《兴国县志》（内部版），1988年印，第707页；泰和县地方志编纂委员会编：《泰和县志》，中共中央党校出版社1993年版，第756页。

　　现实的农民不但入"会"，而且信"教"。如表3-1所示，19世纪末20世纪初，随着工商大潮而来的基督教、天主教等"洋教"已经遍布东固周边的吉安、吉水等5县；有的仅在县城设立教堂，传播福音，有的已经深入乡村，发展教民。农民信教的目的，正如毛泽东在《寻乌调查》中所指出的，不外两部分：一部分是那乡村中奸猾阴险想当霸王的，他们进教为了利用它达到自己的目的；另一部分是受人压迫贪图保护的贫弱的人，他们的目的在于避祸。[①] 尽管各有各的目的，但洋教能给他们带来看得见的好处，无疑是最主要的原因。问题的关键是，洋教这一外来权力在乡土中国的契入，势必造成乡村社会权力结构的重组，从而引发不同阶层不同地域群众的激烈冲突。1900年吉安县的城乡教案、同年

———————

① 参见《寻乌调查（1930.5）》，载中共中央文献研究室编《毛泽东农村调查文集》，人民出版社1982年版，第176页。

泰和县烧毁教堂事件、1904 年兴国县城群众闹教事件①等，就是典型明证。

另外，作为政府和社会对立面的"会匪"等民间秘密组织的普遍存在，无疑给复杂动荡的乡村社会进一步增添了不稳定因素。

总之，清末民国时期，吉泰盆地的地方经济与社会结构正经历着深层变动，并在相当程度上呈现出失衡状态。这一切都有赖于强有力的政府对之进行有效的整合。遗憾的是，进入 20 世纪以来，帝制的覆灭也伴随着"中央权威"的丧失，中国进入了一个诸侯称雄且连绵不已的时代；新兴的政党势力——国共两党旋即于 1927 年分道扬镳。中国政治结构的深层变动深深影响着地方的政治环境。从 1913 年到 1928 年，江西的主政者都是外省人，他们对江西地方建设毫无兴趣，唯一关心的是自己的位子和钱袋子。② 尤其是 20 年代以来，"江西统治阶级内部的冲突，主要的为蒋与反蒋的冲突，其次则为土著豪绅与外籍军阀的冲突。这两个冲突，普遍于江西全省"。③ 具体到县政，则更是"城头变幻大王旗"，县官像走马灯似的变换不停。如表 3-2 所示，民国前期，东固所属的吉安及吉水、永丰、兴国、泰和等县的县知事、县长等，每任任期长的如吉水县，不过 16 个多月，短的如吉安县，不到 8 个月，5 县县长平均任期为 10.6 个月。在如此短的任期内，他们几乎不可能着力于地方建设，反而给地方带来了沉重的负担。正如革命者所评述："革命前的剥削状况……国民党军阀统治时代，与北洋军阀统治时代，丝毫没有差别，捐税的种类，如厘金月捐，百货捐，烟酒捐，消防捐以至于人头税，牛捐猪捐老婆捐

---

① 1900 年，吉安县西南两关天主教堂为民众捣毁；同年，因泰和县云亭乡小翰村、田西村部分教民在地方上长期为非作歹，1900 年，教外群众利用义和团运动，一举烧毁了上述两村教堂；1904 年，兴国县城发生群众闹教事件，教民被杀伤 90 余人。分别参见李正谊等修、邹鹄纂《吉安县志》，1941 年铅印本，江苏古籍出版社 1996 年影印版，第 39 页；江西泰和县地方志编纂委员会编《泰和县志》，中央党校出版社 1993 年版，第 756 页；兴国县志编纂委员会编《兴国县志》（内部版），1988 年印，第 707 页。

② 参见廖信春《战争与乱世的困顿》，载温锐、游海华等《百年巨变与振兴之梦——20 世纪江西经济研究》，江西人民出版社 2000 年版，第 146～147 页。

③ 张怀万：《张怀万巡视赣西南报告（1930.4.5）》，载江西省档案馆、中共江西省委党校党史教研室编《中央革命根据地史料选编》上册，江西人民出版社 1982 年版，第 185 页。

等，钱粮的预征，有三年到五年者。"①

　　延续着传统管理职能和管理思维的县政府，其行政行为，对于已经失衡的吉泰盆地社会，无异于火上浇油。剩下的问题是，谁来点燃革命的星火？

表 3－2　　　　　　　　民国前期东固周边五县县长任职年限概况

	吉安	吉水	永丰	兴国	泰和
统计年限	1912—1927.8	1912—1928.3	1914—1928.3	1912—1928.12	1912—1927
县长任数	24	12	12	19	23
县长任职平均年数	0.65 年 (7.8 个月)	1.35 年 (16.2 个月)	1.19 年 (14.3 个月)	0.89 年 (10.7 个月)	0.70 年 (8.4 个月)
5 县平均	0.88 年 (10.64 个月)				

　　说明：据本表"资料来源"所列资料编制而成。

　　资料来源：吉安县志编纂委员会编：《吉安县志》，新华出版社 1994 年版，第 851—852 页；吉水县地方志编纂委员会编纂：《吉水县志》，新华出版社 1989 年版，第 312 页；江西永丰县志编纂委员会编：《永丰县志》，新华出版社 1993 年版，第 377 页；兴国县志编纂委员会编：《兴国县志》（内部版），1988 年印，第 522—523 页；泰和县地方志编纂委员会编：《泰和县志》，中共中央党校出版社 1993 年版，第 251—252 页。

二　地方中共知识分子与东固革命

　　点燃革命星火的是赖经邦、曾炳春、高克念、刘经化、汪云从、汪安国等一批东固的地方中共知识分子，赣西南地区第一次武装暴动——东固暴动就是由他们领导和发动的。得益于清末新政以来的教育政策，这些东固山旮旯儿里的青年早年接受了或多或少的"新学"教育，这可能增添了他们对山外精彩世界的向往；五四运动以后，这批年轻人先后来到喧嚣繁荣的吉安，进入江西省立第七师范、吉安省立第六中学等学校求学深造（见表 3－3）。其时，新文化运动以来形形色色的新思

　　① 《赣西南的（综合）工作报告（1931.9.20）》，载江西省档案馆、中共江西省委党校党史教研室编《中央革命根据地史料选编》上册，江西人民出版社 1982 年版，第 409 页。

想、新主义,通过外出求学的"洋"学生不断地带到吉安,当地学子一方面沐浴着思想解放的春风,一方面积极地创办《吉光》《血痕》《平民》《吉州学生》① 等刊物,开始尝试着用他们自己理解的、还不很成熟的新思想来解剖社会,揭露现实社会黑暗,主张改造并变革传统社会。1924 年初,历经风霜的中国国民党和新生的中国共产党在广州实现了"政治联姻",开创了"大革命"时代,并通过组建新型的政党组织向全国渗透。当年 2 月,吉安成立了社会主义青年团临时支部;1926 年 1 月,中共吉安小组成立,同时吸收了 20 余名团员入党;3 月,吉安小组升为中共吉安特支;4 月,党员发展为 42 人。② 从现有资料看,赖经邦等东固知识分子并没有参加吉安社会主义青年团,也没有成为吉安最早的42 名中共成员,其重要原因可能是,在中共吉安团、党组织初创时期,他们已经毕业并离开吉安城,到永和、永阳、东固等乡村小学执教谋生去了(见表 3 - 3)。

表 3 - 3   东固暴动中的地方中共领导知识分子简历

	出生地	出生年份	受教育学校	入校及毕业年份	入党年份	暴动前职业或曾任职务
赖经邦	敖上古瑞林村	1899	江西省立第七师范学校	1919 入校 1923 毕业	1926.9	1923 年 7 月,任吉安永和高等小学教师;1926 年 10 月,任吉安县教育局巡学员;1927 年 9 月,任东龙党支部书记和工农革命军队长
曾炳春	欧家垅村	1902	同上	1920 入校 1924 毕业	1927.上半年	1925 年,任吉安永阳小学教师;1926 年,任吉安总工会秘书兼码头工会主席;东固农民协会执委

---

① 参见黄日星、张德意《江西期刊综录》,江西人民出版社 1994 年版,第 5 页。

② 参见中共江西省委组织部、中共江西省委党史资料征集委员会、江西省档案局编《中国共产党江西省组织史资料(1922—1987)》第 1 卷,中共党史出版社 1999 年版,第 36 页。

续表

	出生地	出生年份	受教育学校	入校及毕业年份	入党年份	暴动前职业或曾任职务
高克念	和丰坑	1903	同上	1920 入校 1924 毕业	1926	1926 年，任县农协筹备处主任委员，后继任县农协常委、农协执委
刘经化	东固街	1901	吉安省立第六中学		1926.冬	1926 年，任东固洞东高等小学教员；1927 年 2 月，任中共东固小组组长；10 月，任东固农民协会执委
汪云从	大源坑	1903	吉安十属阳明甲种商业学校	1921 入校	1927.2	1926 年秋，任东固洞东高等小学教员；1927 年 10 月，任东固农民协会执委
汪安国	大源坑	1902	吉安省立第六中学	1925 毕业	1926.10	1925 年，任东固洞东高等小学教员；1926 年 9 月，任吉安县农协筹备处执行委员、兼赣西农运办事处筹备总干事；1927 年 9 月，任中共东固安乐小组组长

说明：1. 据本表"资料来源"所列资料编制而成。2.《江西党史资料》第 10 辑，第 194 页，记载高克念的出生年份为 1905 年，《吉安英烈》第 475 页记载为 1903 年，准确年份当作进一步考证。

资料来源：1. 中共江西省委党史资料征集委员会、中共江西省委党史研究室编：《江西党史资料·东固革命根据地专辑》第 10 辑，1989 年印，第 182—204 页；中共吉安地委党史工作办公室编著：《吉安英烈》，中共党史出版社 1992 年版，第 475、520、562 页。

　　然而这一切在 1926 年下半年发生了革命性的变化。当年 9 月，北伐军攻占吉安城，北上的革命洪流迅速淹没了吉泰盆地，也改变了赖经邦、曾炳春、高克念、汪安国等人的命运（见表 3－3）。当月，经七师同学、吉安县教育局长梁明哲①的介绍，赖经邦秘密加入了中国共产党，并担任县教育局巡视员，负责家乡纯化区（包括东固、富田一带）各学校的视察工作；同时，受组织派遣，利用回乡巡学的有利条件，到东固建立党组织，开展农民运动。此后不久，赖经邦在洞东书院②发展了教师刘经化、汪云从和篾匠李会风为党员；1927 年 2 月，他们和已在吉安入党的汪安国共 5 人组建了东固第一个中共党小组，并成立了九区农民协会。与赖一样，曾炳春和高克念也很可能是通过七师同学、吉安总工会委员长梁一清③的关系，得以投身于大革命的洪流。作为梁一清的助手，曾炳春出任吉安总工会秘书兼码头工会主席，积极协助梁领导工人运动，并于 1927 年上半年成为中共党员。高克念则早在 1926 年就加入了中国共产党，北伐军到达吉安后出任吉安县农民协会筹备处主任委员、县农协常委，从事农民运动的领导工作。刚刚入党的汪安国，也在此时担任吉安县农协筹备处执行委员，兼赣西农运办事处筹备总干事，协助高开展工作。在他们的领导下，吉泰盆地的工农运动蓬勃高涨。

上述东固知识分子，他们不再安心于乡村单调的教师生活，而是被革命政府的北伐行动所深深卷入，积极投身于地方新政府的筹建与行政，以及对地方社会有震撼力的工农运动。在此前后，他们先后加入了中国共产党，树立了自己的政治信仰。如果国共两党能够精诚合作的话，那么他们很可能在新政府中大展所为。可惜的是，国共合作的小船不久便遭遇激流和暗礁。早在 1927 年 3 月，国民党右派势力先后在赣州、永丰

---

① 梁明哲（1899—1929），吉安县中共党团早期领导人之一，新圩乡梓塘村人。1919 年与赖经邦同入吉安省立第七师范学校学习，在校积极参与学生活动，并成为其组织者之一；1923 年毕业后，先后任"七师"附属小学教员、校长；1925 年，参加共青团；1926 年 2 月，转为中共党员，同年出任吉安县教育局局长，是第一、二、三届国民党吉安县党部委员；1927 年 7 月，任中共吉安县委书记。参见中共江西省委党史研究室编《江西英烈》，江西人民出版社 1989 年版，第 123—126 页。

② 洞东书院，1888 年建于东固道化台，1912 年改为洞东高初级两等小学校，是东固周边乡镇的文教中心，地方众多的中共知识分子、地方士绅等童年时期都在此接受新学教育。

③ 梁一清（1899—1927），吉安县中共党团早期领导人之一，陂头乡渼陂人。1920 年与曾炳春、高克念同入吉安省立第七师范学校学习，毕业后成为党的职业干部；1924 年，任国民党县党部工人部长；1926 年 3 月，加入中国共产党，并任吉安总工会党支部书记；同年 10 月，当选为吉安总工会委员长；1927 年 8 月，在吉安国民政府军制造的"八六"事变后被枪杀。参见中共吉安地委党史工作办公室编著《吉安英烈》，中共党史出版社 1992 年版，第 439—445 页。

制造了"三·六"惨案①和"三·七"事变②；当年春夏，上海和武汉国共分裂的风暴也侵袭到小小的吉安城。8月6日这一天，驻吉安国民政府军第八师师长朱世贵诱捕了吉安党政农商机关团体负责人，并于12日枪杀了总工会委员长梁一清、商民协会会长晏燃、人民自卫队队长钟翔钦三人，城乡一时反共风起。此前，为应付紧急局势，中共江西区委先后将吉安几位党政主要负责人转移到外地工作。③ 血腥的屠杀对东固中共地方知识分子无疑是一次无情的打击，也是一次严峻的考验：革命的导师被无情杀害，革命的理想和事业瞬间幻灭！个人的政治前途乃至谋生之途又在何方？

事实是，事变发生后，曾炳春、高克念、汪安国等已经被推上政治前台的中共党员不得不潜回家乡避难。摆在他们面前的道路有两条："一条是龟缩在东固，甘愿做一个别人瞧不起的'岭背佬'怕死鬼，另一条是举起革命的义旗，挺身而出，同周围的反动势力，特别是与富田的大土豪王初曦你死我活的斗争。"④ 热血沸腾的青年们选择了后者。在上级的指示下，1927年9月，赖经邦在敖上村段尉林家召集并主持了东固的12名中共党员⑤会议，讨论恢复党和农协活动、建立革命武装等问题，最后决定成立东龙（东固和南龙）党支部，赖亲任党支部书记，并着手开展各项决议工作。10月，在东龙党支部领导下，收集原九区农协保存的9条枪和赖经邦自佩的2支短枪，精选了二三十名年轻的贫苦农民组建

① 1927年3月6日，赣州驻军倪弼逮捕并枪杀了赣州总工会委员长、中共党员陈赞贤，此为蒋介石反共的先声，史称"三·六"惨案。参见中共江西省委党史研究室编《江西英烈》，江西人民出版社1989年版，第21页。

② 1927年3月7日，永丰地方土豪和国民党右派历史袭击了共产党员占多数的国民党永丰县党部、县总工会、县农民协会等组织，逮捕20余人并游街示众，史称"三·七"事变。参见中共吉安地委党史工作办公室编著《吉安英烈》，中共党史出版社1992年版，第468页。

③ 参见江西省军区党史资料征集办公室《江西革命暴动（1927.8—1928.6）》，1988年印，第81页；中共吉安地委党史工作办公室编著《吉安英烈》，中共党史出版社1992年版，第443—445页。

④ 汪安国：《我所知道的东固革命根据地的几件事》，载中共江西省委党史资料征集委员会、中共江西省委党史研究室编《江西党史资料·东固革命根据地专辑》第10辑，1989年印，第109页。

⑤ 12名党员分别是：赖经邦、高克念、曾炳春、刘经化、汪云从、李会风、段蔚林、胡鸣岗、黄启绶、戴希贤、汪安国、罗乐天。

工农革命军,赖任队长。11 月 12 日晚,赖经邦率领东固地方武装——工农革命军和群众 100 多人奔赴富田,捉拿富田大土豪王初曦①,东固革命由此而起。11 月底,东固农协重新成立,赖经邦、曾炳春、刘经化、汪云从、李会风等中共党员任农协常委。

　　东固暴动的发生除了上述国共分裂的驱动,以及中共地方组织的构建与扩张等因素外,还与东固暴动领导人的家仇私恨和个人前途等紧密相连。据赖经邦弟弟赖泽高的回忆,赖经邦和王初曦是洞东书院的同学,他们两人曾在学校厨房因争夺一把火铲而起打斗争端,王因平时就表现不好,而受校长记过扣分处分,一气之下弃学回家,从此,赖王二人结下私仇。② 1927 年春,赖经邦又组织九区农民协会撰写了《关于立即捉拿大恶霸王初曦的控告书》,列举王十大罪状,告到县政府,时吉安县长中共党员周庭藩接受控告,将王关进县狱一个多月③,王赖矛盾进而加剧。吉安“八·六”事变后,王由吉安城赶回家乡,在富田设卡,准备捉拿赖和农协负责人。14 日,赖由东固赴吉(途经富田),机警地发现情况有异才幸免于难。④ 几十年下来,赖王已是势同水火,你死我活。假使说赖王主要是私仇的话,那么曾炳春、高克念则更多的是工作中树立的仇怨。1925 年,曾炳春受聘到永阳小学任教,与周冕⑤积极开展农民运动,遭到永阳土豪邓子英等的嫉恨;1927 年初,在永阳下边村组织农民协会,又常常与当地曾姓“土豪”发生争执⑥;出任吉安总工会秘书兼码头工会主席之后,则更是被推到了斗争与矛盾的前台。高克念也是如此,

　　① 在所有的革命文献和地方文献中,王初曦的家庭背景、发家历史及个人资料或付诸阙如,或语焉不详,只记载了他是富田王家村人,在东固、富田占有大量山林。

　　② 参见赖泽高《我的哥哥赖经邦》,载中共江西省委党史资料征集委员会、中共江西省委党史研究室编《江西党史资料·东固革命根据地专辑》第 10 辑,1989 年印,第 122 页。

　　③ 参见中共吉安地委党史工作办公室编著《吉安英烈》,中共党史出版社 1992 年版,第 563 页;赖泽高《我的哥哥赖经邦》,载中共江西省委党史资料征集委员会、中共江西省委党史研究室编《江西党史资料·东固革命根据地专辑》第 10 辑,1989 年印,第 122 页。

　　④ 参见江西省军区党史资料征集办公室编《江西革命暴动 (1927.8—1928.6)》,1988 年印,第 81—82 页。

　　⑤ 周冕(1908—1931),吉安县安塘乡洞川村人,1925 年白鹭州中学毕业,1926 年 4 月赴广州农民运动讲习所学习,1927 年 5 月,领导和发动了吉安官田暴动。

　　⑥ 参见中共吉安地委党史工作办公室编著《吉安英烈》,中共党史出版社 1992 年版,第 281、520 页。

北伐军占领吉安后，他作为县农协的领导人，领导了风起云涌的农民运动，在县第二次农民代表大会上，提出"有土皆豪，无绅不劣"的口号；在斗争中又将反对农协的"劣绅"曾伏苟捆送县政府，经批准后枪决；在赖经邦组织控告王的报告上，他"加了一些按语，把王初曦的罪恶事实予以补充，转送吉安县政府"；另外，应农民协会会员的要求，向国民革命军总司令部、江西省政府等呈文将水东"劣绅"、江西省水巡警察局民政科科长麻蕙撤职，并将其押送吉安县审判。① 很明显，赖经邦由于成长时结下的私仇，在大革命中进一步发展为生死劫；而曾炳春、高克念则因在大革命时代走上地方政治舞台而积累了众多的矛盾，深处地方权力斗争的旋涡，也结下了生死仇怨。我们可以预测的是，即使新生的国民政府允许东固的中共地方知识分子"自新"求生，已经结怨的众多吉安地方"土豪"也决不会善罢甘休。在此情况下，不要说保持通过求学而获晋升的"士绅"地位与谋生之途，恐怕连区区身家性命都难以保证，这与他们在大革命高潮时的政治地位和社会声望相比，相差又何止千倍万倍！

　　1927 年的夏秋之交，对于东固的中共地方知识分子来说，是一段值得记忆的日子。在大革命低潮时的刀光剑影之中，他们一个个铩羽而归，所幸的是有惊无险，无一损亡。长期的求学和同窗生涯增进了他们的私人感情，而对革命理想（政治信仰）的追求和作为中共党员的斗争经历更增添了他们之间的组织情感，而今的人生挫折则使他们紧密地团结在一起。为革命理想（政治信仰）和个人前途计，赖经邦、高克念、曾炳春、汪安国等通过政党这一新型组织，将党的事业与个人的命运深深地扎根于家乡的乡土之中。继东固暴动之后，与东固具有类似经历的赣西南其他知识分子也先后发动了万安暴动、延福暴动、南康潭口暴动、于都里仁桥头暴动、兴国暴动、寻乌暴动、安福暴动等一系列暴动。

　　对于东固的中共地方知识分子而言，为了巩固和扩大革命成果，他

---

① 参见中共吉安地委党史工作办公室编著《吉安英烈》，中共党史出版社 1992 年版，第 475—476 页；汪安国《我所知道的东固革命根据地的几件事》，载中共江西省委党史资料征集委员会、中共江西省委党史研究室编《江西党史资料·东固革命根据地专辑》第 10 辑，1989 年印，第 108 页。

们还不断地把东固革命模式（即公开的武装斗争和秘密割据相结合，党政组织——中共政党组织和农民协会均处于秘密状态，笔者注）复制、输出到周边山区。在北面，1928 年初，东固安乐党支部从富田花岩向吉水四十都、罗沅坑、水南、白沙一带开展活动，帮助地方秘密建立党小组；5 月，白沙和水南相继举行暴动。在南面，1928 年初，南龙党支部已向兴国枫边、西林等地开展工作，六渡支部已向兴国崇贤、大龙开展工作；4 月，曾炳春受吉安县委委派到兴国冰心洞召开中共兴国区委扩大会议，布置革命工作；7 月，在曾炳春领导的第 7 纵队的支援下，谢云龙领导了兴国崇贤暴动。在东面，赖经邦、段月泉、柏金吾、郭梅等先后赴永丰潭头、芹溪、罗坊、潭溪、沙溪等地组织农会或发展党组织，1928 年春夏，上述各地均举行了暴动。在西面，东龙区委先后委派高克念、罗宗清、林国家、陈老克等人赴泰和中洞、桥市、潭溪一带帮助成立农会和赤卫队组织，革命影响波及泰和县的仁善、仙槎地区。① 当年参加上述暴动的革命者的回忆也纷纷表明，革命"是从东固发展来的"，是"到吉安东固接头搞起来的"②；赣西特委给江西省委的报告也称："水南、白沙均有了党的组织，是吉水东固区委发展过去的。"③ 以上事实显示，东固革命的输出方式通常是在东固党组织的领导下，派出党员到周边地区帮助当地建立党、农民协会或赤卫队等组织，有时还需东固军事组织的积极配合。到 1928 年 10 月，东固区委（当年 2 月，中共东龙党支部升为东龙区委；10 月，改为东固区委，刘经化任书记）下辖东固、富田、水南、白沙、崇贤、枫边、潭头、沙溪等 20 多个党支部。④ 东固中共地方知识分子所开创的革命局面呈现出欣欣向荣的局面。

---

① 参见中共吉安县委党史办《东固革命根据地概述》，载中共江西省委党史资料征集委员会、中共江西省委党史研究室编《江西党史资料·东固革命根据地专辑》第 10 辑，1989 年印，第 7—8 页。

② 曾广元等：《永丰芹溪革命》，郭祖焕：《罗坊农民协会》，肖培洪：《东固接头闹革命》，皆载中共江西省委党史资料征集委员会、中共江西省委党史研究室编《江西党史资料·东固革命根据地专辑》第 10 辑，1989 年印，第 144—148 页。

③ 《赣西特委给江西省委的报告（1929.4）》，载江西省档案馆、中共江西省委党校党史教研室编《中央革命根据地史料选编》上册，江西人民出版社 1982 年版，第 77—78 页。

④ 参见中共江西省委党史资料征集委员会、中共江西省委党史研究室编《江西党史资料·东固革命根据地专辑》第 10 辑，1989 年印，第 248、253 页。

第三节　"九打吉安"中的农民动员

革命兴起以后，如何持续激发农民的革命热情，是革命发动者面临的紧要课题。近年来，这一革命动员课题成为研究的热点。学者们主要就动员的形式与内容、动员成功的原因、动员的绩效、妇女等阶层的动员情况，以及不同苏区动员的比较等展开讨论①，为这一课题的深入研究打下了良好基础。应进一步探讨的问题是，动员的策略和运行机制在实践中是如何具体展开的？换言之，我们的研究必须建立在个案实证的基础上，而非仅仅停留在理论层面的讨论上。

众所周知，1929 年 11 月至 1930 年 9 月，中国共产党和红军领导并动员赣西南数十万群众开展了长达一年之久的"九打吉安"的武装斗争，开创了"十万工农下吉安"的伟大壮举。这是土地革命时期一个震动江西、影响全国的重大历史事件，在中共党史和革命史上均留下了深深的印记。本节即以"九打吉安"为例，对这一重大历史事件中的动员机制和策略展开实证分析。

一　党和红军的组织动员

中国农民素以温顺而著称，虽然他们曾经在历史上掀起过多次农民起义或农民战争，但是，这些起义或战争大多数都有着"官逼民反"的背景，并非农民主动造反。而且，战争状态是非常态的生活，毕竟不是农民的本来追求。时光推移到 20 世纪，在大革命失败以后国共争斗的刀

---

① 参见邓文《简论苏区政治动员的形式及内容》，《党史文苑（学术版）》2008 年第 1 期；张昭国、雷勇《探析土地革命战争初期农民的革命心态》，《江西师范大学学报》（哲社版）2007 年第 6 期；许金华、张荣辉《马克思人学视域下乡村动员的历史阐释——以赣闽苏区为例》，《南昌工程学院学报》（哲社版）2008 年第 5 期；刘凯华、刘华茂《论中央苏区时期的妇女动员》，《井冈山学院学报》2008 年第 9 期；杨会清《中国苏维埃运动中的革命动员模式研究》，江西人民出版社 2008 年版；张宏卿《农民性格与中共的乡村动员模式——以中央苏区为中心的考察》，中国社会科学出版社 2012 年版。

光剑影之中，这些做惯了专制统治之下"顺民"的农民，不再安心在富饶的吉泰盆地上延续往日的生活，反而甘冒造反杀头的危险，大批融入中国共产党领导的"九打吉安"的武装斗争洪流中。这些"反常"行为的背后，当然有着深刻的原因。中国共产党的动员机制和策略，就是其中非常重要的因素之一。

中国共产党江西地方党组织的发展，在大革命时期并不十分突出。大革命失败以后，地方党组织虽然参与了南昌起义、秋收起义等武装斗争并获得了一定程度的发展，但也随着上述武装起义的失败而遭受了严重挫折。1929 年炎热的夏天，中共江西省委和赣西特委组织被国民党破获，又一次遭受重大损失。在此危难关头，赣西特委提出"攻取吉安"的口号。① 作为无产阶级先锋队的党，毫无疑问应该站在战斗的第一线。因此，改善党的领导方式、工作方式，进行党内动员，增加党的凝聚力和战斗力，以发挥其在农民动员中的核心作用，自然是题中应有之义。为此，红四军前委，赣西特委和红五、红六军军委检讨了"过去许多地方对于行动目标只有少数负责人知道不让群众知道的错误"，认为"应该坚决的废除"，应"使群众完全明了我们要做什么"②；对于党员，应进行"军事化的工作"，"各级党部必须经常进行日常工作"③。在每次"攻打吉安"的具体行动中，军队和地方均应召开支部大会，由党指派的报告人，详细报告国际国内的政治形势、江西尤其是赣西反革命势力的崩溃情况、革命形势的高涨、目前行动的目标和纪律；所有党员都应参加支部大会，并知晓报告内容。④ 为

---

① 《赣西南特委向省委报告——一九二九年八月以后的赣西南（1930.3）》，载江西省档案馆、中共江西省委党校党史研究室编《中央革命根据地史料选编》中册，江西人民出版社 1982 年版，第 175—176 页。

② 《前委赣西特委五六军军委联席会议通告第 1 号——关于占领吉安建立江西苏维埃政府（1930.2.14）》，载江西省档案馆、中共江西省委党校党史研究室编《中央革命根据地史料选编》中册，江西人民出版社 1982 年版，第 170 页。

③ 《红军第六军的报告——关于夺取吉安工作之准备、经过及环境转变后的工作路线（1930.1.12）》，中共江西省委党史资料征集委员会、中共江西省委党史研究室编《江西党史资料·十万工农下吉安专辑》（内部印刷）第 7 辑，1988 年印，第 48 页。

④ 《前委赣西特委五六军军委联席会议通告第 1 号——关于占领吉安建立江西苏维埃政府（1930.2.14）》，载江西省档案馆、中共江西省委党校党史研究室编《中央革命根据地史料选编》中册，江西人民出版社 1982 年版，第 170 页。

了便于指挥、协调行动，赣西南特委①下设东、西、南、北4路行委，各行委下辖各县委、区委②。另外，赣西特委还举办了3期训练班、开办1次党校，特委下级党部也举办短期训练班，区党委则创办了内容很原则、很浅显的刊物，对党员进行训练和教育。③

　　由于上述党的领导和工作方式的转变，以及党内动员的展开，这不仅使"党的威信，在群众中陡然提高起来"④，而且党的组织本身得到了很大的发展，"一大部分干部，能团结一致在特委的路线之下斗争，前之所谓要求调动工作，动摇不定的，均积极起来，数量上亦增加了一倍以上"，"特委的所在地，组织上亦相当能起领导作用，尤其是党领导他们打吉安赣州行动中，得到非常大的成效"⑤。到1930年夏天，赣西南党的组织得到很大的发展，党员共有30000以上，其中赣西占28000人⑥；"党员大会常开——有大行动时开，如打吉安，红五月工作，到会精神很好"⑦。在组织、动员农民参与攻打吉安的战斗中，党组织毫无疑问是一台永不停息的发动机。

　　在中国共产党领导下的工农红军则是另一台动员农民参与武装斗争的发动机。为了做好攻打吉安的动员工作，红四军前委，赣西特委和红五、六军军委认为，首先，应对军队本身进行动员，召集军政工作人员会议，报告政治形势斗争前途、行动目标及各项纪律各项，讨论执行方

---

① 1930年2月，赣西特委、赣南特委和湘赣边界特委合并成立赣西南特委。

② 《赣西南（特委）刘士奇（给中央的综合）报告（1930.10.7）》，载江西省档案馆、中共江西省委党校党史研究室编《中央革命根据地史料选编》上册，江西人民出版社1982年版，第362页。

③ 《赣西南会议记录——关于组织问题（1930.10.13）》，载江西省档案馆、中共江西省委党校党史研究室编《中央革命根据地史料选编》上册，江西人民出版社1982年版，第627页。

④ 《赣西南（特委）刘士奇（给中央的综合）报告（1930.10.7）》，载江西省档案馆、中共江西省委党校党史研究室编《中央革命根据地史料选编》上册，江西人民出版社1982年版，第342页。

⑤ 同上。

⑥ 《赣西南会议——军事状况，群运情形，组织状况，苏区情形（1930.10.5）》，载中共江西省委党史资料征集委员会、中共江西省委党史研究室编《江西党史资料·十万工农下吉安专辑》第7辑（内部印刷），1988年印，第170页。

⑦ 《赣西南会议记录——关于组织问题（1930.10.13）》，载江西省档案馆、中共江西省委党校党史研究室编《中央革命根据地史料选编》上册，江西人民出版社1982年版，第626页。

法,领导士兵积极行动;还要举行士兵集合讲话,鼓舞他们的斗争勇气。① 其次,红军在转战中,应帮助地方建立各种革命组织,积极开展各项工作。例如,1930 年 1 月,红四军离开闽西进军赣西,一举攻下永丰、乐安、宁都、雩都 4 座县城;之后,红四军不仅领导群众将 4 个县的城墙拆毁了,将缴械的百余枪散交群众,而且帮助 4 县建立群众组织、废债务、焚契约、没收豪绅地主谷子分发给群众。② 红六军官兵的政治工作水平很高,他们"每到达一地后,士兵都能做浅近的宣传工作,对群众态度非常和蔼"。③ 最后,红军还应做好白军的士兵动员和策反工作。红四军"打起仗来,他们向敌军演说宣传,一面讲,一面唱,五花八门……被俘的敌军兵士,接受了红军的宣传,多数都不愿离去,希望留在红军队里,说红军是他们的家乡"。④ 红六军则在"几次战斗中,在火线上都能对兵士(敌方)宣传"。⑤

二　农民动员机制和策略

党和红军虽然在"九打吉安"的战斗中起着发动机的作用,但是农民的有效动员还有赖于苏维埃政府和各种群众组织的普遍建立。1927 年冬至 1928 年春,赣西南农民暴动的热潮中,党主要是通过组织农民协会

---

① 《前委赣西特委五六军军委联席会议通告第 1 号——关于占领吉安建立江西苏维埃政府(1930.2.14)》,载江西省档案馆、中共江西省委党校党史研究室编《中央革命根据地史料选编》中册,江西人民出版社 1982 年版,第 171 页。

② 《张怀万巡视赣西南报告——赣西南的政治、经济、驻军及地方武装概况。群众运动及青年团的工作。党的会议内容及组织的改造。军事及组织的报告 (1930.4.5)》,载江西省档案馆、中共江西省委党校党史研究室编《中央革命根据地史料选编》上册,江西人民出版社 1982 年版,第 206 页。

③ 《红军第六军的报告——关于夺取吉安工作之准备、经过及环境转变后的工作路线(1930.1.12)》,载中共江西省委党史资料征集委员会、中共江西省委党史研究室编《江西党史资料·十万工农下吉安专辑》第 7 辑 (内部印刷),1988 年印,第 46 页。

④ 《赤光普照的赣西南 (江西通讯) (1930.4.1)》,载中共江西省委党史资料征集委员会、中共江西省委党史研究室编《江西党史资料·十万工农下吉安专辑》第 7 辑 (内部印刷),1988 年印,第 75 页。

⑤ 《红军第六军的报告——关于夺取吉安工作之准备、经过及环境转变后的工作路线(1930.1.12)》,载中共江西省委党史资料征集委员会、中共江西省委党史研究室编《江西党史资料·十万工农下吉安专辑》第 7 辑 (内部印刷),1988 年印,第 46 页。

来动员农民。此后，随着革命形势的发展，农民协会相继改为革命委员会、苏维埃政府，成为工农群众的政府机关。到"攻取吉安"口号提出以后的 1929 年底，赣西各县都建立了苏维埃政府。当年 11 月，赣西苏维埃成立之后，"农村各处，布遍了苏维埃的政纲布告，宣言，传单和标语。这个省苏维埃已成了一切斗争的指导者，他的任务是建立各级苏维埃，彻底分配土地，并且扩大红军和武装群众"。① 随着各级苏维埃政府的建立，赣西南农民相继组建了赤卫队、少先队、儿童团，另以区、乡为单位组建快枪队、土炮队、土枪队、给养队、交通队、侦探队、救护队等各种组织。其中，40 岁以下 21 岁以上的男性农民参加赤卫队，21 岁以下 15 岁以上的参加少先队，15 岁以下的参加儿童团。少先队"在平时概用木枪操练，战时即与赤卫队合编"；"儿童团……每日黎明时即在野外演习……赤卫队每星期亦有二次操练，农村工人概加入赤卫队"。② 苏维埃组织和农民组织的普遍建立，使得中国共产党和红军能够通过这一从上至下的组织网络，对农民实施充分的动员工作。

尽管组织严密，上下贯通，但如果动员仅是空泛的宣传和空洞的说教，农民们未必能迸发出斗争的激情。中国共产党和红军对此有着深刻的认识，他们在党的文件中多次强调，必须将解决农民的土地需求作为争取农民的关键举措。红四军前委认为，"发展生产"不是目前策略的第一标准，"争取群众"才是目前策略的第一标准。③ 红六军在攻打吉安的文件中强调，"农村中必须实行土地革命以为保存农民勇气"。④ 特委书记

---

① 《赤光普照的赣西南（江西通讯）（1930.4.1）》，载中共江西省委党史资料征集委员会、中共江西省委党史研究室编《江西党史资料·十万工农下吉安专辑》第 7 辑（内部印刷），1988年印，第 71—72 页。

② 克珍：《赣西苏维埃区域的现状（1930.2.19）》，载江西省档案馆、中共江西省委党校党史研究室编《中央革命根据地史料选编》上册，江西人民出版社 1982 年版，第 177 页。

③ 《前委通告（第一号）——联席会议的结论并宣告前委成立（1930.2.16）》，载中共江西省委党史资料征集委员会、中共江西省委党史研究室编《江西党史资料·十万工农下吉安专辑》第 7 辑（内部印刷），1988 年印，第 63 页。

④ 《红军第六军的报告——关于夺取吉安工作之准备、经过及环境转变后的工作路线（1930.1.12）》，载中共江西省委党史资料征集委员会、中共江西省委党史研究室编《江西党史资料·十万工农下吉安专辑》第 7 辑（内部印刷），1988 年印，第 48 页。

刘士奇认为:"分田要快,打倒了地主,即要分田,不应太慢"。① 自提出"攻取吉安"的口号以后,"群众自动的向苏维埃政府要求分田",苏维埃政府则顺应农民的要求,"布告限期举行分配,群众都踊跃的来到政府机关领导之下,自动手的分配起来"。除莲花、永新、宁冈早已分田外,1930 年春,"吉安、太和、兴国、峡江、安福、雩都、吉水、永丰、乐安等县,也都分配完竣"。② 农民动员与解决农民的切身利益紧密结合,使得"农民有了田地,对于苏维埃,红军,赤卫队的一切工作,更加踊跃的进行"。③

在攻取吉安的战斗中,妇女是其中不可忽视的动员对象。赣西南特委对此予以了充分的关注,强调"妇女运动在此斗争日形紧张时期是非常重要,各级党部应特别注意除提拔妇女参加苏维埃政权外,还可以开办其他便于团结训练妇女参加革命而非单独政治组织的团体,在此妇女干部缺乏应派观念正确的男同志兼任此项工作"。④ 1930 年 6 月,赣西南苏维埃政府中设立妇女工作委员会;同年 8 月,召开了第一次妇女代表大会,详细讨论了今后的工作路线。在组织方面,赣西南各级苏维埃政府,都已成立妇委委员会,每个会至少有 3 人办公,"专门计划一切妇运工作之进行";在教育方面,"开办□学生校一所,学生八九十人","在水化乡办有妇女公读所,使妇女群众得有读书作工的机会"。⑤ 通过艰苦的动员工作,广大妇女在参军参战、送信带路侦探、慰劳支援前线、组

---

① 《赣西南(特委)刘士奇(给中央的综合)报告(1930.10.7)》,载江西省档案馆、中共江西省委党校党史研究室编《中央革命根据地史料选编》上册,江西人民出版社 1982 年版,第 353 页。

② 《赤光普照的赣西南(江西通讯)(1930.4.1)》,载中共江西省委党史资料征集委员会、中共江西省委党史研究室编《江西党史资料·十万工农下吉安专辑》第 7 辑(内部印刷),1988年印,第 73 页。

③ 《赣西南(特委)刘士奇(给中央的综合)报告(1930.10.7)》,载江西省档案馆、中共江西省委党校党史研究室编《中央革命根据地史料选编》上册,江西人民出版社 1982 年版,第 345 页。

④ 《赣西南特委通告　列字第九号——目前组织上中心任务(1930.5.18)》,载江西省档案馆、中共江西省委党校党史研究室编《中央革命根据地史料选编》上册,江西人民出版社1982 年版,第 604 页。

⑤ 《赣西南妇女工作报告(1930.10)》,载江西省妇女联合会、江西省档案馆选编《江西苏区妇女运动史料选编》,江西人民出版社 1982 年版,第 15 页。

织洗衣队宣传队、对"白军"进行宣传策反等方面都有相当的成绩。①

为了加强对农民的充分动员，赣西南特委和苏维埃政府还提出了各种宣传口号与标语，并要求"各部队各政权机关各群众组织都要立即对工农士兵及其他被压迫群众（中小商人及学生）公开提出做广大宣传（对工农及城市贫民要在一切墙壁上写满，对士兵要作为早晚点名呼唤的口号）"。② 这些口号有："打到吉安去，杀尽豪绅地主才没有人带军队来烧屋杀人""打到吉安去才没人来收租取债""打到吉安去三个铜板的一升米才不会涨价""打到吉安去分配好了的田地才能算是自己的""打到吉安去工人才能安心做工"等。此外，还有"夺取吉安优待红军家属！""夺取吉安拥护男女结婚、离婚绝对自由！""夺取吉安解决食物恐慌！""夺取吉安消灭各地逃跑的豪绅地主！""夺取吉安学生实行免费教育！""夺取吉安市民才有便宜米吃！""夺取吉安市民才能解除派夫派饷的痛苦！"类似的布告有80余样，标语300多种。③ 这些口号或标语或写在木板上，放在河中随水流到吉安城；或制作孔明灯，把宣传品系在灯上放到吉安城里去；或随手刷在墙上，以至于到处"都有五六尺大的石灰写的标语"。④ 另外，"每次斗争的到临，都是宣传鼓动口号去号召群众及宣

---

① 《刘作抚关于赣西情形的综合报告（1929.9.6）》，《赣西南刘作抚同志（给中央的综合性）报告（1930.7.22）》、《赣西南特委（工作综合）报告（1930.9.28）》，载江西省档案馆、中共江西省党委党校党史研究室编《中央革命根据地史料选编》上册，江西人民出版社1982年版，第137、251、326页；《赣西南特委政权工作报告（1930.10）》，载江西省档案馆、中共江西省委党校党史研究室编《中央革命根据地史料选编》下册，江西人民出版社1982年版，第112页。

② 《前委赣西特委五六军军委联席会议通告第1号——关于占领吉安建立江西苏维埃政府（1930.2.14）》，载江西省档案馆、中共江西省委党校党史研究室《中央革命根据地史料选编》中册，江西人民出版社1982年版，第166页。

③ 《红军第六军的报告——关于夺取吉安工作之准备、经过及环境转变后的工作路线（1930.1.12）》，《夺取吉安宣传鼓动口号（1930.9.29）》，载中共江西省委党史资料征集委员会、中共江西省委党史研究室编《江西党史资料·十万工农下吉安专辑》第7辑（内部印刷），1988年印，第37、157—158页。

④ 《赣西南刘作抚同志（给中央的综合性）报告（1930.7.22）》，载江西省档案馆、中共江西省档案馆、中共江西省委党校党史研究室编《中央革命根据地史料选编》上册，江西人民出版社1982年版，第261页。

传品,对内出了一种宣传通讯,对外出了一种赤报"。① 这些口号不仅和群众利益密切相关,而且通俗易懂,农民们耳熟能详。

口号和标语宣传是农民动员的一种手段,教育与训练则是更为主动和直接的动员手段。1929年到1930年夏,赣西(南)特委就办了好几期的训练班,各级党部也经常开办训练班,采取启发式教育,选拔贫苦工农干部进行集中教育和训练;此举不仅启发了农民的觉悟,而且造就了不少的下级干部。② 随着斗争形势的发展和攻打吉安的迫切,赣西南"许多地方先后开办列宁学校,训练班,以及特委苏府办的红军学校,看护学校,干部学校,各种适宜于斗争需要的教育机关",都雨后春笋般开办起来,这些教育机构同时"发行各种革命的教本《工农兵读本》《劳动读本》等",或"翻印了统一的工农课本",或由各县自编教材,这些读本和教材,"都是一些革命的名词理论等材料,有些与过去安源的工人读本相仿,每逢纪念节的文明新剧,革命小调,都普遍的有"。③

影响最大、最广泛的动员手段是召开各种形式的群众大会。二七会议时,红四军前委、赣西特委和红五红六军军委认为,召开群众大会是动员农民的有效手段,在每次攻打吉安前,不仅应召开各级群众机关及工农干部会议,还应以区为单位召集群众大会;在攻吉通告"到后三日内必须举行,事先要有好的准备,事后要将结果报告上级机关";在群众大会上,应"使群众完全明了我们要做什么"。④ 第三、第四次攻取吉安时,赣西南特委的策略之一是,"要多开各种会议,群众大会越多越好";在红五月攻取吉安的战斗中,赣西南特委发出指示,开了很多群众大会,

---

① 《赣西南特委(工作综合)报告(1930.9.28)》,载江西省档案馆、中共江西省委党校党史研究室编《中央革命根据地史料选编》上册,江西人民出版社1982年版,第333页。

② 《赣西南刘作抚同志(给中央的综合性)报告(1930.7.22)》,载江西省档案馆、中共江西省委党校党史研究室编《中央革命根据地史料选编》上册,江西人民出版社1982年版,第254页。

③ 《赣西南(特委)刘士奇(给中央的综合)报告(1930.10.7)》,载江西省档案馆、中共江西省委党校党史研究室编《中央革命根据地史料选编》上册,江西人民出版社1982年版,第355页。

④ 《前委赣西特委五六军军委联席会议通告第1号——关于占领吉安建立江西苏维埃政府(1930.2.14)》,载江西省档案馆、中共江西省委党校党史研究室编《中央革命根据地史料选编》中册,江西人民出版社1982年版,第171页。

如反 AB 团第三党改组派大会、红五月的各种纪念日大会、庆祝全国苏维埃区大会、援助印度朝鲜革命大会、赤卫队检阅大会等。① 在第九次攻打吉安前，赣西南苏维埃政府发出紧急通知，要求扩大攻吉宣传，动员攻吉。② 可以说，召集群众大会，已经成为地方党和政府的一项日常工作。参加群众大会的农民，少的以百计，多的以千、万计，影响广泛。更为重要的是，各种群众大会以会场作为动员的场地，会议形式多样（有演说、现代话剧、提灯游行等），现场感强，给会众以强烈的现场视觉、感觉和信息冲击，从而达到了充分的动员效果。党的文献资料表明，群众大会工作"一次有一次的成绩，尤其是特委直属党部（中心区域）到的群众，一次增加一次……妇女都组织起来了"。③

当然，农民动员机制的有效展开与中共和红军的动员策略是分不开的。这一策略就是针对不同阶层的群众或群体采取区别对待的政策，再配之以"抓两头促中间"的阶级斗争手段。所谓"两头"，一头是指贫雇农，一头是指地富。党的斗争策略是，对于贫雇农，尽量给他们以利益，提拔他们到苏维埃工作；而对于地富，则贯彻"反富农路线"，"没收一切土地，废除一切债务"，"没收豪绅地主家财，捕捉豪绅地主罚款"，开除党内富农地主及右倾的分子，把农民的领导从富农手上转到贫农、雇农手上；结果"农村的豪绅地主，简直没有生存地步，捉的捉，杀的杀，逃跑的逃跑，赣西南有廿余县的乡村，农民协会即变成了临时政权机关"。④ 对于中间阶层，例如小商人，红军攻进县市后的策略是："不烧

---

① 《赣西南（特委）刘士奇（给中央的综合）报告（1930.10.7）》，载江西省档案馆、中共江西省委党校党史研究室编《中央革命根据地史料选编》上册，江西人民出版社 1982 年版，第 347、348 页。

② 《赣西南苏维埃政府紧急通知（1930.9.26）》，载中共江西省委党史资料征集委员会、中共江西省委党史研究室编《江西党史资料·十万工农下吉安专辑》第 7 辑（内部印刷），1988 年印，第 150 页。

③ 《赣西南（特委）刘士奇（给中央的综合）报告（1930.10.7）》，载江西省档案馆、中共江西省委党校党史研究室编《中央革命根据地史料选编》上册，江西人民出版社 1982 年版，第 348 页。

④ 《张怀万巡视赣西南报告——赣西南的政治、经济、驻军及地方武装概况。群众运动及青年团的工作。党的会议内容及组织的改造。军事及组织的报告（1930.4.5）》，江虞：《赣西南工农群众的斗争（1930.6.28—7.2）》，载江西省档案馆、中共江西省委党校党史研究室编《中央革命根据地史料选编》上册，江西人民出版社 1982 年版，第 192、217 页。

杀,对商家住户只有政治的没收,没有经济的没收,亦无罚款,而是捐款。捐款的办法:二千元以下者不捐;二千五百元者捐卅元;三千元捐四十元;四千元捐九十元;五千元捐一百元,余类推",结果"商人感觉红军的确是好,不似反军的需索无度,故红军所到之处,商店开门,并无惊恐,市中居民亦无畏惧"。① 另外,对于红军家属,党和政府则采取特别优待的政策,如替红军家属割禾耕田等,"使红军无后顾之忧,无家庭的牵制,增加红军前方兵士的作战勇气"。② 对于斗争中被难的群众,也组织济难会对之进行救济,或对其进行精神慰藉,或酌发救济费,或指定难民居住地屋宇并帮助其借用生活用具,或分配其适当工作。③ 上述策略和政策的实施,消灭了地富阶层,摧毁了乡村传统的政治权威,树立了贫雇农的领导地位和威信,使敌我阵线分明,广大的中间阶层为求自保,在激烈的阶级斗争氛围中自然不难选择。"九打吉安"中农民广泛参与的热潮一浪高过一浪,"十万工农下吉安"最终也就顺理成章。

三　结论

由于两千多年的封建专制统治,传统中国农民有着保守、驯服的特性,要动员其冒着造反杀头的危险,支持乃至参加革命工作,是一项难度极大且极富挑战性的工作。在大革命失败以后的白色恐怖统治之中,尤其是 1927 年冬至 1928 年春江西的系列农民暴动走向低潮以后,江西地方党组织领导农民创下了"十万工农下吉安"的革命壮举,其背后有着中共成功的农民动员机制和策略因素。包括:高度整合的党组织和红军,

---

① 《张怀万巡视赣西南报告——赣西南的政治、经济、驻军及地方武装概况。群众运动及青年团的工作。党的会议内容及组织的改造。军事及组织的报告 (1930.4.5)》,载江西省档案馆、中共江西省委党校党史研究室编《中央革命根据地史料选编》上册,江西人民出版社 1982 年版,第 194 页。

② 《赣西南特委 (工作综合) 报告 (1930.9.28)》,载江西省档案馆、中共江西省委党校党史研究室编《中央革命根据地史料选编》上册,江西人民出版社 1982 年版,第 326—327 页。

③ 《张怀万巡视赣西南报告——赣西南的政治、经济、驻军及地方武装概况。群众运动及青年团的工作。党的会议内容及组织的改造。军事及组织的报告 (1930.4.5)》《赣西南刘作抚同志 (给中央的综合性) 报告 (1930.7.22)》,载江西省档案馆、中共江西省委党校党史研究室编《中央革命根据地史料选编》上册,江西人民出版社 1982 年版,第 195、252 页。

它们是农民动员的发动机；自上而下普遍建立的苏维埃政府和群团组织，深入的土地改革，广泛开展的妇女动员，和群众利益密切相关且通俗易懂的宣传口号和标语，有组织的教育与训练活动，形式多样群众大会的召开，"抓两头促中间"阶级斗争策略和不同阶层区别对待政策的实施。这些机制和策略构成了系统的有机的农民动员工程，使得长达一年之久的"九打吉安"步步推进，高潮迭起。最后，笔者要强调的是，除了中国共产党的农民动员机制与策略外，"十万工农下吉安"之所以成功，也与清末民初以来中央权威的日渐丧失、激烈的军阀混战和黑金政治的横行、市场经济的急剧变革，以及地方社会矛盾的冲突升级密切有关，是多种因素导致的结果。

第四章

战争与地域社会经济变动

第一节　国共争战对赣闽边区社会经济的影响

　　1927 年国共分裂以后，中国共产党开始探索武装夺取政权的道路。根据"八七"会议精神，1927 年冬至 1928 年春夏，中共江西、福建地方组织先后在赣闽边区发起了一系列农民暴动。江西中南部主要有吉安东固、延福暴动，万安暴动，南康潭口暴动，赣县大埠暴动，信丰暴动，于都里仁、步前、罗坳、桥头暴动，寻乌"三·二五"暴动；闽西有龙岩后田暴动、平和暴动、上杭蛟洋暴动和永定暴动等。这些暴动很快被国民政府所平定，革命力量迅速退却到农村和山区，进行游击战争。1929 年初，毛泽东率领中国工农红军第四军离开井冈山，转战并落脚赣南和闽西地区，开始了创建中央革命根据地的历程。

　　赣闽边区农民暴动的掀起，预示着革命风暴波峰频起的到来。尽管大部分山区农民还没有做好充分的心理准备并预见到后来的严重后果，而红四军在边区的切入，则促使这一传统山区像"陶轮"一样旋转起来。1929—1934 年，短短 6 年之内，南京国民政府先后对赣闽边区发动多次"围剿"行动；与之相对，中国共产党则领导边区人民进行了殊死抵抗，国共双方前后数百万军队鏖战在武夷山侧。战争之惨烈，破坏之严重，可想而知。笔者无意评判国共双方的责任，也不想无谓地谴责战争本身，只是想把战乱造成的破坏这一客观后果作如实描述。

　　革命与战乱对边区的家族文化、伦理传统、社会结构、社会经济、社会心理、社会价值观念等方面都有着深刻影响，这些宏大的课题非笔者所能胜任。下面，笔者仅就战乱对边区社会经济的破坏与影响作一概括性的描述与分析。

一　战争造成大量人口非正常流动，人口性别比例严重失衡

持久剧烈的战争造成大量人口非正常流动，人口性别比例严重失衡，这对战后赣闽边区的社会经济发展无异于釜底抽薪。

因战乱而导致的人口非正常流动，主要包括三个方面。一是指参军参战的边区青壮年劳动力，二是指从"苏区"逃往"白区"（国统区）的难民，三是指战争造成的非正常死亡人口（包括战死的士兵、无辜被杀的民众、饿死或病死的难民等）。我们曾经根据有关资料作过分析与估计，在国共两军"围剿"与"反围剿"战争开始（1929 年前后）的中央苏区及其周边地区，人口在 650 万左右；国共交战中，仅中央苏区就有 35 万—40 万青壮劳力参加红军；其间，赣闽边区迁流出的难民约有 65 万（包括国共两军交战边界国军控制地区的厌战逃难难民），他们大都逃亡到赣州、吉安、南昌、临川、南城、漳州、厦门等城市以及粤北、闽南地区；另外，因长期战乱导致的人口非正常死亡数约在 150 万。[①] 劳动力这一最具创造力的生产力资源本来应该活跃在正常的社会生产进程中，可惜却大部分被战火所吞噬。劳动力巨量损失的结果，使战后各县"办理善后，亦难找得人才"[②]，于此可见危害严重性之一斑。

巨量人口的损失尤其是大量青壮年劳力战死沙场，造成边区人口性别比例严重失衡。战后赣闽边区各县，普遍存在"女多于男"的现象，"此非女子加多，实是壮丁减少"[③]。例如，刚收复后的连城县城，"女多男少，女超在两倍以上……青年妇女超过壮年男丁，有五六倍之多，故有人称之为'小寡妇'城"[④]。宁都县城，刚收复时"人口七千，男仅二

---

①　参见杨丽琼、游海华《20 世纪三四十年代赣闽粤边区的人口运动》，《南昌大学学报》2005 年第 3 期。

②　钟贡勋：《江西农村视察记》，《江西民国日报》1935 年 3 月 27 日第 4 版。

③　黄炎培：《赣游见闻》，载《游客话江西》，上海汉血书店 1937 年版，第 285 页。

④　叶如音：《连城前方视察记》，《大公报》1934 年 9 月 17 日第 4 版。

千余,女则多至四千余";第二区,总人口仅有 42442 人,其中女子竟比男子多出 10902 人。① 广昌之白舍,也是"女多于男"。② 整个第 8 行政区所辖 7 县(宁都、广昌、石城、瑞金、会昌、于都、兴国),共有人口1280977 人,其中男 616704 人、女 664273 人,女比男多 47569 人。③ 这些比男性多出来的女性人口,"大多是孀妇,于民族生殖力之锐减,将不可道里计"。④ 甚至在 10 年后的抗战末期,还可以深深感到战争杀戮遗留的痕迹。据 1944 年记者在闽西的记载:"当一个陌生人踏进闽西时,首先使你感到有所不同的是妇女占绝大多数,该处□可看到众多的妇女在参加劳动……有一位朋友告诉我,闽西有三多,老太婆多、寡妇多、偷汉的女人多,这话真不是说笑";产生这一问题的根本原因是,"过去十年国内的战争,闽西遭遇到严重的灾殃,大批壮丁的死亡,大批青年的避难海外",从而造成闽西"普遍农村生产力的奇缺"。⑤

赣闽边区人口尤其是青壮劳力的大批死亡,不仅产生了性别严重失衡的社会问题,更主要的是犹如抽空了社会发展的"脊梁",使该地社会经济大伤元气,短时期内难以复原。

二　持久的战乱几乎耗尽了边区社会所积累的财富

如果从 1927 年冬各地的农民暴动算起,到 1934 年底,赣闽边区整整7 年遭受着战火的蹂躏,烧杀与报复直接摧毁了有形的物质财富。战乱期间,反革命统治的中心——县城成为革命者猛烈打击的对象。

福建清流县署,经过战乱后,"惟谯楼尚存,余如内堂、花厅阁、仓库概毁净,空存地址而已"。⑥ 1928 年寻乌县"三·二五"暴动中,革命者"纵火焚烧县公署"⑦;1931 年夏之前的寻乌县,"被匪陷城六次,盘

---

① 《赣省收复"匪区"现况》,《大公报》1935 年 1 月 24 日第 4 版;陈瑞斋:《宁兴于会瑞石六县农村救济实施概况》,《江西民国日报》1935 年 5 月 1 日第 3 版。
② 《赣省收复"匪区"现况》,《大公报》1934 年 12 月 26 日第 4 版。
③ 黄炎培:《赣游见闻》,载《游客话江西》,上海汉血书店 1937 年版,第 286 页。
④ 同上书,第 285 页。
⑤ 陈学铨:《闽西的妇女——一支劳动的生力军》,《正气日报》1944 年 5 月 15 日。
⑥ 林善庆主修:《清流县志》,1947 年修,福建地图出版社 1989 年版,第 95 页。
⑦ 痴生:《寻乌的赤祸》,《江西民国日报副刊》1931 年 8 月 11 日。

踞四月有余"①。1929 年初，贺国忠部攻入瑞金县城，"焚烧县政府，县立小学，万公祠、仓圣祠……公地十余所，又杨小东杨慰农等公屋十余栋"②；1931 年以前，瑞金县城先后为红军攻陷 7 次③。苏区革命间的宁都，"县城被陷八次"④；1935 年县城收复后，"有些街道简直像火烧场，两旁房屋无顶无墙，有许多好祠堂，都用砖把大门填塞了，想必户内已经毁坏无余了"⑤。信丰县在两年之间，"县城被陷，已达 5 次"。⑥ 南丰县城，也是"先后失陷四五次"，县府房屋被焚毁。⑦ 毋庸讳言，县城的每一次被攻陷或被收复，都意味着新一次的变动。

县城被占领后，因"城墙是统治势力的藩篱，是城乡界限的标记"，因而也成为革命的对象。1929 年红四军攻占永定县城后，"党便在群众大会上通过打毁城墙的议案，随后各乡打城群众自早晨八时起便各路迤逦而来，绕城工作，有如蝼蚁……三四日间依山临水的永定城墙便变为平野"。⑧ 素有"铁上杭"之称的上杭县城也未能逃脱同样的命运，进城的农民在拆毁基督教堂和教会办的美华学校后，"还要求拆除那象征着封建压迫的高高的城墙"，群众的要求得到朱德的同情。"后由临时县苏维埃政府召开群众大会，朱德同志等在会上向大家讲明道理，当场一致通过拆除城墙的建议。近城二三十里范围内的乡村民工，乘夜赶来拆城。从晚上九点钟到次日早晨，城墙全被拆掉了。"⑨

国共两军交战边界破坏最为惨烈，"因两方都怕那些村落藏有敌人，在战术上不得不加以毁坏"；广昌县的"村落被毁坏的程度，较被匪完全

---

① 痴生：《寻乌的赤祸》，《江西民国日报副刊》1931 年 8 月 14 日。

② 《瑞金"匪祸"的始末》，《江西民国日报副刊》1931 年 8 月 8 日。

③ 据《瑞金"匪祸"的始末》一文统计而来，参见《江西民国日报副刊》1931 年 8 月 8—10 日。

④ 黄炎培：《赣游见闻》，载《游客话江西》，上海汉血书店 1937 年版，第 286 页。

⑤ 彭学沛：《江西农村"匪区"视察记》，载《游客话江西》，上海汉血书店 1937 年版，第 20 页。

⑥ 《信丰匪势蔓延应划归"匪区"》，《江西民国日报》1931 年 7 月 13 日第 5 版。

⑦ 《赣省收复"匪区"现况》，《大公报》1934 年 12 月 25 日第 4 版。

⑧ 《中共闽西特委报告（1929.11.6）》，载江西省档案馆、中共江西省委党校党史教研室编《中央革命根据地史料选编》上册，江西人民出版社 1982 年版，第 156 页。

⑨ 傅柏翠：《毛主席率领红四军进入闽西》，载政协福建省委员会文史研究委员会编《福建文史资料》第 7 辑，1983 年印，第 28 页。

占领的宁都乡村尤烈"。① 乐安、永丰地处江西苏区的北部边界,烧杀尤为严重。据相关资料,永丰县警察队长王兆麟家族,自战乱以来,被"杀戮者,达三百余名,焚毁房舍,计四十余栋";1931 年初,王氏家族复被"杀毙男女大小三百余名,地方挨户洗抢一空"。② 1931 年初,国民党军对苏区的第二次"围剿"中,第九军的第五十四师驻扎在永丰、乐安一带。在没有大规模"围剿"以前,该师各旅、团"经常以营、团为单位,向中间地区或苏区边缘去'清剿'",抢粮食、抢劫财物、拉宰牲畜,抢劫幼妇少女,做妻做姜做丫头。③ 寻乌南半县则一直是红军和粤军争夺的重点。该县革命的创始人古柏的家乡——今晨光镇沁园春村塘背小组也遭到战火毁灭性的破坏。他的同村同族人古作邦④先生是这样描述战后的家乡的:"这个家不是十年前的家,是借住别人的房子……原来的塘背,本是一个繁荣的乡村,族中男女,一共有壹千贰百余人,坚固而高大的屋宇,也有二十余栋之多,可是现在片瓦无存,荒凉满目……要找出自己过去的屋基,都好象海里捞针,很不容易,前面文昌祠里的文昌帝君,已被毁去。"⑤

从大范围来看,或许更能感受到战争的无情破坏。如战后的宁都,"村庄消灭,二分之一,往者繁盛市镇,几成瓦砾平野……乡村良田,半成沙洲,山中在木,砍伐殆遍"。⑥ 刚刚收复的连城、长汀和瑞金,也是疮痍满目。如连城,"所到之处,田园寥落,十室九空,行军二三十里,看不见一个老百姓"。⑦ 如长汀,"各圩市商店,垣烂墙颓,门户窗门全

---

① 彭学沛:《江西农村"匪区"视察记》,载《游客话江西》,上海汉血书店 1937 年版,第 18—19 页。

② 《乐安王队长家族被"匪"惨杀三百余名》,《江西民国日报》1931 年 2 月 7 日第 5 版。

③ 赵子立:《第九军在江西的覆没》,载全国政协文史资料委员会编《文史资料存稿选编精选·国共内战回眸》第 7 辑,中国文史出版社 2006 年版,第 31 页。

④ 古作邦,约 1905 年出生,父亲古有平(清末拔贡),曾任县督学、教育局长;伯父古鹿苹,是最后辞世的清末举人。古作邦一直在国民政府军中供职,新中国成立前由汕去台,后官至师长;1982 年在台去世时,中共寻乌县统战部在塘背古氏宗祠为其开追悼会。温锐、游海华 1999 年寻乌县晨光镇实地调查。

⑤ 古作邦:《七十忆往》,1975 年印,第 36 页。

⑥ 《收复后之宁都——教厅派员考察之报告》,《江西民国日报》1934 年 12 月 15 日第 4 版。

⑦ 叶如音:《连城前方视察记(二)》,《大公报》1934 年 9 月 17 日第 4 版。

无，村落人家，鸡犬全无，炉灶水缸盘碗，无一全备者"。[1] 攻占瑞金的
是国民党军第十师，该师师长李默庵 11 月 10 日 "中午时分自城西进入
瑞金"，他亲眼所见，"瑞金城外的土坪上，堆积着百余具尸体，城里房
屋被拆毁，户疏人稀，萧条冷落"。[2] 另据记载，战后从长汀 "由瑞境以
达县城，沿途断肢折臂，与败瓦颓垣相同，商店十室九空，全城房屋，
强半已就倾圮"。[3] 中央苏区的中心各县，"从南丰以上，凡所目击，普通
民房尽是颓垣坏堑，无一屋完整"。[4] 数字反映出来的信息，也许更为确
切（见表 4 - 1）。

表 4 - 1　　　　国共交战区（中央苏区）各县房屋和财产损失概况

	焚毁房屋 数量（座）	损失财产 约数（元）		焚毁房屋 数量（座）	损失财产 约数（元）
南丰	1010	700000	于都	35000	35000000
永丰	20050	21000000	南康	15020	10000000
宜黄	1700	6000000	广昌	1500	5000000
崇仁	107	5080000	大庾	5000	8000000
宁都	8000	11000000	信丰	6	110000
黎川	1200	3050000	寻乌	25000	13000000
南城	250	1500000	赣南 17 县		150000000

说明：1. 据本表 "资料来源" 所列资料编制而成。2. 除寻乌和赣南 17 县两个数字来源于报
纸外，其他各县均为江西各县党务统计报告。3. 寻乌县和赣南 17 县损失财产总约数均为 1928—
1931 年数字，其他各县均为 1928—1934 年 7 月间的统计数字。

资料来源：刘治乾主编、江西省政府统计室编：《江西年鉴》，1936 年印，第 1268—1270
页；痴生：《寻乌的赤祸》，《江西民国日报副刊》1931 年 8 月 14 日；《赣南清剿会电告灾情》，
《江西民国日报》1931 年 2 月 20 日第 5 版。

中央苏区政府与军队的消费，则从另一个方面反映了巨额社会财富
的耗费。1931 年底以前，江西苏区 "财政的主要或者说唯一的来源是

---

① 《长汀劫后景象》，《申报》1934 年 11 月 15 日第 9 版。
② 李默庵口述：《世纪之履：李默庵回忆录》，中国文史出版社 1995 年版，第 98 页。
③ 李渔叔：《劫后之瑞金》，《大公报》1934 年 12 月 18 日第 10 版。
④ 黄炎培：《江西归来》，载《游客话江西》，上海汉血书店 1937 年版，第 5 页。

'打土豪'",然而土豪终究有限,最后"打土豪的对象由豪绅地主及富农扩大至中农,以至有点余钱的贫农"。[①] 其实,在战时这一特殊环境,一切服从于战争需要,无论地主、富农还是贫农。另据温锐先生的研究,1933—1934 年,中央苏区政府先后 3 次向农民借谷,共计 104 万担;1932—1933 年,先后 3 次发行公债,共计 480 万元;1930—1934 年,先后向人民筹款 140 万元,作为红军作战经费;这些借出的粮、款等大都通过当年的"退回谷票运动""退回公债票运动""借谷不要收据运动"等活动,实际上成为苏区人民对革命做出的一种无偿贡献。[②]

近代赣闽边区是中国典型的农业社会,农业生产力不很发达,农业生产率也不很高,私人与社会财富的积累进程比较缓慢。在中国由传统农村向现代农村转型过程中,这些长期以来积累起来的社会和私人财富本来可以很好地转化为农村现代化发展的原始资本,可惜,在这场剧烈持久的战乱中消耗殆尽。

三　战争打断了边区固有的经济现代化进程

持久剧烈的战争不仅打断了边区固有的经济现代化进程,而且使边区社会经济沦落到"谷底",近于崩溃。

如前文所述,清末以来的赣闽边区不仅"商业经济是发展的形势",而且还升腾起现代工业化的气息,这种趋势随着战争的到来迅速发生逆转。

首先是工业化趋势为战争所打断,传统的手工业进一步趋向衰落,新兴的现代产业难以为继。1929 年,"纸商避难逃亡,向来农村手工之纸槽,均赖纸商接济资本开工,成纸后以廉价抵偿,纸商即逃,纸槽资本断绝,大多停工,生产骤减……一落千丈"。[③] 1930 年,闽西龙岩、上杭、永定、连城、长汀 5 县纸的生产比革命前少 3 成,烟的生产少 6 成,

① 《江西苏区中共省委工作总结报告 (1932.5)》,载江西省档案馆、中共江西省委党校党史教研室编《中央革命根据地史料选编》上册,江西人民出版社 1982 年版,第 450、451 页。

② 参见温锐《理想历史现实——毛泽东与中国农村经济之变革》,山西高校联合出版社 1995 年版,第 91 页。

③ 《闽西汀纸业转机》,《江西民国日报》1936 年 11 月 2 日第 10 版。

木的生产少 8 成。① 江西苏区也同样如此。1932 年初，"江西苏区的几个主要生产，如石城、瑞金的纸业，如于都的烟业，宁都的夏布，赣州的窑业，会昌安远的锡矿，平安寨等处的煤矿，因为资本家老板的逃跑及军事行动的关系，有的是破坏了，有的是停顿了"。② 到 1933 年 8 月以前，江西苏区的生产合作社，"在目前敌人加紧经济封锁和对生产合作社管理不好的种种原因，以至形成停顿，以至于倒闭的现象。如刨烟合作社在兴国、胜利……竟至蚀本。胜利银坑的刨烟合作社存了七千多斤烟无法销售。胜利的铁矿合作社竟因无法销售，存了六千多担铁砂，以至于不能维持。于都有纸槽六十三只、碗厂两只、煤矿厂十二只，简直没有计划去恢复"。③ 整个中央苏区，"在工业方面，因为敌人连年的封锁，我们苏区纸、烟、木头、樟脑、钨砂各项主要生产，都表现低落的状态"。④

和传统手工业的进一步衰落相比，民间新兴的现代产业则难以为继。一是民间新兴的现代工业为苏区政府没收。例如，红四军的长汀被服厂"是在缴获郭凤鸣的被服厂的基础上建立起来的"，瑞金的中央被服厂"有机子（缝纫机）一百多架，是从大城市打土豪中缴来的"。⑤ 二是民间新兴的现代工业在苏区无法经营下去，自行倒闭。例如，革命前宁都县温昌桂开的织布厂，"有五十部机子，七八十个工人，专生产夏布"；1932 年，因苏区过左的劳动法使该厂无法维持；1933 年，"温昌桂怕政

---

① 参见《中共闽西党第二次代表大会日刊（1930.7.8—20）》，载江西省档案馆、中共江西省委党校党史教研室编《中央革命根据地史料选编》上册，江西人民出版社 1982 年版，第 299 页。

② 《江西苏区中共省委工作总结报告（1932.5）》，载江西省档案馆、中共江西省委党校党史教研室编《中央革命根据地史料选编》上册，江西人民出版社 1982 年版，第 468 页。

③ 《我们在经济战线上的火力——合作社运动是经济战线上主要之一环（1933.8）》，载江西省档案馆、中共江西省委党校党史教研室编《中央革命根据地史料选编》下册，江西人民出版社 1982 年版，第 599 页。

④ 亮平：《经济建设的初步总结（1933.9.30）》，载江西省档案馆、中共江西省委党校党史教研室编《中央革命根据地史料选编》下册，江西人民出版社 1982 年版，第 603 页。

⑤ 许毅主编：《中央革命根据地财政经济史长编》上册，人民出版社 1982 年版，第 548、549 页。

府杀他,跑到翠微峰躲起"。① 长汀县城原有资本家经营的几家纺织厂,革命后跑掉一些,但也还有资本家留下来继续经营,后来"赚不了钱,就抽款逃跑了"。② 另外,边区刚刚启动的通信现代化建设也受到影响。在寻乌,"前年三二五暴动,抓了邮政局长,罚过五百元。此次新局长怕抓,先期跑了。三二五暴动还杀了一个电报局长"。③ 在兴国,1930 年 10 月,"因红军另印邮票,邮政局长、邮差被杀……邮政不通"。④ 1930—1932 年,仅赣东南停办之邮局就计有兴国、瑞金、宁都、会昌、石城、于都 6 处,停办之代办所有壬田、横江、陂头、洛口等 10 多处⑤;全省"被匪各县邮局,前因封锁关系,一律停办"⑥。江西的有线电报,也因"线路时遭破坏,通信辄受影响"。⑦

经过中国共产党、苏区政府和工会的领导,苏区传统手工业有所恢复。例如,1933 年 8—10 月,闽西最大的工业——纸业生产"已恢复九十余槽"⑧;到 1934 年 2 月,中央苏区的生产合作社由 76 社发展到 176 社⑨。此外,据资料记载,苏区政府也建立了 32 家军事工业和公营工厂。例如,红四军军械处、中央军委兵工厂、长汀被服厂、中央被服厂、中央印刷厂、中央钨砂公司、瑞金纺织厂、瑞金织布厂、通讯材料厂、卫生材料厂等⑩。另外,1932 年,中央苏区政府在瑞金中石村成立了邮政总

---

① 许毅主编:《中央革命根据地财政经济史长编》上册,人民出版社 1982 年版,第 497、519 页。

② 同上书,第 515 页。

③ 《寻乌调查(1930.5)》,载中共中央文献研究室编《毛泽东农村调查文集》,人民出版社 1982 年版,第 46 页。

④ 《兴国"匪祸"之惨状》,《江西民国日报》1930 年 11 月 23 日第 6 版。

⑤ 参见王孝槐主编《江西邮政通信简史》,江西人民出版社 1997 年版,第 160 页。

⑥ 《各新复区邮局业已完全恢复》,《江西民国日报》1935 年 1 月 24 日第 3 版。

⑦ 张仲智:《十年来之江西电讯事业》(24),载江西省政府《赣政十年》编委会编《赣政十年》,1941 年印,第 1 页(文页)。

⑧ 《中共福建省委工作报告大纲(1933.10.26)》,载江西省档案馆、中共江西省委党校党史教研室编《中央革命根据地史料选编》上册,江西人民出版社 1982 年版,第 510 页。

⑨ 参见亮平《目前苏维埃合作运动的状况和我们的任务(1934)》,载江西省档案馆、中共江西省委党校党史教研室编《中央革命根据地史料选编》下册,江西人民出版社 1982 年版,第 621 页。

⑩ 参见许毅主编《中央革命根据地财政经济史长编》上册,人民出版社 1982 年版,第 532—559 页。

局，在沙洲坝设立了中央电话局，并建立了通达的邮政电信网络。① 但是，很清楚的是，上述手工业和工厂，大部分为军工生产，真正的民有民用的工业很少，几乎所有的工业都服从战争的需要。最为重要的是，这些现代工业和邮政电信事业随着战争的结束几乎全部消亡，并没有为随后进入边区的国民政府所继承，近代以来边区固有的现代化进程被打断了。

其次是市场因战争而分割，商业冷淡，社会经济近于崩溃。红白边界的商业受到的打击最为严重。江西苏区的北部边界，"沿永丰河自乐安到公略这一线，万崇坪古县、冠山、汀乌江，这些地方原来是很热闹的圩场，到现在有屋无人住，有田无人耕，变成了一片荒野地方"。② 革命后苏区内部社会经济也发展维艰。农村生产工具唯战争需要为指归，赣县东岸的田村、白鹭等地，"所有耕牛被匪宰杀殆尽，农具亦被匪没收，改铸武器"。③ 这种"耕牛被宰、铁器被销作兵器梭标"的现象普遍存在，以至于1934年底的江西各县，农业生产铁器也"成一大问题"。④ 上杭农民为规避战时风险，纷纷"把烟田转种禾稻，以补足粮食"。⑤ 闽西龙岩、上杭、永定、连城、长汀5县，1930年布、盐、洋油、火柴、药材、糖均比1929年贵1—3成。⑥ 1933年以后，随着国民政府军"封锁政策"的严格执行，苏区内部百物腾贵，供应困难。当年夏季，"食盐的价格突然高涨"，并"在许多县的部分地方，发生了不信用苏维埃纸币银毫或折低其价的现象"，为此，苏区政府先后发出了《发动广大的拥护国币

---

① 参见江西省邮电管理局编《华东战时交通通信史料汇编·中央苏区卷》，人民邮电出版社1995年版，第5—14页。

② 《为加强和巩固地方武装发展游击战争的决议（1932.9.30）》，载江西省档案馆、中共江西省委党校党史教研室编《中央革命根据地史料选编》上册，江西人民出版社1982年版，第645页。

③ 《余司令官拨款救济赣县东岸灾区》，《新赣南日报》1935年2月28日第3版。

④ 《赣省收复后之匪区》，《申报》1934年12月5日第8版。

⑤ 《中共闽西党第二次代表大会日刊（1930.7.8—20）》，载江西省档案馆、中共江西省委党校党史教研室编《中央革命根据地史料选编》（上册），江西人民出版社1982年版，第299页。

⑥ 同上书，第394页。

运动严格镇压反革命破坏金融》《为消灭食盐困难而斗争》的号召。① 这两个文件的发表,表明在第五次"反围剿"战争前,中央苏区社会经济已经显示出崩溃的信号。

"白区"即国民政府军控制的地方也是百业凋零。1930 年的赣县商业,"无论何项营业,均极冷淡,为数十年来所仅见",1931 年初,"歇业倒闭者,有数十家,其能勉强支持者,均将范围缩小。如去年店内用数十人或十余人者,今年只留一二人或四五人云"。② 1929 年以后,赣西南的商业经济,"是由衰败走向破产的形势:商店倒闭的很多",大商家、地主兼资本家要么"潜逃沪汉",被"吓跑了",要么被"打倒了";"赣河阻隔,使赣西南的大批出产如谷、米、杉木、竹茶油、桐油、纸、木器(赣州)、仁风山的钨矿等不能出口,外货亦不能运来"。③ 吉安、赣州等"城市的商店,没有农民上街,闭门的闭门,搬走的搬走"。④

战争所带来的经济衰颓不仅及于国共交战地带,它还像瘟疫一样蔓延到赣闽两省甚至全国。例如 1933 年的福建省,"农村经济濒于破产,市面金融,遂受极大打击,凡百商业,均告亏折"。⑤ 同年 6 月,江西省政府经济委员会发表了一份详细的赣省生产衰落报告:(1)米谷年 6 千多万担,1928 年出口 1700 万元,1931 年减至 200 万元,1933 年出口绝迹;(2)景德镇瓷窑盛时,有 500 余座,1928 年有百数十座,1933 年之数十座,尚不生火;(3)烟草原占全国第 3 位,年产 33 万担,1931 年出口仅 52000 担,降至第 5 位;(4)茶叶年产约 50 万担,出口 32 万担,1931 年出口仅 10 万担;(5)木材出口年约 1600 万立方尺,近赣江木材

---

① 参见《发动广大的拥护国币运动严格镇压反革命破坏金融(1933.7)》《为消灭食盐困难而斗争(1933.8.20)》,载江西省档案馆、中共江西省委党校党史教研室编《中央革命根据地史料选编》下册,江西人民出版社 1982 年版,第 594、600 页。

② 《赣县商业日见衰落　全系"赤匪"影响所致》,《江西民国日报》1931 年 4 月 6 日第 5 版。

③ 士奇、昌廖、天干:《赣西南苏维埃区域的经济状况及经济政策(1930.10.12)》,载江西省档案馆、中共江西省委党校党史教研室编《中央革命根据地史料选编》下册,江西人民出版社 1982 年版,江西人民出版社 1982 年版,第 557—558 页。

④ 《赣西南(特委)刘士奇(给中央的综合)报告(1930.10.7)》,载江西省档案馆、中共江西省委党校党史教研室编《中央革命根据地史料选编》上册,江西人民出版社 1982 年版,第 361 页。

⑤ 《闽省救济木茶纸业》,《大公报》1933 年 6 月 15 日第 6 版。

及绝；（6）赣南钨矿占全球 16%，近几毁灭；余如植物油、纸张，俱由巨量输出变为输入。[①] 到 1935 年，上述产业出产仍不到内战前的"十之二三"，且销路不畅。[②]

第二节 20 世纪三四十年代赣闽粤边区的人口运动

南京国民政府统治下的赣闽粤边区，是一个变乱和动荡的区域。1927—1937 年，全国其他地区尤其是东南沿海地区，正经历政府统治下的十年黄金期——经济增长期，而赣闽粤边区正处于土地革命战争时期，前期是激烈的国共交战，后期是中共的游击战和国民政府的"清剿"战。此后，全国民族抗日战争兴起，这里一跃成为中国抗日战争的大本营之一。长期处于区域社会边缘化的边区一度成为区域社会的政治经济中心，成为中国政治关注的焦点或热点之一。

变乱和动荡下的赣闽粤边区，其人口运动呈现什么样的轨迹？本节对此逐一梳理。

一 中央苏区劳力的从军参战运动

在 1929—1934 年的赣闽粤边区，中国共产党在这里建立了著名的中央苏区革命根据地。它以江西赣南的瑞金为中心，包括江西的赣南、福建的闽西广大地区，最大时拥有 30 个左右的县级政权；革命直接影响的地区包括赣南闽西的周围以至广东的粤东北部分乡村，其中江西省属赣南及其周边地区人口为 400 余万（见表 4-2），福建省属闽西及其周边地区人口为 240 万—250 万（见表 4-3），共计达 650 万左右。

---

① 参见《赣省府发表生产衰落状况》，《申报》1933 年 6 月 24 日第 9 版。
② 参见《赣省产业衰落》，《申报》1936 年 6 月 13 日第 10 版。

表 4 - 2　　　　　　　民国时期中央苏区江西属赣南各县人口情况

	1916 年	1928 年	1916—1928 年瑞金、会昌、广昌、安远、泰和人口减少数及增长率	据 1916—1928 年瑞金等 5 县人口增长率测称的 1928 年人口减少数及人口总数	1935 年
瑞金	498123	278137			207037
宁都	590034				271270
兴国	299948				222606
寻乌	250666				89706
会昌	310842	251406			154406
于都	257947				254750
石城	155994				117512
广昌	122178	117463			104458
黎川	141076				91127
南丰	748914				111340
宜黄	216398				106735
安远	193854	175720			116062
乐安	236636				116833
永丰	515311				226078
泰和	231906	185748			189496
万安	195470				115425
赣县	497845				280954
合计	5463142	1008474	- 348429 - 25.68%	≈ - 140 万 406 万	2775795

　　说明:据本表"资料来源"所列资料编制而成。

　　资料来源:刘治乾主编、江西省政府统计室编:《江西年鉴》,1936 年印;马巨贤主编:《中国人口·江西分册》,中国财政经济出版社 1989 年版,第 55 页;江西赣南赣西赣东各县新县志。

　　鉴于当时特殊的政治环境和国民政府军的残酷"围剿",中国共产党在中央苏区内推行"农村军事化"政策,大量劳力尤其是青壮年,放下锄头,拿起枪杆,投入反"围剿"战斗。从军参战便成为特定战乱年代当地人口运动的一种主要形式。

表4-3　　　　　　　民国时期中央苏区福建属闽西各县人口情况

县名	1829年人口数	1911年六县人口数	1829—1911年均增长率	1911年测算调整人口数	其他统计年人口数		1929年人口估计数	1936—1937年人口数
					年份	人口数		
长汀	494157							207952
上杭	153319							216779
武平	121679							160605
永定	85499							166064
归化	115664							37731
清流	93032	93059						57887
宁化	379240	245500						133772
连城	104394	175485						103790
漳平	132315	187723						72141
沙县	77423	161675						116037
永安	188925	99510						95228
龙岩	167323				1920	191224		147005
建宁	108021				1915	73582		57098
泰宁	88041				1923	67048		44254
平和	156357							189554
将乐	196502							63011
小计	2661891	962934	-0.15%	-33614				
合计	2661891			约262万			240万—250万	1868908

说明：1.据本表"资料来源"所列资料编制而成。2.据1829—1911年永定、清流6县人口增长率为-0.154%，测算1911年闽西长汀等十余县人口为262万左右。3.据龙岩等三县民国年闽西人口有增有减态势，估计革命前闽西苏区及周边十余县人口为240万—250万人。4.1936—1937年闽西上述县人口为1868908人，苏区革命时期损亡人口大致为60万人。

资料来源：道光《福建通志》卷48"户口"，第1—47页；郑丰稔纂：《龙岩县志》，1945年印；梁伯荫修：《沙县志》，1928年铅印本；陈石、万心权修，郑丰稔等纂：《泰宁县志》，1942年印；钱江修、吴海清续修、张书简续纂：《建宁县志》，1916年印；福建省政府秘书处统计室编：《福建省统计年鉴》，1937年印；陈景盛：《福建历代人口论考》，福建人民出版社1991年版。

　　在中国共产党的领导下，革命初期苏区便有大批青壮年投身于革命的洪流之中，他们或直接加入红军参军参战，或加入红军独立团、游击队、赤卫队等地方武装而成为红军后备军，或服务于各级苏维埃政府及其组织的各项工作，积极参加轰轰烈烈的土地革命和保卫苏区根据地的军事斗争。例如，在赣南赣西地区，中共赣西特委通过几年的军事斗争尤其是 1930 年组织的九次攻打吉安、五次攻打赣州等军事行动，先后组织成立了近 30 个地方红军纵队配合红军作战，这些地方红军不久便编入红 3 军、红 20 军和红 22 军等正规红军。当时，赣西南苏维埃政府的扩军目标是："扩大十万红军，卅个独立团（每团千人），七十团预备军……独立团是马上补充到第三、四、十二、廿军去。"① 在闽西苏区，1930 年上半年集中红 12 军向东江发展之时，龙岩、永定、上杭、长汀 4 县各输送 300 人左右充实红 12 军等正规红军。② 1930 年 10 月，毛泽东对兴国 8 个农民家庭的典型调查中，8 家共有 16—48 岁的青壮年 31 人，其中在乡政府、红军预备队任职和外出当红军者 14 人，约占 45％。③

　　随着苏区革命的发展和国共两党军队"围剿"与"反围剿"战争的长期化，三边苏区参军参战的劳动力人数急剧增加（见表 4－4、表 4－5、表 4－6）。在 1933 年 5 月，中央苏区的若干县中"就扩大了近二万的新战士"④；1933 年的闽西苏区，"自红五月至九月，共计扩大红军九千余人"⑤。当时，江西赣南的兴国县是"扩红"的典型县，仅 1933 年 5 月

　　① 《赣西南（特委）刘士奇（给中央的综合）报告（1930.10.7）》，载江西省档案馆、中共江西省委党校党史教研室编《中央革命根据地史料选编》上册，江西人民出版社 1982 年版，第 350—351 页。

　　② 参见《中共闽西党第二次代表大会日刊（1930.7.8—20）》，载江西省档案馆、中共江西省委党校党史教研室编《中央革命根据地史料选编》上册，江西人民出版社 1982 年版，第 270—271 页。

　　③ 参见《兴国调查（1930.10）》，载中共中央文献研究室编《毛泽东农村调查文集》，人民出版社 1982 年版，第 184—199 页。

　　④ 《中华苏维埃共和国中央执行委员会与人民委员会对第二次全国苏维埃代表大会的报告》，载江西省档案馆、中共江西省委党校党史教研室编《中央革命根据地史料选编》下册，江西人民出版社 1982 年版，第 303 页。

　　⑤ 《中共福建省委工作报告大纲（1933.10.26）》，载江西省档案馆、中共江西省委党校党史教研室编《中央革命根据地史料选编》上册，江西人民出版社 1982 年版，第 503 页。

至 6 月，就有 3 个师的民兵预备军开赴前线，加入红军，经过多次"扩红"运动后，全县青壮男子大部分都上了前线。在长冈乡，16 岁至 45 岁的全部青壮年 80% 参加红军。赣南的瑞金同样非常突出，1933 年组成瑞金师，11 天内有 9000 多名青壮年入伍；据后来的不完全统计，瑞金人民参加红军和坚持南方游击战争的就达 5 万多人，实际数目则远远超过这一统计。① 闽西的情况也大致相同。上杭县的才溪乡最为典型，其青壮年参军率高达 88%。② 青壮劳力参军参战的力度于此可见一斑。如以整个苏区来看，仅 1933 年 8 月至 1934 年 7 月的一年，就有 11 万多人加入红军（见表 4 - 6）。

表 4 - 4　　　　　　1932 年 1—3 月江西苏区扩大红军和
地方武装数目统计

县名	参加红军（人）	参加地方武装（人）	县名	参加红军（人）	参加地方武装（人）
兴国	1293	200	胜利	700	600
瑞金	1004	170	石城	300	400
宁都	210	300	公略	321	318
会昌	350（有开小差）	200	永丰	301	426
赣县	1000	267	寻乌	76	237
			合计	5555	3118

说明：据本表"资料来源"所列资料编制而成。

资料来源：《江西苏区中共省委工作总结报告（1932.5）》，载江西省档案馆、中共江西省委党校党史教研室编《中央革命根据地史料选编》上册，江西人民出版社 1982 年版，第 455 页。

① 参见江西省赣东南中央苏区革命斗争史料调查队编《瑞金人民革命斗争史料》，1959 年印。

② 《中华苏维埃共和国中央执行委员会与人民委员会对第二次全国苏维埃代表大会的报告》，载江西省档案馆、中共江西省委党校党史教研室编《中央革命根据地史料选编》下册，江西人民出版社 1982 年版，第 304 页。

表 4 - 5　　　　　　　　1932 年江西各县 7、8、9 月扩充红军
百分比（7 月份为 100）

县名	8 月份百分比	9 月份百分比	县名	8 月份百分比	9 月份百分比
兴国	41% 弱	56% 弱	赣县	244% 弱	185% 弱
瑞金	92% 弱		胜利	100%	?
宁都	60% 弱	67% 弱	公略	132% 弱	206% 弱
于都	130% 弱	84%	永丰	60% 弱	80% 弱
会昌	60% 弱	62% 弱	寻乌	100% 弱	21% 弱

说明：据本表"资料来源"所列资料编制而成。

资料来源：严仲：《三个月扩大红军的总结与教训》，载中共江西省委党校党史教研室等编
《中央革命根据地史料选编》中册，江西人民出版社 1982 年版，第 661—662 页。

表 4 - 6　　　　1933 年 8 月到 1934 年 7 月中央苏区红军扩军的统计

1933 年 8 月	扩大红军 6290 人	1934 年 2 月	扩大红军 5865 人
9 月	5868 人	3 月	3344 人
10 月	2214 人	4 月	2970 人
11 月	1958 人	5 月	23035 人
12 月至 1 月	23258 人	6 月	29688 人
		7 月（至 15 日止）	2450 人
		其他	5467 人
		总计	112105 人

说明：据本表"资料来源"所列资料编制而成。

资料来源：《一年来扩大红军的统计》，载中国工农红军总政治部编《红星报》第 54 期，
1934 年 7 月 22 日。

　　在这 6 年左右的苏区革命时期，赣闽粤边苏区人民从军总数虽然已经
很难确切统计，但可以推算出一个较接近的数据。如表 4 - 7 所示，仅当时
属中央苏区的瑞金、宁都、武平、上杭等 11 县中，就有 35 万多人从事保卫
根据地的军事斗争。这 35 万人中，除宁都、兴国、于都、安远、武平等县
包括了部分参加地方武装的人数外，余皆为参加正规红军部队数字；减除
这一部分地方武装的人数，参加红军的总数约在 30 万人。然而，当时的中
央苏区还包括广昌、宜黄、赣县、宁化、连城、永定、龙岩等主要县份，

同时有或大部或部分占领的乐安、黎川、南丰、万安、永丰和清流、归化等十余县和粤东北的平远县等零星的革命根据地，如将它们计算在内，估计中央苏区人民在 1929—1934 年参加正规红军的人数当不会少于 35 万人，其总数应在 35 万—40 万人。也就是说，在中央苏区国共 6 年的争战中，有 35 万—40 万青壮劳动力脱离日常的生产劳动。

表 4 - 7　　　　　　　　　中央苏区参加红军人数

县名	时间	人数	备注
长汀	1929—1934	20000	
瑞金	1929—1934	49000	
宁都	1929—1934	40000	包括地方武装人数
会昌	1931—1934	38600	
寻乌	1930—1934	4600	
兴国	1929—1934	80000	包括地方红军人数
于都	1928—1935	56726	参加正规红军人数
	1929—1935	11793	参加地方红军人数
安远	1928—1935	12600	参加正规红军人数
		6900	参加区、乡赤卫队人数
石城	1927—1934	16328	
武平	1929—1933	4000	包括地方武装人数
上杭	1929—1934	12700	
合计		353247	

说明：1. 据本表"资料来源"所列资料编制而成。2. 本表数据均为不完全统计。3. 粤东北各县县志均未记载参加红军人数，因此，本表无法列入统计。

资料来源：瑞金县志编纂委员会编：《瑞金县志》，中央文献出版社 1993 年版，第 308 页；宁都县志编纂委员会编：《宁都县志》（内部版），1986 年印，第 9 页；会昌县志编纂委员会编：《会昌县志》，新华出版社 1993 年版，第 194—195 页；寻乌县志编纂委员会编：《寻乌县志》，新华出版社 1996 年版，第 319 页；兴国县志编纂委员会编：《兴国县志》（内部版），1988 年印，第 5 页；于都县志编纂委员会编：《于都县志》，新华出版社 1991 年版，第 244 页；安远县志编纂委员会编：《安远县志》，新华出版社 1993 年版，第 1 页；石城县志编纂委员会编：《石城县志》，书目文献出版社 1989 年版，第 145 页；长汀县志编纂委员会编：《长汀县志》，生活·读书·新知三联书店 1993 年版，第 670 页；武平县志编纂委员会编：《武平县志》，中国大百科全书出版社 1993 年版，第 528 页；上杭县地方志编纂委员会编：《上杭县志》，福建人民出版社 1993 年版，第 680 页。

二　苏区革命时期赣闽边区的迁逃难民

在长达 6 年的国共对峙中，中央苏区既有国共间你死我活的政治军事争战，也伴随着复杂的宗族矛盾、地区矛盾及不同阶层人们之间的敌对情绪，后者还在军事与政治斗争环境中进一步走向激化。换言之，20世纪 30 年代的赣闽边苏区缺失人们安居乐业的生存环境，边区社会处处散发着战火的硝烟和杀戮的血腥气味。因而，外迁避难另谋生路便成为赣闽边区当时人口运动的另一种主要形式。

为了逃避"打土豪、分田地"的革命斗争，最先出现的是闽赣边区富裕阶层大批外徙。

寻乌县最大的地主潘明征全家流亡梅县。[①] 另一个大地主邝明经，也"全家走尽"；《寻乌调查》所列举的 113 个中地主中，明确载明"全家走尽"或"逃走了"的有 20 家；113 个地主中，反动地主和不反动地主各约占 50%，从记载内容看，反动地主中除少部分革命前在异乡工作或谋生外，估计大部分人要么"死守炮楼"，要么避走他乡。[②] 兴国永丰区，四乡地主、富农共计 41 家，属"反革命"的占 31 家，他们大多数是逃亡异乡或被镇压（被杀），其中第三乡地富家庭 11 家，迁逃占 5 户，地主曾、谢二家共计人口近 50 人，除五六个小孩外，有 40 余人逃离当地。[③] 长汀县河田镇数一数二的富户李幼微带着儿子李秉清等流亡到闽北蒋乐县一带[④]；据 1932 年出生的上杭县才溪镇村民王荫的回忆，他的祖父是才溪一带著名的中医，曾任才溪苏区合作社的主任，后被打为土豪劣绅，他便带领全家逃亡外地[⑤]；在闽西上杭县的白砂乡，"大村多富户，相率逃亡"[⑥]。整个闽西，"各县的豪绅地主……四散搬家躲避，逃到漳厦

① 温锐、游海华 1999 年寻乌县实地调查。
② 参见《寻乌调查（1930.5）》，载中共中央文献研究室编《毛泽东农村调查文集》，人民出版社 1982 年版，第 115—124 页。
③ 参见《兴国调查（1930.10）》，载中共中央文献研究室编《毛泽东农村调查文集》，人民出版社 1982 年版，第 211—213 页。
④ 温锐、游海华 2000 年长汀县河田镇实地调查。
⑤ 温锐、游海华 2000 年上杭县才溪乡实地调查。
⑥ 黄学徐：《土地改革在闽西》，《江西民国日报》1948 年 5 月 13 日。

者甚多"。①

　　苏区革命前期,国共战争呈犬牙交错式拉锯状态,饱受战乱之苦的人们也逐步加入了外出避难和另谋生路的行列。上杭全县"中学以上毕业者离乡作事人数约有 150 人",都是因为家乡战乱,"难于立足";国共内战期间,上杭难民"移出之数,约近三万人"。② 1930 年的江西兴国县,"难民逃赣(指赣州——引者注)者达七万"③;当苏区革命兴起后,赣南与赣西的地富和富户逃往吉安、赣州等地,其数量之巨,吉安、赣州城"突然增加几十万土劣"(实际则不一定都是土豪劣绅——引者注),吉安城难民"有 19 万,赣州亦相差不远"④;1932 年的瑞金县,"逃避他乡,乞食求宿者,约占全县人口十分之八"⑤;战乱期间的于都,"逃赣难民,不下万人"⑥;1932 年初,寻乌、安远、会昌、瑞金、于都五县"无分贫富,逃入粤境者不下十余万人"⑦。上述有些数据的记述,像瑞金县"逃避他乡"者"约占全县人口十分之八"等,虽有明显夸大之嫌,但的确反映了当时三边人口因战乱相率避走他乡的真实情况。就闽赣边地区的外迁难民来说,当年一般都涌向赣州、吉安、南昌、蒋乐、南平、三明、厦门和广东北部等相对安定的地区、城市或沿海城市和地区谋生;有的难民还辗转到汕头、上海等地度日。⑧ 避战迁逃的赣闽边苏区难民总数现在已的确无法准确估算,但笔者也力图作出大致相当的分析与估计。

　　但总的说来,避战迁逃的赣闽边苏区难民总数,苏区革命后期不多,主要集中在革命前期,即 1931 年底以前中央革命根据地尚未形成和基本稳

---

　　① 《中共福建省委报告(1936.9)》,载江西省档案馆、中共江西省委党校党史教研室编《中央革命根据地史料选编》上册,江西人民出版社 1982 年版,第 63 页。

　　② 《上杭县概况初步调查》,载福建省政府统计处编《统计月刊》第 3 卷第 4 期,1936 年 9 月 1 日,第 5 页。

　　③ 《兴国难民逃赣者达七万》,《江西民国日报》1930 年 7 月 15 日。

　　④ 《赣西南(特委)刘士奇(给中央的综合)报告(1930.10.7)》,载江西省档案馆、中共江西省委党校党史教研室编《中央革命根据地史料选编》上册,江西人民出版社 1982 年版,第 361 页。

　　⑤ 《瑞金县逃京难民资遣回赣》,《江西民国日报》1932 年 6 月 30 日。

　　⑥ 《蒋委员长电饬　于都难民回籍》,《江西民国日报》1934 年 12 月 1 日。

　　⑦ 《寻安会瑞于五县难民善后会泣电乞援》,《江西民国日报》1932 年 1 月 14 日。

　　⑧ 参见《昨日南浔车又载来瑞金"匪窠"逃出难民》,《江西民国日报》1932 年 8 月 18 日;《上海江西难民所救济工厂成立》,《江西民国日报》1932 年 3 月 31 日。

定之前。先以中央苏区江西属的赣南而论,当时赣南地区的难民迁逃主要
集中地是吉安、赣州、广东、南城等地。根据当时的记述,上述城市的难
民分别是:吉安有 19 万,赣州近 19 万,广东粤北地区 10 余万,南城附近
2 万左右,共计 50 万左右。[①] 如若加上当时向江西北部省城等其他白区县迁
逃的难民数量,难民总数则可达 55 万—60 万人口。然而,当年这一逃难群
众之数实际涉及的地区不仅包括赣南地区,还有当年国共争战同样激烈但
不属于中央苏区的赣西地区(即现在的吉安市的主要县区)和苏区周边国
共军队拉锯作战的地区。其中赣西地区有吉水、遂川等六七县未列入表 4 -
2,这些地区 1916 年的人口在 140 万左右。从表 4 - 8 所见,该地区 1916 年
至革命前人口增减不大,当在 140 万—150 万。将表 4—2 中央苏区赣南地
区 400 万与赣西地区 140 万—150 万人口相加,革命前江西苏区及其周边地
区总人口在 550 万左右(见表 4 - 2、表 4 - 8)。

表 4 - 8　　　　　　　苏区革命前赣西苏区有关县人口数量

县名	1916 年	1928 年	1928 年估计人口	1931 年	1935 年
吉水	252818			182360	188708
安福	137837	204533			134428
永新	288415			253930	184785
宁冈	142457			94580	34406
莲花	145314			125880	18228
遂川	313888			283850	239814
峡江	119788	123994			48173
合计	1400517		约 140 万—150 万		848542

说明:据本表"资料来源"所列资料编制而成。

资料来源:刘治乾主编、江西省政府统计室编:《江西年鉴》,1936 年印;马巨贤主编:《中
国人口·江西分册》,中国财政经济出版社 1989 年版,第 55 页;江西赣南赣西各县新县志。

如以当时难民为 55 万—60 万计,那么,难民占到当地人口总数 550

[①]　参见《寻安会瑞于五县难民善后会泣电乞援》,《江西民国日报》1932 年 1 月 14 日;《逃
集南城难民已予收容》,《江西民国日报》1932 年 11 月 18 日;《逃流於南城临川者四千余人》,《江
西民国日报》1932 年 9 月 4 日。

万左右的 10% 左右。中央苏区江西属赣南地区革命前人口在 400 万，难民就在 40 万左右。至于闽西苏区迁逃的难民，主要是厦门潮汕等沿海城乡，目前我们还没有找到任何相应资料，无法加以叙说。如以据赣南赣西难民迁逃数占人口总数 10% 为蓝本，则也能作一大致推算。当时，闽西苏区稳固的革命根据地有长汀、上杭、武平、宁化、连城、永定等县区，大部分或部分占有的县区则有龙岩、归化、清流、建宁、泰宁、漳平、平和、沙县等。如表 4 - 3 所示，上述闽西苏区及其周边军事拉锯地区的人口总数革命前在 250 万人左右（见表 4 - 3），则闽西地区迁逃难民则在 25 万左右。将中央苏区赣南地区的 40 万和闽西两地区的 25 万迁逃难民相加，则当年中央苏区革命中难民迁逃总数在 65 万人左右。

三　国共"围剿"与反"围剿"战争中的三边地区非正常死亡人口

20 世纪二三十年代，中国共产党人在赣闽粤边区领导的苏区革命根据地，自它的产生、发展到撤离的全过程，始终都伴随着国民政府军残酷的军事"围剿"战争。这一持续多年的战争，直接导致的是赣闽粤边区人口大量的非正常性死亡。边区人口的非正常死亡便成为这一时期人口运动的又一特点。

首先，战争导致了赣闽粤三边苏区人口的大量死亡。20 年代末到 30 年代中期，国民政府军对苏区实行残酷的军事"围剿"，于是在国共间展开了长达 6 年的"围剿"与反"围剿"战争。这种反复而长期的拉锯式战争，给边区人口带来了毁灭性的打击。例如，瑞金大柏地之院坑，1935 年该村"人口计百五十余，但壮丁则不过三十，此种现象固于收复区极为普遍"；宁都长胜圩原有人口 1600 余人，1935 年初仅有 920 余人，其中女子占 538 人，老幼占 395 人，壮丁只 130 人。[①] 另据来自福建武平县下坝乡两位老人的回忆，下坝有一些赤卫队员和生活比较苦的人参加了红军，这些人参加队伍后，没有一个再回乡的，估计都已经牺牲了。[②]

---

① 钟贡勋：《江西农村视察记（九）》，《江西民国日报》1935 年 3 月 25 日。
② 参见中共武平县委党史教研室《武平党史通讯》第 10、11 期合刊。

　　从大范围来看，或许更能感受到战争对人口的严重影响。如宁都："人口死亡，十分之六，村庄消灭，二分之一。"① 如兴国：革命前的1916 年全县人口为 29 万人左右，至 1935 年全县人口仅余 22 万左右，且"壮丁数目，与老弱人数比较尚不及十分之一"。② 如瑞金：苏区革命前1928 年全县有人口 27 万余人，苏区革命后总数仅 20 万余人，且以"老弱妇孺居多"。③ 20 世纪 40 年代的闽西则流行着"老太婆多、寡妇多"的俗语，这一俗语实际折射着闽西战后男女性别严重失衡的问题；产生这一问题的根本原因是"围剿"与"反围剿"战争中，"大批壮丁死亡，大批青年之避难海外"，从而造成闽西"普遍农村生产力的奇缺"④，它实质上是一次战争杀戮造成的人口性别失衡现象。在粤东北地区，那里虽然没有大片的苏维埃区域，但在国民党政府军的进"剿"战争中，人口死亡的比例也是很高的。例如平远仅有的石北、热水、安南三个革命老区共 5 个自然村中，1928—1935 年，被国军杀害的干部（烈士）43人，被害群众 69 人，被掳走下落不明的有 73 人，占当时当地总人口的 13.2%。⑤

　　其次，在国共间大规模的内战过后，国民党政府军又对坚持斗争的中共游击队战士和革命群众实行大规模的杀戮。本来，当激烈的大规模战争过后，流亡异地的难民陆续回归家园，国民政府也曾力图恢复边区统治和地方元气，边区社会似乎升腾起重建家园的希望。但是，军事斗争、地富阶级的报复、宗族争斗、地方斗争等，仍然贯穿着民国后期的赣闽粤边区社会。例如丰顺县留隍镇的黄寨村，原属老苏区，大革命前，该村有人口 600 多人，到 1949 年，只剩下 300 多人，大部分青壮年劳力在红白军交战中被杀死或被迫流亡异乡。⑥ 梅县梅北山区，20 世纪 30 年代初曾成立过"苏维埃政府"，苏区革命失败后，陈济棠军毛维寿部进驻

---

　　① 《收复后之宁都——教厅派员考察之报告》，《江西民国日报》1934 年 12 月 15 日。

　　② 廖上璠：《兴国之现状与善后》，《江西民国日报》1935 年 2 月 9 日。

　　③ 刘治乾主编、江西省政府统计室编：《江西年鉴》，1936 年印；马巨贤：《中国人口分册·江西分册》，中国财政经济出版社 1989 年版，第 55 页。

　　④ 陈学铨：《闽西的妇女———支劳动的生力军》，《正气日报》1944 年 5 月 15 日。

　　⑤ 参见平远县志编纂委员会编《平远县志》，广东人民出版社 1993 年版，第 468 页。

　　⑥ 参见刘汉权《熔炉光照　乡土情深》，载政协梅州市委员会文史资料委员会编《梅州文史》第 13 辑，1999 年印，第 164—165 页。

该地，一日清晨，毛部分兵至各村，捕抓上百已经"自新"的红军游击队员，并集体屠杀了 43 人。① 相对说来，劳力损失和集体屠杀如此严重的例子在粤东北还属较为个别的现象，而在闽赣边区，则是一个不可否认的普遍事实。据统计，苏区革命后，仅闽西长汀、上杭和武平三县共被国民党政府军毁灭的村庄有 262 个，灭绝的家庭有 18307 户，计有 117922 人被迫害致死（包括战场战死人数），抓走妇女儿童 13107 人，6308 人被迫流亡异乡谋生。② 这一数据实质上反映了苏区革命后的闽赣边区仍然是一个相对动荡的社会。

因战乱而致死的赣闽边苏区总人数，今人确实难以确切估算，但从苏区革命前后当地人口的变迁分析，仍可大致估计一个数字（见表 4 - 2、表 4 - 3）。从表 4 - 2 可见，革命前中央苏区江西属赣南及周边地区人口为 400 万，到 1935 年底仅为 277 万，7 年左右下降了 123 万；而表 4 - 3 显示，中央苏区福建属闽西及周边地区革命前人口为 250 万左右，到 1936 年下降为 186 万，损失人口 64 万左右，两地相加共 187 万左右。当然，这 187 万人中还应包括当时已经随红军参加长征、进入山区打游击和未归难民等方面的人数。它们大致是：随队长征的在六七万人左右（当年中央苏区参加长征的军队在 8 万多，连同民夫在 10 万人左右），参加游击战的也在数万之数，未归难民也应是数万人。减去这些人口，1928—1935 年损亡人口当不会少于 150 万之数。

四　抗战时期涌入三边地区的难民

1937 年 7 月，日本全面侵华后，我大片国土被日军侵占。为避战乱与灾祸，大批沦陷区难民被迫逃离家园，纷迁抗战大后方。江西作为抗战初期的大后方，曾接纳、转移了数百万迁流难民。抗战中期尤其是抗战后期，随着日军在长江、赣江沿线与向华南、东南沿海及其腹地的侵

---

① 参见范中平《风风雨雨三十年》，载政协梅县委员会学习文史委员会编《梅县文史资料》第 30 辑，1999 年印，第 194 页。

② 参见长汀县志编纂委员会编《长汀县志》，生活·读书·新知三联书店 1993 年版，第 629 页；上杭县志编纂委员会编《上杭县志》，福建人民出版社 1993 年版，第 529 页；中共武平县委党史教研室编《武平党史通讯》第 13 期，第 24 页。

入，先行流落江西的难民和赣闽粤三省本省沦陷区难民逐渐被压缩至赣闽粤边区。大规模难民涌入边区成为 20 世纪三四十年代赣闽粤边区人口运动的又一主要特征。

1937 年 8 月的"八一三"事变之后，日军侵华战火蔓延江浙等东南沿海诸省，沦陷区的难民不断流入江西等内地省份避难。1937 年 9 月至 1939 年 5 月，江西省赈济会收容难民达 6 万余人，配置安插各县人数 15.9 万多人，运配江浙皖过境难民至湘粤桂各省 240 余万人。① 1939 年初，日军攻占马当要塞，侵入江西，战火延至赣北。5 月，武宁等赣北 14 县沦为战区，省城南昌也随之失守，江西省政府迁至泰和县（1944 年底又迁至宁都）。至此时，大批难民开始迁入流浪属三边地区的赣南、赣西等地，原来仅有五六万人口的吉安城，人口骤然增至 25 万②；时江西省赈济会收容难民数目每月约在 8 万人，1939 年 5 月至 1940 年，江西省赈济会收容难民数达 1295715 人，全省各县设置难民收容所共 165 所③。救济难民的另一机构——江西省非常时期难民救济委员会称：从 1937 年 11 月到 1938 年 7 月，全省收容难民达到 10 万余人④，基本遣散到赣省南部后方各县。在此期间，与三边赣南地区的难民主要由江西北部进入的情况相比，进入三边的闽西与粤东北地区的难民则是由福建广东沿海从南向西、向北迁徙。1939 年从福州来的难民有数十万人，分散到永安、沙县、顺昌、建瓯等处。⑤ 长汀的情况也差不多，抗战以后，"无数滨海而居的子民……纷纷结队而来"，仅长汀城中，1940 年人口"比二年前增多了五分之二"⑥；1944 年 6 月，赣闽两省抗日前线吃紧，大批人口迁汀，长汀城人口一时之间增加 7 万—10 万⑦。梅县情况类似，据有关资料记

---

① 参见许德瑗《十年来之江西振济事业》（12），载江西省政府《赣政十年》编委会编《赣政十年》，1941 年印，第 8 页（文页）。

② 参见吉安市地方志编纂委员会编《吉安市志》，珠海出版社 1997 年版，第 97 页。

③ 参见许德瑗《十年来之江西振济事业》（12），载江西省政府《赣政十年》编委会编《赣政十年》，1941 年印，第 8 页（文页）。

④ 参见《省难民救济分会收容难民达十余万人》，《江西民国日报》1938 年 7 月 1 日。

⑤ 参见《活跃的南平》，《江西民国日报》1939 年 9 月 15 日。

⑥ 林火：《大闽西的骄子——长汀》，《三民日报》1940 年 1 月 18 日。

⑦ 参见长汀县志编纂委员会编《长汀县志》，生活・读书・新知三联书店 1993 年版，第 96 页。

载，"广州、潮汕沦陷后，前来避难者络绎不绝，县境人口递增"[1]；1938—1939 年，仅潮汕两地，迁梅避难的人员有 3 万多人[2]。1939 年，粤北曲江市自本省省府迁来后，人口由原来的 3 万余骤增至 20 余万。[3] 福建主要是因为入闽交通较不便之故，广东主要是因为北来的难民滞留在江西的缘故，因而，流落闽西北、闽西、粤东、粤北一带的难民，主要是闽粤两省本省的难民，估计不下三四十万之数。

抗战中期和后期，随着中日战事的加紧与长期化，赣闽粤三省政府也相继迁入边区。1939 年 3 月，江西省政府迁泰和，1944 年底迁宁都。[4] 1938 年，厦门沦陷、福州震动，福建省政府和保安处内迁永安。[5] 1939 年，广东省政府迁曲江，1944 年迁龙川，1945 年再迁平远。[6] 省府一动，各军政机关、银行、学校、医院、工商企业等纷纷随迁，厦门大学迁至长汀县，赣闽粤三省相当部分的居民和外省难民被压缩至以三边地区为中心的狭小区域。1942 年以后，日军进占到南昌、临川、广丰一带。与此同时，南部日军一直控制广州到潮汕一线沿海地带并时常向其腹地推进。日军的进攻，进一步缩小了三边地区的国民党统治区，增加了赣闽粤边区的人口，难民淤积程度加剧。在赣闽粤边区，难民高峰时期人数达百万之巨，形成了该地区最为悲壮的非正常人口运动。

五　40 年代后半期外迁的三边人口

除上述几种大规模的人口运动方式以外，赣闽粤边区还有一种比较有特色的人口运动方式，即边区人口向港、澳、台等地和向东南亚等海

---

① 梅县志编纂委员会编：《梅县志》，广东人民出版社 1994 年版，第 203 页。

② 参见《梅城四间善堂（社）的情况》，载政协梅县委员会文史资料委员会编《梅县文史资料·张学基文集》，1995 年印，第 29 页。

③ 参见笑百《曲江之行》，《江西民国日报》1939 年 12 月 13 日。

④ 参见王邦范《抗战时期江西省政府见闻》，载政协江西省委员会文史资料研究委员会编《江西文史资料》总第 16 辑，1985 年印，第 166—169 页。

⑤ 参见政协上杭县委员会文史资料编辑室编《上杭文史资料》总第 8 期，1985 年印，第 38 页。

⑥ 参见秦庆钧《抗日战争最后阶段广东省政府迁到平远县的史料》，载政协平远县文史资料编辑委员会编《平远文史资料》第 2 辑，1987 年印。

外的迁移流。

近代以来,随着国门的打开和"猪仔贸易"的盛行,在边区生存资源相对缺乏和内部人口压力的推动下,前往东南亚等海外谋生的边区人口日益增多,边区形成了较有特色的向海外移民流。19 世纪中期以后,又有相当部分的边区人口奔赴港、澳、台等地谋生。至 19、20 世纪之交,边区的兴宁、梅州、龙岩等粤东北和闽西地区已经是我国著名的侨乡,前往台、港、澳各地谋生的边区人口源源不断。日本侵华战争爆发以后,不仅边区人口向海外的移民流被侵略者的战争所遮断,而且不少定居香港、澳门与东南亚等地的移民也在日军占领前后纷纷迁回家乡避难。民族抗战结束以后,因民族抗战的胜利、台湾岛回归祖国和不久再次爆发的国共内战、边区生存环境恶化等原因,避居边区的华侨相继外迁,并带领大批亲人随赴海外谋生。1949 年 7 月,胡琏兵团败退逃台,一路从寻乌入平远,另一路从瑞金入闽西,两路均顺韩江流域下潮汕去台,沿途征兵、随军和被强抓赴台的边区人口颇众。以上两项合计,20 世纪 40 年代后半期,前往港、澳、台和东南亚等海外谋生与逃亡的人员有相当的数量,形成了一股较有特色的外迁人口运动。根据我们所掌握的材料,边区各地都有这次外迁的人口。例如,1948 年前后,兴宁有数十名大学毕业生应台湾一些中学的招聘赴台任教。[①] 原寻乌中学校长潘作体的父亲是新中国成立前夕去港的;武平下坝乡下坝村的谢觉民到台湾做医生,邱明轩的父亲则是被抓壮丁去台的。[②] 从一些个别的地方来看,这次外迁的人口还不少。例如,长汀河田镇上街村有李绍磷、李时丙、李健生和李秉清的弟弟等十几人先后前往台湾谋生,瑞金叶坪乡谢排村也有谢远清、谢国材等 20 多个第一代台湾同胞,他们都是 40 年代后期去台读书、工作、随军或被抓壮丁的去台的。[③] 不过,和边区前述几种人口运动相比,这次边区外迁的人口规模明显要逊色得多。

40 年代后半期外迁的人口总数,无法做出较为确切的统计。仅从闽西长汀、上杭、武平与粤东北的蕉岭、梅县、兴宁等 6 县的去台人数来

---

① 参见兴宁县志编纂委员会编《兴宁县志》,广东人民出版社 1992 年版,第 806 页。

② 温锐、游海华 1999、2000 年寻乌县城和武平下坝乡实地调查。

③ 温锐、游海华 2000、1998 年长汀河田镇和瑞金叶坪乡实地调查。

看，就有 12000 多人。其中，闽西长汀、上杭、武平去台人数分别为
1000 人、1830 人、1475 人①；粤东北的蕉岭、梅县、兴宁去台人数分别
为 2000 余人、3684 人、2407 人②。如果加上边区其他众多县份的去台人
数以及边区各县前往香港、澳门、东南亚等地谋生的人口，估计总数至
少有数万人之众，抑或可达 10 万左右。

六　结论

综上所述，20 世纪三四十年代赣闽粤边区的人口运动，有三个明显
特点。

一是劳动力这一最活跃的生产力资源大部分被战争所吞噬，而不是
活跃在正常的社会生产进程中。据本节的分析与估计，在国共两军"围
剿"与反"围剿"战争开始（1929 年前后）的中央苏区及其周边地区，
人口在 650 万左右；期间，赣闽边区迁流出难民约有 65 万（包括国共两
军交战边界国军控制地区的厌战逃难的难民）；因长期战乱导致的人口损
亡数在 150 万左右。这是该地区人口运动最为显著的特点。

二是对一个相对封闭的山区来说，人口运动规模比较大。约有 650 万
人口的中央苏区及其周边地区，几乎全部的劳动力都投入了因战争引起
的各种形式（参军参战 35 万—40 万、外出迁逃 65 万）的人口运动；抗
战期间，作为东南抗战大后方的边区，又接纳了百万外来避难人口；40
年代后半期，向海外的迁移人口达到数万人或 10 万左右。

三是 20 世纪三四十年代短短 20 年中，边区人口的巨量流出、死亡与
流入，对边区社会与经济尤其是可持续社会发展环境产生了巨大的影响
（参见本章各节相关论述）。最后，笔者还想指出的是，"战争必然带来乱
世"，这不仅是我们诠释 20 世纪三四十年代赣闽粤边区社会经济难以发

---

① 参见长汀县志编纂委员会编《长汀县志》，生活·读书·新知三联书店 1993 年版，第
97 页；上杭县地方志编纂委员会编《上杭县志》，福建人民出版社 1993 年版，第 120 页；武平
县志编纂委员会编《武平县志》，中国大百科全书出版社 1993 年版，第 499 页。

② 参见蕉岭县志编纂委员会编《蕉岭县志》，广东人民出版社 1992 年版，第 490 页；梅县
志编纂委员会编《梅县志》，广东人民出版社 1994 年版，第 1083 页；兴宁县志编纂委员会编
《兴宁县志》，广东人民出版社 1992 年版，第 807 页。

展的原因，也是我们研究近代社会经济变迁进程所必须总结的经验教训。

第三节　南京国民政府对赣闽边区
难民的救济

　　赣闽粤边区的战乱和动荡，造成大量人口的非正常流动，其中包括大量的战争难民。学界对战争难民救济的研究，从时间上看，主要集中在抗日战争时期；从地域上看，主要集中在大西南、大西北和东南沿海地区①；对于土地革命时期赣闽边区国共交战中的难民救济，素乏研究。本节即以赣闽边区国共交战所产生的大量难民为例，探讨南京国民政府对其的救济概况②，并得出几点相关认识，以补学界研究的不足。

一　赣闽边区战争难民概况与难民救济的缘起

　　1927 年国共分裂以后，中国共产党开始探索武装夺取政权的道路。根据"八七"会议精神，1927 年冬至 1928 年春夏，中共江西、福建地方党组织先后在赣闽边区发起了一系列农民暴动；1929 年初，毛泽东、朱德等率领中国工农红军第四军离开井冈山，转战并落脚赣南和闽西地区，开始了创建中央苏区的历程。伴随着农民暴动的兴起、农村革命根据地

---

　　①　代表作有：［日］石岛纪之：《中国战争中的难民问题》，《党史研究与教学》1989 年第 4 期；孙艳魁：《抗日战争时期难民垦荒问题述略》，《民国档案》1995 年第 2 期；孙艳魁：《抗战初期武汉难民救济刍议》，《江汉论坛》1996 年第 6 期；马雅红：《抗日战争时期陕甘宁边区"难民乡"问题初探》，《西北大学学报》2004 年第 6 期；周术槐：《抗日战争时期贵州省赈济会的难民救济活动及其社会影响》，《抗日战争研究》2010 年第 3 期；钟子程：《抗日战争时期澳门的难民救济工作研究》，硕士学位论文，暨南大学，2007 年；赵红娟：《抗战时期四川难民问题研究》，硕士学位论文，四川师范大学，2009 年。

　　②　当时国民政府的救济，主要包括急赈、冬赈和设立收容所等消极救济，以及工赈和农赈等积极救济。本节讨论的主题，当然是就国民政府的救济实况展开，但不包括农赈。原因有二：第一，农赈一般是国共争战结束以后，国民政府的救济行为，就时间而言，本节主要是讨论国共交战期间（包括战争结束之后不久的一段时间）的救济行为；第二，就农赈而言，笔者已发表了专门的研究论文，参见游海华《农村合作与金融"下乡"——1934—1937 年赣闽边区农村经济复苏考察》，《近代史研究》2008 年第 1 期。

的创建，南京国民政府对中央苏区展开多次军事"围剿"，赣闽边民开始大批逃离家乡、逃离战区。

难民一般是逃往边区附近国军驻防的城市（吉安、赣州、临川、南昌等），以及毗邻家乡的粤北、粤东（梅州、汕头）和闽南（厦门）等非战区，也有逃到武汉、南京和上海的。笔者曾经根据相关资料和苏区革命前后赣闽边区各县人口数量的变化数据，估计战争期间，赣闽边迁流出的难民约有 65 万。①

从红区及其周边交战区往白区迁流的难民，自从踏上逃离家乡的路途，就意味着颠沛流离的开始。以逃往粤东（梅州、汕头）和闽南（漳州、厦门）的难民为例。众所周知，明清以来，闽粤边区粮产不足，一直依赖赣东南各县米粮和海外"洋米"的接济②，平时米价已经不菲，大批难民涌入后，米价自然高涨，所以"粤边生活程度，比通都大埠高贵数倍，米从外洋及潮汕运上，每斗三元"，大批难民"食□不饱，终年不见荤腥之味，个个鹄形菜色，形同饿囚"。③ 1932 年初夏，逃到厦门的闽西各地难民，"露宿风餐，状若丧家之犬"。④

逃往国军驻防城市的赣东南各县难民，虽求得一时的平安，也是"坐吃山空"，生活难以为继。同时，面对城市陌生的环境，人生地不熟，谋生乏术，长此以往，生活很快陷入困境。例如，麇集在临川的金溪、宜黄、广昌、宁都、南城、黎川、资溪、乐安等 8 县 5000 难民，原"无一而非抛财产、弃田园之中产以上者"，1933 年夏的某一天，却麇集在一起，排起长队，领取区区 1 元的赈济费。⑤ 逃入吉安城的一些土豪劣绅，"完全无法维持其生活，常有使自己的老婆女儿卖淫以度日"。⑥ 曾经衣来

---

① 参见杨丽琼、游海华《20 世纪三四十年代赣闽粤边区的人口运动》，《南昌大学学报》2005 年第 2 期。

② 参见温锐、游海华《劳动力的流动与农村社会经济变迁——20 世纪赣闽粤边区实证研究》，中国社会科学出版社 2001 年版，第 173—174、253 页。

③ 《赣南寻乌"被匪蹂躏"》，《申报》1932 年 10 月 1 日第 12 版。

④ 《福建赤祸的前因后果（一）》，《申报》1932 年 7 月 2 日第 12 版。

⑤ 参见陈庚雅《赣皖湘鄂视察记》，上海申报月刊社 1936 年版，第 5 页。

⑥ 《赣西南刘作抚同志（给中央的综合性）报告（1930.7.22）》，载江西省档案馆、中共江西省委党校党史教研室编《中央革命根据地史料选编》上册，江西人民出版社 1982 年版，第 223 页。

伸手、饭来张口的赣南"土豪劣绅",有些实在忍受不了逃难生活的煎熬,跑回家乡向当地苏维埃自首,表示"愿意将所有家产拿出来,请苏维埃不杀就是";他们的"妻女,以前威风凛凛的,现在大半在吉安赣州当娼妓,土劣则挑水做工"。① 闽西的逃亡地主见面时也互相诉苦:"只要共产党不杀我们,我们都愿意回去,不要田地也可以。这里的生活实在太苦了!"② "土豪劣绅"的逃难生活尚且如此,普通难民的日常生活可想而知。

面对突然涌现出的众多难民,江西地方政府几乎束手无策,因为它并无常设性的社会救济机构,江西传统的荒政随着晚清政府的衰落而几近崩溃,乃至于 20 世纪 30 年代以前,全省的救济事业还是由少数慈善团体和外国教会临时筹办,"而非整个的,有计划的振济行政"。③ 现代江西救济事业的诞生实际上源于上述国共争战中难民救济的需要。1928 年,"匪祸既临,天灾又至,各地方纷纷请求救济,其情势之严重大异往昔",江西省政府为"求统一赈灾计划,周济各地灾民起见",专门成立了一个由 15 人组成的江西全省赈灾委员会,内分总务、劝募、放赈三部,各设正副主任分掌其事,主管全省的社会救济事业。④ 1929 年 5 月,南京国民政府颁发各省赈务会组织章程,前会正式改组为江西省赈务会;次年 5 月,根据修正组织章程,再次改组,由民政厅厅长王尹西担任主席,下设总务、筹赈及审核 3 组;1932 年以后,该会又经多次改组,文群、吕咸、熊遂先后担任主任,主持全省的救济事业。

江西省政府自有专门的赈务机构以后,一面派员分赴各灾区散放急赈,一面在重大受灾县份先后成立赈务分会。截至 1931 年 9 月,全省共 37 县成立了县赈务分会。其中,赣南有赣县、会昌、龙南、崇义、宁都 5 县,中央苏区周边县份有南丰、乐安、泰和、永丰、万安、峡江、吉安 7

---

① 《赣西南(特委)刘士奇(给中央的综合)报告(1930.10.7)》,载江西省档案馆、中共江西省委党校党史教研室编《中央革命根据地史料选编》上册,江西人民出版社 1982 年版,第 361 页。

② 章振乾:《闽西农村调查日记(1945.4—7)》,载政协福建省委员会文史资料委员会编《福建文史资料》第 35 辑,1996 年印,第 188 页。

③ 许德瑷:《十年来之江西振济事业》(12),载江西省政府《赣政十年》编委会编《赣政十年》,1941 年印,第 2 页(文页)。

④ 参见刘治乾主编,江西省政府统计室编《江西年鉴》,1936 年印,第 1221 页。

县（不少县份的部分地区为中央苏区辖区）；县长兼任赈务分会主席，由县府聘任本县 5 名至 7 名不等公正士绅担任委员，各委员"均纯尽义务"，办理全县赈务。① 1933 年，第五次"围剿"战争发动后，各新收复区的救济，一般都是由省赈务会派员会同各县府或各县清乡善后委员会办理。

二　赣闽边区战争难民救济概貌

江西省赈务会成立以后，即积极开展社会救济工作，具体赈务分为消极救济和积极救济。消极救济即"对于情急逃亡无处投止与无法谋生者施行急赈，或设立收容所收容之，严冬贫苦老弱之不易谋食者则举行冬赈"。② 大批难民逃到白区以后，通常都是由省（县）赈务会人员会同当地民间组织（如难民属县在当地的同乡会），或难民组织的代表，或难民属县逃亡县政府，按人头发放现金或米粮等进行直接救济。据《江西年鉴》统计，1929—1934 年，江西省赈务会急赈于都、兴国、宁都、瑞金原中央苏区 19 县出逃难民款项共计 143206 元，平均每县 7537 元。其中，1929 年的赈济款为 20400 元，1930 年为 22100 元，1931 年为 32000元，1932—1934 年为 68700 元。③

难民出逃以后，除一部分投亲靠友之外，余均栖身无所，流浪街头。这部分流浪难民一般都由省赈务会、当地政府或本县的同乡会出面，临时设立难民收容所，统一安排在公共场所住宿。例如，1930 年底，南昌市在马家池府义仓就设有难民收容所，收容留省难民④；1932 年 9 月，瑞金 100 多号难民抵达南昌，由瑞金旅省同乡会安排，均居住于瑞金县学舍和官巷的瑞金同乡会内⑤。

在江西省会南昌，每年都实行冬赈，帮助难民度过严冬。例如，

---

① 参见刘治乾主编，江西省政府统计室编《江西年鉴》，1936 年印，第 1221—1223 页。
② 参见刘治乾主编，江西省政府统计室编《江西年鉴》，1936 年印，第 1223—1224 页。
③ 参见刘治乾主编，江西省政府统计室编《江西年鉴》，1936 年印，第 1224—1228 页。
④ 参见《各县逃省难民纷纷回籍》，《江西民国日报》1930 年 11 月 27 日第 5 版。
⑤ 参见《瑞金难民又一批来省》，《江西民国日报》1932 年 9 月 12 日第 3 版。

1932 年，江西省赈务会下拨冬赈费 2 万元，设厂救济灾民。[①] 1934 年 2 月 4 日至 3 月 19 日，江西省赈务会会同省会公安局、江西慈善总会、南昌市商会组织南昌市冬赈委员会，在南昌设立东、南、西、北 4 个粥厂，对灾民设粥救济，共救济灾民 449917 人，用去 980.9 石米、155336 斤木柴。[②] 这些灾民，当然大部分是战争灾民，其中尤以赣闽边区灾民为主。

第五次"围剿"战争发动以后，国民党军在前线进展顺利，逃离战区躲避到国军后方的难民越来越多。表 4-9 显示，1933 年底至 1935 年初，江西省赈务会在赣东南各县和中央苏区周边地区共设立了南城、吉安、临川、南丰、广昌、兴国、于都 7 个难民收容所，共急赈难民 33976 人，花去赈款共 59561.85 元，难民人均 1.75 元。难民收容所均随军事进展向前推进，由国军后方的临川、吉安等县城向中央苏区腹地各县推进，最后则直接在兴国、于都等县设立难民收容所，就地救济战区难民。

流落异乡的难民，"一闻各本县收复，希望回籍之心，几有望岁之切"。[③] 有些难民是自助回乡，但也有不少难民川资不足，纷纷呈请国民政府救济。江西省政府或省赈务会通常采取的方法是为难民减免车旅费，或者直接发给难民一定的现金，遣送回乡。例如，1934 年 5 月，江西省赈务会据临川县政府所造名册，一次性拨款 400 元，令将宁都、广昌、瑞金、石城等县留滞临川的难民遣散[④]；同年 11 月，流落福建省建宁县的 300 名宁都难民，领取遣资后，经呈请江西省公路处准许，由南城车站拨车免费乘坐回乡[⑤]；12 月，省赈务会发款遣送广昌、石城等县留省难民回乡，其中广昌 8 人，每人发放遣送费 2 元，石城 22 个男丁和 1 个小孩，男丁每人 1 元，小孩 5 角，难民领款后，均遣送回籍[⑥]。表 4-10 显示，

---

① 参见江西省赈务会编《江西赈务丛编（1933.1—1934.5）·议案》，1934 年印，第 2 页。

② 参见江西省赈务会编《江西赈务丛编（1933.1—1934.5）·图表》，1934 年印，第 21—34 页。

③ 《各县逃省难民纷纷回籍》，《江西民国日报》1930 年 11 月 27 日第 5 版。

④ 参见《赈务会拨款遣散宁广瑞石难民》，《江西民国日报》1934 年 5 月 28 日第 4 版。

⑤ 参见《宁兴难民半价乘车》《拨车遣送宁都难民》，《江西民国日报》1934 年 11 月 23 日第 4 版。

⑥ 参见《赈会资遣广昌等县难民回籍》，《江西民国日报》1934 年 12 月 16 日第 4 版。

1932—1934 年，江西省赈务会遣送了瑞金、兴国等 10 县 1939 名难民回乡，这些都是拿到过遣散费的难民。

表 4 - 9　　　　　　第五次"围剿"战争期间江西省赈务会
办理灾民收容所概况

	成立日期 （年、月、日）	赈款数目 （元）	受赈人数 （人）	结束日期 （年、月、日）
南城	1933. 11. 2	17193. 11	11526	1934. 3. 31
吉安	1933. 12. 12	7878. 29	9397	1934. 2. 28
临川	1933. 12. 16	5408. 10	3161	1934. 1. 31
南丰	1934. 5. 1	1652. 50	1004	1934. 5. 21
广昌	1934. 6. 1	20986. 11	5086	1935. 2. 28
兴国	1934. 10. 18	1981. 51	1005	1934. 11. 31
于都	1934. 12. 18	4462. 23	2797	1935. 3. 10
合计		59561. 85	33976	

说明：据本表"资料来源"所列资料编制而成。

资料来源：刘治乾主编，江西省政府统计室编：《江西年鉴》，1936 年印，第 1229 页。

需加指出的是，表 4 - 9、表 4 - 10 都是不完全统计，无法反映救济工作的全貌。例如，据常理推断，1935 年春，原中央苏区腹地各县（宁都、瑞金、石城等）应该是普遍设立难民收容所、发放急赈款项较多的时期，受资料的限制，表 4 - 9 无法加以体现。另外，表 4 - 10 中显示的1932—1934 年，江西省赈务会遣送瑞金、兴国等 14 县难民回乡人数（1939 人）太少，恐怕与事实相距甚远。如前文提及，1934 年底，宁都免费乘车回乡的难民为 300 人，遣送回籍的广昌难民 8 人、石城 23 人[①]；而表 4 - 10 则显示，同年石城遣送回籍的难民只有 1 人，宁都、广昌居然没有统计数字。两相比较，表 4 - 10 的数据显然与事实不符。

---

① 参见《宁兴难民半价乘车》《拨车遣送宁都难民》，《江西民国日报》1934 年 11 月 23 日第 4 版；《赈会资遣广昌等县难民回籍》，《江西民国日报》1934 年 12 月 16 日第 4 版。

表 4 - 10 　　　　　　　江西省赈务会遣送和工赈原中央苏区
各县难民统计

	遣送难民人数				工赈难民
	1932 年	1933 年	1934 年	总计	人数
瑞金	240	811		1051	2
宜黄	179			179	
兴国	50	136		186	6
南丰	182			182	3
南城	70	1		71	4
宁都		8		8	
石城		191	1	192	35
广昌		4		4	3
于都		35		35	
会昌		7	24	31	
泰和					4
吉安					6
永丰					3
安远					2
合计	721	1193	25	1939	68

说明:据本表"资料来源"所列资料编制而成。

资料来源:刘治乾主编,江西省政府统计室编:《江西年鉴》,1936 年印,第 1229—1232 页。

　　当然,尽管表 4 - 9、表 4 - 10 为不完全统计,和实际情况有较大差距,但其仍然反映了国民政府从多方面对难民实施救济的事实。

　　再看积极救济。积极救济即"于收复区办理农赈①,在南昌设立工厂教养少壮男妇以工代赈"等。② 工赈开办较晚,1933 年 1 月,江西成立工赈经理处,在其主持下,先后在女子公学、女子职业学校和培基女学设立 3 个难民工厂,教养难民妇女 200 余人,难民男子 114 人则分别分配在省立工业专校、私立剑声学校、省立第一职业学校学习木工、印刷、织

---

　　① 农赈方面,请参看笔者的相关研究。参见游海华《农村合作与金融"下乡"——1934—1937 年赣闽边区农村经济复苏考察》,《近代史研究》2008 年第 1 期。

　　② 参见刘治乾主编,江西省政府统计室编《江西年鉴》,1936 年印,第 1223—1224 页。

染等技术，另有 17 人被送往公路处充当路工。① 表 4 - 10 中所统计的 68 人，即瑞金等 14 县接受工赈经理处安排工赈的人。另据统计，1932— 1936 年，江西修筑公路，共征用民工 3300 万人次②，即有数百万民工被征发修路，就有不少难民参与其中。

其实，工赈除上述充当路工、学习技术增强其谋生技能等形式外，还有多种形式。例如派遣难民兴修水利、修筑城墙、修建（南昌、南城）飞机场、参加"铁肩队"（为国军运输物资）等。举凡"以劳代赈""以工代赈"者，都可称之为工赈。1933 年 9 月，赣州城环城外壕，就是雇请难民和征集民工修筑而成。③

三　免政：特殊的战争难民救济

免政（该词为笔者"创造"，为便于说明问题）特指国民政府对难民或灾区实行的免费政策，即按照各级国民政府法规或政策的规定，逃离中央苏区的难民或新"收复区"可以享受到多项免费待遇。免政不包括政府对难民提供的免费物资赈济和"以劳代赈"式的工赈。具体说来，它主要包括以下三个方面内容。

第一，"匪区"学生豁免学费政策。赣闽边区国共争战爆发后，各地教育事业很快受到冲击。许多中学生因家乡陷入战乱，全家沦为难民或家业破败，学费、膳食等无法筹措，面临着失学的危险。鉴于上述情况，1930 年底，国民党南昌市学生指导处通过市执行委员会转呈省党部，咨请教育厅豁免"匪区"中等以上学校学生学费。④ 与此同时，各学校如江西省立第五中学（校址在吉安）、省立第十中学也选据学生报告：请求免收学费。于是，各学校纷纷恳请教育厅批准学生的请求。⑤ 1933 年，教育

---

① 参见刘治乾主编，江西省政府统计室编《江西年鉴》，1936 年印，第 1231 页。

② 熊式辉：《江西对于京滇公路周览团之希望》，载江西省政府秘书处统计室编《经济旬刊》第 8 卷第 11 期，1937 年 4 月 15 日，第 6 页。

③ 参见《赣州兴工修筑城壕》，《江西民国日报》1931 年 9 月 1 日第 5 版。

④ 参见《学生指导处呈请豁免"匪区"中上学生学费》，《江西民国日报》1930 年 12 月 15 日第 6 版。

⑤ 参见《五中学生请免学费》，《江西民国日报》1930 年 12 月 20 日第 6 版；《灾区学生免费》，《江西民国日报》1931 年 2 月 11 日第 6 版。

厅公布了详细的"匪区"贫苦学生免缴学费办法,通令各省立中学校长遵照,当年预计免收"匪区"学生学费2万元。① 这一办法,一直通行到1936年8月,才由江西省教育厅通令废止。自此以后,"所有各学之中学生应一律照章征收学费"。②

第二,蠲免"匪区"田赋和田租的政策。出于同样的原因,各地方团体、各级党政机构纷纷向省政府提出蠲免"匪区"的丁漕田赋。例如,1930年底,新干县整理委员会具呈省党部转省政府,请求蠲免当年丁漕。③ 1931年初,江西省财政厅参照南京国民政府豁免1927年12月底以前民欠田赋的前例,向省政府提出了一个豁免民欠田赋的方案,即1927—1929年的民欠赋课,一律豁免。④ 江西省政府以安全县份田粮多已征解归库,战区或"匪区"民欠田粮事实上因战乱也不可能征收得到,基本上采纳了财政厅的方案,不同的是"受祸最深之宁都、兴国、于都"等11县,包括1930年以前的田粮,"一律豁免,所有已免田粮之区,凡以前田租并一律免除,不得催收"。⑤ 即政府免除地主田粮,地主则不收佃户田租,两者享有平等的权利。

几乎与此同时,南昌行营公布了《江西剿匪区域减免田赋通则》⑥,通令江西省政府在43个"匪灾"县实行。其主要内容分田赋、田租两点:(1)田赋分全免、减征、缓征三种,1930年以前所欠田赋,一律全免;1931年以后的田赋,在曾经苏区土改的县区,全免两年;在虽未土改但受战乱影响而田地荒废的县区,全免一年;战乱较轻的县区,或酌量减半,或缓征半年,由县长查明实情,呈报候核。(2)田租,1930年以前欠租免除,1931年田租未耕者全免,已耕者照原有租额酌量减成,由地主与佃户协定,或由各村合作社代为决定,但地主所有田租过百亩者,应扣其应收田租3/10为各村开办合作社费用或基金。

---

① 参见《教厅救济"匪区"贫苦学生 公布免缴学费办法》,《江西民国日报》1933年12月15日第6版。

② 参见《收复区贫苦学生 教厅废止学费办法》,《江西民国日报》1936年8月5日第5版。

③ 参见《新干整委会呈请蠲免丁漕》,《江西民国日报》1930年12月26日第5版。

④ 参见《财厅请免民欠赋课》,《江西民国日报》1931年3月23日第5版。

⑤ 《灾重各县欠粮 省令分别蠲免》,《江西民国日报》1931年8月7日第5版。

⑥ 参见《令发江西"剿匪"区域减免田赋通则》,载江西省政府秘书处公报室编印《江西省政府公报》第15期,1931年8月17日,第56—57页。

　　1931 年初，闽西也公布了闽西蠲免办法，即 1931 年以前租税，"概行豁免"，并"准先于龙永（龙岩、永定——引者注）二县照议办理"。①

　　1931 年以后，红军征战的范围大为扩张，中央苏区辖区进一步扩大。在此情形下，要求蠲免田赋和田租的县份也越来越多，政府的蠲免规则也小有变化，但其蠲免的基本精神几乎未变，即蠲免规则随时势变化而相应调整，地主与佃户享受同等的权利。

　　1934 年夏，江西省政府制定了新的"被匪区域收复后减免田赋办法"，但并未立即实行。② 次年，行政院以赣省历年"匪灾"，当年又遭水患，电令江西省政府制定新的减免办法。省政府随即颁布 1934 年的新办法，其精神有：（1）"被匪"区域，所有民欠各年旧赋，一律豁免。（2）收复后应纳之当年新税（包括征收田赋时附带的捐税），分全免、减免、缓征三种。"被匪"两年以上，全免；一年以上，减免 5/10；5 月以上，减免 3/10；3 月以上，减免 1/10；3 月以下，缓征半年。（3）凡应免新赋，如已经缴纳的，可以抵充次年应完正赋。（4）由"被匪"区域各县长查明本县实在情形，编造减免清册，呈上级部门核准实行和备查。③

　　上述田赋蠲免办法，在战时和战后的福建省已经施行。1933 年 3 月，福建省政府决议，"最近收复之匪区，各旧欠及本年应完丁漕捐税，概予豁免"。④ 5 月又决议，"春安等七县收复匪区营业税豁免，契税本年缓征，丁粮新旧全免"。⑤ 1935 年，福建省政府重申，1933 年以前，龙岩所有"丁粮旧欠一律豁免"。⑥

　　江西也是如此，认真执行了田赋减免相关规章。以寻乌和安远为例，1935 年 5 月，江西省政府根据寻乌县长胡镜如请求减免田赋的报告，批准"照章分别豁免减征"，并发通告 50 张，令第 4 区行政督察

　　① 《闽西"匪区"善后办法》，《江西民国日报》1931 年 3 月 12 日第 4 版。
　　② 《"被匪"区域减赋办法》，载江西省政府经济委员会编《经济旬刊》第 3 卷第 5 期，1934 年 8 月 15 日，第 60 页。
　　③ 参见《赣减免灾区田赋》，《大公报》1935 年 10 月 25 日第 10 版。
　　④ 《省府豁免收复"匪区"捐税》，《申报》1933 年 3 月 20 日第 7 版。
　　⑤ 《闽收复区豁免赋税》，《申报》1933 年 5 月 20 日第 8 版。
　　⑥ 《龙岩旧欠丁粮豁免》，《申报》1935 年 11 月 30 日第 8 版。

专员公署转令寻乌县张贴。其第 1 区的具体减免情况是：减免 1933 年新赋 5/10，地丁 307 元，官租 325 元（寻乌县城于 1933 年 7 月收复——笔者注）；豁免 1932 年地丁 613 元、官租 650 元；豁免 1931 年地丁 100 元，官租 450 元。① 次年 3 月，江西省政府批准了安远县政府的请求，指令第 4 区专员公署，"安远县被匪区域二十二年、廿三各年田赋，及民欠未完之十六年份起，至二十一年份止地丁，均准一律豁免，以符定章"。②

第三，难民免（减）费乘车（舟）回乡的政策。1931 年以后，出于"公路清匪"政策的需要，江西省公路建设突飞猛进，省营公路运输事业发展很快，难民免（减）费乘车回乡成为可能。③ 1933 年春，为遣送留昌之金溪难民回乡，江西省公路处和南昌市公安局商定了一个难民免费乘车回乡的办法，即在限定的时间段和车站难民达到一定的数量后，由公路处备车送难民回籍。④ 此年 11 月，赣东南各县纷纷被国军收复，蒋介石认为收复区恢复地方元气，亟须难民回乡，乃令饬江西省政府迅将滞留在昌的宁都、瑞金、石城、兴国、广昌等县难民遣送回籍。⑤ 江西省政府则令公路处，将各收复县留省难民名册通令南昌、广昌、吉安、泰和车站，如遇上项册列难民来站搭车，应查验护照，照例减半收费，以一次为限；同时期流落福建建宁县的 300 名宁都难民，经呈请公路处准许，由南城车站拨车免费乘坐回乡。⑥ 从上列两个例子来看，难民乘车的优惠待遇，好像并没有固定的标准，而是视时势而定。

---

① 参见《令发寻乌县"被匪"区域豁免田赋布告仰饬县张贴》，载江西省政府秘书处公报室编印《江西省政府公报》第 200 号，1935 年 5 月 28 日，第 11—13 页。

② 《令发安远县"匪灾"免粮布告转饬张贴具报》，载江西省政府秘书处公报室编印《江西省政府公报》第 446 号，1936 年 3 月 18 日，第 5—6 页。

③ 1930 年，江西公路可通车里程只有 130 公里。1933 年增长到 2300 公里，1934 年 4652 公里、1935 年 5851 公里、1936 年 6210 公里；1931—1937 年，江西公路处拥有汽车由 72 辆增加到 526 辆。参见游海华《江西公路与东南抗战》，《抗日战争研究》2010 年第 3 期，第 50、52 页。

④ 参见《金溪县难民回籍乘车办法》，《江西民国日报》1933 年 4 月 7 日第 7 版。

⑤ 参见《蒋委员长令饬资遣收复区难民回籍》，《江西民国日报》1934 年 11 月 15 日第 3 版。

⑥ 参见《宁兴难民半价乘车》《拨车遣送宁都难民》，《江西民国日报》1934 年 11 月 23 日第 4 版。

　　1934 年底，江西省政府主席熊式辉①以"逃难难民，多属穷困，身乏余资，旅费无着……实应免费乘车"，乃手令省振务会、公路处共同办理难民免费乘车事项。② 几天之后，省振务会拟定的"收复县区难民回籍免费乘车办法"③ 规定：（1）难民免费乘车，以收复县区回籍，而确因"匪患"流落异乡赤贫分子为限；（2）非赤贫难民，经省振务会核实，发给减费凭照，"持请公路处核收（此处应为"减收"——笔者注④）四分之一车费"；（3）对难民身份、免费凭证办理及乘车时间安排作了一些相关规定。伺后，收复区回乡难民都是按照这一规定办理。闽西难民免费乘车（舟）回籍的政策，也基本上得到落实。例如，1934 年 11 月，长汀收复后，"长汀难民纷纷回籍，潮州府城汀龙会馆，现设一难民登记处，凡回籍者，必须到该处登记，发给护照，随身携带，沿途舟车，可以免费"。⑤

四　结论

　　通过本节的考察，我们可以得出以下几点认识。

　　第一，国共争战期间难民救济的需要催生了江西现代的社会救济事业。社会救济事业，中国古已有之，如朝廷的荒政、民间的善会善堂等，尽管名称各异，但其社会功用似乎并无本质上的不同。不过，传统民间的社会救济大都是临时的、零散的，朝廷的荒政则随着晚清政府的衰落而几近崩溃。1927 年国共分裂以后，江西成为国共争战的主战场，大量涌现的难民迫使地方政府成立江西全省赈灾委员会，而后又据南京国民

---

　　① 熊式辉（1893—1974），字天翼，江西安义人；1920—1924 年，入日本陆军大学学习；1931 年至 1942 年初，任江西省政府主席；20 世纪 30 年代中后期，先后兼任国民党五届中央执行委员、国民党江西党部主任委员、江西保安司令等职。
　　② 参见《逃外难民回籍工作　应免费乘车》，《江西民国日报》1934 年 12 月 10 日第 3 版。
　　③ 《收复县区难民回籍免费乘车办法　经省振务会订定》，《江西民国日报》1934 年 12 月 14 日第 3 版。
　　④ 1935 年初瑞金等县难民回籍，均依照"赤贫全免车费，其他难民车费减收四分之一"加以处理；再据"收复县区难民回籍免费乘车办法"上下文的意思判断，似乎"减收"更为准确。参见《赈务会函公安部局　遣回瑞金等县留省难民》，《江西民国日报》1935 年 1 月 13 日第 4 版。
　　⑤ 《长汀劫后景象》，《申报》1934 年 11 月 15 日第 9 版。

政府颁发的各省赈务会组织章程,该委员会改组为江西省赈务会。自此以后,江西有了现代的社会救济机构,主持全省的社会救济事业。

第二,战时国民政府的难民救济,其工作重心在于救急,此点与战后明显有别。战后救济工作的重心为农赈,主要着眼于农村社会经济的恢复和发展,组织农民成立利用合作预备社,通过利用合作预备社给农民发放农业、农仓、各种救济贷款。① 战时救济工作的重心在于救急,即给流落他乡、无衣无食的战争难民提供最基本的衣、食、住等物质条件,使其享有最低生活水平的保障,举凡急赈、冬赈、设立难民收容所等,无不如此,以体现政府对于公民的基本职能。例如,1927 年底至 1931年、1933 年 10 月至 1934 年,是两个非常值得关注的时间段。前者是共产党在以江西为中心的区域创建农村革命根据地的时期,也是国民党发动多次"清剿""会剿"和三次"围剿"的时期,后者是国民党发动第五次"围剿"战争的时期,这两个时间段的难民流量最多。因此,国民政府的难民救济工作以这两个时间段最为繁忙和紧张。再如难民收容所的设置,第五次"围剿"战争中,大都设置在临近军事前线或新收复县区,既便于收容难民,又可及时为难民提供各种救济服务。

第三,战时国民政府对赣闽边区战争难民的救济,存在诸多弊端。例如:与庞大的难民数量相比,实际得到救济的难民数量有限;即使得到救济的难民,所领到的救济金额也不足;因经费有限,各难民收容所一度拒收男性难民②;甚至在难民救济中,发生过经办人员贪污挪用等舞弊情事③。但是,急赈、冬赈、工赈、农赈、设立难民收容所等多种救济举措的施行,以及"匪区"学生豁免学费、蠲免"匪区"田赋和田租、难民免(减)费乘车(舟)回乡等多项"免政"的实施,毕竟给部分难民提供了实质性的帮助,这为战时社会的延续和战后社会经济的恢复与重建,奠定了基础。

---

① 参见游海华《农村合作与金融"下乡"——1934—1937 年赣闽边区农村经济复苏考察》,《近代史研究》2008 年第 1 期。

② 参见《难民收容所拒收男性难民》,《江西民国日报》1931 年 6 月 6 日第 6 版。

③ 参见《两粥厂居然舞弊》,《江西民国日报》1931 年 3 月 6 日第 6 版;《于都收容所发生舞弊》,《江西民国日报》1935 年 2 月 14 日第 4 版。

第四节　债权变革与赣闽边区
农村经济发展秩序

　　战乱与动荡不仅造成大量人口的非正常流动，也冲击了赣闽边区正常的社会发展秩序。民间借贷和债权变革从一个侧面反映了这种冲击。不过，这一主题似乎不为学界所重视，大多数学者都是从民间借贷与农村经济发展的利弊关系来立论①，也有学者通过民间借贷的存废，考察了其所体现的传统与现代的承继关系，或者革命策略与承继传统的内在矛盾和困难选择②。这些丰硕成果对于我们进一步开展农村金融史研究，提供了有益启迪。然而，笔者更感兴趣的，仍然是社会巨变所折射的社会发展观。在前人研究的基础上，本节试图以中央苏区革命前后民间借贷变迁与农村经济兴衰关系的梳理，从社会发展观的角度，探讨债权变革（实为财产权变革）与社会经济发展秩序的关系，为当前公民理性认识和有序推进新世纪的中国产权改革，成功构建长期稳定、协调发展的和谐社会提供有益启示。

一　中央苏区革命前后的债权变革

　　赣闽边区地处东南沿海腹地和省际商贸交流的要冲，随着19世纪中叶潮汕的开埠通商，其商品交换关系呈现迅速增长与发展之势，经营农业这一弱势产业的边区农民，对现金货币的需求日趋增长。因此，清末民初的赣闽边区，延续着传统社会以来的自由借贷习惯，主要有现金借

---

　　①　代表作有：李金铮：《私人互助借贷的新方式——华北抗日根据地、解放区"互借"运动初探》，《中共党史研究》2000年第3期；徐畅：《高利贷与农村经济和农民生活关系新论——以20世纪二三十年代苏、浙、皖三省农村为中心》，《江海学刊》2004年第4期；温锐：《民间传统借贷与农村社会经济——以20世纪初期（1900—1930）赣闽边区为例》，《近代史研究》2004年第3期。

　　②　参见李金铮《旧中国高利贷与农家关系新解》，《浙江学刊》2002年第6期；《革命策略与传统制约：中共民间借贷政策新解》，《历史研究》2006年第3期。

贷、实物借贷、"打会"与典当等借贷形式；就其借贷属性而言，可分为维持生计的消费性借贷和发家致富的生产性借贷；从借贷利息来看，边区各地现金借贷的年利一般为15%—36%，最多见者或常利是20%—30%，均值26%—27%；粮食借贷的年利率一般为50%，食油借贷的年利率普遍是100%；边区普遍的借贷关系，依靠民间长期形成的口头借贷、契约借贷或抵押借贷等社会信用环境得以维持。[①] 另据研究，清代与民初时期的闽西培田村落，民间借贷非常普遍且借贷利率相对稳定，货币借贷年利率在30%左右，粮食借贷年利率流行50%的常数。[②]

　　1927年国共分裂以后，这种传统社会以来的自由借贷制度，在以"平田废债"为主要内容的中央苏区土地革命中被彻底废除，传统债权也几乎被彻底颠覆；革命者重构了以低利为特征的苏区债权。[③] 早在1927年冬至1928年春夏，中共江西、福建地方党组织在赣闽边区发动的一系列农民暴动中，就将"废除高利贷剥削"作为激励农民起来斗争的有力口号之一；1929年初，红四军向赣南进军途中，也在其布告中提出："债不要还，租不要送……外资外债，概不承认。"[④] 随着革命地方政权的建立、苏区的扩大和巩固，废除高利贷和债务等传统债权逐渐由斗争口号演变为党的正式金融政策。在废债问题上，中共的债权政策渐成系统。其主要内容为：（1）关于债务和高利贷问题：所有债务包括商家放出的含有重利性质的账，自暴动日起一律取消，但工钱除外；商家关于商品赊出之账，仍旧要还，利息豁免，暴动前一年元旦以上之账及非本身所欠之账一律取消；凡工人、农民、贫民存放在商家、土豪、地主处的金钱或物品，不论新旧，本利照数归还；商家相互来往之账目，自暴动前一年之元旦起，照旧维持；银会谷问题照此原则审慎处理。（2）关于利

---

　　① 参见温锐《民间传统借贷与农村社会经济——以20世纪初期（1900—1930）赣闽边区为例》，《近代史研究》2004年第3期，第195、200—201页。

　　② 参见俞如先《清代民国时期闽西培田民间借贷利率研究》，《福建论坛》2008年第3期，第72页。

　　③ 闽西工农银行规定：放款月利0.6%，定期存款半年以上的月利0.45%，活期存款月利0.3%，每一周年复利一次。参见中国社会科学院经济研究所中国现代经济史研究组编《革命根据地经济史料选编》上册，江西人民出版社1986年版，第360页。

　　④ 江西省档案馆、中共江西省委党校党史教研室选编：《中央革命根据地史料选编》中册，江西人民出版社1982年版，第41页。

息问题：非高利贷之周转和为帮助生产事业而举行的各种借贷，其借贷利率最高者短期每月不得超过一分二厘，长期周年不得超过一分。(3) 关于典当问题：当物无代价归还原主，当铺由苏维埃没收。从其内容我们可以看出，中央苏区革命的债权政策有三个明显特征或基本原则：(1) 阶级性。通俗说来，即穷人欠富人的债（包括典当），取消；富人欠穷人的债，本利必还。(2) 明确了高利贷的标准，并无条件废除高利贷。无论何种借贷，短期每月超过1.2分者、长期1年超过1分者，就是高利贷剥削，其债权应予完全废除。(3) 工钱和商账要还；凡国家银行、信用合作社或私人借贷之非高利贷性质的周转和为帮助某种生产事业而举行的各种借贷，苏维埃政府不加以干涉。①

在取消传统自由借贷及其债权的同时，革命者在根据地内建立了以公有制为主的现代金融机构和以低利为特征的信贷制度（见表4-11）。

表4-11　　中央苏区银行和农村信用合作社建立及借贷政策概况

(A)		(B)	
成立时间	银行或信用社名称	颁布时间	中央苏区借贷政策或法令名称
1929.8	东固平民银行	1930.9	关于设立闽西工农银行
1930.11	闽西工农银行	1931.4	闽西苏维埃政府经济委员会扩大会议决议案
1930.11	江西工农银行	1931.11	关于经济政策的决议案
1932.3	中华苏维埃共和国国家银行	1932.1	中华苏维埃共和国临时中央政府关于借贷暂行条例的决议
1933.2	国家银行江西分行	1932	中华苏维埃共和国国家银行暂行章程

---

① 参见《闽西第二次工农兵代表大会决议案（1930.9）》，载许毅主编《中央革命根据地财政经济史长编》下册，人民出版社1982年版，第291—292页；《中华苏维埃共和国临时中央政府关于借贷暂行条例的决议（1932.1）》，载中国社会科学院经济研究所中国现代经济史研究组编《革命根据地经济史料选编》上册，江西人民出版社1986年版，第367页；《中央政府关于土地斗争中一些问题的决定（1933.10）》，《中央政府关于土地斗争中一些问题的决定（1933.10.10）》，载江西省档案馆、中共江西省委党校党史教研室编《中央革命根据地史料选编》下册，江西人民出版社1982年版，第510—529页。

续表

(A)		(B)	
成立时间	银行或信用社名称	颁布时间	中央苏区借贷政策或法令名称
1934.2	国家银行瑞金支行	1932.4	中华苏维埃临时中央政府关于合作社暂行组织条例的决议
	国家银行兴国支行	1932.8	中央财政人民委员部关于店房没收和租借条例
	国家银行福建分行		粮食合作社简章
1930.春	永定县第一区信用合作社	1933.6	发展合作社大纲
	永定县太平区信用合作社	1933.6	合作社工作纲要
1934	瑞金县信用合作社	1933.9	生产合作社标准章程
1934	兴国县信用合作社	1933.9	信用合作社标准章程

说明：据本表"资料来源"所列资料编制而成。

资料来源（A）：许毅主编：《中央革命根据地财政经济史长编》下册，第237、300、303、308、268—269、263、246、275页。

资料来源（B）：1.中国社会科学院经济研究所中国现代经济史研究组编：《革命根据地经济史料选编》上册，江西人民出版社1986年版，第359—360、68—74、82—84、367、369—372、381—384、437—439页。2.厦门大学法律系、福建省档案馆选编：《中华苏维埃共和国法律文件选编》，江西人民出版社1984年版，第266—267、273—276、279—282、285—288页。

最高的金融机构有中华苏维埃共和国国家银行，其下分设江西分行和福建分行，再其下有瑞金支行、兴国支行等县银行；农村基层则是信用社，如永定县第一区信用合作社、太平区信用合作社等。通过这个自上而下的金融网络，革命政权冀望向苏区内广泛建立的消费合作社、粮食合作社、生产合作社、犁牛合作社、劳动互助合作社[①]等群众互助团体发放贷款，以支持各项生产事业的顺利进行。

---

① 据统计，1933年8月，中央苏区有消费、粮食、生产合作社950个，社员194398人，股金215915元；1934年2月，上述三类合作社发展到2387个，社员572658人，股金623156元；此外，"还发展了千数的犁牛合作社（兴国、瑞金最多），调剂劳动力的劳动互助社，并一些信用合作社"。参见亮平《目前苏维埃合作运动的状况和我们的任务（1934.4.21）》，载江西省档案馆、中共江西省委党校党史教研室编《中央革命根据地史料选编》上册，江西人民出版社1982年版，第173页。

　　针对苏区内"平田废债"所带来的激烈产权变革，南京国民政府很快作出了应对。1930 年 10 月，江西省民政厅拟定《处理被"匪共"侵害财产纠纷办法》，其第 1—5 条款确定了不动产"物归原主（地归原主）"的基本原则，而其第 7 条款则规定："凡债务人陷于穷困无力偿还者，其负债务一律免除。"① 该条文和苏区政府一样，实际上取消了革命前的债权债务关系。值得注意的是，第 7 条款和第 1—5 条款的精神——"物归原主"是相矛盾的。那么，人民之间的债权应该得到保护吗？1930 年 10—11 月，该问题在政策制定者之间可能引起过争论，并在 11 月份举行的江西省政府第 331 次省务会议上被正式摆上了桌面。这场争论的激烈程度如何？正反双方的理由各是什么？我们不得而知。我们所知道的是，这次省务会议修正通过了《处理被"匪共"侵害财产纠纷办法》，即保留了"物归原主"的精神，但删除了原"办法"第 7 条款的全部内容②，遗留了一个债权无法处理的尾巴。

　　这一遗留问题不久就得到了解决。1931 年 7 月，陆海空军总司令行营党政委员会通过了一个《租赋债务纠纷处理原则》。其关于债务的条款规定："曾被赤匪分田之县区之农民债务，应一律准予延期二年，已往未缴之利息，减免延期中之利息，最高不得过一分二厘，超过者无效。"③ 该条款实际上包括了债权处理 4 个方面的内容，即：（1）承认并保护革命以前的债权。（2）延期二年偿还。（3）减免延期中的利息。（4）欠债利息不得超过 1.2 分。通过上述规定，行营党政委员会正式确定了革命暴动以前的债权和传统以来"欠债还钱"的原则。

　　上述精神和原则，在 1932 年 10 月豫鄂皖"剿匪"总司令部颁布的《"剿匪"区内各省农村土地处理条例》中，得到进一步的继承和阐发。该条例第 7 章关于"农村借贷"中规定：（1）农民关于债务之争执，应由乡或镇农村兴复委员会调解之。（2）农村兴复委员会对于农民债务之处理，得据债权人提出之债券或原保人之证明为凭。（3）农民之债务额经确定后，其清偿时间自确定之日起，准予延期二年以上。（4）农民债

---

① 《匪灾善后计划纲要》，《江西民国日报》1930 年 11 月 8 日第 5 版。
② 参见《省府布告清厘民众被匪侵害财产》，《江西民国日报》1930 年 12 月 14 日第 5 版。
③ 《各地租赋债务纠纷处理原则经决定》，《江西民国日报》1931 年 7 月 27 日第 6 版。

务自确定之日起,以前未交之利息,在一年之内者,应予以全免,在三年之内者,应免2/3;但以前利率及延期之利率最高不得过年利率一分二厘,其超过部分无效。①《农村土地处理条例》除继承了《租赋债务纠纷处理原则》的4个内容之外,其对债务的规定还补充了新的要点。主要有:(1)明确了债务纠纷的处理机关为"乡或镇农村兴复委员会"。(2)规定了如何确定债权,不能空口无凭,而必须"据债权人提出之债券或原保人之证明为凭"。(3)进一步细化了减免利息的方法,"以前未交之利息,在一年之内者,应予以全免;在三年之内者,应免2/3"。通过这些补充规定,进一步明确了革命暴动以前的债权和"欠债还钱"的原则,并使其更具操作性,以保证其在实践中得到落实。1934年底,南京国民政府恢复对赣闽边区的统治以后,《农村土地处理条例》成为江西、福建原苏区产权处理的适用法规。②

二 债权变革对当地社会经济秩序的影响

历经国共争战,赣闽边区民间借贷和债权发生了革命性的变革,这种变革对当地社会经济产生的影响是不言而喻的。苏区革命爆发以后,尽管其债权政策规定"工农贫民欠商家交易之帐,而非商业高利贷的,仍旧要还";"工农穷人自己来往之帐,革命以前借的,应全还、减还或免还……革命以后借的,全然要还"③;"店账及移借,不抗"④ 等规定,但在实际执行中,却变成了"革命以前的债一概不还"。例如,革命后的寻乌县,"债是废除二分以上的高利贷。该欠商人的叫作账,民国十七年

---

① 参见彭明主编《中国现代史资料选辑》第4册,中国人民大学出版社1989年版,第138页。

② 参见《第五一六次省务会议决颁行"剿匪"区内农村土地处理条例》,《江西民国日报》1932年11月11日第3版;《蒋令赣各县安定农村》,《申报》1933年8月21日第11版;《奉行政院令为废止"剿匪"区内各省农村土地处理条例第五种法规仰饬属知照等因令仰知照》,江西省政府秘书处公报室编印《江西省政府公报》第767号,1937年4月5日,第2页。

③ 江西省档案馆、中共江西省委党校党史教研室:《中央革命根据地史料选编》下册,江西人民出版社1982年版,第379—380页。

④ 江西省档案馆、中共江西省委党校党史教研室编:《中央革命根据地史料选编》上册,江西人民出版社1982年版,第179页。

元旦以前的不还，以后的要还。因为寻乌所有的债，没有在二分以下的，所以二分以上的不还，实际上即是整个的不还"。① 兴国县的永丰区，1930 年"三月革命初起时，上头的公事说，商家的帐要还，会帐要还，贫苦工农相互的帐要还。六月十几（阳历七月）赣西南（即指赣西南苏维埃政府）又来公事，说一切不要还了"；实际上"从三月起，便是一切都不还了"。② 毛泽东调查的兴国 8 户农民中，傅济庭家，"百五十元债不要还了"；李昌英家，"义仓上一千二百毛债也废除了"；温奉章家，"欠了六十元债……现在不还了"；陈桢山家，"欠债一千三百毛"，"债也不要还了"；钟得五家，"二百多元债的利息四十元（二分息）也不要还了"；黄大春，"欠了陈姓富农的债四十元"，因该富农在"革命中被群众打死"而自然免除③。上述赣闽边区民间债权变革的事实表明，无论是商账、会账还是工农穷人之间的账，也无论是否高利贷，暴动以后全部被废除。"一概不还"的债权政策自然打击了地主、富农和商家，但贫苦农民也免不了蒙受损失。上述兴国傅济庭家，租种赣县白鹭公田的"押金三十六元也没有收回"，"肉帐又没有收好还与别人"；雷汉香革命前后到当铺当的 1 件单长褂、两把锄头、两把泥水匠工具，都"未曾赎回"；李昌英革命后当的 1 件棉袄，也"未曾赎回"。④

更为严重的是，简单的"一概废债"助长了贫苦农民的"平均主义"思想，严重扭曲了传统社会以来的正常产权经济伦理。兴国陈桢山家的"几个妇娘子都赞成革命，原因是往常债主逼债，逼得她们过不得年"；"妇娘子看见分了田、租也不要量了，债也不要还了，心里不胜欢喜"。⑤ 1930 年 6 月以后，兴国贫农连以前认同的商账、会账和贫苦工农互欠的账要还的道理，"都推翻了"，而"十分拥护""一概废债"的办法。其理由是："（一）商家的帐。大商家多半跑了。小商家虽多少也有些货帐

<hr />

① 参见《寻乌调查（1930.5）》，载中共中央文献研究室编《毛泽东农村调查文集》，人民出版社 1982 年版，第 176 页。

② 《兴国调查（1930.10）》，载中共中央文献研究室编《毛泽东农村调查文集》，人民出版社 1982 年版，第 182、219 页。

③ 同上书，第 184、186、188、190—191、193、194 页。

④ 《兴国调查（1930.10）》，载中共中央文献研究室编《毛泽东农村调查文集》，人民出版社 1982 年版，第 184—185、207—208 页。

⑤ 同上书，第 190—191 页。

在工农手中，但小商家多半欠大商家的帐，欠地主的帐，欠富农的帐。贫苦工农不还小商家的帐，同时小商家也不还大商家和地主富农的帐，两者比较，小商家还较得利。因为小商家欠大商家和地主富农的帐，比他放给贫苦工农的帐为数要多些。（二）会帐。为了讨亲，为了还帐，邀定亲戚朋友打一个会，这些亲戚朋友不是中农就是富农，取消会帐是无伤的。虽然打会是出于友谊扶助，但起会的是贫农，还不起，取消是应该的。……（三）贫苦工农相互的帐。革命了，'你是贫苦的，我也是贫苦的，我拿什么还你呢？'这样就答复了这个问题。所以一概废债是最正确的。"①

"一概废债"是否是"最正确的"呢？从债务人借债的目的来看，陈桢山家是"借人一千三百毛做本"（"要利谷十石"），"摆油盐摊子"，结果"蚀了本"②；商账是贫苦工农赊了商家的货物，会账、贫苦工农相互欠账是债务人为了"讨亲""还账"或其他目的而借的债。显然，像这种为了自己利益而借债的债务人，应该承担其相应的民事责任，即偿还欠债的义务。如果任其不还，无疑是鼓励"不劳而获"，鼓励直接平均社会财富，助长了"赤贫"阶层的"平均主义"思想。从债权人放债的目的来看，其既有赚取市场利润的意图，也有作为亲朋"友谊扶助"的意愿。如果债务人赖债不还，不仅有违债权人的良好初衷，而且断了债务人继续资金周转的后路，长期以来民间形成的互助传统和良好信用将土崩瓦解。从债的利息来看，陈桢山所借钱的年利率是 18.5%，合月息约 1.5 分（按时价每石谷 24 毛计算）；李昌英欠义仓钱的利息是年利率 15%，合月息约 1.25 分；钟得五所欠 200 多元债的月息是 2 分，合年利率为 24%；雷汉香借同乡富农雷祖荣"千二百毛，二分息"。③ 上述兴国农民所借债 2 分以下的月息、15%—24% 的年利率，既没有超过前近代中国官府通常规定的农村民间借贷月息为 2% 的法定借贷利息率④，也与中国国民党和南京国民政府为制止农村高利贷而出台借贷利息不得超过年利

---

① 《兴国调查（1930.10）》，载中共中央文献研究室编《毛泽东农村调查文集》，人民出版社 1982 年版，第 219—220 页。

② 同上书，第 190 页。

③ 同上书，第 190、186、193、197 页。

④ 参见叶孝信主编《中国民法史》，上海人民出版社 1993 年版，第 620 页。

20%的规定相差不远①，和来自赣闽边区农村访问调查中农民认可的25%的年利率基本相同②。正因为如此，革命以后，商账、会账、贫苦工农相互欠账"不还虽然是事实"，但是，在赣闽边区，"上述三种债要还，却尚是一种道理（尚成一种理论）"③。这种道理，就是千百年来中国农民普遍尊重私有产权的心理，就是绝大多数农民认同的"欠债还钱、天经地义"的经济伦理，就是绝大多数农民认可的"有借有还""再借不难"的民间习惯。

　　革命暴动以后的"一概废债"，实际上彻底废除了传统社会以来的民间借贷制度，否定了传统社会以来的债权，其直接后果是造成农村金融的停滞，农村经济发展所需资金严重短缺，农民深受"闭借"之苦和"剪刀差"的侵害。"平田废债"以后，由于革命对农村民间借贷取一概废除和严厉打击的政策，乡间的地主富农、商人富户纷纷出逃，并"挟其高利贷地租资本跑到城市中"④；那些还留在农村的地主富户也或被打倒或破产，即便手中还有钱也不敢或不愿借给农民，而把钱"埋藏起来"⑤，"把钱出借的就很少了"⑥，结果农村告贷断绝，农民反而深受"闭借"之苦。闽西"暴动过后的乡村，债券焚烧，高利债务不还"，结果"资本藏匿不出，因此，乡村中一般的停止借贷，金融流通完全停滞"，农民在"收获时节（需要现金使用），无钱发给工资，只有贱卖粮食以资救济"，更为严重地遭受"剪刀差"的侵害。⑦ 邓子恢的回忆证

---

①　转引自李金铮《革命策略与传统制约：中共民间借贷政策新解》，《历史研究》2006年第3期，第120—121页。

②　参见温锐《民间传统借贷与农村社会经济——以20世纪初期（1900—1930）赣闽边区为例》，《近代史研究》2004年第3期，第195页。

③　《兴国调查（1930.10）》，载中共中央文献研究室编《毛泽东农村调查文集》，人民出版社1982年版，第219页。

④　江西省档案馆、中共江西省委党校党史教研室编《中央革命根据地史料选编》中册，江西人民出版社1982年版，第79页。

⑤　《寻乌调查（1930.5）》，载中共中央文献研究室编《毛泽东农村调查文集》，人民出版社1982年版，第147页。

⑥　《兴国调查（1930.10）》，载中共中央文献研究室编《毛泽东农村调查文集》，人民出版社1982年版，第201页。

⑦　《中共闽西特委通告（第七号）——关于剪刀差问题（1929.9.3）》，载中共福建省委党校编《红四军入闽和古田会议文献资料》（续编），福建人民出版社1980年版，第99—100页。

实，革命后的龙岩，夏季水稻普遍丰收，"各区都出现粮食跌价的现象，有时农民出售一担稻谷，所得价款还不够支付割禾工资"，因此许多农民"宁愿让金黄的稻子掉在田里"，也不愿收割。其主要原因之一是，"贫苦农民在土改之后虽然不要交租还债，但却需要相当数量的钱来开发割禾工资"，当时苏区"还没有银行信用社等组织，社会上又无借贷制度"，因此农民只好贱价售粮，上演了谷贱伤农的悲惨一幕。①

南京国民政府恢复对原中央苏区的统治以后，赣闽边区的债权和社会经济秩序进入了一个纠纷重重的时期。按理说，收复区②的债权问题，前述"剿匪区内各省农村土地处理条例"已作了详细规定，一切循章处理当不成问题。然而，实际却并非如此简单。早在1933年6月，随军在赣县江口、茅店一带作战的国军政训处训练员黄任民就见回乡"地主土豪，乘机收租讨债，百般勒索"等情事。③以此看来，在新收复区，关于债务清偿时间，"自确定之日起，准予延期二年"的法律规定，一时难以得到贯彻执行。为此，上自蒋介石，下至地方政府多次电令各部队和下属，制止"追索"或"讨取租债"。④但是，当债权人生计无着，命悬债款而不得不"违法"追债，债务人则以上述产权规复法律为凭请求地方政府予以保护，地方政府将如何处置？江西省黎川县发生的个案是："寡妇存款于一商人，双方均因匪逃亡新归，寡妇以匪后境窘，向商人索债，而商人又因继续经商，若欲清偿各户债款，则资本不足，势必倒店歇业"，由此纠纷骤起。类似的纠纷也发生在原中央苏区中心各县（即江西省第8行政区所管辖的宁都、广昌、石城、兴国、于都、瑞金、会昌各县）。为解决此类债务纠纷，江西省第8区行政专员邵鸿基特意拟定了一份"补充处理匪区收复后土地债务婚姻办法"，呈请南昌行营修正核示，

① 邓子恢：《龙岩人民革命斗争回忆录》，福建人民出版社1961年版，第33—34页。

② 即原中央苏区辖区。本书的"收复""收复区""规复"等词，是国民政府文件及当时报刊出现频率较高的词汇，它们反映了当时的历史场景，为行文简洁，使用时概不加引号。

③ 《"匪区"初经收复时　制止乘机收租索债》，《江西民国日报》1933年6月14日第7版。

④ 《新收复"匪区"未收租谷概归佃户收获　各种债务一律展期清理》，《江西民国日报》1933年12月26日第2版；《文群纵谈救济匪区灾民》，《大公报》1933年12月31日第9版。

南昌行营作出批示："债权人实系生活困难，赡养无着，不得不向债务人讨索旧债，以资维持者，应予着准，但应以债务人有偿还能力为限"；至于黎川的寡妇，"自应按照前项指示办法，准其索债，以资维持"。①

除此之外，收复区地方政府在债务纠纷处理中还遭遇了不少新问题。例如，其一，苏区革命以前，收复区各县人民所欠的房租（如城镇商民房租），如何处理？其二，苏区革命期间，中央苏区居民"互生债权债务关系，及欠田租房租事件"，如何处理？对于这两个问题，国民政府颁布执行的产权规复法规中，都没有明确规定。为此，广昌县承审员罗允怀呈请南昌行营，指示解决办法。1934 年 10 月，南昌行营对此作出批示，其精神是：无论田租、房租，也无论时间在革命暴动之前后，只要是在收复前所欠的田租、房租，一概免除，债权人不许追讨。该指示尽管是南昌行营在战乱初平这一特殊环境下不得不为之的临时举措，从其叙述语气来看，它仍然秉承了"保护债权"的本意。对于债务，南昌行营则直接指示，在收复区，无论农民债务或非农民债务，均以"土地处理条例"为依据。② 换言之，无论苏区革命期间还是以前，无论是商是民，只要债权人能拿出债券或原保人之证明，农村兴复委员会就应该确定这种债权或债务关系。关于此点，1935 年初，邵鸿基在接受《大公报》记者访问时，也明确予以肯定。他说："匪占期间者，此项债务如系属于合法借贷，仍予维持，否则着归无效。"③

债务纠纷处理办法虽然不断地被补充和完善，但是，诸多债务纠纷依然没有得到合法、合理的疏解。1937 年春，《江西民国日报》的报端，曾经刊登了几则寻求法律咨询的债务纠纷个案④，这本身足以说明，战乱

---

① 《"匪乱"后农民债务纠纷 行营解释处理办法》，《江西民国日报》1935 年 4 月 17 日第 3 版。
② 《行营令据广昌县承审员呈称凡在"匪区"人民于未"匪陷"以前所借之债及所欠田租事件恳乞指示处理办法等情除明白解释外令仰转饬各收复县县遵照等因令仰遵照》，载江西省政府秘书处公报室编印《江西省政府公报》第 26 号，1934 年 10 月 31 日，第 6 页。
③ 《赣省收复"匪区"现况》，《大公报》1935 年 2 月 18 日第 4 版。
④ 《江西民国日报》曾经开辟了一个了《社会服务版》，为社会大众提供法律咨询、公益广告等服务，其中刊登了几则有关债务纠纷的法律咨询。从时间上判断，这几个个案应来自赣东南各县。《收复区债务问题依农村土地处理条例处理》《收复区债务》《收复区域债务可参用农村土地处理条例》，分别见《江西民国日报》1937 年 2 月 6 日第 8 版；《江西民国日报》1937 年 2 月 9 日第 8 版；《江西民国日报》1937 年 3 月 15 日第 8 版。

平息两年多（甚至三年多）后的原中央苏区，依然是债务纠纷重重的世界。当然，这些个案只是收复区债务重重纠纷之"冰山一角"。收复区债务纠纷的"冰山"还因以下诸多法律"盲点"而时隐时现。例如，关于商民纠纷，前述南昌行营指示："债权人实系生活困难，赡养无着，不得不向债务人讨索旧债，以资维持者，应予着准，但应以债务人有偿还能力为限。"该指示充分尊重了公民的生存权，自当无可非议。但是，"生活困难，赡养无着"，如何衡量？商人的"偿还能力"，又如何把握？对于生活困难的寡妇，前述行营指示"准其索债，以资维持"，但是，如果有"偿还能力"的商人恃强不还，柔弱的寡妇是否将坐以待毙？如果追债人不是柔弱的寡妇，而是强悍的士绅，无"偿还能力"的商人又将求诉何方？另外，如果是商与商之间的纠纷，双方产业的"生或死"以及全家大小的生存可能全系于此，"延期二年"偿还的法律规定又怎能阻挡双方不时的"短兵相接"？1935年6月，江西省商会联合会向省政府递交的一份"求救"呈词，就大致反映了这方面纠纷概况。该呈词说："收复区之各业被匪后，元气大伤，负债累累，簿账散失，实无恢复营业之可能。蒋委员长，为救济收复区商业，曾颁布收复区商民债务展期清理办法，以息商场纠纷。惟一般债权人，仍多追迫债务，不肯放松；且因匪隔时，各店店主或经理，或仓惶逃走，或被匪捕杀，账簿散失，往来账目，无从结算，致债权人，因追偿未得者，施以揹款扣货手段，债务人因此大起恐慌，即恢复营业者，亦多中途被逼停业，市面更形衰落……"①

不过，从报端出现的这些个案来看，债务纠纷处理相关法规尤其是"延期二年"的规定，在一定程度上得到了执行。否则，为什么这些个案在收复两年多后的1937年春先后显现，并寻求具体的解决办法呢？而在此前的《江西民国日报》，笔者几乎没有发现类似的个案。可信的推论是，由于有"延期二年"偿还的法律规定，无偿还能力的债务人可据此进入讨价还价的"口角战"阶段，而这正是收复后债务重重纠纷的面象。1936年下半年起，新收复区（原中央苏区）"延期

---

① 《商联会请省府订定办法　清理收复区商民债务》，《江西民国日报》1935年6月27日第5版。

二年"的债务逐渐到期，开始进入实际偿还阶段，从而引发了新一轮的纠纷。1936 年 6 月 5 日，黎川等县商会，以本县商人，"确无力量清偿旧债"，请省商联会转呈省政府，"对于各收复区旧债，准在不背法令范围以内，酌量予以延长偿还时间，俾各商得以从容振兴商业"。① 黎川等县商会延期偿还旧债的请求，可作为笔者上述推断的一个明证。

三　结论和讨论

中国传统的民间借贷，因其较高的利息率及其对加剧社会贫富分化所具有的推动作用，在 20 世纪的社会革命中被一般性地与"高利贷"画等号，因而成为中央苏区革命的打击对象，在"一概废债是最正确的"认识和要求下，传统社会以来的债权被彻底废除，民间借贷几乎停止。1933 年以后，随着国民政府军对赣闽边区统治的恢复，依照《"剿匪"区内各省农村土地处理条例》，南京国民政府不仅恢复了革命暴动以前的债权，重申了"欠债还钱"的原则，而且明确并保护中央苏区居民互生的债权债务关系。在此基础上，民间借贷重新恢复。②

上述中央苏区革命前后激烈的债权变革，对赣闽边区社会经济产生了深刻影响。中央苏区革命以前，边区普遍存在的民间借贷，无论是消费性借贷、生产性借贷还是商业性和带有互助性的借贷，都以自身特定的功能，以凝聚劳动价值的货币和凝聚市场价值的实物两种形式参与社会资源的流通，促进社会总产品在社会各阶层的调剂和社会生产要素在社会生产领域的相对较优配置，从而成为社会再生产得以不断延续的基本条件之一。与此同时，在新兴的近代商品经济大潮中，边区民间借贷运作借助市场自由竞争原则，在当时社会经济发展缓慢和民众生活水平普遍低迷的状态下，为拉开社会各阶层贫富差距推波助澜，导致部分借

---

① 《各收复区商会请延期偿还旧债》，《江西民国日报》1936 年 6 月 6 日第 8 版。

② 俞如先的研究，提供了多个土地革命后闽西培田自由借贷的实例。参见俞如先《清代民国时期闽西培田民间借贷利率研究》，《福建论坛》2008 年第 3 期，第 71—72 页。

贷双方贫者愈贫、富者愈富,加剧了贫富分化与社会矛盾。① 革命暴动以后,随着"一概废债"的实际运作,贫苦工农虽然暂时免除了"高利盘剥",也在一定程度上改善了生产条件和生活状态,但是随之而来的后果却是农村金融的停滞,农村经济发展所需资金严重短缺,农民反而深受"闭借"之苦和"剪刀差"的严重侵害。1934 年前后,随着国民政府对以前债权的承认与恢复,以及"欠债还钱"原则的确定,赣闽边区又进入一个债务纠纷重重的时期,战乱后的社会经济发展秩序严重失衡。赣闽边区的社会经济,便随着债权的废除与恢复而激荡沉浮,伤筋动骨。

民间借贷的禁止和传统债权的取消,并不意味着清除了中央苏区经济发展的障碍。作为替代,革命者构建了自上而下的公有金融网络,重构了以低利为特征的信贷制度,企望通过这个自上而下的金融网络,向苏区内广泛建立的各种合作社发放贷款,以支持各项生产事业顺利进行。然而初衷虽好,却事与愿违,中央苏区社会经济呈现的却是停顿和低落的状态。1932 年初,"江西苏区的几个主要生产,如石城、瑞金的纸业,如于都的烟业,宁都的夏布,赣州的窑业,会昌安远的锡矿,平安寨等处的煤矿,因为资本家老板的逃跑及军事行动的关系,有的是破坏了,有的是停顿了"②。到 1933 年 8 月以前,江西苏区的生产合作社,"以至形成停顿,以至于倒闭的现象。如刨烟合作社在兴国、胜利……竟至蚀本。胜利银坑的刨烟合作社存了七千多斤烟无法销售。胜利的铁矿合作社竟因无法销售,存了六千多担铁砂,以至于不能维持。于都有纸槽六十三只、碗厂两只、煤矿厂十二只,简直没有计划去恢复"③;中央"苏区纸、烟、木头、樟脑、钨砂各项主要生产,都表现低落的状态"④。随着国民政府军"封锁政策"的严格执行和第五次

---

① 参见温锐《民间传统借贷与农村社会经济——以 20 世纪初期 (1900—1930) 赣闽边区为例》,《近代史研究》2004 年第 3 期,第 209、210—211 页。

② 江西省档案馆、中共江西省委党校党史教研室编:《中央革命根据地史料选编》上册,江西人民出版社 1982 年版,第 468 页。

③ 江西省档案馆、中共江西省委党校党史教研室编:《中央革命根据地史料选编》下册,江西人民出版社 1982 年版,第 599 页。

④ 同上书,第 603 页。

"围剿"战争的发动，中央苏区金融风雨飘摇。1933 年春，中华苏维埃共和国国家银行成立周年之际，苏区纸币遭遇信用危机，"各地银行发生挤兑现象"①，这种现象一直持续到国共交战结束②。为此，中央苏区政府发出了《发动广大的拥护国币运动，严格镇压反革命破坏金融》的号召，《红色中华》也刊发了《开展拥护国币的群众运动》的宣传文章。③ 这表明，在第五次反"围剿"战争前后，中央苏区社会经济已经显示出难以为继的信号。其深层根源虽然有战时环境这一特殊背景，但是，民间借贷制度的废除，以及以公有制为特征的金融结构和以低利为特征的信贷制度，使得苏区内信贷产品严重短缺，无法满足农民的生产生活需求，也是其中主要原因之一。农村信用合作社和国有金融普遍设立的集体化时代，尽管与 1949 年以前相比，使中国农村发生了前所未有的变化，但是"农村的大多数地区仍处于贫困状态"，"生产力没有多大的发展"，"实际上处于停滞和徘徊状态"。④ 乃至今天，农民所需资金长期短缺和农村金融严重"贫血"的事实，为笔者的上述结论提供了有力佐证。尤为值得汲取的教训是，简单的"一概废债"不仅助长了贫苦农民的"平均主义"思想，而且严重扭曲了传统社会以来的正常产权经济伦理。20 世纪下半叶全国推行的集体化改造试验，以及由此导致的低效率和灾难性后果⑤，与"废除债权"乃至废除产权的社会发展观不能说不无关系。

　　中央苏区革命前后赣闽边区债权变革与农村社会经济兴衰的史实表明，对民间借贷放任自流和简单取消，都是不可取的政策选择。民间借

---

　　① 《向富农捐募三十万，发动群众停止挤兑》，《红色中华》1933 年 3 月 27 日第 64 期。

　　② 《中华苏维埃共和国中央政府办事处布告第三号（1934.12.1）》，载中共江西省委资料征集委员会、中共江西省委党史研究室编《江西党史资料》第 2 辑，1987 年印，第 64 页。

　　③ 参见江西省档案馆、中共江西省委党校党史教研室编《中央革命根据地史料选编》上册，江西人民出版社 1982 年版，第 377—380 页。

　　④ 中共中央文献研究室编：《邓小平文选》第 3 卷，人民出版社 1993 年版，第 11、115、237 页。

　　⑤ 集体化改造试验所导致的低效率和灾难性后果，除了上引《邓小平文选》有多处评论和反思外，还可参见温锐和周其仁的相关研究成果。参见温锐《毛泽东视野中的中国农民问题》，江西人民出版社 2004 年版，第 107—264 页；周其仁《产权与制度变迁——中国改革的经验研究》，社会科学文献出版社 2002 年版，第 1—46 页。

贷不是我们要不要的问题,而是如何对其进行规制和调控的问题。① 更为重要的是,中央苏区革命后取消债权("一概废债")的政策,尽管其短期内有一定的积极作用和意义,在当时环境下作为战略策略也无可厚非,但如是以废除一切债权、追求社会财产人人平均作为社会主义的目标,那就应该将其置于"重新认识社会主义"的理论中加以检讨和总结。②

从长远来看,废除债权所带来的消极影响,如苏区内和集体化时期农村金融产品的严重短缺、后苏区时期严重的债务纠纷、助长了贫苦农民的"平均主义"思想、扭曲了传统社会以来的正常产权经济伦理等,不仅窒息了小农经济的活力及其发家致富的内在冲动,而且破坏了商品经济(市场经济)社会的正常发展秩序。历史反复证明,民间债权债务关系不是主观意愿随意取消得了的,它是人类社会经济发展到一定历史阶段的必然产物,可能要与人类社会相伴始终。从民法学的角度看,"保护人民产权,是建立市场秩序的基础和前提"③,"尊重并保护公民财产权利,是我们为实现社会公平正义而进行的任何涉及财产的制度选择的基本出发点"④。从这个意义上说,保护债权和保护物权一样,是人类社会和谐发展的基本守则,它理应成为人们经济生活中的常识。在历经激烈产权变革的 20 世纪中国,以及市场经济发育日趋成熟的今天,这一常识似乎更具现实意义。

---

①　关于此点,温锐和李金铮有共识。参见温锐《民间传统借贷与农村社会经济——以 20 世纪初期(1900—1930)赣闽边区为例》,《近代史研究》2004 年第 3 期;李金铮《革命策略与传统制约——中共民间借贷政策新解》,《历史研究》2006 年第 3 期。

②　参见温锐《民间传统借贷与农村社会经济——以 20 世纪初期(1900—1930)赣闽边区为例》,《近代史研究》2004 年第 3 期,第 217 页。

③　纪坡民:《产权与法》,生活·读书·新知三联书店 2001 年版,第 3 页。

④　中国社科院法学研究所商法专家陈甦接受访谈时所说的话。参见郑成思等《中国民事与社会权利现状》,昆仑出版社 2001 年版,第 155 页。

第五节　抗日战争时期赣闽粤边区的
第一次现代化浪潮

战争有时带来的是破坏，但有时带来的则是机遇。抗日战争时期，中国东南的浙、闽、粤、赣四省主要军政机关纷迁至武夷山山麓①，形成了中国东南抗日的大本营。地处武夷山中南段和与南岭九连山脉相交的赣闽粤边区，便凭借这一特定历史时期和特殊的地理区位，首次改变了三省政治经济边缘化的困境，成为赣、闽、粤三省政治经济中心与东南抗日大本营的腹地。边区接纳了闽、粤、赣三省党政军机关、劳力、学校、新兴产业等各项资源和当时先进生产力的内迁，在国民政府大力恢复和加强对边区人民的控制与管理的同时，该地区也迎来了第一次现代化浪潮。

一　现代交通通信网络的初步形成

清末民初，赣闽粤边区已经有了由水路和古陆道组成的传统交通运输与通信网络。水路运输干道主要有闽西的汀江水系、粤东北的梅（江）韩（江）水系和东江水系、赣东南的贡水水系；陆路主要有跨越武夷山

---

① 抗日战争期间，以赣闽边区为中心的浙、闽、粤、赣、皖 5 省毗邻地区的国统区，成为国民政府东南抗战的堡垒。其中，浙江省政府先后迁到浙西之金华、永康，浙南山区云和县；福建省政府和保安处内迁闽西北之永安县；国民党广东省党部、省政府和第四战区司令部先后北迁粤北之曲江、连县、龙川和平远县；江西省政府南迁泰和县、宁都县；第三战区长官部和政治部则一直驻扎在赣东北的上饶县，1942 年浙赣战役中，一度撤迁闽北建阳。分别参见吕章法《浙江省矿业行政史料》，载政协浙江省委员会文史资料研究委员会编《浙江文史资料选辑》第 24 辑，浙江人民出版社 1983 年版，第 165 页；政协上杭县文史资料编辑室编《上杭文史资料》总第 8 期，1985 年印，第 38 页；曾国晟《萨镇冰在辰溪》，载政协福建省文史委员会编《福建文史资料》第 5 辑，福建人民出版社 1981 年版，第 50 页；政协广东省梅州市委员会文史资料委员会编《梅州文史》第 3 辑，1990 年印，第 144—145 页；王邦范（抗战时期曾任民政厅总务科长）《抗战时期江西省政府见闻》、张丕声《抗战后半期的第三战区政治部》，载政协江西省委员会文史资料研究委员会编《江西文史资料选辑·抗日将领回忆江西抗战亲历记》总第 16 辑，1985 年印，第 166—167、169—170、152、162—163 页。

脉和九连山脉的十几条省际山路。① 这些省际山路把前述水系连为一体,组成了赣闽粤边区基本完整通达的传统运输与通信网络,维系着三省边区的物资流通和民生及其与国内外市场的联系。20 世纪 30 年代前后,以公路建设、汽车运输和邮电通信为主要标志的现代交通与通信才在赣闽粤边区开始兴起(见表 4 - 12)。而在此之前,边区大部分县城普遍设立了邮政局(邮政代办所)与电报局(电信代办所),经营现代通信业务。②

表 4 - 12 　　　赣闽粤边区各县最早修建公路和汽车客运
营业时间概况

县名	最早公路修建时间	公营汽车出现时间	民营汽车出现时间	县名	最早公路修建时间	公营汽车出现时间	民营汽车出现时间
长汀	1928		1935	会昌		1938	1942
上杭	1932		1936	瑞金	1928	1939	1940
武平	1931	1938	1935	石城	1934		
梅县	1927			宁都	1934		
兴宁	1926		1929	兴国	1933	1935	1945
平远	1930		1930	于都	1933	1936	1945
蕉岭	1933		1933	赣县	1932	1934	1934
寻乌	1933		1936	安远	1933	1943	

说明:据本表"资料来源"所列资料编制而成。

资料来源:长汀县志编纂委员会编:《长汀县志》,生活·读书·新知三联书店 1993 年版,第 276、286 页;上杭县地方志编纂委员会编:《上杭县志》,福建人民出版社 1993 年版,第 281、294 页;武平县县志编纂委员会编:《武平县志》,中国大百科全书出版社 1993 年版,第 258、268 页;梅县志编纂委员会编:《梅县志》,广东人民出版社 1994 年版,第 444 页;兴宁县志编纂委员会编:《兴宁县志》,广东人民出版社 1992 年版,第 307、316 页;平远县地方志编纂委员会编:《平远县志》,广东人民出版社 1993 年版,第 246、251 页;蕉岭县志编纂委员会编:《蕉岭县志》,广东人民出版 1992 年版,第 270、275 页;寻乌县志编纂委员会编:《寻乌县志》,新华出版社 1996 年版,第 153、159 页;会昌县志编纂委员会编:《会昌县志》,新华出版社

---

① 参见温锐、游海华《劳动力的流动与农村社会经济变迁——20 世纪赣闽粤边区实证研究》,中国社会科学出版社 2001 年版,第 50—53 页。

② 同上书,第 70 页,表 4 - 10。

1993 年版，第 330、331 页；瑞金县志编纂委员会编：《瑞金县志》，中央文献出版社 1993 年版，第 488、494、495 页；石城县县志编纂委员会编：《石城县志》，书目文献出版社 1989 年版，第 268 页；宁都县志编纂委员会编：《宁都县志》（内部版），1986 年印，第 216 页；兴国县志编纂委员会编：《兴国县志》（内部版），1988 年印，第 282、291 页；于都县志编纂委员会编：《于都县志》，新华出版社 1991 年版，第 331、336、335 页；赣县志编纂委员会编：《赣县志》，新华出版社 1991 年版，第 208、213 页；安远县志编纂委员会编：《安远县志》，新华出版社 1993 年版，第 341、347 页。

　　边区现代交通与通信的兴起，一来受近代以来中国现代化浪潮的驱动（以侨乡粤东北之梅县等地表现最为明显），二来应 30 年代国民政府"交通剿共"政策之需。[①] 但是，正是由于边区多年惨烈的国共内战，刚刚启动的通信现代化建设成果几乎全部毁于战火，通信网络一度中断[②]；边区内的公路建设虽然随着国民政府军的进占而不断展拓（见表 4 - 13），尤其是闽西和粤东北形成了自己的公路网，但是，截止到抗日战争前的 1936 年，赣闽粤三省边区间的省际公路网络并没有形成。

　　全面抗战爆发后，随着日军的进攻和东南抗日大后方的形成，江南铁路中断、水运失畅，赣闽粤边区内公路运输的地位日益凸显。鉴于此，赣、闽、粤三省政府相继修建了几条重要的省际公路。1936 年，闽西新泉至上杭县城公路修通，蕉岭县城至武平岩前公路通车，于都县城至本县银坑段公路接通；1937 年，赣县江口至于都县城公路通车，瑞金经会昌至筠门岭公路全线贯通；1939 年，兴国县城至于都银坑公路修通，于都县城至瑞金县城公路通车（见表 4 - 13）。

---

　　① 参见熊式辉《宣誓就职答词（1930.12）》（1）、谭炳训《十年来之江西公路》（22），载江西省政府《赣政十年》、编委会编《赣政十年》，1941 年印，第 4 页（文页）、第 1 页（文页）；谢友仁《旧福建的公路是怎样修建起来的》，载政协福建省委员会文史资料编辑室《福建文史资料》第 4 辑，福建人民出版社 1981 年版，第 37 页。

　　② 例如，1930—1932 年，仅赣东南停办之邮局就计有兴国、瑞金、宁都、会昌、石城、于都 6 处，停办之代办所有壬田、横江、陂头、洛口等 10 多处。参见王孝槐主编《江西邮政通信简史》，江西人民出版社 1997 年版，第 160 页。

表 4-13 20 世纪 30、40 年代赣闽粤边区中心各县公路干线建设概况

	公路线名称	经过的主要交通点	通车年份
闽西	武杭线 南瑞线 漳瑞线 新杭线	武平县城—岩前，武平县城—十方—上杭县城	1934
		南平—永安—连城—朋口—长汀—隘岭—瑞金	1935
		漳州潮水—龙岩—新泉—朋口—长汀—瑞金	
		新泉—上杭县城	1935
		南平—顺昌—崇仁—泰宁—建宁，连城—宁化	1936
		南平—建阳—邵武—光泽—江西南城	抗战期间
粤东北	兴梅线 兴柘线 柘大线	梅城—兴宁，白渡—松口	1932
		兴宁—石正—大柘—八尺	1932
		大柘—东石—仁居—大畲坳	1932
		梅城—丙村，油坑—新铺	1933
		梅城—蕉岭，梅城—白宫	1934
		梅城—平远石正	1935
		蕉城—武平岩前，梅县—石扇—新铺—平远东石	1936
		丙村—雁洋	1937
赣东南	泰兴线 城于线	赣县—南康—大庾—小梅关	1932
		寻乌古潭—牛挨石—平远仁居，安远—定南	1933
		泰和—兴国县城段	1934 年底
		赣县—遂川，赣县—兴国	1935
		吉潭—会昌筠门岭，寻乌城—吉潭，瑞金—宁都	1935
		银坑—宁都—广昌—南丰—南城	1935
		于都城—银坑	1936
		赣县—于都，瑞金—会昌—筠门岭—吉潭—牛挨石	1937
		瑞金—于都，兴国—银坑段	1939
		安远—信丰	1943

说明：据本表"资料来源"所列资料编制而成。

资料来源：武平县志编纂委员会编：《武平县志》，中国大百科全书出版社 1993 年版，第 258 页；长汀县志编纂委员会编：《长汀县志》，生活·读书·新知三联书店 1993 年版，第 277 页；上杭县地方志编纂委员会编：《上杭县志》，福建人民出版社 1993 年版，第 282 页；《福建文史资料》第 4 辑，第 38、42 页；梅县志编纂委员会编：《梅县志》，广东人民出版社 1994 年版，第 445、446 页；平远县地方志编纂委员会编：《平远县志》，广东人民出版社 1993 年版，第 246 页；蕉岭县志编纂委员会编：《蕉岭县志》，广东人民出版 1992 年版，第 270 页；赣县志编纂委员会编：《赣县志》，新华出版社 1991 年版，第 208 页；寻乌县志编纂委员会编：《寻乌县

志》，新华出版社 1996 年版，第 153 页；安远县志编纂委员会编：《安远县志》，新华出版社
1993 年版，第 341 页；兴国县志编纂委员会编：《兴国县志》（内部版），1988 年印，第 282 页；
瑞金县志编纂委员会编：《瑞金县志》，中央文献出版社 1993 年版，第 488 页；于都县志编纂委
员会编：《于都县志》，新华出版社 1991 年版，第 331 页；会昌县志编纂委员会编：《会昌县
志》，新华出版社 1993 年版，第 325 页。

至 20 世纪 30 年代末，由于上述几条重要区间公路的修建与贯通，赣闽粤边区建成了"三横两纵"格局的通达公路交通网络（参见第二章第一节阐述）。

循着边区"三横两纵"的公路网：东可达江浙；东南可至福州、厦门、漳州；南可至潮汕；西可至赣县、韶关、湖南；北可至南城、鹰潭。无疑，赣闽粤边区"三横两纵"的公路交通网络是东南抗战的重要军事补给线，也是大西南和东南诸省联系的大动脉，是为当年南部中国的交通中心。尽管这一公路交通网络带有明显的战时特征，但是，它对赣闽粤边区社会经济的影响同样深远。

通信与此相类似。20 世纪 30 年代边区大规模的国共内战结束之后，国民政府致力于地方治安和恢复经济建设，邮政局也恢复邮递。至抗战时期，各县县城和主要乡镇，尤其是交通要道乡镇均架设电报线或电话线（县城之间的电话线与电报线一般共线）。赣东南的电报中心宁都局"负责瑞金、长汀、于都、会昌、兴国、泰和等地的转报任务"，可发给南昌和赣县；闽西的电报中心长汀局，"凡发往江西、湖南、广东、广西等地的电报均由此路发出，又开通直达福州报路"；粤东的蕉岭，"联络地点有梅县、平远、福建省长汀、江西的筠门岭和会昌"，1944 年冬，韶关沦陷，广东省电信局迁至兴宁县，兴宁一时成为连接闽、粤、赣三省的转报中心局。① 从而，赣闽粤边区现代通信网络初步形成，电话入户也开始少量成为事实。

---

① 参见宁都县志编纂委员会编《宁都县志》（内部版），1986 年印，第 232 页；长汀县志编纂委员会编《长汀县志》，生活·读书·新知三联书店 1993 年版，第 303 页；蕉岭县志编纂委员会编《蕉岭县志》，广东人民出版 1992 年版，第 285 页；兴宁县志编纂委员会编《兴宁县志》，广东人民出版社 1992 年版，327 页。

二 赣闽粤边区的第一次现代产业潮

1938 年以后，随着赣、闽、粤三省党政军机关的相继内迁，沦陷区难民、党政军人员、医院、学校、银行、工商企业等纷迁赣闽粤边区；与此同时，为抗战救国，三省政府还在边区创办了一批新的现代产业。它们承接了 20 世纪初边区内的现代化的启动，在边区卷起了第一次经济现代产业潮。而前述现代公路交通网、邮电通信网的初步形成，则为这次经济现代产业潮奠定了坚实的基础。

首先是现代工业企业的崛起。19 世纪末，在个别行业，粤东北梅、兴等县已经出现了几家近代工业企业。但是，严格说来，边区的工业化进程真正开始于 20 世纪初期。20 世纪 30 年代以前，由于政府的提倡和努力，民间人士的积极参与，赣闽粤边区各县创办了一些以纺织、印刷、电力为主的现代工业企业。其中，粤东北的梅县、兴宁走在前头。① 不过，由于多方面条件的制约，近代工业的发展仅处于启动或萌芽阶段，尤其是历经 30 年代激烈的国共内战后，闽西和赣南刚启动的现代工业不仅没有发展，而且受到严重影响而趋于衰落。曾任江西建设厅厅长的张泽垚说，1931 年以前，"本省实无大工业，更不足以语重工业。所有各项轻工业，不啻手工业而已"②。江西全省工业状况如此，赣南工业则尤为落后。苏区革命后，赴宁都调查社会状况的政府人员说："该县工业，极不发达，除少数之手工业，以织夏布，此外实无一工业可言。"③ 30 年代末期的上杭县，也"无实业之可言"，"全县无一大工场，无一大制造厂，所有出品皆用手工制造，无有用机器者"。④ 宁都、上杭如此，闽西和赣东南可见一斑。

抗战爆发后，出于经济建设和解决军民物资短缺的需要，加之在

① 参见温锐、游海华《劳动力的流动与农村社会经济变迁——20 世纪赣闽粤边区实证研究》，中国社会科学出版社 2001 年版，第 228 页，表 4-15。
② 张泽垚：《十年来之江西工业》(23)，载江西省政府《赣政十年》编委会编《赣政十年》，1941 年印，第 4 页（文页）。
③ 《江西民国日报》1939 年 8 月 1 日。
④ 张汉等修、丘复等纂：《上杭县志》，"实业志"，1938 年印。

市场的引导与刺激下，边区创办了一批关系国计民生的工业企业。另外，当时各沦陷区也内迁了不少工厂到边区安家落户。这些现代工业企业采用了当时最为先进的工业机器、生产工艺和管理模式。因此，至20世纪40年代前半期，赣闽粤边区各县可谓工厂林立，一派兴旺。

1938年以后的赣南，其工业可说是盛况空前。据记载，赣南工业中心赣县，抗战时期，经常有工人10人以上之工厂，共计67家，职员235人，工人3836人；1941年，赣县全县工厂达54家，工人3978人，赣县成为全国14个重要经济城市之一。① 抗战后迁来赣县的印刷厂就有私营的印记、鼎记等7家，公营的民生印刷第二厂、新赣南印刷厂等4家，上海迁来的专印钞票的大东书局、专翻印铅版的商务印书馆，共计13家印刷厂和1家制铅锌版和凹凸版的企业。② 1943—1944年，赣东南各县经江西省政府建设厅登记的工厂计有29家，经济部登记的赣东南各县工厂计有49家。③ 其他如瑞金、石城、会昌、寻乌、安远等县也创办了印刷、纺织、粮食加工等一些轻工企业。尽管上述资料不同，统计数据有差异，但都反映了抗战时期赣南工业中心赣县和赣东南各县工业的空前兴盛概况。

闽西工业比战前有了新的发展。闽西工业中心长汀县，20世纪20年代就开始建立了一批近代工业，可惜大都毁于30年代国共内战的战火。抗战爆发后，一些福建沿海的工厂先后迁入长汀；同时，长汀创办了一些工业企业；另外，在"东南工合"指导扶持下，也成立了一批工业。例如，1939年，"工合"长汀事务所建立"汀州城区机械社"，生产切面机、火锅、熨斗等；"工合"于城区成立4个纺织合作社，机织土布供不应求；1939—1945年，"工合"长汀事务所组建合作社50多个，就业人数几千人；1943年，湖北汉阳兵工厂1000多人内迁长汀河田镇设厂，同年，长汀商人兴办新华米厂和大同、民生、春光碾米厂；1944年，官商

---

① 参见《力行日报》1946年5月4日；赣县志编纂委员会编《赣县志》，新华出版社1991年版，第177页。

② 参见《赣南民国日报》1941年8月4日。

③ 据相关数据统计。参见江西省社会科学院历史研究所编《江西近代工矿史资料选编》，江西人民出版社1989年版，第78—86页。

合办的"长汀县光明电灯股份有限公司"成立①;另外,化工、冶炼、印刷、服装、粮食加工等工业企业也相继创办,工业门类渐趋齐全。其间,上杭和武平县也创办了几家工业。1939 年,上杭商家合办"丰记布庄",为木机织布企业;同年,武平县城创立"开文印务局",1945 年,此局迁上杭;由地方乡财投资兴办的"上杭复兴书店",从梅县买来两台旧机器,承印《上杭精诚报》,兼印表格。②

　　粤东北的兴、梅等县得地利之先,承接了 19 世纪末以来工业化发展的基础,又较少受到 20 世纪 30 年代边区国共战火伤害,现代工业在三边地区遥遥领先。抗战时期,梅县工业呈膨胀式增长,计有卷烟厂 10 多家,从业人员 3000 多人;火力发电厂 4 家;私营机械修理厂 14 家;纺织厂 13 家,碾米厂 7 家,印刷业 20 家,玻璃厂 7 家;其中机器修理、纺织、印刷、碾米、卷烟等行业多采用机械化生产。③ 卷烟业最为兴盛;它兴起于 30 年代末,是抗战时期梅县的支柱产业。抗战期间,梅县先后成立民生、海源、复兴等十几家烟厂,各厂职工人数多的达几百人,少的也有百人以上;产量也从每天的几万支增至几十万支;设备从手工制作发展为机器制造,各厂先后生产的香烟牌号共达百余种;产品远销江西、湖南、福建、广西等省。例如,1938 年成立的海源烟厂最盛时职工人数达 400 多人,产量每天达 50 多万支,还在兴宁县、广州市另设了分厂;复兴烟厂创设于 1940 年,职工最多时达二三百人,抗战胜利后曾在汕头租赁华资烟厂进行生产。④

　　兴宁、梅县工业以纺织业为龙头。"兴宁织造很发达","兴宁、梅县的布很好";1928 年起,兴宁、梅县的洋纱布完全抢了赣州在寻乌市场的

---

　　① 参见长汀县志编纂委员会编《长汀县志》,生活・读书・新知三联书店 1993 年版,第219、212 页;李阳民《抗战时期长汀的工业与手工业》,载政协长汀县委员会文史资料委员会编《长汀文史资料》第 26 集,1995 年印,第 66—67 页。

　　② 参见上杭县地方志编纂委员会编《上杭县志》,福建人民出版社 1993 年版,第 240 页;张家龙、丘福生《上杭印刷业发展史》,载政协上杭县委员会文史资料编辑室编《上杭文史资料》总第 5 期,1984 年印,第 41 页。

　　③ 参见梅县志编纂委员会编《梅县志・工业》,广东人民出版社 1994 年版。

　　④ 参见欧阳英《梅城卷烟工业今昔》,载政协梅县委员会文史资料委员会编《梅县文史资料》第 19 期,1991 年印,第 150—151 页;中共梅州市委党史研究室编《资本主义工商业的改造》,1999 年印,第 398 页。

生意。[1] 抗战爆发后，兴宁布业再展辉煌业绩，全县织造棉纱成品的工厂大小不下 800 所，专门织布匹者有 30000 余家；规模大者，拥有铁机、木机 500—600 架，小者，亦有 10—20 架。乡间更有"无机不成家"之谚！兴宁城郊的草地，几乎全为晒布的场所。纺织产品精良，"实可架舶来品之上"；销路广泛，"操纵了半个中国各市场布业的牛耳！"[2] 据 1935—1953 年的不完全统计：兴宁织布人数达 20 多万人，年产"细布"就达 150 万匹。[3] 在以布业为中心的纺织业的带动下，其他"袜业、毛巾以及笔、墨、□鞋、五金制造、化装品、肥皂、成□等，均有大量生产"。[4]

其次是公路运输业和邮电通信业的兴起。由于前述现代公路交通网、邮电通信网的初步形成和交通站点、邮政局、电报局的普遍设立，赣闽粤边区的汽车运输业和现代通信业蓬勃而起，官营、私营或官商合营的汽车公司纷纷成立。

20 世纪 30 年代中期以后，闽西长汀有龙连汀汽车公司，上杭有民兴公司，武平有民行汽车公司、福华转运栈等；抗战期间的筹门岭，除官营外，还有"致远""大昌""建华"等商营汽车运输公司；瑞金则有"赣闽粤行""晋昌行""保安行""城关区职工运输行"4 家汽车运输商行；相形之下，粤东北的汽车运输业更为兴盛，平远县有 6 个行车公司，梅县先后营运的行车公司有 12 家，蕉岭有 4 家。[5] 随着汽车运输公司的成立，各公司纷纷购买"雪佛兰""道奇""福特"等牌号汽车从事客货

---

① 参见《寻乌调查（1930.5）》，载中共中央文献研究室编《毛泽东农村调查文集》，人民出版社 1982 年版，第 51、55 页。

② 许伟达：《粤东的锁钥——兴宁》，《正气日报》1942 年 10 月 22 日。

③ "细布"面宽 1 尺 1 寸，大布面宽约 2 尺；10 尺细布为 1 丈。参见罗怀铎整理《兴宁土布业发展情况》，载政协广东省梅州市委员会文史资料委员会编《梅州文史》第 3 辑，1990 年印，第 117 页。

④ 许伟达：《粤东的锁钥——兴宁》，《正气日报》1942 年 10 月 22 日。

⑤ 参见长汀县志编纂委员会编《长汀县志》，生活·读书·新知三联书店 1993 年版，第 286 页；上杭县地方志编纂委员会编《上杭县志》，福建人民出版社 1993 年版，第 294 页；武平县志编纂委员会编《武平县志》，中国大百科全书出版社 1993 年版，第 268 页；《正气日报》，1944 年 1 月 17 日；瑞金县志编纂委员会编《瑞金县志》，中央文献出版社 1993 年版，第 495 页；平远县地方志编纂委员会编《平远县志》，广东人民出版社 1993 年版，第 251 页；欧阳英《梅县工商业发展梗概》，载政协梅县委员会文史资料委员会编《梅县文史资料》第 28 辑，1996 年印，第 92 页；蕉岭县志编纂委员会编《蕉岭县志》，广东人民出版 1992 年版，第 269 页。

运输业务，边区的现代运输业蔚然兴起。1938—1939 年的官汕公路上，每日行驶的汽车从四五十辆增至二三百辆；20 世纪 40 年代初，兴宁的客货汽车共有 320 多辆，名列广东省第二，1945 年还增至 500 余辆；赣东南的筠门岭经吉潭至梅县的公路上，"每天有一两百辆车子来回跑"；小小寻乌县吉潭圩的"新兴公司"，拥有汽车六七部，带动邻近澄江的十几部车子跟着跑业务。由于汽车运输一度居于垄断地位，在上述两条公路上，都曾经发生过汽车运输排挤肩挑劳动力现象。① 粤东北梅县公路建设发达，城乡公路交错纵横，各线班车来往班次少的有 4 次，多的达 20 余次。②

邮政、电话、电报等现代通信方式也广泛应用于边区社会经济生活中，并对之产生了深远的影响。抗战时期创办的大量现代杂志报纸一般都通过邮政局发行和邮寄；而在赣东南的筠门岭镇，则可以收到来自国内外的信件③。人们通过邮政局，可以不断了解外界的各种信息。相对邮政业而言，电信业的信息传播更为快捷，因而除了军政机关广泛采用外，它也频繁应用于各种商业投机。抗战时期，寻乌吉潭潘作醴家装有一部电话，通平远、梅县，主要用于做米粮等商品贸易，从而对边区商品贸易的信息有较及时的掌握。④ 抗战期间的瑞金，布匹、百货价格涨跌频繁，套购倾销之风大盛，电报因而成为各大商户商场出奇制胜的"黑武器"。裕兴祥商号利用电报传递商讯时以"烟、纸、豆"代"金、银、锡箔"。徐恒太得到丰城土布涨价消息，即向广东帮的福兴昌、杨和茂等商号购进兴宁棉布，甚至雇人抢购；当获得跌价消息时，则四处招揽，兜售倾销。⑤ 兴宁的无线电台，则多为商人使用。⑥ 市场波动与现代通信，为各大客户带来无限商机。

最后是文化教育、金融、旅栈饮食业等服务业的内迁与创办。抗战

---

① 参见彭世帧《曲江至潮汕的公路》，《江西民国日报》1939 年 8 月 1 日；兴宁县志编纂委员会编《兴宁县志》，广东人民出版社 1992 年版，第 316 页；温锐、游海华 1999 年寻乌县实地调查。

② 参见梅县志编纂委员会编《梅县志》，广东人民出版社 1994 年版，第 456 页。

③ 温锐、游海华 1998 年会昌县筠门岭镇实地调查。

④ 温锐、游海华 1999 年寻乌县实地调查。

⑤ 参见瑞金县工商行政管理局编《瑞金县工商行政管理志》，1988 年印，第 179 页。

⑥ 参见兴宁县志编纂委员会编《兴宁县志》，广东人民出版社 1992 年版，第 327 页。

时期，据不完全统计，赣闽粤边区 16 县区内迁和新创办报纸 56 种、大中专院校 68 所、银行 89 家（见表 4－14）。其中，安远县历史上第一次拥有了现代师范学校，寻乌、石城、于都、安远 4 县第一次创办现代新闻报刊，兴宁、平远、蕉岭、寻乌、安远 5 县第一次出现银行这一现代金融机构。并且民国时期安远县仅有的 4 种报纸，兴宁、会昌、瑞金 3 县的 15 个学校全部兴办或内迁于抗战时期。民国时期，梅县、赣县、瑞金绝大部分银行也是内迁或建立于抗战期间。长汀、梅县、赣县三地因是赣闽粤边区的中心城市，内迁的党政机关、社会团体和大中专学校众多，还兴办了 23 种杂志等刊物。尤为值得一提的是闽西的汀、杭和粤东北的兴、梅 4 县还开办了现代保险业务，均由当地银行代办。

表 4－14　　　　抗战时期赣闽粤边区各县内迁和新创办的
报刊、院校、金融机构数量概况

	报纸（种）	其他刊物（种）	大中专院校（所）	银行（家）	保险机构（家）
长汀	5	10	8	9	3*
上杭	3		2	5	3*
武平	1			2	
梅县	5	5	13	17/18	2*
兴宁	11		7#	8*	1*
平远	1		1	3*	
蕉岭	6		2	9*	
寻乌	1*			2*	
会昌	1		4#	4	
瑞金	3		4#	6/7	
石城	1*		1	1	
宁都	5		7	5	
兴国	4		3	2	
于都	1*		8	2	
赣县	4	8	12/14		
安远	4		1*	1*	
合计	56	23	68	88	9

说明：1. 据本表"资料来源"所列资料编制而成。2. 表中数据仅据县志所载内容统计。

3. 标 "＊" 号的数据表明该栏产业为第一次出现，标 "#" 号的数据栏表明民国时期该栏产业全部为抗战时期创办，符号 "/" 前数据为抗战时期数据，符号 "/" 后数据为整个民国时期数据。4. 复刊的报纸、复办的院校作新办计算。5. 大中专院校包括各类职业学校。6. 同一银行的分支机构（办事处）分别计算。

资料来源：长汀县志编纂委员会编：《长汀县志》，生活·读书·新知三联书店 1993 年版，第 748—749、736—737、696—699、711—712、480—482 页；上杭县地方志编纂委员会编：《上杭县志》，福建人民出版社 1993 年版，第 760、709、464 页；武平县志编纂委员会编：《武平县志》，中国大百科全书出版社 1993 年版，第 661、340 页；梅县志编纂委员会编：《梅县志》，广东人民出版社 1994 年版，第 950—953、866—869、873、539—540、599 页；刘森水：《梅州客家女子教育的兴起和发展》，载政协广东省梅州市委员会文史资料委员会编《梅州文史》第 7 辑，1994 年印，第 85 页；兴宁县志编纂委员会编：《兴宁县志》，广东人民出版社 1992 年版，第 716、650、652、674、419、433 页；平远县地方志编纂委员会编：《平远县志》，广东人民出版社 1993 年版，第 573、519、324—325 页；蕉岭县志编纂委员会编：《蕉岭县志》，广东人民出版社 1992 年版，第 575—576、537、370 页；寻乌县志编纂委员会编：《寻乌县志》，新华出版社 1996 年版，第 366、199 页；会昌县志编纂委员会编：《会昌县志》，新华出版社 1993 年版，第 435、407、367 页；瑞金县志编纂委员会编：《瑞金县志》，中央文献出版社 1993 年版，第 684、653—655、605 页；石城县志编纂委员会编：《石城县志》，书目文献出版社 1989 年版，第 445、417、331 页；宁都县志编纂委员会编：《宁都县志》（内部版），1986 年印，第 262、403、426、445 页；兴国县志编纂委员会编：《兴国县志》（内部版），1988 年印，第 601、623、624、436 页；于都县志编纂委员会编：《于都县志》，新华出版社 1991 年版，第 519、471—473、413 页；赣县志编纂委员会编：《赣县志》，新华出版社 1991 年版，第 548、549、471—472、303 页；安远县志编纂委员会编：《安远县志》，新华出版社 1993 年版，第 567、531、454 页。

这一时期，赣闽粤地区内迁的报纸有原在广州出版的《中山日报》与《大光报》、原在韶关的《中国报》、原在汕头的《汕报》、原在南昌的《江西民国日报》和《力行力报》，也有由当地党政部门、社会团体和私人创办的报纸如长汀的《汀江日报》与《中南日报》、梅县的《劲报》和《梅县日日新闻》、赣县的《正气日报》与兴国的《盟友西报》等。新设立的银行既有 "四行二局"（国家级）的办事处，也有福建省银行、广东省银行、江西裕民银行、江西实业等省办银行的分支机构，私营银行和县立银行等也纷纷开办。内迁的著名大中专院校有国立中正大学（江西师范大学前身）、国立中山大学、厦门大学、中正医学院、广东省立文理学院、勷勤商学院、私立广州大学、江西兽医专科学校、江西省立南昌高级商业织业学校（江西财经大学前身）、省立南昌工专学校、省立福州高级工业职业学校等。

　　为满足现代产业发展的需要，培养专门人才的职业技术学校纷纷创办。例如，1938 年，长汀商业补习学校、县立工业职业学校、农业职业学校相继成立；抗战期间上杭县成立"私立上杭力行农校"。20 世纪 40 年代初期，兴宁县先后创立省立兴宁高级工业职业学校、县立高级助产职业学校；梅县则创办了多家会计学校和县立高级助产学校。此外，梅县平民医院还附设"私立平民护士学校"、黄塘德济医院附设"私立德济护产学校"。1941 年以后，赣县创办了多家职业学校，有省立赣县高级助产学校、私立东南高级商业学校、高级农业职业学校、私立新中国职业学校、南华工业职业学校、章贡初级农业职业学校等；1941 年秋，会昌筠门岭新华初级商业学校成立；40 年代初，瑞金县相继创办私立建成森林职业中学和可大应化初级职业学校等。上述职业技术学校创办的时间有长有短，招收的学生有多有少，开设的课程有工有农、有商有医，创办人有政府、有商会、有私人，都是立足于抗战建国和为边区经济发展培养适时性专业人才。

　　另外，抗战时期，随着人流、物流的涌动，来往驻足人员的增多，城镇旅栈与饮食业也有了新的发展。江西省建设厅先后在赣州、宁都、南城、光泽等 9 地创办陶陶招待所，采用现代旅店管理方法，受到各界人士的好评。[1] 边区转运重镇筠门岭，旅栈业从抗战前的 20 余家发展到 80 余家，其中，岭梅旅社拥有高雅床位 20 余铺，大众宿舍每晚可住旅客 300 余人。[2] 抗战时期的梅县城有旅栈业 34 家，长汀县有 60 家。[3] 饮食业也兴盛一时，40 年代前期的会昌开设的铺子以吃食为最多[4]；瑞金县城的消遣场所，主要是酒店，县城每 100 家铺子中就有 60 家酒店[5]；宁都则流行露天茶社，大街小巷、空坪草地都摆起桌椅卖茶[6]。粤东北的梅城，

　　① 罗自强：《记抗战时期的江西建设厅长杨绰庵》，载政协江西省委员会文史资料研究委员会编《江西文史资料选辑》第 20 辑，1986 年印，第 105—106 页。
　　② 参见会昌县志编纂委员会编《会昌县志》，新华出版社 1993 年版，第 304 页。
　　③ 参见梅县志编纂委员会编《梅县志》，广东人民出版社 1994 年版，第 534 页；长汀县志编纂委员会编《长汀县志》，生活·读书·新知三联书店 1993 年版，第 341 页。
　　④ 参见《江西民国日报》1945 年 5 月 4 日。
　　⑤ 参见《瑞金琐记》，《力行日报》1946 年 9 月 13 日。
　　⑥ 参见《闲谈宁都》，《知行报》1945 年 8 月 11 日。

抗战前有 20 多家席馆酒楼;抗战爆发后,广州、汕头迁来不少较有名气的酒楼茶馆;一些酒楼茶馆还到省港等地聘请一批"女招待"来招徕顾客,梅州宾馆、月宫酒家、安东食堂、东湖旅社还附设舞厅。① 此外,边区城镇的电影放映业、照相业、律师事务所等一些新兴服务产业也有所展拓。

三　政府社会管理职能的初步转型

20 世纪上半叶,赣闽粤边区地方政府延续了清末以来的政府职能社会化、现代化转型趋势,不少新的行政管理机构次第设立,社会经济管理职能逐步加强,并逐步向乡村延伸。同时,应民族抗战的特殊需要,边区政权的现代化建设推进更显力度。我们以清末民国瑞金、长汀、梅县等县为例,对此作一简要陈述。

第一,基层行政组织分工越来越细,不少专门的行政机构独立出来,政府管理职能行业化和专业化特征日益明显。首先,财税机构进一步的分设。瑞金是赣东南的重要进出口关卡,民国以来,税务机构设立繁多。1939 年,设江西省战时卷烟管理局瑞金查验所;1941 年,设财政部湘赣区税务管理局赣南分区税务管理所瑞金分所,专办统税、印花税、矿产税、烟酒税稽征;同年,设立财政部缉私署瑞金缉私所,财政部江西省税务局瑞金税务员办事处。1942 年直、货两税机构分开,瑞金又分别设立相应的分局(所);1944 年,设财政部盐务局瑞金分局,专司盐税与食盐缉私;1945 年,设立上饶海关税务司公署瑞金支关。闽西长汀县,1940 年设货物税分局,1943 年设直接税局。粤东的梅县,1940 年设立广东省财政厅梅县税务局(直接税局)、财政部广东印花烟酒局梅州稽征分所(后改为货物税局)。② 抗战时期,财税机构进一步分开,税务征收,也往往按照税收种类或税收的性质设立专门的征收机构。其次,县政府

---

① 杨汾:《抗战前后梅城的饮食行业》,载政协梅县委员会文史资料委员会编《梅县文史资料》第 25 辑,1993 年印,148、150 页。

② 参见瑞金县志编纂委员会编《瑞金县志》,中央文献出版社 1993 年版,第 597 页;长汀县地方志编纂委员会编《长汀县志》,生活·读书·新知三联书店 1993 年版,第 469 页;梅县地方志编纂委员会编《梅县志》,广东人民出版社 1994 年版,第 538 页。

还设立了其他许多新的专门的管理部门或机构。例如，1937 年，为适应抗战的需要，瑞、汀、梅三县先后设立兵役科，负责征兵、组训、保安等事情；20 世纪 40 年代，上述三县又相继设立统计室或统计科，办理统计事宜等。① 这表明，抗战时期，政府管理职能行业化和专业化特征越来越明确。

第二，政府增设了不少新的经济管理与服务机构，社会经济管理职能更加突出。19 世纪末期以来，在资本主义市场的推动下，边区传统产业不断扩张，现代产业相继崛起，商品经济和市镇也呈现一定程度的繁荣。与此变化相适应，抗战时期，边区也增设了一些新的农工商经济管理与服务机构，经济的宏观调控与管理逐渐成为政府的主要职能之一。

在农业方面，为了推动传统农业的革新，边区地方政府成立了以良种推广为主的管理机构，从事农业指导与服务工作。例如，1936 年，长汀县建立苗圃，1943 年更名为县农场，其工作主要是培育良种、试种农林新品种等；1940—1941 年，梅县县府设立农业工作站，1941 年又设立垦荒指导员，各区、乡、保设立垦荒会，鼓励与推行垦荒垦殖。② 工商业方面，抗战以前，边区各县县府均设立建设科，全权管理工商业事宜；抗战期间，各县又先后增设了其他一些工商业管理与服务机构。1939 年，瑞、汀两县分别成立中国工业合作协会东南区瑞金事务所、长汀事务所，以贷款协助各县工业合作社的成立并指导其工作。③ 1940 年，长汀县先后成立联合购销处和公沽局，前者主管纸品外销，后者掌管全县粮食的收购、配销、运输、保管；1938 年，长汀县成立物资管理处、限价委员会；1940 年，梅县成立"非常时期梅县物价平价委员会"；上述委员会会同商会和同业公会等，管理市场物价。④ 在基础设施管理方面，随着战时公路

---

① 参见瑞金县志编纂委员会编《瑞金县志》，中央文献出版社 1993 年版，第 310、638 页；长汀县志编纂委员会编《长汀县志》，生活·读书·新知三联书店 1993 年版，第 661、563 页；梅县志编纂委员会编《梅县志》，广东人民出版社 1994 年版，第 835、600 页。

② 参见长汀县志编纂委员会编《长汀县志》，生活·读书·新知三联书店 1993 年版，第 714 页；梅县志编纂委员会编《梅县志》，广东人民出版社 1994 年版，第 238、250 页。

③ 参见陈诒修，陈政均纂《瑞金县志稿》，1942 年印，第 125 页；黄恺元修，邓光嬴纂《长汀县志》"实业志"，1942 年铅印，长汀县博物馆 1983 年重刊本。

④ 参见长汀县志编纂委员会编《长汀县志》，生活·读书·新知三联书店 1993 年版，第 334、383、413 页；梅县志编纂委员会编《梅县志》，广东人民出版社 1994 年版，第 601 页。

交通的发展，新设了交通管理机构。1940 年，江西省公路处瑞金工务段成立，下设 7 个工区，负责公路养护、渡口管理事宜；翌年，瑞金县设立交通管理站，与县警察局共同行使交通安全管理职权。① 1941 年，福建省建设厅在长汀县设立交通管理站，办理行车登记，收取养路费；公路养护则由漳龙汀工程处负责。② 1939 年，广东省建设厅在梅县设立县工务总段；此外，梅县还成立了交通安全监督站，负责考核司机，征收养路费。③

　　第三，为社会提供现代新型的民众文化教育、卫生服务和社会保障等公共产品，开始纳入政府行政的职能范围。自清末新政至 20 世纪 30 年代前期，边区虽已普遍设立了各类现代基础教育，但在成人民众教育方面几无起步。随着赣、闽、粤三省政治经济中心向三边的转移，三边地区的成人民众教育有了长足发展。同时，社会公益管理事业也得到了展拓。文化教育方面，各县都建立了民众教育馆、公共体育场等场所，对民众进行教育和服务。例如，1935 年和 1937 年，瑞金县相继建立民众教育馆和公共体育场；1939 年和 1942 年，长汀县建立了公共体育场和开办省立民众教育馆。④ 另外，边区地方政府还成立了不少县立职业技术学校，为本地经济的发展培养适时性人才（见前文阐述）。卫生方面，1936 年，瑞金县诊疗所成立；1938 年，长汀县卫生院成立；同年，梅县成立卫生事务所。⑤ 卫生院（所）等现代官办医疗机构的设立，表明民国政府在致力于社会公共事业的建设上，已超越了传统政府的职能。社会保障方面，主要是从事救济工作。抗战时期，边区各县均设立各种救济机构，对丧失生活来源的难民进行救济，并做好妥善安置。例如，民国期间，梅县县政府先后成立了难民救济会、赈济委员会、冬季救济委员会等对

---

① 参见瑞金县志编纂委员会编《瑞金县志》，中央文献出版社 1993 年版，第 493、500 页。
② 参见长汀县志编纂委员会编《长汀县志》，生活·读书·新知三联书店 1993 年版，第 290、293 页。
③ 参见梅县志编纂委员会编《梅县志》，广东人民出版社 1994 年版，第 443、466 页。
④ 参见瑞金县志编纂委员会编《瑞金县志》，中央文献出版社 1993 年版，第 676、745 页；长汀县志编纂委员会编《长汀县志》，生活·读书·新知三联书店 1993 年版，第 422、737 页。
⑤ 参见陈诒修、陈政均纂《瑞金县志稿》，1942 年印，第 97 页；长汀县志编纂委员会编《长汀县志》，生活·读书·新知三联书店 1993 年版，第 774 页；梅县志编纂委员会编《梅县志》，广东人民出版社 1994 年版，第 970 页。

灾民进行施衣、施粥等救济。① 1934—1938 年，平远县县长林公顿的主要政绩之一就是把社会保障事业作为政府的重要事情来办，他在全县 160 多个保中，设立了"义仓"，为平民百姓备荒。②

第四，政府管理职能逐渐由县城向乡村基层延伸。经 20 世纪 30 年代激烈的国共内战，国民政府在恢复对三边统治之后，三边各县开始陆续推行以保甲制为基础的"新县制"。至抗战军兴，国民政府对三边地区统治进一步加强，新县制在三边各县全面推行。在新县制中，县以下行政组织以保甲为基础，设区、乡（联保）、保、甲 4 级组织；区设区分所，并设民团，区内设乡（联保），置乡公所，有编制若干。例如 40 年代寻乌各乡镇公所的人员编制总数一度达 120 人，后缩编为 86 人③；民国寻乌乡镇一直稳定在十六七个建制，表明每一个乡镇一般都有 5—8 个行政人员。1942 年，蕉岭县的乡镇公所编制为 8 人，各保也设编制，为 4 人，其中保长 1 人，副保长 1 人，干事 2 人，民政、警卫、经济干事由副保长及国民学校教员兼任。④ 有编制者，都纳入县财政开支。这表明，"新县制"推行以后，国民政府的基层政权机构建设比清政府无疑增进了一步，至少已经深入乡镇一级，有的已经到达行政村这一级了。

其他行政机构的设置也纷纷下延。例如警察机构，1945—1948 年，瑞金县警察局在壬田、瑞林、九堡、武阳设立了 4 个区乡警察所（分局）。⑤ 再如电信机构，苏区革命后，瑞金县邮电局在武阳（1939 年改为临时邮局）、壬田、九堡、万田、黄柏、石门、油岗、大柏岭等地还设有 8 个代办所，电报局也在武阳设立了收发处；1940 年，长汀增设新桥、童坊、馆前、濯田、水口等乡邮政代办所及 4 个信柜；抗战时期，除县城外，梅县还有松口、丙村、畲坑、隆文 4 个邮政局，全县邮政代办所

---

① 参见梅县志编纂委员会编《梅县志》，广东人民出版社 1994 年版，第 812、814 页。
② 《林公顿（1899—1957）》，载政协平远县文史资料编辑委员会编《平远文史·平远人物专辑 1》第 9 辑，1998 年印，第 85 页。
③ 参见寻乌县志编纂委员会编《寻乌县志》，新华出版社 1996 年版，第 274 页。
④ 参见蕉岭县地方志编纂委员会编《蕉岭县志》，广东人民出版社 1992 年版，第 427 页。
⑤ 参见瑞金县志编纂委员会编《瑞金县志》，中央文献出版社 1993 年版，第 241 页。

43 处、信柜 26 处。① 卫生和教育机构也向乡村基层延伸。1940 年，长汀县新桥、河田、古城、濯田继县城设卫生院后均设分院；到 1946 年，梅县共有区卫生院 1 所，乡镇卫生所 4 所。② "新县制"推行以后，边区各县的乡（镇）中心小学和保国民学校普遍建立，各学校办学经费均享受国民政府财政资助。

四 民众国家政治与民族意识的强化

随着政府管理机构的增设和下延及其专业化管理职能的强化，边区地方政府整合社会和组织民众的能力大为提高。另外，抗战前后现代新闻出版、大中专院校等文教事业的出现与发展，现代公路交通和通信网络的建成，也为地方政府整合边区提供了条件。以上因素使得边区地方政府能够更为便利、更为快捷地把国家与民族观念、抗日救亡等时代主流意识贯彻于边区基层；边区中国共产党的努力和国共统一战线的建立，更进一步加强了上述主流意识在基层的贯彻力度。在此背景下，历受东南抗日战火洗礼和激荡的边区民众，其国家与民族观念日益增强，"抗日救亡"成为时代主流。

各种抗日救亡团体如雨后春笋般成立，对边区民众的组织动员广泛而深入。"在闽西，在潮梅，先后成立与组织了'随军工作队''下乡工作队''区乡的民众抗敌服务团''青年战时服务团''流亡宣传团'等等"；"全岭东的青抗会员约有一万多人"，"梅县中等学校的学抗会有五六千人"。③ 据有关资料统计，抗战期间仅福建全省为抗日救亡奔走呼号的戏剧团体就有 200 余个。④ 这些抗日救亡团体，从其团体的社会属性看，有"学抗会""青抗会""妇抗会""商抗会"等组织。其中，既有

① 参见陈诒修，陈政均纂《瑞金县志稿》，1942 年印，第 119、120 页；长汀县志编纂委员会编《长汀县志》，生活·读书·新知三联书店 1993 年版，第 297 页；梅县志编纂委员会编《梅县志》，广东人民出版社 1994 年版，第 443 页。
② 参见长汀县志编纂委员会编《长汀县志》，生活·读书·新知三联书店 1993 年版，第 774 页；梅县志编纂委员会编《梅县志》，广东人民出版社 1994 年版，第 974 页。
③ 福建省档案馆、广东省档案馆编：《闽粤赣边区革命历史档案汇编（1937.9—1939.7）》第 3 辑，档案出版社 1988 年版，第 207、351 页。
④ 参见邱文生主编《永安抗战进步文化活动》，海峡文艺出版社 1994 年版，第 9 页。

共产党领导的团体如"岭东各地青年抗敌同志会",也有国民党领导的团体如各地"抗敌后援会"。一些大的抗日救亡团体如江西省乡村抗战宣传巡回工作团、蕉岭县"东区服务队"、福建省教育厅的"战时民众教育巡回施教团",还举办各种形式的干训班,协助当地组建抗宣团队,培训抗宣人员等。①

在上述各色抗日救亡团体的宣传鼓动和组织下,面向民众的抗日救亡宣传活动深入城乡。1938 年,梅县 1000 多高中学生下乡开展救亡运动,在乡村"建立了二百多个夜校,吸引了整千整万的青年农工劳动妇女读书";他们"深入到每个角落去开展救亡工作……并推动和帮助乡村的战时教育,建立经常的宣传教育工作"。中国共产党领导的救亡团体通常都把抗日救亡宣传和社会生产实践结合起来,如动员学生教员帮助抗属春耕,领导群众筑坡开圳,号召儿童收拾肥料等。以上方式在闽西的永定、龙岩和粤东的潮梅、大埔等地均取得了很好的成绩。② 抗日救亡团体采取了灵活多样方式进行宣传,例如选择圩日演唱《大刀进行曲》等抗战歌曲,表演《放下你的鞭子》等街头剧,并散发抗日宣传品;会同当地党政文教各界,联合发起召开抗战形势报告会、座谈会,宣传抗日救国思想;在城乡绘制抗战标语和墙头漫画;发动群众抵制日货,慰劳前方将士;开展多种形式的义卖、义演、义劳、义展、义捐活动,为抗战救国募集资金和物资;创办各种报纸杂志,宣传抗日救国观念,如福建长汀国立厦门大学战时后方服务团主编的《唯力》、连城福建省抗敌后援会主编的《战地通讯》、南昌吉安生活书店出版的《教战月刊》、梅县南华学院学生自治会主编的《南大期刊》等,这些杂志面向社会各界发行,都以抗战救亡为宣传主题。经过广泛而深入的抗宣活动,边区"穷乡僻壤的农村,也荡漾着救亡歌曲的余响和抗敌的标语了";"各地的慰

---

① 参见吴识沧《追记江西省乡村抗战宣传巡回工作团》,载政协江西省委员会文史资料研究委员会编《江西文史资料选辑》总第 17 辑,1985 年印;赖一璜《东区服务队在蕉岭》,载政协广东省梅州市委员会文史资料委员会编《梅州文史》第 9 辑(纪念抗日战争胜利五十周年专辑),1995 年印,第 192 页;邱文生主编《永安抗战进步文化活动》,海峡文艺出版社 1994 年版,第 9 页。

② 参见福建省档案馆、广东省档案馆编《闽粤赣边区革命历史档案汇编(1937.9—1939.7)》第 3 辑,档案出版社 1988 年版,第 203、360—361 页。

劳军队、优待抗属、扩大春耕（闽西南最好），特别是一元还债、募捐和义卖运动（梅县、兴宁、龙岩）已经成为真正广泛的群众运动，深入到各阶层和穷乡僻壤中";"大大地把农村间民众的抗敌情绪与民族意识提高了"。①

边区民众则纷纷参战支前，以实际行动表达了自己抗日救亡的热情和保家卫国的决心。众多边区青壮劳力踊跃参军入伍，奔赴前线打击侵略者。据有关资料显示，八年抗战中，江西应征入伍的兵员共103.7万人，占国统区动员应征人数的7.5%。而据笔者不完全统计，抗战期间，赣闽粤边区从军人数至少在10万以上，梅县一县就近2万人。② 更多的青壮劳力则把保家卫国的热情投入到后方军需服务当中。例如，1943年夏，第12集团军决定将一大批武器弹药从定南县迁入安远县的鹤仔乡，鹤仔乡等地群众每天投工200多人，义务搬运武器弹药近半年；1944年，在江西大庾修建新城国际机场，赣南各县群众积极参加，单每天出工的民工就有几万人；赣州东南工合机器厂的全厂工人，齐心协力日夜锻造道钉，为修建机场出工出力。③ 捐献资金与物资，是边区民众爱国献金的集中体现。抗战初期，梅县人民共捐献国币1.14万元；蕉岭中学师生成立的"战时后方服务团"，1938年底，募制棉衣20件、慰劳袋250只（每袋内有万金油、八卦丹、毛巾各一），1939年初，又募得国币666元。④ 1939年，在闽粤边区的"一元还债运动"中，仅中国共产党领导

---

① 福建省档案馆、广东省档案馆编:《闽粤赣边区革命历史档案汇编（1937.9—1939.7）》第3辑，档案出版社1988年版，第208、352、207页。

② 参见黄鸣九《抗战前后国民党政府在江西的征兵概况》，载政协江西省委员会文史资料研究委员会编《江西文史资料选辑》总第17辑，1985年印，第144页；温锐、游海华《劳动力的流动与农村社会经济变迁——20世纪赣闽粤边区实证研究》，中国社会科学出版社2001年版，第114、105页。

③ 参见张景明《安远人民的抗日斗争》，载政协安远县委员会文史资料委员会编《安远文史》第7辑，1996年印，第26页；徐浩然《记新城国际机场的兴建与毁灭》，载政协江西省委员会文史资料研究委员会编《江西文史资料选辑》总第17辑，1985年印，第122、126页。

④ 参见梅县志编纂委员会编《梅县志》，广东人民出版社1994年版，第735页；张林景《蕉岭县抗日救亡概况》，载政协广东省梅州市委员会文史资料委员会编《梅州文史》第9辑，1995年印，第191页。

的群众团体就募得国币约 5 万元。① 抗战期间的安远县，几乎每年都要进行募捐慰劳活动，仅 1944 年濂江乡富家认购义卖春联达 382 对，募集法币 7640 元；1945 年，安远县募集鞋共计 3594 双、袜 1250 双。②"有钱出钱、有力出力"是广大边区民众实际行动的生动写照。

走出家庭的妇女也成为边区抗日救亡运动中的一支生力军。全面抗战爆发以后，边区各县相继成立"妇女抗敌后援会"等组织，积极参加抗日救亡活动，许多妇女逐渐走出厨房、走出家庭，活跃在抗日宣传的舞台上。兴宁和瑞金妇女代表队，都曾携带慰问品，奔赴潮汕前线，慰劳抗日将士；抗战中的赣县，各乡均设立妇女队，凡年在 18—40 岁的妇女每日参加训练两小时；梅县东山中学的女友会，利用暑期举办军事训练班和救护训练班，使学员掌握一定的军事和医护知识；蕉岭"东区服务队"曾经召开一次"三八妇女节"纪念会，与会妇女达 3000 多人；粤东各县则通过妇抗会、妇女会、妇女夜校等团体，组织起了数万的知识妇女和农村妇女。③ 赣闽粤边区是我国客家聚集地，客家妇女以吃苦耐劳而著称，抗战中，大批劳力参军参战，边区妇女勇敢地承担起大部分生产劳动和日常家务劳动。闽西的军需运输，"大部分是妇女出来充任"；福建输往粤、赣等省的食盐，"大部分利用人工运输"，其中"妇女占 90% 以上"；因此，在闽西通往粤东北和赣南的各条交通线上，"每天有成千成万的妇女，成群的搬运盐"，"不停地帮助政府的运输工作"。④ 赣南妇女同样如此。据当时记者估计，赣南"各工厂中，妇女至少要占职工人数总数的 40% 以上"，"她们自己所作的工作，已经由需学习的阶段

① 参见福建省档案馆、广东省档案馆编《闽粤赣边区革命历史档案汇编（1937.9—1939.7）》第 3 辑，档案出版社 1988 年版，第 358—359 页。

② 参见张景明《安远人民的抗日斗争》，载政协安远县委员会文史资料委员会编《安远文史》第 7 辑，1996 年印，第 25—26 页。

③ 参见兴宁县地方志编修委员会编《兴宁县志》，广东人民出版社 1992 年版，第 628 页；瑞金县志编纂委员会编《瑞金县志》，中央文献出版社 1993 年版，第 214 页；赣县志编纂委员会编《赣县志》，新华出版社 1991 年版，第 352 页；杨汾《梅县抗日救亡运动概况》、张林景《蕉岭抗日救亡概况》，载政协广东省梅州市委员会文史资料委员会编《梅州文史》第 9 辑，1995 年印，第 187、191 页；福建省档案馆、广东省档案馆编《闽粤赣边区革命历史档案汇编（1937.9—1939.7）》第 3 辑，档案出版社 1988 年版，第 351 页。

④ 陈学铨：《闽西的妇女——一支劳动的生力军》，《正气日报》1944 年 4 月 24 日。

变成了得力的技术人员";因此,该记者评价说:"在新赣南的建设事业中,如果有人问我,那些人出了更多的劳力与汗血?我的回答是新赣南的妇女们。"① 无论是边区民众参军入伍、服务抗战后方、捐献资金与物资,还是边区妇女的抗宣活动,尽管有些是边区政府的强制性义务,但是,边区民众抗日救亡的热情和保家卫国的决心却是事实。正如当时报刊所评论:"在百姓确乎实践了抗战的口号,'男人去当兵,儿童上学堂,妇女耕田地,老人看家乡'。"②

---

① 乡音:《新赣南的妇女》,《正气日报》1944 年 6 月 3 日。
② 同上。

第 五 章

后中央苏区时代赣闽边区恢复与转型

第一节　市场与商业的复苏

众所周知，1929—1934 年的赣闽边区（即中央苏区），中国共产党在此演练了制度创新的伟大尝试。与此同时，南京国民政府则对中央苏区展开了多次大规模的军事"围剿"。其间，国共双方前后数百万军队在赣闽边这块小小的山区展开殊死决斗。作为战区的赣闽边区，其人口、经济与社会遭受巨创，市场被强行分割和固化，当地社会经济一度跌入"谷底"。1937 年全民族抗战爆发以后，赣闽粤边区逐渐改变了其社会经济边缘化的地位，迎来了第一次现代化浪潮，其商品经济呈现出蓬勃的发展势头，并逐渐成长为东南抗战的大后方（参见第三章各节的有关阐述）。作为赣闽边区社会经济发展重要表征之一的市场与商业，是如何从一个遭受战乱破坏的状态中走出来，恢复发展并重获生机的呢？

一　市场与商业的恢复性成长

20 世纪 30 年代初的赣闽边区，国共间战火蔓延，市场因战争而分割，商品经济发展缺乏生存的空间。早在第五次"围剿"战争全面发动前的 1933 年春夏，南昌行营先后颁布《封锁"匪区"条例》①《补充封

---

① 参见《封锁"匪区"条例内容》，《申报·号外》1933 年 3 月 4 日第 1 版。

锁"匪区"办法》①,严格实行经济封锁政策,欲从经济上置苏区政权于死地。苏区国民经济部长吴亮平在其报告中称为"毒辣的封锁政策",并坦诚地说,"在敌人残酷经济封锁中,我们盐的供给特别感觉到困难"。② 革命亲历者后来的回忆也证实,"由于敌人的封锁,造成苏区盐、布、西药材奇缺,粮食、钨砂、烟、纸、樟脑出口困难,直接影响到群众和红军的生活,影响了革命战争"。③ 中国共产党当时的文件中有诸多类似的记载,在此不一一列举。我们可以认定的是,南京国民政府对中央苏区实行严厉的经济封锁政策,是迫使中央红军不得不实行战略转移的主要原因之一。

但是,人所共知,经济封锁政策是一把双刃剑,它在给予中央苏区以致命经济打击的同时,也同样为"国统区"的经济贸易和商业发展设置了重重障碍。例如油盐须由各县政府主持下的食盐火油公卖会发卖,商人经营各种日用品等物资须凭公卖证(由商人所在地封锁管理所或商会等机构发给)贸易,人民购买生活用品亦须凭单(由居民所在保或保联开具)购买,并且人民购买食盐火油之食用量不能超过全家总人口 5 日之需的数量。④ 显然,经济封锁与油盐公卖是战时政策的派生物,与社会常态下自由竞争的商业贸易精神是背道而驰的。因此,1933 年夏,随着南昌行营第五次"围剿"战争的发动、赣闽边区各县重新被国民政府军占领以后,该地区的市场与商业恢复社会常态下的自由贸易状况就顺理成章。

刚刚被国军收复的赣闽边区各县,普遍存在百物缺乏、价格昂贵的现象。例如崇仁县城(1933 年 7 月),"百货价高,日用食品,如青菜各物,亦甚昂贵,韭菜每斤价三百文、苦瓜一斤九百文,且供不应求,生活程度极高,实为从来所未有,柴薪尤为缺乏"。⑤ 1934 年 7 月,闽西北的建宁城,"货物多来自江西之黎川,其价格之昂贵,颇堪惊人,至少倍

---

① 参见《补充封锁匪区办法》,《申报》1933 年 8 月 19 日第 11 版。

② 亮平:《经济建设的初步总结(1933.9.30)》,载江西省档案馆、中共江西省委党校党史教研室编《中央革命根据地史料选编》下册,江西人民出版社 1982 年版,第 609、610 页。

③ 王贤选、何三苟:《中央苏区反经济封锁的片断回忆》,载陈毅、肖华等《回忆中央苏区》,江西人民出版社 1981 年版,第 352 页。

④ 参见《蒋委员长改善公卖办法》,《申报》1934 年 1 月 5 日第 12 版。

⑤ 《崇仁逃外难民回县 商业逐渐恢复》,《江西民国日报》1933 年 7 月 16 日第 2 版。

于黎川售价，有高至七八倍者"①；11 月的长汀县各地，也是"物质缺乏，无处可寻买，盐、油、铁钉、火柴、药材，一切日用必需品，皆全靠龙岩陆路运往，昂贵异常"②。

天津《大公报》的一位记者是最早一批深入赣东南各县考察的新闻人之一，他于 1934 年 11 月至 1935 年 1 月，遍游广昌、宁都、瑞金等县，其沿途的生活经历和见闻为我们留下了真实可靠的商业状况记录。在广昌县城（11 月初），记者所住旅馆附设的饮食部，"荤菜一元起码，青菜汤一碗亦需二角四分，大致高出南昌已六七倍"③；广昌新安镇（11 月初），"街中店铺，仅寥寥三五家，门为半掩半闭，除猪肉及挂面等食品外，其他无所出售者"④；瑞金县城的食品物价（见表 5 - 1），低的为南昌的 1.56 倍，高的为 4.5 倍，平均为 2.88 倍，尽管城防司令部以布告的形式规定了生活日用品的价格，但"非有清乡善后委员会或区办事处出条证明，在普通店户，实无法购得"⑤。然而，普遍之外也有特殊，据江西省党部收复区工作团成员的见闻，1935 年 1 月，兴国县城的米，"每元可买二十八斤至三十斤，燃料菜蔬均极价廉"⑥。这至少说明，并不是所有商品和所有收复区的物价都昂贵。

就一般而论，省会城市的日常生活用品物价应该比普通县城稍高，而当时的南昌，党政军人口激增，物价比平时已然高涨，刚收复之后的上述各县城镇，物价居然还比南昌贵数倍，确实是物超所值了。鉴于这种情况，江西省第 12 区专员⑦邵鸿基也以宁都县城"一切货物价格昂贵"，和瑞金城防司令部一样，于 1935 年初再次召集商会各委员商讨办法，欲采取措施抑平物价⑧，结果不知如何，没有后续资料进一步说明，

---

① 《收复后之建宁城》，《江西民国日报》1933 年 7 月 25 日第 3 版。
② 《长汀劫后景象》，《申报》1934 年 11 月 15 日第 9 版。
③ 《赣省收复"匪区"现况》，《大公报》1934 年 12 月 28 日第 4 版。
④ 《赣省收复"匪区"现况》，《大公报》1934 年 12 月 29 日第 4 版。
⑤ 《赣省收复"匪区"现况》，《大公报》1935 年 2 月 8 日第 4 版。
⑥ 廖上瑶：《兴国之现状与善后》，《江西民国日报》1935 年 2 月 9 日第 3 版。
⑦ 1935 年 5 月以前，江西省第 12 行政区管辖广昌、宁都、石城、于都、瑞金、会昌 6 县，区署先驻广昌，后驻宁都；1935 年 5 月以后，江西省行政区改划，第 12 行政区改为第 8 行政区，增辖兴国县，区署仍驻宁都。
⑧ 参见《十二区专员邵鸿基抑平宁都物价》，《江西民国日报》1935 年 1 月 14 日第 3 版。

但新收复区物价高昂的现象至少持续了相当长的时期。据中央社记者记载,1935 年 3 月,广昌物价,"每元仅购猪肉二斤半,菠菜竟售至二角一斤,较南昌等处贵十余倍"。[①]

表 5-1　1934 年 12 月底至 1935 年 1 月初瑞金县城物价及比价概况

商品名称	城防司令部规定价格	市场实际卖价	商品名称	瑞　金	南　昌	倍数
糙米	23 斤/元	20 斤或 18 斤/元	饼干(瓶)	1 元 4 角	9 角	1.56
白米	20 斤/元	15 斤上下/元	罐头(罐)	6 角	3 角 2 分	1.88
晚谷	1 担/3 元		牛乳(罐)	4 角	2 角	2
猪肉	3 斤/元		鸡蛋(个)	5 分	1 分 5	3.33
鸡	25 斤/元		馒头(个)	5 分	1 分 2	4.17
鱼	4 斤/元		花生(斤)	4 角 5 分	1 角	4.5
鸭	3 斤/元		橘子(斤)	3 角	9 分	3.33
			白干酒(瓶)	9 角大洋	4 角大洋	2.25
			平均倍数			2.88

说明:1. 据本表"资料来源"所列资料编制而成。2. 饼干特指泰康小号狮牌饼干,罐头特指凤尾鱼罐头,牛乳特指小号鹰牌牛乳,瑞金的橘子为广东产,南昌的橘子为本地产。3. 一斤等于市斤 16 两。

资料来源:《赣省收"复匪"区现况》,《大公报》1935 年 2 月 8 日第 4 版。

在百物昂贵的浪潮中,还有一种特殊的现象,即与民生密切相关的金融投机——银价高涨现象。例如,1934 年 5 月,在南昌,每元国币可兑换铜元 340 枚,但在广昌,只能兑换 300 枚。[②] 漳州和厦门,原来大洋 1 元兑换铜元 370 余枚,小洋 1 元兑换 30 枚,1934 年底,因漳厦商人"竞运铜元赴收复匪区丰利,两旬来流入连城、长汀、瑞金、会昌铜元,其量甚巨",致使 12 月中旬,大洋 1 元只能兑换铜元 235 枚,小洋 1 元兑换 20 枚,12 月下旬有所恢复,也分别只能兑换 270 枚、24 枚。[③] 银价高

---

① 《江西农村视察记(三)》,《大公报》1935 年 3 月 11 日第 3 版。
② 参见《收复后之广昌》,《江西民国日报》,1934 年 5 月 20 日第 2 版。
③ 参见《闽赈会筹放闽西急赈》,《申报》1934 年 12 月 28 日第 9 版。

涨，物价无形之中跃高，此种现象持续了相当长的时间。正如当时报刊披露，江西"各收复区商业均已次第恢复，惟各区现零铜元极感缺乏，找零颇不容易，致买卖零星日用品，动辄数百文起码"。因此，尽管商会或商人发行"花票"的行为一向为政府所禁止，但是1935年6月间，石城等县商会，仍然迭请省商联会转呈省府，"体恤收复区商业，尚在力谋繁荣时代，准通融暂由商会发行辅币，以维市面金融"。①

收复各县百物缺乏、价格昂贵的现象有多重致因。一是赣闽边区多年处于被封锁状态，百物皆缺；二是中央苏区的物资几乎全部统制于战争，红军转移时，又带走了大批物资；三是第五次"围剿"战争持续了一年多时间，交战边区农业生产受到严重影响，1934年夏秋的农业收获季节时，交战边界无人收割，米粮等农产品大量减产；四是现代公路未能在短时期内展拓到边区中心各县，大宗货物一时也不能及时运入，所有接济货物均依靠肩挑手推；五是赣闽边区中心各县国军云集，收复后参观及考察人员蜂拥而入，消费市场广大；六是收复后之各县，原苏区发行的货币禁止流通，而国币一时又未能信用十足，市面交易所需的小额货币短缺，从而引发铜元兑换投机，无形中抬高物价等。

不过，尽管诸多商品"价格昂贵"，但不一定都"供不应求"，例如猪肉、香烟、饼干、罐头等，毕竟这些商品对于普通老百姓来说，均属生活奢侈品。在当时战后残破的收复区各县，真正"供不应求"且大量销售的商品应该是老百姓的生活必需品，主要有以下数种。

第一种是米粮。第五次"围剿"战争发动不久，国民政府当局就做好了调剂收复区米粮可能供应不足的准备。1934年初，南昌行营粮食管理局就拟购囤粮食，接济新收复地方，其第一期计划是在峡江、金溪、临川、吉安等地，预先购粮囤积，临时接济藤田、资溪、黎川、凤岗、赣县等地。粮食管理局撤销后，行营又令四省农民银行在临川、吉安等地设立粮仓，接办调剂事务。② 各县收复以后，上述各地囤积米粮经过肩

① 《各收复区商会请发行辅币券》，《江西民国日报》1935年6月20日第5版。
② 参见《粮食局拟购囤粮食接济新收复地方》，《江西民国日报》1934年2月5日；《四省农民银行调济收复区粮食》，《江西民国日报》1934年11月29日第3版。

挑手提,源源不断地得以输入,或直接向难民发放,或由相应机构平卖①。闽西收复后,福建省赈务会主席陈培锟,由漳州购米千包,运往长汀接济。②

第二种是食盐。1933 年夏季的南城,食盐销售火爆,盐仓积盐,均由各商零星售馨。③ 1934 年底,江西省公路处"以赣南新收复各县,需盐孔亟,运盐车辆过少,难以接济",特调派新装置的客货两用车 10 辆,前赴吉安车站,"以供盐运"④;同期,江西省政府迳据邵鸿基专员电告,宁都石城两县难民缺盐,旋即决定由省赈务会购盐两万斤,分往两县散放⑤;12 月间,省赈务会又以兴国、宁都缺盐,经筹巨款购得食盐 3 万斤,运往两县接济⑥。至 1935 年 1 月间,宁都食盐已经开始公卖,"日须三千余斤",关于石城、广昌、宁都、于都等县食盐之持续供给,则呈准行营,拨专车 5 辆从事运输。⑦ 闽西各县收复后,"颇感盐荒",当局"决拨封存杭峰之盐数万包,运往平售"⑧;同时,在陈培锟的主持下,向石码盐务局拨盐 10 万斤,"准由商人运往长汀、连城、宁化三县平卖"⑨。

第三种是布匹和牲畜等。1934 年,江西各县收复,南昌土布销售市场扩大,销路激增,据南昌市布业经纪人估计,当年出售土布 300 万匹,比上年增加 100 万匹,销售总值 500 余万元。⑩ 同年 12 月,南京国民政府行政院政务处处长彭学沛,由临川经广昌前往宁都参加"三路军追悼

---

① 参见《粮食管理局最近两周内办理接济民食情形》,《江西民国日报》1934 年 5 月 27 日第 2 版。

② 参见《闽赈会筹放闽西急赈》,《申报》1934 年 12 月 28 日第 9 版;《闽西办理善后》,《申报》1934 年 12 月 17 日第 7 版。

③ 参见《南城盐荒 现正由榷运局运盐前往接济》,《江西民国日报》1933 年 7 月 25 日第 7 版。

④ 《公路处增拨车辆接济赣南盐运》,《江西民国日报》1934 年 11 月 19 日第 3 版。

⑤ 参见《购盐两万斤运往宁都石城散赈》,《江西民国日报》1934 年 11 月 25 日第 3 版。

⑥ 参见《省赈务会运盐救济兴国宁都难民》,《江西民国日报》1934 年 12 月 8 日第 4 版。

⑦ 参见《赣省收复"匪区"现况》,《江西民国日报》1935 年 1 月 24 日第 4 版。

⑧ 《行营召商赣收复区善后》,《申报》1934 年 11 月 17 日第 3 版。

⑨ 《闽赈会筹放闽西急赈》,《申报》1934 年 12 月 28 日第 9 版。

⑩ 参见《南昌出产土布 去年销路极广》,《江西民国日报》1935 年 1 月 25 日第 4 版。

会"，据其记述，沿途"路上常见赶猪的，一群一群的赶进旧时的匪区里来"①，于此可见牲畜贸易的繁盛。

随着现代公路向边区的延伸展拓，省城商家也纷纷运输货物向新收复区销售。1934年春节刚过，南昌各业商人纷请市商会，发给证明，即日起运大宗货物赶往收复区销售②；8月，南昌至赣州公路贯通，一时商机涌现，省城商人纷纷准备运货赣州销售，恢复向有贸易③；年底，瑞金、石城、宁都等县商人，均赴南昌采办货物，与各该县素有业务往来的省会商家，亦以大宗日用品运往各县售卖，而小本商人，也不放过这难得的推销机会，均运货赶往兜售④。在市场机制的激励下，贩商走卒也风尘仆仆，赶赴各县城镇，摆点设摊，就地买卖，各收复县区商业很快呈恢复性成长。闽西的连城，1934年6月收复，到9月初，"货担络绎来往"，"境内各大街之商店均已营业，外来生意之货摊尤多"⑤。兴国在收复前后，即有许多随军商贩，纷集高兴墟和县城设摊售货；1934年11月间的高兴墟，"每逢墟期，军民来墟交易者，非常踊跃，已有人山人海之概，市面已渐臻繁盛"⑥；次年初的县城，则有商店400余家，驻军合作社10余家，千元左右资本的商店不过10家，百元以下的250多家，一般难民，多经营小商小贩⑦。1935年初的于都县城，虽然只存小街一条，形如曲尺，但"日中互市颇盛"，各店资本多不上百元⑧；3月间的宁都县城，"工商业亦渐行活跃，省城及邻县商人均运到大批货物，商店增加，

---

① 彭学沛：《江西农村"匪区"视察记》，载《游客话江西》，上海汉血书店1937版，第20页。

② 参见《市各业商人备资运货接济各收复区》，《江西民国日报》1934年2月23日第2版。

③ 参见《南昌赣州间通车后　省商备货运赣州》，《江西民国日报》1934年8月6日第3版。

④ 参见《各收复区商业逐渐恢复》，《江西民国日报》1934年12月2日第3版。

⑤ 叶如音：《连城前方视察记（二）》，《大公报》1934年9月17日第4版；《收复后之连城》，《申报》1934年9月7日第3版。

⑥ 《兴国高兴墟日臻繁盛》，《江西民国日报》1934年11月21日第4版。

⑦ 参见廖上璠《兴国之现状与善后》，《江西民国日报》1935年2月9日第3版。

⑧ 参见《于都观感记》，《江西民国日报》1935年2月12日第4版。

市面已转繁荣"①;7 月间的瑞金,"各业商人多回籍营业","日趋繁荣"②。

　　1935 年下半年以后,由于多种原因的激励(参见下文阐述),赣闽两省社会经济呈恢复性成长,边区市场与商业逐渐恢复常态。例如,1936年,以赣南木材为输出大宗的江西木材出口旺盛,一改战时输出"一落千丈"的局面,当年出口达"百数十万元"。③ 江西省进出口贸易,以前每年入超千万元以上,1936 年竟然一改入超面貌,贸易出超额达 500 万元。④ 江西自产自销的土布,1936 年销售额达到 290 余万元,比上年增加110 余万元。⑤ 1935 年后的连城,商业逐渐繁荣,营业商号增多,外来洋货激增,商业人才辈出。⑥

二　市场与商业复苏的原因

　　如上所述,进入 1934 年以后,随着国共间大规模战事的逐步消弭,赣闽边区市场重归统一,民间自由贸易逐渐恢复,商品经济重获生机,区域市场与商业渐现生气。这一切都为赣闽边区成长、为东南抗战的大后方打下了良好的基础。在短短的三四年之中,赣闽边区市场与商业是如何由此前的枯竭和封闭状态,逐渐转向活跃,并呈现出社会常态下的发展势头呢?细细考察,有以下几方面原因。

　　第一,1934 年底以后,赣闽边区国共间大规模战事结束,这为边区商业的恢复和商品经济的发展提供了可能与保障。平心而论,1929—1934 年,国共双方前后数百万军队在赣闽边这块小小的山区展开殊死决斗,此一时期的赣闽边区,完全处于战时状态。在这种战时状态中,一切服务于战争,一切服从于战争,作为社会经济重要组成部分的工农

---

① 《邵专员请将各县公产拨为教育专款》,《江西民国日报》1935 年 3 月 18 日第 4 版。

② 《瑞金县商会恢复组织》,《新赣南日报》1935 年 7 月 21 日。

③ 《赣木材出口旺盛》,《大公报》1936 年 11 月 19 日第 10 版。

④ 参见《去年本省贸易出超五百万元》,《江西民国日报》1937 年 3 月 23 日第 6 版。

⑤ 参见《去年土布销路达二百九十余万》,《江西民国日报》1937 年 2 月 8 日第 6 版;《本省农产土布产销甚旺》,《江西民国日报》1937 年 3 月 11 日第 6 版。

⑥ 参见吴鸿猷《我耳闻目睹的连城工商业》,载政协连城县委员会文史资料委员会编《连城文史资料》第 23 辑,1996 年印,第 84—85 页。

业生产不仅难以正常发展，而且遭受到战火的严重破坏；建立在工农业生产基础之上的商业和商品经济犹如空中楼阁，自然缺乏生机而沦落为枯竭的境地。因此，战争不结束，该地区的商业和商品经济就不存在展拓的空间。1934 年底以后，边区区域市场重归统一。在市场机制的激励下，商品经济重新趋于活跃，边区商业自然逐渐恢复。同时，战后边区相对稳定的政治局面也为商品经济和商业的持续发展提供了较好的平台。

第二，战后封锁与公卖政策的逐步取消，为市场和商业的恢复与繁荣提供了契机。国共大规模军事争战结束以后，为利民便和民生，对于"恢复安全状态"县份的封锁机关，南昌行营通令撤销。1934 年底，闽绥靖公署通令"所有闽省封锁机关，一律撤销，汀江漳江两督察十五前结束，余各限月底结束"①；翌年 1 月 7 日，地处赣州的赣江封锁督察处也奉行营饬令正式结束，其缉查队及巡查船只归还原建制②。对于"残匪尚未清除之新收复区，则仍然加紧封锁，由民政厅设立封锁股，管理其事。收复区良民日用品运输护照，则由保安处管理统制"，"食盐公卖，一律交由已组成立之合作社运销"。③ 1935 年下半年，赣闽边区各新收复县在解除封锁之际，均将盐油公卖事项交由本县合作社联合会接办，江西省第 8 行政区基本上是由县联合预备会接办。例如，1935 年 8 月，江西第 8 行政区所辖石城县解除封锁后，"油盐两项，系由驻县合作指导办事处主持，分设联预会销售"。④ 当年底，第 8 区各县农村合作社联合预备会相继接办食盐火油公卖事务，各县所需的食盐均经区联合会购买，并经请令准"一律购销粤盐"。⑤

火油食盐归合作社公卖，国民政府原来制定该办法的目的是"树立统制经济的基础，促进合作事业之发展"，"减除中间人之操纵剥削"等，

---

① 《闽绥署通令撤销封锁机关》，《申报》1934 年 12 月 16 日第 3 版。

② 参见《赣州封锁督察处办理结束》，《江西民国日报》1934 年 1 月 13 日第 4 版。

③ 《赣省封锁逐步取消　食盐公卖由合作社接递》，《江西民国日报》1935 年 2 月 28 日第 9 版。

④ 《行营令准解除石城封锁》，《江西民国日报》1935 年 8 月 29 日第 6 版；《各县解除封锁油盐取消公卖》，《江西民国日报》1936 年 6 月 27 日第 5 版。

⑤ 《宁都禁发购运油盐护照》，《江西民国日报》1935 年 12 月 22 日第 7 版；《赣南各县撤销封锁后准予购销粤盐》，《江西民国日报》1935 年 10 月 22 日第 8 版。

可谓一箭双雕、用心良苦。然而,各县合作社在具体的操作经营中,却"搀和泥沙,抬高物价,改小市秤"等①,借以营利。"统制经济"的垄断原则也与市场经济的自由竞争这一基本规则相背离,执行中的结果未必如制定者所愿。当时的观察者就指出合作社公卖与初衷"适得其反",并以宁都县为例证,说该县合作社经营办法是,"由县联合会先向赣县之盐商批购,经区联合会之手,间接零售于会员及非会员,所得利益则由会员均分之,而非会员则不能享受此项权利,与非会员交易,按之合作原则,尚无不当之处,但以会员而攫取非会员应得之利益,实非正当办法"。② 另外,火油一项,也逛据"驻汉英美各国领事照会,请予尊重条约,恢复人民买卖自由";基于以上多方面原因,1936 年 4 月,蒋介石发布命令,江西各县"概予解除封锁,撤销公卖……俾全省商民,一律买卖自由"。③ 该命令在赣闽两省被贯彻执行。例如,1936 年 6 月,石城县"遵令取消公卖,准许人民自由购运"。④ 1938 年以前,龙岩食盐购销均为商办。⑤ 换言之,1936 年春夏以后,油盐公卖政策在赣闽边区的逐步撤销,表明垄断原则被废除,市场机制可充分发挥它的"看不见的手"的作用,成为激励市场和商业恢复并走向繁荣的发动机。

第三,战后国民政府在赣闽边区实行农村合作与"金融下乡"政策,促使边区工农业生产的恢复,从而为市场和商业的复苏打下了坚实的基础。1935 年春夏,国民政府为恢复战后边区工农业生产,派员分赴农村指导农民组织农村利用合作预备社,然后通过合作预备社将农业救济贷款发放给社员,使农民有资本从事春耕生产。由于农村利用合作预备社的普遍组建,使得政府的"扶农"资金能够迅速地流向农村。当年,江西省第 8 行政区 7 县共获得农业救济贷款、农仓贷款、特种贷款等至少

---

① 《奉军事委员会委员长蒋核准将彭泽瑞昌等县解除封锁撤销公卖令仰遵照办理具报》,载江西省政府秘书处公报室编印《江西省政府公报》第 468 号,1936 年 4 月 13 日,第 9—10 页。

② 方显廷:《论江西经济及其复兴》,载《游客话江西》,上海汉血书店 1937 版,第 101 页。

③ 《奉军事委员会委员长蒋核准将彭泽瑞昌等县解除封锁撤销公卖令仰遵照办理具报》,载江西省政府秘书处公报室编印《江西省政府公报》第 468 号,1936 年 4 月 13 日,第 8—10 页。

④ 《各县解除封锁 油盐取消公卖》,《江西民国日报》1936 年 6 月 27 日第 5 版。

⑤ 参见郑丰稔纂《龙岩县志》第 9 卷,厦门风行印刷社 1945 年印,第 21 页。

70 万元以上，闽西的龙岩、长汀等县也获得数万至 10 万元贷款不等。①
"人事"的努力加上"天时"的助力，边区工农业生产均呈恢复性成长。
例如，1935 年、1936 年，赣南连续两年农业生产丰收②；1937 年初，江
西纸业著名产地之一——石城县横江镇，110 余纸槽恢复生产，年可产纸
20000 余担③。闽西经济的支柱产业——纸业也获得转机，1936 年，长汀
纸业产量达到 25000 余担，恢复到战前的十分之二④；1934 年以后，连城
纸业呈现发展趋势，仅姑田一地就有纸庄商号 40 多家，开办 400 多纸槽，
年产纸 40000 多担，1935 年并开拓了越南等海外市场⑤。由于工农业生产
渐渐恢复，农村经济趋于活跃，农民购买力增强，市场和商业自然随之
复苏。

　　第四，战后赣闽边区现代市场网络（公路交通网、邮电与电报网、
电话网络）的重建或新建，为市场和商业的复苏与拓展提供了无限的空
间。应国民政府"交通剿共"政策的需要，20 世纪 30 年代前半期，赣闽
两省公路建设突飞猛进。到 1934 年底，江西全省已经完成公路 4900 公
里，尚有 1384 公里的公路正在修筑中；福建省也完成 2532 公里的公路，
正在修筑中的有 836 公里。⑥ 赣闽边区的公路绝大部分开始于 1933 年以
后，随着国民政府军的进占而不断地向中心各县展拓，"自从五次围剿开
始，特别注意军事交通，由后方直向前方修筑公路，打下一县即修一县，
所修公路，均相当平整坚实"。⑦ 到抗日战争爆发前后，赣闽粤边区已经
建成了"三横两纵"的公路网络。循着这一网络，东可达江浙，东南可
至福州、厦门、漳州，南可至潮汕，西可至赣县、韶关和湖南，北可至

<hr>

① 参见游海华《农村合作与金融"下乡"——1934—1937 年赣闽边区农村复苏考察》，
《近代史研究》2008 年第 1 期。
② 《收复县区早稻丰登》，载江西省政府秘书处统计室编《经济旬刊》第 5 卷第 2、3 期合
刊，1935 年 7 月 25 日，第 1 页；《各地丰收　商业活跃》，《江西民国日报》1936 年 10 月 20 日
第 12 版。
③ 《农合会力谋发展横江纸张》，《江西民国日报》1937 年 2 月 20 日第 1 版。
④ 参见《闽纸业衰落》，《江西民国日报》1936 年 11 月 19 日第 10 版；《闽长汀纸业转机
县府借款贷与纸槽》，《江西民国日报》1936 年 11 月 2 日第 10 版。
⑤ 参见《连城手工造纸业的起源、发展和展望》，载政协连城县委员会文史组编《连城文
史资料》第 8 辑，1987 年印，第 102—103 页。
⑥ 参见《"剿匪"各省公路网即完成》，《申报》1935 年 10 月 6 日第 10 版。
⑦ 傅有权：《赣南"匪区"纪实》，《大公报》1934 年 9 月 2 日第 3 版。

南昌、鹰潭等。① 随着公路网络的建成,赣闽边区的公路运输业也应运而生。省际公路干线的客运,一般由省公路处直接经营,县道通常由县政府自行行车,货运则"准许商人自由营业"。② 例如,1936 年,瑞金与长汀之间公路开始办理客货联运,由福建省龙汀连公司负责③;闽西南各干线公路也实行联运,从龙岩至厦门 380 里路程,只需 7 小时④。

　　与全新的公路建设事业不同,20 世纪初,赣闽边区邮政与电信网络已经建立。⑤ 可惜的是,邮政与电信网络被 30 年代的国共战争破坏殆尽。1934 年底,赣闽边区各县全部收复以后,国民政府迅速重建了邮政和电信网络。到 1935 年初,赣东南宁都、会昌、于都、石城、瑞金等县均已恢复通邮,电报局虽只有宁都一县设立并开始营业,但"各县均有军用无线电台,故官方电报,仍能通达";1935 年后,江西所有县份的有线电报,"均先后恢复",可以通信。⑥ 在邮政与电报业务逐步恢复的同时,赣闽两省的电话网络得以重建或新建。到 1937 年上半年,江西全省长途电话网络基本建成,通达全国各省,仅公路处架设的电话就有 2619 公里,军修公路电话 1350 余公里,合计 3969 公里。⑦ 闽西各县在收复不久,就恢复了电话通信网络,据 1934 年底第 7 区⑧专员陈琢如的报告,"各县电话已通"⑨;福建省公路电话及县际间的长途电话网则在 1935 年底基本建设完成,闽西主要有漳州至龙岩 136 公里、沙县至永安 83 公里、朋口至

---

　　① 参见温锐、游海华《抗日战争时期赣闽粤边区的第一次现代化浪潮》,《抗日战争研究》2004 年第 4 期,第 4—7 页。

　　② 谭炳训:《十年来之江西公路》(22),载江西省政府《赣政十年》编委会编《赣政十年》,1941 年印,第 3 页(文页)。

　　③ 参见《瑞金至长汀公路办理客货联运》,《江西民国日报》1936 年 4 月 23 日第 6 版。

　　④ 参见《闽西南三干路联运》,《申报》1936 年 11 月 2 日第 4 版。

　　⑤ 参见温锐、游海华《劳动力的流动与农村社会经济变迁——20 世纪赣闽粤边区实证研究》,中国社会科学出版社 2001 年版,第 69—70 页。

　　⑥ 《各新复区邮局业已完全恢复》,《江西民国日报》1935 年 1 月 24 日第 3 版;张仲智:《十年来之江西电讯事业》(24),载江西省政府《赣政十年》编委会编《赣政十年》,1941 年印,第 2 页(文页)。

　　⑦ 张仲智:《十年来之江西电讯事业》(24),载江西省政府《赣政十年》编委会编《赣政十年》,1941 年印,第 9 页(文页)。

　　⑧ 福建省第 7 区当时管辖龙岩、宁洋、漳平、南靖、平和 5 县,区署驻龙岩。

　　⑨ 《闽省保甲办竣》,《申报》1934 年 11 月 25 日第 7 版。

连城 25 公里、朋口至长汀 64 公里、朋口至新泉 24 公里。①

公路交通网、邮电与电报网、电话网络等这些现代市场网络的重要组成部分，它们在战后的重建或新建，本身即是商业（服务业）发展的重要表现之一。1937 年前后，上述现代市场网络基本建设完成，毫无疑问当为市场和商业的复苏与拓展提供了无限的空间。

第二节　农村经济的恢复

苏区革命后，赣闽边区的恢复和转型，既依赖于市场和商业的复苏，也有赖于农村经济的恢复。南京国民政府对此极为重视，其重要举措之一就是采用农村合作方案，发挥金融下乡与资本扶助功能，借此启动与刺激了赣闽边区农村经济的复苏进程。关于民国农村合作运动，目前学界的研究基本上采用了一分为二的评价。积极方面：肯定农村合作运动在一定程度上推进了农村金融与经济的发展，改善了农民生活等。消极方面：一是从制度安排来讲，认为农村合作运动更多的是政府"主动"，农民"被动"，导致合作绩效并不理想；二是认为农村合作社实践的结果，最终使其"变异"为地主豪绅的牟利工具，背离了政府"拯救乡村和农民"的旨趣。② 就后中央苏区时代（1934—1937 年）的赣闽边区来

---

① 参见《闽省电话网完成》，《大公报》1936 年 1 月 1 日第 10 版。

② 主要代表作有：赵泉明、忻平：《乡村社会整合中的"异趣"——以 20 世纪 30 年代江浙两省乡村合作运动为中心》，《华东师范大学学报》2003 年第 1 期；忻平、赵泉明：《20 世纪 20—30 年代江苏农村合作运动论略》，《江苏社会科学》2003 年第 1 期；赵泉明：《合作运动与国家力量的扩张——以 20 世纪三四十年代乡村合作运动中政府行为为中心》，《河北大学学报》2003 年第 6 期；赵泉明：《困境中的选择——对国民党乡村合作运动政策确立过程的论析》，《社会科学研究》2003 年第 6 期；魏本权：《20 世纪上半叶的农村合作化——以民国江西农村合作运动为中心的考察》，《中国农史》2005 年第 4 期；秦宏毅：《抗战时期的广西农村合作事业》，《广西社会科学》2003 年第 4 期；梅德平：《国民党政府时期农村合作社组织变迁的制度分析》，《民国档案》2004 年第 4 期；廖建林：《十年建设时期南京国民政府农村合作运动及其实施成效》，《江汉论坛》2005 年第 3 期；汪效驷：《民国时期安徽农村合作运动》，《安徽师范大学学报》2005 年第 9 期；傅宏：《民国时期农村合作运动述评》，《徐州师范大学学报》2000 年第 4 期；傅宏：《论 1927—1936 年南京国民政府的农村合作运动》，《西南师范大学学报》2001 年第 1 期。

看,学界的上述评价是否适合该地的农村合作实践呢?对于上述问题,长期以来,学界并未展开研究。本节对此作一梳理和考察。

一 农村经济复兴方案及其筹办

假如说 1929—1934 年,赣闽边区因中国共产党在此演练了制度创新的伟大尝试而声名鹊起的话,那么,1934—1937 年该边陲之地社会与经济的恢复,自然也成为中外瞩目的焦点。1934 年底,随着赣闽边区国共大规模争战尘埃徐徐落定①,蒋介石先后发布多道命令,饬令赣闽地方政府采取多种措施,复兴"收复区"(原中央苏区)农村社会与经济。② 江西省政府主席熊式辉,也认为本省政府工作"今后之重心,自应由剿匪而移于建设",决定 1935 年为"江西建设年"。③ 因此,如何尽快恢复因战乱而几近崩溃的"匪区"农村经济,是处于执政地位的国民政府面临的紧迫问题。实际上,早在 20 世纪 30 年代初期,国民政府各级部门和官员就提出了多种救济和复兴方案,并在实践中筹备施行(除赣闽边区中心各县即"新收复区"以外,其他先行收复各县,已经开始实施)。

最先提出的是购办"农具、耕牛、种子"的农业急赈方案。因国共争战,人民逃生或自保未暇,农业生产资料多归于无,战乱结束后,各县纷请国民政府予以救济,以维持农业生产。1931 年春耕前,石城、安福等县呈称,耕牛因战争而殆尽,恳请购买耕牛急赈,省赈务会据情后当即派定委员及顾问讨论并拟订方案④;6 月,该方案经江西省赈务会讨论通过,办法分为三项:(1)呈请省政府拨款分配各被灾县,由各县府会同地方公团自行购买耕牛,分给各乡农民公用;(2)呈请省府转饬建

---

① 1934 年 10 月,中共主力红军主动撤离中央苏区,开始战略性的大转移;11 月,国军先后占领长汀、瑞金、归化、于都、会昌、清流、宁化等中央苏区中心各县。

② 参见《蒋委员长力谋复兴农村》,《江西民国日报》1934 年 11 月 7 日第 3 版;《蒋委员长令饬资遣收复区难民回籍》,《江西民国日报》1934 年 11 月 15 日第 3 版;《蒋委员长令省府劝导士绅回籍共勷要政》,《江西民国日报》1934 年 12 月 3 日第 3 版。

③ 参见《本省"剿匪"大功告成 明年定为"建设年"》,《江西民国日报》1934 年 12 月 20 日第 3 版。

④ 参见《被"匪区"域耕牛无存 省赈务会拟定救济办法》,《江西民国日报》1931 年 5 月 10 日第 6 版。

设厅在各农场附近附设牛厂，畜养耕牛，继续供给被灾县份；（3）呈请省府严厉禁宰耕牛，并奖励人民畜牛。① 8 月，海陆空军总司令行营党政委员会函请江西省政府，通令各属，禁止人民屠杀耕牛。② 此后，江西省政府多次颁发严禁各县宰杀耕牛的饬令。1933 年冬，随着国军对赣闽边区的进占，江西省政府以收复区农具、耕牛、种子缺乏，特饬令建设厅办理补充事宜。次年 3 月，春耕来临之际，江西省建设厅从豫鄂皖赣四省农民银行借款 7 万元，派员分赴临川、吉安、萍乡 3 县设立收复县区农具耕牛种子临时办事处，正式开始农业救济工作。③ 当年 9 月结束时，共向黎川、南城、永丰、万载、莲花等 26 县（包括特别政治局）补充耕牛1381 头，价值 41065.5 元；谷种 3692.11 石，农具（包括犁、锄、耙、锹、铁板等）22065 件。④

与此同时，又提出了"金融救济"方案。1931 年 3 月，江西省民政厅向刚刚成立的地方整理委员会提出"金融救济"方案，即创设江西省农民银行，然后分期建立全省金融网点；通过这一金融网络，"以薄利贷款于农民，俾一般失业农民，得金融之扶助，可以复业安居，增加生产"⑤。4 月，江西省地方整理委员会修正通过"匪灾善后办法"，基本吸纳了民政厅"金融救济"的合理化思想。⑥ 7 月，海陆空军总司令行营党政委员会政务设计委员会召开常会，王尹西委员提议创设江西农民银行救济农民，得到原则通过，交地方赈济处参酌施行。⑦ 8 月，党政委员会专门发行了宣传小册子，详细说明了办理农民银行的原因、优点、办法等，认为开办"农民银行的目的不在营利，乃是农赈的最好办法"⑧；

---

① 参见《省赈务会决议拨巨款购办耕牛分给灾区》，《江西民国日报》1931 年 6 月 4 日第 5 版。

② 参见《党政会函请省府通令禁屠耕牛》，《江西民国日报》1931 年 8 月 5 日第 6 版。

③ 参见《建设厅采办耕牛　转售各县县农》，《江西民国日报》1934 年 3 月 15 日第 2 版。

④ 参见刘治乾主编、江西省政府统计室编《江西年鉴》，1936 年印，第 836—837 页；中国国民党中央委员会党史委员会编《革命文献》第 85 辑，第 369 页。

⑤ 《救济"匪区"农民失业》，《江西民国日报》1931 年 3 月 21 日第 6 版。

⑥ 参见《地方整理委员会修正"匪灾"善后办法》，《江西民国日报》1931 年 4 月 4 日第 5 版。

⑦ 参见《政务设计会常会通过"剿匪"区域党政军民协作方案》，《江西民国日报》1931 年 7 月 30 日第 6 版。

⑧ 《农民银行目的不在营利》，《江西民国日报》1931 年 8 月 7 日第 6 版。

1932 年夏秋间，豫鄂皖三省"剿匪"总司令部为"促进匪区农民从速恢复生业起见"，制定颁布"剿匪区内各省农村金融紧急救济条例"①，通饬各"剿匪"省份遵行办理。

江西是实施"金融救济"方案最为积极的省份。1931 年夏，江西农民银行进入了具体创办阶段，并取得了相当的进展，嗣因次年夏，蒋介石决定施行合组豫鄂皖赣四省农民银行而中止。1933 年 4 月 1 日，豫鄂皖赣四省农民银行在汉口正式成立。由于江西筹办农民银行已有相当基础，同时江西"迭遭匪祸，借给农民资金，较他省需要尤为迫切"，当年 5 月，四省农民银行决定，"先筹组赣分行"②；6 月 1 日，在总行经理郭外峰和分行经理欧阳瀚存的主持下，江西分行正式举行开业典礼③。

一年以后，福建省政府也开始了筹办农民银行的具体工作。1934 年 6 月，福建省财政厅厅长徐桴赴京出席财政会议时，提出了成立农民银行，以救济收复区人民的请示，得到中央当局的同意，并应允拨 50 万元作为该行股本，回途中，徐氏亲赴上海，热切希望上海银行界到该行投资。④

和赣闽边区农村经济复苏关系最为密切的则是"农村合作"方案。19 世纪中叶兴起于西欧的合作经济制度，在 20 世纪初年流传到中国。江西的合作运动，发轫于 1928 年，当年，江西省选派 15 人赴江苏省学习办理合作事项⑤，仅此而已，全省合作事业并没有其他进展。1931 年夏，党政委员会以江西"匪灾奇重，急赈之外，拟以合作社方式根本救济农村"，并电请华洋义赈会总干事章元善先生携得力干员来赣协助指导。⑥同时，党政委员会下设地方赈济处，主办"剿匪"善后事宜，该处处长

---

　　① 《国民政府豫鄂皖三省"剿匪"总司令部创办农村合作事业报告》，载中国国民党中央委员会党史委员会编《革命文献》第 85 辑，第 253 页。

　　② 《四省农民银行赣分行已筹组竣事》，《江西民国日报》1933 年 5 月 23 日第 7 版。

　　③ 《豫鄂皖赣四省农民银行江西分行举行开业礼》，《江西民国日报》1933 年 6 月 3 日第 8 版。

　　④ 《福建之近事三则》，《江西民国日报》1934 年 7 月 1 日第 1 版。

　　⑤ 《江西省农村合作事业》，载中国国民党中央委员会党史委员会编《革命文献》第 86 辑，第 480 页。

　　⑥ 《救济农村　将办合作社》，《江西民国日报》1931 年 7 月 25 日第 6 版。

文群①，将"农村合作"作为善后的主要工作。1932 年夏，豫鄂皖三省"剿匪"总司令部公布"剿匪区内各省农村合作社条例"暨信用、利用、供给、运销四种合作社模范章程，在其发布的训令中明确指出，"善后工作，当以兴复农村发展农业为当前之急务，亦即救济经济国难唯一要图……更认为农村合作制度与农村土地处理，如辅车相依，缺一即不能推行"②。

"合作社"本来是一种民间互助性的经济组织，为什么受到政府当局的青睐，被作为收复区农村经济救济与复兴的一种政策性组织呢？豫鄂皖三省"剿匪"总司令部在上述训令中详细论述了其颁发"农村合作社条例"的三个立法精神③，原文甚长，笔者简单归纳如下。其一，在传统中国农村，除宗族中的血统亲族关系略有情谊之联络及经济之结合外，广大农民几乎没有团体生活，各谋各的出路。况且经过"匪祸"，宗法意识越来越弱，而 20 世纪的新生活和现代生产又要求农民有自己的组织，因此，"舍采用合作制度而外，固亦别无他途"。其二，农村经济枯竭，农民生活困苦有多种原因，各种合作社正是"对症下药，纯为救济农村经济，解除农民痛苦而设"。例如"信用合作社以活动农村之金融，使需要资金者有周转之可恃；供给合作社则以节省农民之消费，使日常需要咸得低廉之供给；运销合作社则保持农民劳动所获之产品，使可待价而沽，增加其应得之收入"，所有农村合作社均不以营利为目的。其三，我国传统小农经济，规模小，效率低，远不如"集产农场之经营"，如组合作社，可"合业主、佃农、自耕农，一炉而冶之"；同时，农业技术及一切现代农村公共产品，"非农家独立所能举办者"，均可"由合作社统顾兼筹"，最后可"避免土地革命之惨祸，而克集产农场之实效"。一句话，农民通过组织合作社，可使自己经济上自立，政治上自治，"实切合民生

---

① 文群（1884—1969），字诏云，江西萍乡人；1911 年，毕业于日本中央大学；1931 年，任江西地方赈济处处长；次年，任江西省政府委员和省农村合作委员会委员长，6 月，赴汉口筹备开办豫鄂皖赣四省农村合作指导员训练所及四省农民银行；1936—1945 年，任江西省财政厅厅长。

② 《救济农村经济　首应提倡农村合作社》，《大公报》1932 年 10 月 29 日第 5 版。

③ 同上。

主义之真谛,而为今日兴复农村发展农业唯一之良剂"。①

正是由于合作制度有如此神妙的功用,同时以应当前的急需,在国民政府的极力推动下,江西省加快了合作事业的开办进程。1931年夏,地方赈济处设置第四科,以参事李安陆、科长熊在渭具体负责办理合作事宜,并聘请童玉民、魏竞初二人来赣襄理一切;8月,地方赈济处颁布《江西省"剿匪"区域农村合作社暂行办法条例》,同时呈请江西省教育厅转饬各级职业学校增设合作课程,并普及合作运动;9月,该处附设"农村合作指导员训练所",训练合格学员102人。② 1932年,熊式辉改组江西省政府后,将"农村合作"列为复兴江西的六大要政之一;3月,江西省农村合作委员会正式成立,主掌全省的合作行政事业,"以合作方式办理匪旱灾救济"。③ 江西省农村合作委员会的成立,"是各省合作事业专管机关之创始"④,在它的主持下,农村合作社在江西各地迅猛发展。当年夏,省农合会委托华洋义赈会在赣中赣北各县办理合作社,这是江西大规模开办合作社的开始。到1934年9月底,在相对安全的南昌、新建等26县,江西省共成立952个合作社,12个区联合会;其中信用合作社888个,利用合作社55个,运销合作社3个,供给合作社6个。⑤

与江西省相比,福建省的农村经济救济方案则显得步履缓慢。1934年5月,福建省当局"以匪区收复后,规复为第一要务",特召开省府第11次会议,由民政厅厅长李祖虞、建设厅厅长陈体成联合提议,拟设"被匪区域农村规复讨论会办事处";议决结果,由福建省政府设立农村规复讨论会和农村规复办事处,前者为"研究规复农村问题之机关",后者为"办理被匪区域农村规复事宜之机关"。该办事处的目标是:"鼓励

① 《救济农村经济　首应提倡农村合作社》,《大公报》1932年10月29日第5版。

② 参见《江西省"剿匪"区域农村合作社暂行条例》,《江西民国日报》1931年8月25日第5版;《党政会地方赈济处呈请普及合作运动》,《江西民国日报》1931年8月18日第6版;《江西省农村合作事业》,载中国国民党中央委员会党史委员会编《革命文献》第86辑,第480页。

③ 《农村合作委员会一年来工作概况》,《江西民国日报》1935年1月1日第4版。

④ 参见熊在渭《十年来之江西合作事业》(20),载江西省政府《赣政十年》编委会编《赣政十年》,1941年印,第1页(文页)。

⑤ 《江西省各县合作社种类数量及区联合会统计表》,载中国国民党中央委员会党史委员会编《革命文献》第85辑,第342页。

被匪区内人员兴办建设事业，促进农业复兴"；其主要任务是"调查匪区农村实况及当地农业实际需要"、办理匪区农民借贷与合作事项、执行农村规复讨论会议决事项，等等。① 6 月，福建省"被匪区域农村规复会办事处"正式成立，陈体成兼任主任。② 7 月，因"被匪区域农村规复会办事处"组织规程与豫鄂皖三省"剿匪"总司令部颁布的相关法规不符，该办事处旋即改设为"福建省农村金融救济处"，并由宋之英任处长③；各县在农村合作委员会成立之前，所有合作事务，均由省农村金融救济处兼办。④

具体实施办法，也经农村金融救济处拟定。(1) 农村金融救济处拟于闽北闽西"被匪"各县分设 5 个分所，第一分所设顺昌、将乐，第二分所设沙县、永安，第三分所设崇安、邵武，第四分所设泰宁、建宁，第五分所设明溪、清流，各分所地址不固定，一县工作结束，即向其他县推进。(2) 拟由省政府向银行筹款 10 万元，借贷给闽北闽西"被匪"各县难民，贷放利率月息 4 厘。(3) 指导农民照章组织合作预备社，由该社向农村金融救济处或其分所请求贷款，然后转借给本社社员，合作预备社对于社员可增收利息月息 2 厘，作为该社经费。(4) 合作预备社借款在 500 元以内的，可以直接向金融救济分所申请；超过 500 元的，必须向农村金融救济处请示。(5) 农民借款之用途暂以满足农民私人生活及生产上紧切需要为限，如修盖房舍、购买农具、耕牛、谷种、肥料及下届收获前必需之生活费（包括衣、食、医药、婚丧等费）等，如果农民借款没有依照其请求时申明的用途，农村金融救济处或分所可提前收回，农民借款至多以 1 年为限，等等。⑤

除以上三种方案外，还有"产权规复"、军民屯田、减免赋税、农技改良、兴修水利、建设公路、改良租佃关系等各种救济方案。

诚然，对于国民政府来说，上述任何一项方案都是救济与复兴战后农村经济的良方，只是在不同环境和条件下，其具体执行有多少之别和

① 参见《闽省府筹备规复农村》，《大公报》1934 年 6 月 2 日第 9 版。
② 参见《闽"匪区"农村之规复工作》，《江西民国日报》1934 年 7 月 12 日第 1 版。
③ 参见《福建农村救济工作》，《江西民国日报》1934 年 8 月 11 日第 1 版。
④ 参见《闽省推进农村合作》，《申报》1934 年 12 月 9 日第 9 版。
⑤ 参见《福建农村救济工作》，《江西民国日报》1934 年 8 月 11 日第 1 版。

缓急之分。但是,除去各个方案的具体实施环境和条件许可暂略考虑外,有一个至为关键的操作性问题,那就是由哪些机构或组织来具体实施这些方案,谁直接和农民打交道?如果每一项方案都从上至下成立一套机构或组织来实施,无疑会增加巨大的行政和管理成本,也不利于每一项方案之间的相互配合、联络与促进。为实现最优化管理,农村经济救济与复兴方案的制订者逐渐形成了较为一致的看法。例如,党政委员会在宣传"金融救济"的方案中,认为信用合作社在银行和农民之间起中介作用,承担着资金放收的任务,因此,"除设立农民银行,提倡信用合作社外,无更有效更有把握的农赈办法"。① 在豫鄂皖三省"剿匪"总司令部颁布的"剿匪区内各省农村金融紧急救济条例"中,可以看出,农村合作预备社是最为基层的组织,承担着落实新收复区农民救济的各项任务②;稍后,在三省总部关于"剿匪区内农村合作社条例章程说明书"中,则明确指出:"农村崩溃之主因在于农村自身之无组织,而组织农村则莫善于合作制度。"③ 可见,在理论与实践中,20世纪30年代初,国民政府当局已经明确:通过政府力量的积极介入,指导农民组建自己的组织——农村合作社,可以实施农村救济的各种方案,不仅可以完成"收复区"经济上的复兴急务,而且可以实现政治上的地方自治,从而奠定整个中国走向民主社会的基础。

二 赣闽边区农村金融网络的构建

在政府的指导下,让农民自己组织合作社,达到农村救济与复兴的目的,任务与方法已经相当明确,问题是收复区的环境和条件不一定许可。一是"劫后农村,流亡甫集,室庐荡尽,盖藏俱无,如立时绳以依法组织完备之合作社,在势有所难能,倘许其依违牵就,为苟简之成立,又将陷合作事业于失败之地";二是"现经决定创办之豫鄂皖赣四省农民

① 《农民银行目的不在营利》,《江西民国日报》1931年8月7日第6版。
② 《"剿匪区"内各省农村金融紧急救济条例》,载中国国民党中央委员会党史委员会编《革命文献》第85辑,第253—254页。
③ 《"剿匪区"内农村合作社条例章程说明书》,载中国国民党中央委员会党史委员会编《革命文献》第85辑,第302页。

银行，本救国之百年大计，但资本务求雄厚，设备务求健全，经营缔造，至速当需数月，乃能正式成立。而孑遗之民，待救孔殷，亦恐缓不及事"。① 鉴于此，国民政府当局决定在四省农民银行尚未开办之前，拟先劝募振款，凑足基金，委托中央银行或其他殷实著名银行经理收付，代向指定的收复区各县，办理农村贷放事务；同时在收复区各县，"暂准其从缓组织农村合作社，而先用简单方式设立农村合作预备社，承受此项借款而转贷于各村农民"；另外，在"剿匪"各省成立农村金融救济处，在准设农村合作预备社各县设立分处，负责"指导监督事务"。之后，豫、鄂、皖三省"剿匪"总司令部相继制定颁布"剿匪区内农村金融紧急救济条例""农村金融救济处组织规程及放款规则""各县农村金融救济分处组织通则""农村合作预备社章程"等，"以为过渡应急之方，资以救济目前匪区农民之紧急难关"。②

显然，在收复区各县组织合作预备社而不是合作社，是适应收复区环境和条件的一种应急方法。豫鄂皖赣四省农村合作训练所长文群也指出，"合作预备社，本为一种权宜应急之过渡组织"。③ 那么，如何组织农村合作预备社呢？"剿匪区内各省农村金融紧急救济条例"（共 10 条）和"剿匪区内农村合作预备社章程"（共 19 条）对此作了详细的规定④，归纳如下：（1）凡收复"匪区"各县在保甲编组后，农村民众实在无力恢复生业者，得准其取具所属保甲长之证明，集合 9 人以上呈经该县农村金融救济分处核准，设立农村合作预备社，社员之间均负连带担保责任；（2）合作预备社区域以某区某乡某村为范围，事务所设于某区某乡某村；（3）合作预备社设社长 1 人，综理社中一切事务，副社长 1 人，辅助社长处理事务，司库 1 人，掌理银钱出纳事项，事务员 1 人，掌理文书簿账存款及杂务等事项，各职员均由社员大会互选，且均为义务职；（4）合

① 《国民政府豫鄂皖三省"剿匪"总司令部创办农村合作事业报告》，载中国国民党中央委员会党史委员会编《革命文献》第 85 辑，第 252 页。

② 同上书，第 252 页。

③ 文群：《江西省农村合作委员会工作报告》，载中国国民党中央委员会党史委员会编《革命文献》第 86 辑，第 466 页。

④ 《国民政府豫鄂皖三省"剿匪"总司令部创办农村合作事业报告》，载中国国民党中央委员会党史委员会编《革命文献》第 85 辑，第 253—254、259—262 页。

作预备社社员"享受向本预备社借款之权利"；（5）合作预备社存立时间
不得超过 1 年，期满后应遵照"剿匪"区内各省农村合作社条例及农村
信用合作社模范章程之规定，改组为农村信用合作社；（6）社员出社时，
必须清理其个人对于本预备社之债务。江西省农村合作事业后来的负责
人熊在渭解释说，农村合作预备社是一种"简易合作组织"，其"存续时
间为一年，以为承受借款转贷农民的金融救济机构"，待任务完成以后，
应"即行改组为正式合作社"①。

　　1932 年 10 月，蒋介石将上述条例、规章等转颁江西省政府，饬令在
收复县区先设农村合作预备社，办理农村经济救济事宜。② 第五次"围
剿"战争发动后，赣闽边区各县次第收复，蒋为救济收复地区农村金融，
恢复农民生业，多次将前颁条例、规章重新颁发，命令各地迅速组建合
作预备社。③ 同时，蒋明令江西省农村合作委员会，"兼主办收复区土地
处理事宜"。④ 1933 年底至 1934 年初，南昌行营也先后制定颁布"江西
省农村合作委员会办理收复县区农村救济办法""利用合作预备社简章"
"农村利用合作预备社指导纲要""江西省农村合作委员会办理收复县区
农村救济放款规则草案"等法规文件⑤，进一步明确了组建农村利用合作
预备社，办理收复区农村救济的任务。农村利用合作社的具体任务是：
"一、借给社员耕作的本钱；二、管理社员的土地；三、置办耕田和日用
的东西；四、买进卖出各种货物；五、如在没有设立农村兴复委员会的
地方，可照剿匪区内各省农村土地处理条例，代办乡或镇农村兴复委员
会所应办的各种事情。"⑥

---

　　① 熊在渭：《十年来之江西合作事业》（20），载江西省政府《赣政十年》编委会编《赣政
十年》，1941 年印，第 4 页（文页）。

　　② 参见《蒋委员长令饬指定匪区县份先设农村合作预备社》，《江西民国日报》1932 年 10
月 25 日第 3 版。

　　③ 参见《收复地区推行农村利用合作》，《申报》1933 年 12 月 16 日第 8 版；《蒋令赣省府
救济匪区农村金融》，《大公报》1934 年 2 月 6 日第 9 版。

　　④ 《农村合作委员会一年来工作概况》，《江西民国日报》1935 年 1 月 1 日第 4 版。

　　⑤ 《国民政府军事委员会委员长南昌行营关于推行农村合作事业报告》，载中国国民党中
央委员会党史委员会编《革命文献》第 85 辑，第 346—361 页。

　　⑥ 《利用合作预备社简章》，载中国国民党中央委员会党史委员会编《革命文献》第 85
辑，第 348 页。

可见，在江西，省农村合作委员会是收复县区农村救济与土地处理的领导机关，而农村利用合作预备社，则是收复县区具体办理农村经济救济事宜的基层组织，即"收复县区农村救济工作，首在组织利用合作预备社，故组社实为此次办理农村救济之基本工作"。① 那么，如何组建农村利用合作预备社？根据上述南昌行营办法的法规文件，要点如下：（1）各县收复后，由江西省农村合作委员会派遣主任指导员 1 人、指导员 5 人，前往该县设立办事处，商承县长并督率该县临时清乡善后委员会宣抚组，办理农民借贷事项、指导农民组织农村合作预备社和农村兴复委员会，兼办急赈；（2）农村利用合作预备社以区村为界限，事务所设于村内；（3）利用合作预备社社员没有定数，凡是年满 20 岁的中国人，住在本社界限内的家长，又有谋生本事的，都可以申请做社员，各个社员都要连环担保；（4）预备社设理事会（1 人或 3 人）、监事会（1 人或 3 人）、评事会（最多 9 人），分掌社内管理、监察、公议等事，所有职务均为义务职；（5）利用合作预备社成立 1 年内，改为正式利用合作社，并可兼做信用、供给、运销各种业务；（6）社员出社时，其对于本社的债务和作为保人连环担保的钱，一概还清，若该社员死亡，则由其继承人还清。② 1934 年，江西"每克复一地"，省农村合作委员会"即行遵选曾受合作训练之学员，携款前往遵章组社贷放"。到 1934 年 8 月底，江西各收复区（共 34 县区），共成立利用合作预备社 1591 个，入社社员 104772 户（见表 5-2）。

1934 年 10 月以后，中央苏区中心各县暨石城、兴国、宁都、瑞金、于都、会昌 6 县③先后被收复，国民政府迅速组织了各县清乡善后委员会，办理自新、招抚流亡、编查保甲、"剿匪清乡"以及办理难民收容所、散发米盐和寒衣等各事务。换言之，上述 6 县刚刚收复的几个月中，国民政府地方政权的工作重心在于重建和恢复地方政治秩序，加上正好处于冬休农闲时期，并没有转移到农村经济的恢复上来。不过，在新旧

---

① 《农村合作委员会一年来工作概况》，《江西民国日报》1935 年 1 月 7 日第 2 版。

② 《江西省农村合作委员会办理收复县区农村救济办法》《利用合作预备社简章》，载中国国民党中央委员会党史委员会编《革命文献》第 85 辑，第 346—349 页。

③ 1935 年 4 月，江西省政府重划全省行政督察区；5 月 1 日以前，宁都、广昌、石城、瑞金、会昌、于都 6 县隶属江西省第 12 行政督察区，之后，上述 6 县和兴国县隶属江西省第 8 行政督察区，区署驻宁都县城。

年相交之际,省县政权都已开始注意到这个问题了。例如,1934 年 12
月,江西省政府特拨农村救济经费 1 万元,交由合作指导员,携往兴国
县组织合作预备社,"贷与资金,俾使匪后农村,得以复兴"①;1935 年 1
月,瑞金县府以"春耕将届,农具、耕牛、种子,均无所出",呈请省府
"准设农村合作预备社及农村金融救济分处"②。

表 5 – 2　　　　　　　1934 年江西省农村合作委员会办理收复
各县区合作预备社概况表

县区	社数(个)	社员数(人)	县区	社数(个)	社员数(人)	县区	社数(个)	社员数(人)
黎川	69	6113	永丰	61	3715	慈化	60	2830
金溪	65	6627	万安	53	3213	余江	46	2571
宜黄	44	2598	遂川	67	3591	万年	40	2037
资溪	38	1876	藤田	40	3648	贵溪	42	2363
南城	54	2513	安福	63	5113	德兴	27	2228
凤冈	31	1694	大汾	3	165	安远	46	4197
崇仁	25	1545	宁冈	52	3917	寻乌	48	3886
乐安	41	1938	莲花	92	6880	信丰	38	3661
南丰	45	2644	永新	56	2596	修水	40	2954
广昌	16	494	万载	75	5054	铜鼓	39	2897
吉安	14	1175	萍乡	77	2984	总计	1591	104772
吉水	52	2981	洋溪	32	2074			

　　说明:1. 据本表"资料来源"所列资料编制而成。2. 本表数据统计截止时间为 1934 年 8 月
底。3. 凤冈、藤田、大汾、洋溪、慈化为江西省政府设立的特别政治局。4. 社员 1 人实际上代表 1
家农户。5. 原资料所载利用合作预备社总计数为 1590 个,与叠加数不符,本表以叠加数为准。

　　资料来源:《本省农村合作委员会办理收复各县区组社及贷款统计》,《江西民国日报》1934
年 10 月 9 日第 4 版。

　　经过几个月的紧张工作,到 1935 年初,赣东南各县的政治秩序已经

---

① 《省府拨款一万元办理兴国农村救济》,《江西民国日报》1934 年 12 月 23 日第 3 版。
② 《瑞金拟设农村合作社》,《申报》1935 年 1 月 23 日第 8 版。

基本稳定，南方早春，春耕生产也已提上日程，赣东南各县的农村经济救济与复兴工作刻不容缓。1月中旬，江西省农村合作委员会派员赴兴国县成立办事处，开始筹办利用合作预备社。① 2月，根据前颁法规文件，江西省农村合作委员会组设办理宁兴于会瑞石六县农村救济土地处理区特派员办事处，任命邹华盖为特派员，徐侠成等为督察员，陈洪芳、黄运彬、张茂梁、刘书绅、文幼山、曾道和等为主任指导员；当月初，邹华盖抵达宁都，3月3日，宁会瑞石4县工作人员全部到达宁城（于都县工作人员由南昌经吉安转泰和赴于都），择定县城西门丰备义仓长平世第为办公地点，设立区办事处和宁都县办事处；会瑞石3县工作人员，则于7、8两日分别赶赴指定各县，成立县办事处，着手组建合作预备社。② 宁都、兴国、于都、会昌、瑞金、石城、广昌7县办理农村合作与农村救济的指导人员分别为11人、10人、8人、9人、7人、6人、3人。③

　　根据宁兴于会瑞石六县土地处理办法，区特派员办事处的当前急务为分配耕田和组织利用合作预备社，其工作进行程序则先分两步走：第一步，设立各级农村兴复委员会及各村利用合作预备社（以下简称"预社"）；第二步，实行按计口授田方法，分配耕田，使收复地方土地所有权未经确定以前，人有田耕、田有人耕。④ 各县工作人员在县城成立办事处后，即按照上述计划，和县府协作筹办农村利用合作预备社，开展农村救济事宜。其具体工作程序如下：第一，在农村救济土地处理指导员驻县办事处成立后的3天内，各县县长应将下列图表和说明书2份，交县办事处分别存转备查：（1）县境收复地方受"匪灾"概况图（附说明书）；（2）全县治安图（将全县辖境内"匪区"、"半匪区"或"安全区"在图上用颜色标明，并将各地驻防军队多少与民众武力组织情形加以说明）；（3）保甲编制表；（4）县属收复地方，对于当年春耕分配耕佃，

　　① 参见陈瑞斋《宁兴于会瑞石六县农村救济实施概况》，《江西民国日报》1935年5月1日第3版。

　　② 参见《农村救济工作人员全部到达宁城》，《江西民国日报》1935年3月14日第3版；《农村合作委员会派员办理赣南六县农村救济》，《江西民国日报》1935年3月20日第3版。

　　③ 参见《江西办理农村合作及农村救济指导人员分布区域及人数表》，载中国国民党中央委员会党史委员会编《革命文献》第86辑，第482—485页。

　　④ 参见《赣南农赈　省府拨百万元办理　计口授田整理土地》，《大公报》1935年11月9日第3版。

有无准备及着手进行情形之说明书。第二,各县应将全县灾情之轻重、区域或交通方法详告驻县督察员与主任指导员,按灾情之轻重与耕地多寡,商定进行组社的先后次序。第三,贷款经营支付事项,在未经委托其他银行机关经理时,由县政府负责。① 按照上述方法,各县办事处指导员开始指导各地农民组建合作预备社。

在此之前,六县农村救济土地处理区特派员办事处主任邹华盖,在对全体工作人员指示今后工作方针时强调:"宜以快干手段,从速推进组织社贷所及分配耕佃工作。"② 因此,各县办事处指导员到达工作岗位的1935 年 3—6 月,短短 4 个月是宁兴于会瑞石 6 县组社的高潮时期,新成立的利用合作预备社呈直线形上升(见表 5 - 3)。3—4 月,6 县共成立利用合作预备社 379 个,社员 39171 人;近一个月后,7 县预备社迅速增长到 1017 个,社员 114411 人;到 6 月底,7 县预备社发展到 1778 个,社员232687 人,"社员实占七县一百三十六万人口及三十万户数目中五分之四"。③ 到 1936 年 6 月底,宁兴于会瑞石广 7 县的利用合作预备社分别有343、293、345、263、275、215、103 个,7 县社员数分别为 60342、29931、56906、25698、27839、17962、6662 人;全区 7 县利用合作预备社总数增长到 1837 个,社员 235341 人。④ 如果我们将表 5 - 3 中 1935 年6 月底与 1936 年 6 月底的数据相比,我们可以看出:(1)宁都县和瑞金县社员数分别减增 1 个数字;(2)广昌县社数和社员数由 44 个、4008 户(人)分别增加到 103 个、6662 户(人);(3)其他各县社数和社员数均不变。通过数据对比,我们基本上可以推断:1935 年 6 月底以后,除广昌还在继续组建新的利用合作预备社外,其他各县基本完成了组建利用合作预备社的工作(宁都和瑞金县变动 1 个数字,可能是统计时的差错,有待将来对资料作进一步的考证)。

① 《省府令宁都等县协助农村合作会》,载江西省政府秘书处统计室编《经济旬刊》第 4卷第 9 期,1935 年 3 月 25 日,"经济要闻"第 4—5 页。

② 《宁兴等六县区农村救济工作人员全部到达宁城》,《江西民国日报》1935 年 3 月 14 日第 3 版。

③ 《宁兴于会瑞石六县农村救济土地处理工作概述》,载江西省政府秘书处统计室编《经济旬刊》第 6 卷第 4 期,1936 年 2 月 5 日,第 39 页。

④ 原资料记载利用合作预备社社员总数为 235341 户,与 7 县叠加数 225340 户不符,本节以叠加数为准。《农合会廿四年度工作实施概况》,《江西民国日报》1937 年 1 月 13 日第 7 版。

表 5 - 3　　　江西第 8 行政区利用合作预备社及春耕救济贷款概况

	1935 年 4 月 24 日 (A)			1935 年 5 月 20 日 (B)			1935 年 6 月底 (C)		
	社数 (个)	社员数 (人)	贷款数 (元)	社数 (个)	社员数 (人)	贷款数 (元)	社数 (人)	社员数 (人)	贷款数 (元)
宁都	89	16141	30742	204	34783	62400	343	60343	110600
兴国	82	6928	23502	153	13069	48038	293	29931	80000
于都	50	4367	5091	201	29619	43085	345	56906	77306
会昌	52	4176	16285	134	12527	44487	263	25698	77106
瑞金	53	4660	13927	165	14766	39078	275	27838	78117
石城	53	2899	11730	138	8103	33288	215	17962	57200
广昌				22	1544	8243	44	4008	38180
合计	379	39171	101277	1017	114411	278619	1778	222686	518509

说明：1. 据本表"资料来源"所列资料编制而成。2. （A）栏中原报刊所载，6 县社数、社员数的合计数分别为 392 个、40155 人，与 6 县实际叠加数不符，本表以叠加数为准。3.（B）栏中原报刊所载，贷款合计数为 271620 元，与 7 县实际叠加数不符合，本表以叠加数为准。4.（C）栏中原资料所载，社员合计数为 222687 人、贷款合计数为 512509 元，均与 7 县实际叠加数 222686 人、518509 元不符；本表以叠加数为准。5. 社员 1 人实际代表 1 家农户。6. 表中 7 县 1935 年 5 月 1 日以后才正式组成第 8 行政区，所以广昌县缺 4 月数字。

资料来源：陈瑞斋：《宁兴于会瑞石六县农村救济实施概况》，《江西民国日报》1935 年 5 月 2 日第 4 版，1935 年 5 月 3 日第 4 版；《宁兴于会等县最近办理农救情形》，《江西民国日报》1935 年 5 月 26 日第 6 版；《宁兴于会瑞石六县农村救济土地处理工作概述》，《经济旬刊》1936 年 2 月 5 日第 6 卷第 4 期，第 39—41 页；《去年宁都等六县农救工作成绩显著》，《江西民国日报》1936 年 2 月 5 日第 7 版。

利用合作预备社组建工作基本完成以后，1935 年下半年，7 县的工作重心转移到区合作社联合预备会和县合作社联合预备会的组建上（见表 5 - 4）。例如，1935 年 11 月底，宁都县各合作预备社遵章扩大组织范围，正式成立县合作社联合预备会[①]；12 月 1 日，瑞金县农村合作社联合预备会也正式成立，下辖 13 个区联预备会[②]；当年底，7 县共成立区联预备会 138 个，加入的利用合作社有 1411 个，会股金额 129560 元，实收股金 60933 元；在区联预会的基础上，宁兴于会瑞石 6 县均建立了县联合预

[①]　参见《宁都成立合作社联合预备会》，《江西民国日报》1935 年 11 月 29 日第 7 版。

[②]　参见《瑞金成立合作社联合预备会》，《江西民国日报》1935 年 12 月 10 日第 7 版。

备会（1936 年 6 月底以前，广昌县联预会也已成立①），加入的区联合预备会有 130 个，会股金额 47000 元，实收股金 15382 元。无论是区联预备会还是县联预备会，会股金额都没有收足，实收股金均不过半数，有些县份的工作不能及时上报（如广昌和会昌），这表明 7 县区、县联合会的组建及完善工作，还有待于加强。1936 年 6 月，第 8 专员公署召开第 3次区行政会议，拟具 7 县推行农村合作 3 年计划（1936 年 7 月—1939 年6 月），关于合作预备社的改组工作计划如下：（1）1936 年 10 月底以前完成合作预备社的改组工作；（2）12 月底以前完成区联预会的改组工作；（3）1937 年 1 月底以前完成县联预会的改组工作。②

表 5 – 4　　　　　　　江西第 8 行政区合作社县联预会
及区联预会组织概况表

县区	区合作社联合预备会					县合作社联合预备会				
	会数（个）	会员人数	会股数（股）	会股金额（元）	实收股金（元）	会数（个）	会员区预会数（个）	会股数（个）	会股金额（元）	实收股金（元）
宁都	34	266	1704	21480	16983	1	32	48	9600	8190
兴国	21	218	1238	24760	8294	1	22	98	9800	220
于都	30	264	1679	33580	16121	1	29	49	9800	3270
会昌	15	182	693	13860	5082	1	16	50	5000	
瑞金	13	197	709	14180	5534	1	13	202	10100	2582
石城	18	193	541	10820	3956	1	18	27	2700	1120
广昌	7	91	544	10880	4963					
合计	138	1411	7108	129560	60933	6	130	474	47000	15382

说明：1. 据本表"资料来源"所列资料编制而成。2. 统计数据截止时间为 1935 年 12 月底。

资料来源：《宁兴于会瑞石六县农村救济土地处理工作概述》，《经济旬刊》第 6 卷第 4 期，1936 年 2 月 5 日，第 40—41 页。

---

① 参见《农合会廿四年度工作实施概况》，《江西民国日报》1937 年 1 月 13 日第 7 版。

② 参见《第八区专员公署计划改善七县合作事业》，《江西民国日报》1936 年 7 月 3 日第6 版。

农村利用合作预备社、区合作社联合预备会、县合作社联合预备会等的相继成立，表明赣东南新收复区的农村金融网络构建完成，赣闽边区农村经济复兴工作随着农村利用合作社的组建进入实质性操作阶段。

三　金融下乡与资本扶助

1934年底，江西省政府主席熊式辉，"以本省剿匪军事，业已告一段落……今后之重心，自应由剿匪而移于建设"，决定1935年为"江西建设年"，并令饬各建设机关，"拟具各收复区农村建设、经济建设等计划呈核"。① 熊式辉的决定，适时转变了全省工作的重心。1935年初，春耕即届，农村金融救济迫在眉睫，刻不容缓，江西省政府特拟定"补充赣南六县耕牛、种谷、农具办法"。该办法分为三个方面，即耕牛之补充办法、种谷之补充办法、农具之补充办法。三个方面物品补充办法的关键在于，"所有材料，概以取之于当地与附近为原则"，务求"补充品供给迅速，人民购取便利，与补充品之能切合实用"；农民购取上述物品所需要的资金，则由利用合作预备社以现金形式直接贷款给农民，农民得现金后可自行购办需要物品。②

2、3月间，江西省农村合作委员会宁兴于会瑞石六县农村救济土地处理区特派员办事处暨各该县农村救济土地处理指导员办事处成立，其成立后有两项急务，一是维持春耕，一是组社贷款。③ 实际上，只是一项急务，即"组社贷款"，通过指导农民组织利用合作预备社，"借给社员耕作的本钱"，农民有了资金，春耕生产自然不成问题。所以，1935年3月以后的4个月中，各县办事处工作人员一边指导农民组织利用合作预备社，一边办理救济贷款，以现金直接借给农民，所有工作紧张而有序地推进。表5-3显示，1935年4月份，宁兴于会瑞石6县救济贷款额仅

---

① 《本省"剿匪"大功告成　明年定为"建设年"》，《江西民国日报》1934年12月20日第3版。

② 参见《省府补充赣南六县耕牛种子　拟定补充办法》，《江西民国日报》1935年2月14日第3版。

③ 参见《宁兴于会瑞石等六县积极进行复耕运动》，《江西民国日报》1935年3月26日第3版。

为 101277 元，5 月份 7 县（增加广昌县）贷款额飞增至 278619 元，6 月份又翻了近一番，增加到 518509 元。这 50 多万元现金，全部贷给了 139769 个（户）社员，约占 7 县当时总户数（30 万户）的 47%①，平均每个社员借款 3.71 元，如果除去县城的工商户数，7 县中就有约一半的农户获得了（农业）救济贷款。7 县社员获贷款后的具体用途，没有数据作进一步分析，但我们可以其他县为例。1934 年，江西先行收复的 41 县，其农户获得救济贷款后的具体用途是：购买耕牛占 34%，添置农具约占 24%，修理房屋约占 16%，补充食粮、种子约占 24%，购买肥料约占 2%。② 无论作何比例分配，都主要是用于恢复春耕，当无疑义。每家农户分配比例不尽相同，但对其自家来讲，一定是最优化的分配方案。

也许是老天爷的照顾，当季风调雨顺，农民春耕及时，江西各"新收复区，凡已复耕之田，均庆丰稔"。但是由于上述各地，均为交通偏僻之地，国共争战之后，外来商人均不敢轻易进入该地做生意，而当地小商人又因资本匮乏，无力经营，"致丰收之米谷，无人问津"，丰收成灾，谷价低迷。此时，战乱后的农民家中百无一有，一切日用必需品均望在粮食丰收后换得现金，以解燃眉之急，因此不得不贱价抛售。"在吉安、赣州、信丰可通河路者，每谷一担，不到三元；不通河路者，不过二元上下；而广昌、于都、泰和收复未久之匪区，谷价竟有一元一担者，形成极端之矛盾。"③ 鉴于此，农救处呈奉省合委会，开办农仓贷款，办理粮食储押运销。为进一步救济农民，江西省政府乃决定向各大银行筹借 100 万元，向新收复区于会瑞石广万泰各地收买新谷，并办理储押运销，这样一来，既可给新收复区灾民以现金接济，又可通过合作预备社将米谷运销外地，增加收入。从 7 月起，各利用合作预备社和先后组建的区联预备会，即着手进行农仓业务。截止到 12 月底，赣东南 7 县共设立农仓 159 所（其中利用合作预备社成立农仓 137 所，区联预会成立农仓 22 所），农民储押稻谷 82979 担，共获得 99575.5 元的贷款（各县农仓贷款

---

① 参见《去年宁都等六县农救工作成绩显著》，《江西民国日报》1936 年 2 月 5 日第 7 版。

② 原文记载："购买肥料者，约占百分之二〇"，和前各项相加，总数为 118%，明显数据有误。很可能是排版时将"百分之二"后的"句号"误排为"〇"。《农村合作委员会一年来工作概况》，《江西民国日报》1935 年 1 月 7 日第 2 版。

③ 《赣新收复区现金极形奇缺》，《申报》1935 年 8 月 25 日第 11 版。

的具体情况参见表 5 - 5）。

表 5 - 5　　　　　　1935 年江西第 8 行政区各县农仓贷款概况

县区	宁都	兴国	于都	会昌	石城	广昌	合计
社数（个）	9	44		2	73	9	137
区预会数（个）	14		7			1	22
贷款金额（元）	5519.57	10176.5	20476.6	105	9984.7	363.7	99575.5
贷款金额（元）	55195.7	10176.5	20476.6	105	9984.7	3637	99575.5
储押谷量（担）	45996	8480	17063	87	8320	3033	82979

　　说明：1. 据本表"资料来源"所列资料编制而成。2. 瑞金无统计数据，故没有列入。3. 第一栏贷款金额数字为原资料所载数字，明显有误；第二栏贷款金额数字为修正后的数字。4. 第一栏贷款金额数字中，合计数 99575.5 元与各县叠加数不符，该合计数与 1936 年 2 月 5 日《江西民国日报》所载数字相同。如若对比储押谷量和第一栏贷款金额数字，则可发现，宁都 45996 担谷子肯定不止储押 5519.57 元，广昌 3033 担谷子也不止储押 363.7 元，若把 5519.57 和 363.7 的小数点均后移一位，即为 55195.7 元、3637 元，则各县叠加数与合计数相符。从上述两点推断，第一栏贷款金额数字明显为排版（印刷）错误。

　　资料来源：《宁兴于会瑞石六县农村救济土地处理工作概述》，《经济旬刊》第 6 卷第 4 期，1936 年 2 月 5 日，第 42 页；《去年宁都等六县农救工作成绩显著》，《江西民国日报》1936 年 2 月 5 日第 7 版。

　　除春耕救济贷款和农仓贷款外，农救处还因地制宜发放了特种贷款，包括特种生产贷款和运销贷款。所谓特种生产主要是指苎麻、甘蔗、烟草、蓝靛等土特产和造纸、冶炼、榨糖、纺织、刨烟等传统手工业。明清以来，这些土特产和传统手工业就是赣闽边区山区经济的支柱产业[1]，20 世纪 30 年代初的国共争战中，边区传统手工业跌落到谷底。农救处成立以后，就派员分赴各地调查，督促各乡农民广植苎麻、甘蔗、烟叶等，整理山中竹林，准备贷款救济各县传统土特产生产。[2] 其救济贷款发放，是"先就其最有希望者着手"。据统计，1935 年，经农救处贷款，计有宁都、于都、瑞金、石城 4 县 15 个利用合作预备社，获得贷款 15139 元，恢

---

①　参见温锐、游海华《劳动力的流动与农村社会经济变迁——20 世纪赣闽粤边区实证研究》，中国社会科学出版社 2001 年版，第 37—40、216—221 页。

②　参见《宁都七县农救处贷款恢复各县土产》，《江西民国日报》1935 年 6 月 21 日第5 版。

复纸槽 21 所,产纸价值 85500 元;宁都、于都两县 5 个合作预备社,获得 3100 元贷款,恢复了 6 座冶铁炉,冶炼生铁价值 60000 元,"其倚纸为生之石灰业及造纸工人,和倚铁为生之烧炭挑砂者,凡数千户,均因此得间接救济"(如表 5-6)。宁都县除恢复 4 座冶铁炉外,在甘蔗即将成熟的季节,有 5 个合作预备社各成立了 1 所榨糖厂,共获得 6350 元的贷款;宁都第 3 区的 1 个利用合作预备社,获得 500 元贷款,恢复了烧瓷业务,每月可生产 100 担碗;另织布合作预备社获得贷款 70 元。总计发放特种贷款 25659 元,其中特种生产贷款 25159 元,纸业运销贷款 500 元。①

表 5-6　　　　　1935 年江西第 8 行政区利用合作预备
社特种贷款概况

	纸业生产贷款					冶铁生产贷款				
	社数	纸槽数量	生产担数	价值(元)	贷款金额(元)	社数	铁炉座数	生产把数	价值(元)	贷款金额(元)
宁都	1	3	750	10500	744	4	4	480000	40000	1600
瑞金	1	3	750	10500	795					
于都	9	11	2750	38500	9200	1	2	240000	20000	1500
石城	4	4	1000	25500	4400					
合计	15	21	5250	85500	15139	5	6	720000	60000	3100

说明:据本表"资料来源"所列资料编制而成。

资料来源:《宁兴于会瑞石六县农村救济土地处理工作概述》,《经济旬刊》1936 年 2 月 5 日第 6 卷第 4 期,第 43 页。

其他没有获得贷款的预备社,也纷纷向农救处请求贷款,救济复业。所以,1936 年以后,各农村利用合作社继续获得了特种生产贷款。例如,石城县横江镇,为江西省产纸名区,年总产值曾达 300 万元,以前都是由纸商先行贷款给各槽户造纸,槽户出纸以后则以纸抵偿,经过战乱以后,纸商无资借贷槽户,槽户更无力出纸。此种情况下,石城县商会、县政

---

① 参见《去年宁都等六县农救工作成绩显著》,《江西民国日报》1936 年 2 月 5 日第 7 版。

府先后向省政府、省农村合作委员会请求贷款，以救济横江纸业。① 经过省农村合作委员会的贷款救济，到1937年初，横江镇一带纸业，恢复到110余槽，年可产纸2万余担。② 1936年，兴国县第5区江口区合作社联合预备会，呈准省合作委员会，得到1000元贷款，成立1所铸铁厂，进入1937年后，生产兴旺。③

通过农村利用合作预备社向7县发放的贷款总额有多少呢？不同的资料稍有差异。一种说法是，1934年底，南昌行营拨给宁兴于会瑞石6县贷款总额为48万元，按照各县人口多寡分配，计宁都县10万元，兴国、于都、会昌3县各8万元，瑞金县9万元，石城县5万元。④ 另一种说法是，1934年底，南昌行营拨给7县（包括广昌县）的救济专款为50万。⑤ 如果这两项资料都确切的话，那么，广昌县只有2万元的农村救济贷款，与其他6县相比，分配额似乎少了一点。还有一种说法是，1935年3月，江西省政府拨给6县（不包括广昌县）的救济贷款总共是70万元，省农村合作委员会领到此款后的分配方案是，"每县拨10万元"，"其余十万元，则定为各该县处理土地之用"。⑥ 4月又有一种说法，说江西省政府共拨款100万元，办理赣南经济赈济；其中"以七十万为农赈经费，以三十万元为贸易管理机关经费"，后因各县农赈经费不敷，省府又将30万贸易经费，"悉数作农赈"经费。⑦ 无论政府的拨款作何变化，我们还是以各县得到的实际贷款数为准。根据前文的阐述，1935年经农救处发放的7县农业救济贷款为518509元、农仓贷款为99575.5元（瑞金没有上报数字）、特种贷款为25659元，总共为643743.5元。如果加上

① 参见《请求拨款救济横江纸业》，《江西民国日报》1935年6月27日第5版；《石城县府请合委会贷款恢复纸槽》，《江西民国日报》1936年1月6日第7版。

② 参见《农合会力谋发展横江纸张》，《江西民国日报》1937年2月20日第1版。

③ 参见《兴国铸铁厂开始铸铁》，《江西民国日报》1937年1月26日第6版。

④ 参见陈瑞斋《宁兴于会瑞石六县农村救济实施概况》，《江西民国日报》1935年5月2日第4版。

⑤ 参见《农村经济破产声中　省府力谋复兴农村》，《江西民国日报》1936年7月12日第6版。

⑥ 《省政府拨七十万元救济收复区农村》，江西省政府秘书处统计室编《经济旬刊》第4卷第6期，1935年2月25日，"经济要闻"第1页。

⑦ 《省府增拨三十万元办理赣南各县农赈》，《江西民国日报》1935年4月22日第3版。

瑞金县农仓贷款的数字，那么7县实际获得的贷款在70万元左右。这些款项当然不包括农救处的办公经费。

福建省的闽西闽北各县收复以后，均根据前述农村金融救济处制定的办法，开展农村救济与复兴工作。严格地讲，1935年5月以后，福建省的农村合作事业才开始步入正轨。当月，福建省府议决，将农村金融救济处改为农村合作委员会。① 同年底，长汀县农村合作指导员办事处正式成立。② 当年，经过第7专员公署向省政府请求到纸业救济贷款10万元，产纸量达到1万余担，恢复到战前的1/10，纸业稍获转机；1936年，长汀县又获得10万元贷款，纸业产量继续增长，达到25000余担，恢复到以前的1/5。③ 1935年11月，福建省农村合作委员会也派员抵达龙岩县，设立指导员办事处，指导农民组织合作社，以信用合作社为推行中心。此后的几年中，龙岩县合作社得到的贷款稳步增长。1935年，龙岩县合作贷款11170元，1936年为19578.5元，1937年，剧增到41830元；所有贷款当年全部收回，合作社社员的信用程度很高。④ 至于农仓贷款工作，则迟至1936年下半年，省农村合作委员会才有在各县区公署所在地举办农业仓库、储押农产品的计划。⑤

四　结论

通过以上史实的梳理和分析，我们可以作个简略的总结和讨论。

早在中共革命星火燎原和国共争战方殷的20世纪30年代初，处于执政地位的南京国民政府，酝酿并出台了购办"农具、耕牛、种子""农村金融""农村合作""产权规复"等多种"匪区"农村经济救济法规和方案。对于国民政府来说，其中任何一项都是救济与复兴战后农村经济的

---

① 参见《闽省府议决农金救济处改名称》，《申报》1935年5月23日第8版。

② 参见黄恺元修、邓光嬴纂《长汀县志》，1942年铅印，长汀县博物馆1983年重刊本，第27页。

③ 参见《闽纸业衰落》，《江西民国日报》1936年11月19日第10版；《闽长汀纸业转机县府借款贷与纸槽》，《江西民国日报》1936年11月2日第10版。

④ 参见郑丰稔纂《龙岩县志》第12卷，厦门风行印刷社1945年印，"政治四"第19—20页。

⑤ 参见《闽省举办各县农仓》，《申报》1936年9月16日第10版。

良方，只是在不同环境和条件下，其具体执行有多少之别和缓急之分；其关键点在于：通过政府力量的积极介入，指导收复区农民组建自己的组织——农村合作预备社，可以实施农村救济的各种方案，不仅可以完成收复区经济上的复兴急务，而且可以实现政治上的地方自治。1933年底至1934年初，南昌行营进一步明确了其具体的组织系统、操作办法和业务功能：省、县、区、村分别成立省农村合作委员会、县办事处、区办事处、农村利用合作预备社，省农村合作委员会将政府拨款或国家银行贷款，经县、区办事处贷给农村利用合作预备社，预备社则将此项借款转贷收复区农民；预备社存续时间为一年，之后则改组为正式的利用合作社。

　　1934年底，赣闽边区国共大规模争战尘埃徐徐落定；次年初，各地政治秩序已经基本稳定，尤其是南方早春，春耕生产业已提上日程。如何尽快恢复因战乱而几近崩溃的新收复区农村经济，是处于执政地位的国民政府面临的紧迫问题。在此情况下，1935年初，江西省农村合作委员会任命邹华盖为特派员、徐侠成等为督察员，以及陈洪芳等50多名指导员，分赴中央苏区中心6县（宁都、兴国、于都、会昌、瑞金、石城），组设办理宁兴于会瑞石六县农村救济土地处理区特派员办事处及各县办事处，其工作重心是用"快干手段""组社贷款"和"恢复春耕"。6月底，第8行政区7县（加上广昌县），共成立利用合作预备社1778个，社员232687人；次年6月底，发展到1837个，社员235341人，每县均组建了县联合预备会。在"组社"的同时，发放"贷款"的工作也有条不紊地进行。1935年经农救处发放的7县农业、农仓和特种救济贷款实际共70万元左右。1934年7月以后，福建省也从省至县组建了农村合作的组织系统，闽西长汀县纸业每年都获得了10万元的贷款；1935—1937年的龙岩县，救济贷款从1万余元增长到4万多元。

　　"人事"的努力加上"天时"的助力，战后赣闽边区社会经济开始呈恢复性成长。1935年、1936年，赣南连续两年农业生产丰收；以赣南为输出大宗的江西木材出口旺盛，战时输出"一落千丈"的局面不复存在，1936年出口达"百数十万元"；赣闽边区传统的手工业——造纸业也逐步组建纸槽，恢复生产，并向国内外拓展市场；冶铁、榨糖、烧瓷、织布等其他和民生密切相关的行业，也因得到贷款而相继复业；1936年，江西省进出口贸易一改多年入超千万元的历史，当年贸易出超额达 500 万元。由于农村经济活跃，农民购买力增强，1936 年江西自产自销的土布，当年销售额达到 290 余万元，比上年增加 110 余万元。①

在上述赣闽边区农村经济的复苏过程中，农村合作社到底起了什么样的作用呢？众所周知，合作经济制度是 19 世纪中叶西欧的社会改革论者所拟创的理想经济形式，后来转化成为民间自由结社的互助性小型经济社团。② 20 世纪初，西欧的合作思潮流传到中国；20 年代尤其是南京国民政府成立以后，出于现实救济和发展的需要，这种思潮迅速转化为蔓延全国的农村合作运动。1934—1937 年赣闽边区的农村合作，就是民国时期轰轰烈烈农村合作运动洪流中的一支细流。对于民国农村合作运动，目前学界一分为二的评价（参见前文的学术回顾），是否适合 1934—1937 年的赣闽边区呢？

笔者认为，就 1934—1937 年的赣闽边区来看，其农村合作对于当地社会经济复苏发挥了显著的积极作用；限于特殊的历史时段和环境，其消极作用还未充分表现出来。其积极作用主要体现在三个方面。

一是在近代相对自由竞争的市场环境中，按照资本趋利的本性，农村资金向城市涌流是不可逆转的趋势，这种趋势导致了近代农村社会经济发展普遍面临着金融枯竭危机③；在战后的赣闽边区，这种危机自然更加严重④。在此情形下，赣闽地方国民政府指导农民普遍组建了利用合作预备社。这种预备社，和全国其他地区通常意义上的利用合作社并不相同，即尽管其名为"利用合作"，但其可兼有信用、供给、运销等各种功能和业务。实际上，其主要的功能和业务是信用放款，实际起着信用合

---

① 参见游海华、曾亚农《1934—1937 年赣南闽西地区市场与商业复苏研究》，《福建师范大学学报》2006 年第 2 期。

② 参见赖建诚《近代中国的合作经济运动——社会经济史的分析》，大学联合出版委员会1990 年版，"提要"第 1 页。

③ 参见温锐《民间借贷与农村社会经济——以清末民国前期赣闽边区为例》，《近代史研究》2004 年第 3 期。

④ 战后江西第 8 区第一任行政督察专员邵鸿基曾慨叹："地方太穷了，人财两难……田赋没整好，完全是在省政府补助之下过日子。"连地方政府本身的运转都依靠上级政府的财政"补助"，该地区社会经济复苏所需要的巨额资金缺口，于此可以想见。参见徐盈《从"收复"到"复兴"——记邵行政专员的谈话》，《大公报》1937 年 4 月 2 日第 3 版。

作社的作用。换言之，赣闽边区农村利用合作社的组建，构建了一个现代的农村金融网络。通过这一网络，使得政府的"扶农"资金能够迅速和源源不断地流向战后的赣闽边区农村，现代金融"下乡"和资本的有效运作有力地支持了当地农村经济的复苏。

二是当地大部分农户都加入了利用合作预备社（江西第 8 行政区 4/5 的农户成为社员），其中有 50% 以上的当地居民（农业、农仓和特种救济贷款户数总数）获得了救济贷款。尽管每个农户只获得区区 3.71 元的农业救济贷款，加上农仓和特种贷款的话，也不过户均 4.67 元（70 万元/15 万户），还不到或仅仅超过一个正常人两个月的伙食费[①]，不过，区区几元的贷款对于购买一季的种子、肥料、农具等简单生产资料，已是绰绰有余了。就农户贷款的实际用途来看，主要是用于农业生产和粮食运销、造纸、冶铁、榨糖、烧瓷、织布等日常必需品的生产。这对"劫后百无所有"的农民来说，无异于雪中送炭，对春耕恢复和农户基本生存维持的意义尤其大。[②] 另外，就加入合作社农户的比例看，江西第 8 行政

---

① 1937 年初，《大公报》记者徐盈在描述宁都县石上农民的生活时说："这里的生活程度的确简单，两元钱已能维持一个人的生活，服务区的同工，也不过是吃四元一月的饭。"参见徐盈《几个问题的探讨》，《大公报》1937 年 3 月 31 日第 3 版。

② 另据当时参与江西农村合作社的亲历者回忆，合作社成立以后，出现了几种情况：有的是地主豪绅包办（社员名单完全是假造的）；有的是农民入社后确实借到了钱，可是数目非常少，一般只能借到 1 元以下（如 1935 年的宁都县农民，每人只借到 5 角钱）；有的农民也借到农贷款 10 元、8 元不等，但这都是因为他们欠了地主豪绅的债，地主豪绅要农民借债还债，变欠私人（地主豪绅）的债为欠"官债"（合作社的债），以便于利用政府力量催收。至于消费供给合作社，一般都是地主阶级的合伙商店；产销合作社，一般都是地主或富商的行庄（如吉安县土布产销合作社，就是一贯经营"放花收纱，放纱收布"的布商雷根成布庄的化名）。亲历者因而认为，农村合作社为地主阶级所利用，成为地主豪绅对农民进一步剥削的资本，起到了"如虎添翼"的作用，对农民的生活和生产实际上不能起什么"救济"作用。笔者认同亲历者回忆的合作社成立后的多种情况，这恰恰是当时中国国情下的现实反映，但对其观点（结论）并不完全认同，而应实事分析：一是亲历者的回忆资料反映，无论是地主豪绅还是贫苦农民都能通过合作社借到贷款，这种情况相比他们借不到钱的窘境无疑要好；二是对于地主豪绅和贫苦农民来说，贷款（借钱）的多与少，其作用和意义是有差别的；三是在战后经济困窘的情况下，对于地主豪绅和贫苦农民来说，贷款（借钱）的多与少，都是有相当的作用和意义的；四是亲历者的回忆资料撰写于 1961 年 12 月，在当时的环境下，作者的"阶级叙事"风格可以得到理解，所记内容与历史事实无疑有一定差距。回忆资料见汤允夫、徐侠成《国民党统治时期的农村合作社·旧时经济撷拾》，载全国政协文史资料委员会编《文史资料存稿选编精选》第 8 辑，中国文史出版社 2006 年版，第 286 页。

区（80%）远远高于 1934 年的安徽省（1.3%）[1]、1930 年和 1934 年的
江苏省（0.6%、0.34%）[2]；其中缘故，主要是由特殊历史时段和环境的
需求决定的。

三是合作预备社的贷款利息低廉，且大大低于革命"暴动"以前的
民间借贷利息。据温锐先生的研究，20 世纪 30 年代以前，赣闽边区各县
民间借贷年利息一般在 15%—36%，最多见者或常利是 20%—30%，均
值在 26%—27%。[3] 1934—1937 年，江西第 8 行政区农户从预备合作社
得到的贷款利息均在 1 分以下，即年利 12%以下[4]；福建闽西各县得到的
贷款利息约为 6 厘，即年利 7.2%左右[5]。两相比较，预备合作社对社员
的贷款利息可谓低廉优惠，这在战后资金短缺的环境下，实属难能可贵，
也体现了执政政府复兴战后赣闽边区农村经济的务实思想。

正是由于执政政府指导农民创办农村合作的"主动"，才使得农村合
作在"战后救灾"这一特殊环境中，能够充分发挥它的金融下乡与资本
扶助功能，从而启动与刺激了赣闽边区农村经济的复苏进程。所以，抗
战时期主管江西合作的熊在渭回顾说："此种合作预备社，办理收复匪区
（指江西全省的收复区——笔者注）救济贷款，虽仅百余万元，而农民恢
复生业之速，有令人难以置信者，如宁都、石城各县匪陷七八年卒能于
两三年中恢复旧观，农贷工作之有助于善后实信而有征"[6]，可谓做出了
恰如其分的评价。但是，这种特殊历史时段（1934—1937）和特殊环境
（战后救灾）下的农村合作与金融"下乡"模式，在社会常态环境中是否
具有推广意义并能否持续发挥其积极作用？则需另文探讨和考察。

---

① 参见汪效驷《民国时期安徽农村合作运动》，《安徽师范大学学报》2005 年第 9 期。
② 参见忻平、赵泉明《20 世纪 20—30 年代江苏农村合作运动论略》，《江苏社会科学》
2003 年第 1 期；张红安《论1928—1937 年江苏的农村合作运动》，《淮阴师范学院学报》2000 年
第 4 期。
③ 参见温锐《民间借贷与农村社会经济——以清末民国前期赣闽边区为例》，《近代史研
究》2004 年第 3 期。
④ 《江西省农村合作委员会办理收复县区农村救济办法》《江西省农村合作委员会办理收
复县区农村救济放款规则草案》，载中国国民党"中央"委员会党史委员会编《革命文献》第
85 辑，第 357、359 页。
⑤ 参见《福建农村救济工作》，《江西民国日报》1934 年 8 月 11 日第 1 版。
⑥ 参见熊在渭《十年来之江西合作事业》（20），江西省政府《赣政十年》编委会编《赣
政十年》，1941 年印，第 4 页（文页）。

第三节　地方公产的处置

　　中共中央和主力红军长征以后，原中央苏区暨赣闽边区重新被纳入南京国民政府的控制版图。1934—1937 年，在社会重构背景下，如何处置历经中央苏区产权变革的赣闽边区祠堂、寺庙、会社等地方公产，是特殊历史条件下对南京国民政府行为与职责的一种考量。经过地方公产处置规则的初步确定、处置规则的变更和实际处置三个阶段，最终，南京国民政府依照相关法律重新确定地方民间组织原有公产的所有权，发放管业证书，同时每年提取民间组织公产一定比例的收益，用于发展以义务教育为主的地方公共事业建设。南京国民政府对地方公产的处置行为，体现了现代政府的基本职责，及其在特殊历史进程和环境下的抉择，对当时社会产生了积极的社会与经济效用。

一　问题的缘起和相关学术回顾

　　正如众多研究者指出的，传统中国农业社会，是一个精英治理的社会，士绅是地方权力系统的掌控者，在乡村社会中占有支配地位。① 这种状况在 20 世纪初的赣闽边区②仍是如此。例如，苏区革命前的宁都，"政治情形，过去与江西各县并无大异……至各乡区，悉无行政组织，乡村

---

　　① 傅衣凌认为："乡绅一方面被国家利用控制基层社会，另一方面又作为乡族利益的代表或代言人与政府抗衡，并协调、组织乡族的各项活动"；郑振满通过对明清福建家族组织与社会变迁的研究指出："乡族组织与乡绅集团空前活跃，对基层社会实现了全面的控制"；王日根在《近年来明清基层社会管理研究的回顾与展望》和《明清基层社会管理组织系统论纲》两文中对此也有详细述评；王先明在《中国近代乡村史研究及展望》一文中对美日学者的相关研究成果作了类似评介。分别参见傅衣凌《中国传统社会：多元的结构》，《中国社会经济史研究》1988年第 3 期；郑振满《明清福建家族组织与社会变迁》，湖南人民出版社 1992 年版，第 257 页；王日根《明清民间社会的秩序》，岳麓书社 2003 年版，第 3—38 页；王先明《中国近代乡村史研究及展望》，《近代史研究》2002 年第 2 期。

　　② 赣闽边区即赣南闽西地区，除特别说明外，本节的赣闽边区和中央苏区基本同义。

一切政权悉操之于乡绅之手"①。20世纪30年代江西时人在论述乡村改进事业时,以赞叹的口气追忆传统的乡村治理模式:"在以前太平时期,各县乡村中稍有眼光的士绅,都能自动的整理其村族中的公共事业,从不需要政府的协助与代办,在那时期内多数政治家的主张,都抱着一种无为而治的办法。"②戴一峰通过研究指出:"二十世纪上半期的闽西农村不仅是一个农业社会,而且是一个家族社会。"③

由此依稀可以看出,赣闽边区士绅对乡村社会的支配并不是个人单枪匹马打拼的战绩,而是众多乡村社会组织博弈的结果,在每一个士绅背后,都有宗族、宗教或民间会社等强大的社会组织为后盾。由于赣南、闽西特殊的自然条件和地理区位,明清以来,该地区宗族、宗教和其他民间组织发育比较完全;到20世纪初,这些民间社会组织承担了大量基层社会的公共事务管理职能。1930年毛泽东所作的《寻乌调查》,其"公共地主"和"山林制度"两小节对此作了详尽的描述,展现了苏区革命前寻乌宗族、宗教和民间会、社等具有祭祀、办学助学、管理山林、修桥补路、宗族救济、抵制政府不合理摊派等多种职能。④革命前,兴国永丰区贫农度荒月,全靠义仓借点谷食⑤;瑞金各姓公堂收入除"四时祭祀外,有赢余,则惠及族之鳏、寡、孤、独,量给养赡;子姓有登科甲,入乡校者,给与花红,赴试助以资斧"⑥。

除了赣南、闽西特殊的自然条件、地理区位和文化传统等多种因素外,士绅和众多的民间组织能够在边区发挥重大作用,还有一个重要的因素,就是在长期的历史发展中,边区民间组织积累了强大的经济基础——公产,如土地、山场、房屋铺面、桥渡等。其中,土地是民间组织最主要的公产形态。表5-7显示,革命前,赣闽边区民间组织所有土

---

① 刘斌:《宁都视察记》,《大公报》1934年12月21日第3版。

② 李承忠:《农村改进事业考察纪要》,《江西民国日报》1933年3月12日。

③ 戴一峰:《环境与发展:二十世纪上半期闽西农村的社会经济》,《中国社会经济史研究》2000年第4期,第8页。

④ 参见《寻乌调查(1930.5)》,载中共中央文献研究室编《毛泽东农村调查文集》,人民出版社1982年版,第106—112、133—135页。

⑤ 参见《兴国调查(1930.10)》,载中共中央文献研究室编《毛泽东农村调查文集》,人民出版社1982年版,第204页。

⑥ 陈诒修、陈政均纂:《瑞金县志稿》,1942年印,第54页。

地（公共土地）的占有比率，高的如上杭一些乡达70%，低的如兴国、赣县也在10%以上；江西全省在20%左右，闽西地区略高，约占25%；表中平均数为34.35%。另据章振乾估计，闽西宗族土地占耕地面积的30%—40%[①]；温锐认为赣闽边区公共土地占有比率"大致在30%—40%之间"。[②] 正是由于赣闽边区民间组织具有强大的经济基础，使其凭借着土地等公产的庞大收入，不仅能够维持自身的生存和运转，而且替代政府在乡村社区中维持地方秩序并发挥着公共管理职能。

表5-7　　　　　　　　中央苏区革命前公共土地占有比率概况

A		B	
赣南地区	比率（%）	闽西地区	比率（%）
寻乌县	40	龙岩适中乡	70
兴国第十区	10	龙岩东肖乡	24.9
公略县	32	上杭茶境乡	70
赣县	13	上杭白沙乡	40
		长汀县	33
江西全省	20	闽西	25

说明：1. 据本表"资料来源"所列资料编制而成。2. 公共土地指祠堂、寺庙、会社等民间组织所有的土地，表中龙岩、上杭、长汀的公共土地仅指宗族所有的土地（俗称祖田、公堂田等）。3. 兴国第十区指当时永丰圩一带。4. 公略县由吉安、吉水两县苏区组成，约占两县面积的2/5。5. 赣县数据来全县1/2面积的统计。6. 适中乡为1945年调查时的数据，因苏区革命中，适中乡一直是国民政府控制下的"白区"乡，因此，这一数据也可以看作苏区革命前公共土地占有状况的反映。

资料来源A：《寻乌调查（1930.5）》《兴国调查（1930.10）》，中共中央文献研究室编《毛泽东农村调查文集》，人民出版社1982年版，第108、199页；《江西苏区中共省委工作总结报告（1932.5）》，载江西省档案馆、中共江西省委党校党史教研室编《中央革命根据地史料选编》上册，江西人民出版社1982年版，第459页；《土地问题提纲——江西省、县、区苏维埃主席联席会议通过（1931.3）》，载《第二次国内革命战争时期土地革命文献选编（1927—1937）》，中共

---

① 参见章振乾《闽西农村调查日记（1945.4—7）》，载政协福建省委员会文史资料委员会编《福建文史资料》第35辑，1996年印，第177页。
② 温锐：《清末民初赣闽边地区土地租佃制度与农村社会经济》，《中国经济史研究》2002年第4期，第65页。

中央党校出版社 1987 年版，第 395 页。

　　资料来源 B：《龙岩东肖老区十年建设成就》调查报告（手稿本）1959 年，第 9 页，转引自戴一峰《环境与发展：二十世纪上半期闽西农村的社会经济》，《中国社会经济史研究》2000 年第 4 期，第 4 页；章振乾：《闽西农村调查日记（1945.4—7）》，载《福建文史资料》第 35 辑，政协福建省文史资料委员会 1996 年编印，第 18—19、142、145 页；《中共闽西党第二次代表大会日刊（1930.7.8—20）》，载江西省档案馆、中共江西省委党校党史教研室编《中央革命根据地史料选编》上册，江西人民出版社 1982 年版，第 287、280 页。

　　中央苏区革命中，以宗族、宗教、会社为主体的民间组织受到猛烈冲击，作为"封建统治"经济基础或"封建剥削"载体的民间组织公产全部被没收，其债权债务关系基本上被废除。中国共产党从内在结构和外在功能上对传统宗族组织进行消解，宗族势力在苏区趋于消亡。[1] 19 世纪末年开始传入赣闽边区的基督教和天主教，在革命中被作为"帝国主义"的代表受到打击，有些外国传教士丧命，传教事业及其附办的公益事业悉付东流。中国传统的宗教如佛教、道教等作为典型的"封建迷信"也被扫荡涤除，因为"僧尼、道士、传教士要改变职业……方准分田，否则不分"，1930 年寻乌"南半县完全没有僧尼、道士、传教士、算命及地理先生等人了，他们一概改了职业"。[2] 从 1928 年春农民暴动开始，到 1931 年夏天，中央苏区所有的土地经过没收、分配阶段，甚至被反复平分，完成了土改；此后直至 1934 年 10 月，苏区扩张的新区也先后进行了土地分配工作。[3] 总之，在中央苏区，"各地的土地都已彻底的平均分配了"[4]，"整个封建势力在赤色农村已经消灭干净"。[5]

　　1934 年底，随着国共大规模争战的尘埃落定，南京国民政府重新控

---

　　① 参见何友良《苏区农村的宗族势力及其消亡》，《江西社会科学》1994 年第 12 期；张侃《从宗族到国家：中国共产党早期的基层政权建设——以 1929—1934 年的闽西赣南为中心的考察》，《福建论坛》2002 年第 5 期。

　　② 《寻乌调查（1930.5）》，载中共中央文献研究室编《毛泽东农村调查文集》，人民出版社 1982 年版，第 175 页。

　　③ 参见温锐《中央苏区土地革命研究》，南开大学出版社 1991 年版，第 11—12、15—18、24 页。

　　④ 《赣西南特委工作（1930.9）》，载江西省档案馆、中共江西省委党校党史教研室编《中央革命根据地史料选编》上册，江西人民出版社 1982 年版，第 329 页。

　　⑤ 《永定县苏关于土地问题草案（1930）》，载中国社会科学院经济研究所中国现代经济史组编《第一、二次国内革命战争史料选编》，人民出版社 1981 年版，第 484 页。

制了赣闽边区。曾经在赣闽边区历史上扮演了重要角色的祠堂、寺庙、会社等民间组织的庞大公产，在历经苏区革命这一重大社会变革后，将面临怎样的命运？南京国民政府对边区祠堂、寺庙、会社等公产的处置，体现了怎样的政府职责？对稳定社会秩序起着怎样的作用呢？

　　长期以来，学界关于民间组织公产的研究，已经取得了不少成果。在已有成果中，主要从四个方面展开研究。一是通过公产的争夺，透视民间组织内部结构的变化或权力分配。[1] 二是以清末民国的庙产兴学为主要研究内容，通过宗教与教育此消彼长史实的梳理，进而探讨民间组织自身的嬗变与调适、宗教和教育以及政教之间的关系。[2] 三是从立法或司法的角度，探讨庙产兴学的相关法律问题。[3] 四是围绕着公产之争，通过对僧道尼、民众、士绅、政府、政党、国外势力等复杂面相的描述，揭示出各利益群体在基层社会的角力和博弈，以此深化我们对于 20 世纪的中国革命、现代化和社会转型等的诠释。[4]

---

　　① 参见徐斌《作为象征的宗族公产——以黄梅县程氏宗族为例》，《武汉大学学报》2008年第 6 期。

　　② 参见王雷泉《对中国近代两次庙产兴学风潮的反思》，《法音》1994 年第 12 期；刘成有《略论庙产兴学及其对道教的影响》，《中国道教》2004 年第 1 期；王炜《民国时期北京庙产兴学风潮——以铁山寺为例》，《北京社会科学》2006 年第 4 期；陈金龙《从庙产管理看南京国民政府时期的政教关系——以 1927—1937 年为中心的考察》，《华南师范大学学报》2006 年第 5 期；沈洁《现代化建制对信仰空间的征用——以二十世纪初年的庙产兴学运动为例》，《历史教学问题》2008 年第 2 期；徐跃《清末四川庙产兴学及由此产生的僧俗纠纷》，《近代史研究》2008 年第 5 期；杨亮《庙产兴学事件中的河南寺观》，《中国地方志》2011 年第 11 期；梁勇《从〈巴县档案〉看清末"庙产兴学与佛教团体的反应"》，《佛教研究》2012 年第 4 期；单侠《从教产风波看民国时期僧伽保护教产的举措——以 1919—1949 年为中心的考察》，《历史教学》2012 年第 8 期。

　　③ 参见林达丰《民初庙产立法检讨》，《江西财经大学学报》2007 年第 3 期；许效正《试论〈临时约法〉对庙产问题的影响》，《社会科学评论》2009 年第 2 期；赵艳玲《试析民初庙产问题司法化的社会成因》，《理论月刊》2009 年第 10 期；许效正《清末民初庙产问题研究（1895—1919）》，博士学位论文，陕西师范大学，2010 年。

　　④ 参见张广生《日常生活、权力与真相——玉皇阁庙产之争的历史记忆》，《开放时代》2001 年第 9 期；梁勇《清末"庙产兴学"与乡村权势的转移——以巴县为中心》，《社会学研究》2008 年第 1 期；付海晏《革命、法律与庙产——民国北平铁山寺案研究》，《历史研究》2009 年第 3 期；龚汝富《民国时期江西地方共有款产提拨公用纠纷探析》，《中国经济史研究》2009 年第 2 期；任金帅《辛亥革命与乡村公产运作的历史变迁——以两湖为中心的历史考察》，《人文杂志》2011 年第 5 期。

尽管学界取得了丰硕的成果,但却并无专文从产权变革的角度,对苏区革命后赣闽边区地方公产处置进行探讨,更无专文从产权变革与社会秩序、政府职责的角度进行考察。① 鉴于此,本节以 1934—1937 年赣闽边区祠堂、寺庙、会社等民间组织的公产处置为中心,从社会发展观的角度,通过对相关史实的梳理和以上问题的探讨,重点考察产权变革与社会秩序、政府职责之间的关系。

二 社会重构与祠堂寺庙公产处置规则的初步确定

1934 年夏秋,中共中央和主力红军长征前后,逐步控制了赣闽边区的南京国民政府面临着双重任务:一是社会重构,即构建一个与战时社会有别的、拥有常态社会秩序的社会;二是社会发展,即推进乡村义务教育、保甲②、警察等现代地方公共事业建设。

南京国民政府要完成社会重构的任务,就必须对中央苏区的产权变革进行某种处置,落实"产权规复"③ 这一常态社会秩序的基本规则。早在苏区革命"打土豪、分田地"等激烈产权变革的同时,南京国民政府暨豫鄂皖赣闽各省政府、专家学者就对之进行了广泛的探讨和研究,并出台了一系列有关产权规复的法规。其中最重要的是 1932 年 10 月,豫鄂皖三省"剿匪"总司令部制定并颁布的《"剿匪"区内各省农村土地处理条例》。该条例共 8 章 66 条,其核心内容即对"被匪分散之田地及其他不动产所引起的纠纷,一律以发还原主、确定其所有权为原则",恢复业主对原有产业的所有权。④ 该条例及其附属章则(包括《"剿匪"区内

---

① 苏区革命后,赣闽边区的产权处置,以"地归原主"为主要方式。尽管"地归原主"与本节有密切关系,但不是本节论述的主题。关于"地归原主",笔者打算另文探讨。

② 如果剔除政治上的"互保""连坐"等意义外,保甲首先是人口调查和编户造册,是现代政府对公民进行管理的基本措施。从这个意义上说,笔者将保甲也看作一项现代公共事业。

③ 本节的"产权规复",一般意义上是指按照民间习惯,自然恢复苏区革命前的债权和物权状况;严格意义上是指经过苏区革命"产权变革"以后,南京国民政府对赣闽边区人民原有产业和财产权重新进行法律确定的过程,其核心理念是"保护产权"。另外,本节的规复、善后等词,系沿用当时国民政府说法。

④ 参见彭明主编《中国现代史资料选辑》第 4 册,中国人民大学出版社 1989 年版,第 130 页。

各省农村土地处理条例施行细则》《农村兴复委员会管理存放各项收入章程》等）后来逐渐成为各省处理收复"匪区"产权问题的主要法规。1932 年 11 月，江西省政府举行第 516 次省务会议，各委员一致决议："剿匪区内各省农村土地处理条例，修正颁行"①；1934 年后，福建省各地也基本依照该条例及其附属章则进行产权规复工作②。

　　如何处置祠堂、寺庙等民间组织的公产，《"剿匪"区内各省农村土地处理条例》并没有明确的规定。按照该条例的精神，应以"发还原主，并确定其所有权"为处理原则。不过，早在 1931 年夏，陆海空军总司令行营政治训练部颁布的《地方善后宣传大纲》就曾做过非常通俗的解释。该大纲宣称："凡祠会庙宇等公产被赤匪没收或分配者，自应一律恢复往日的所有状态，但其收益被赤匪分给当地农民者，不得追讨。"③ 1935 年，江西省农村合作委员会制定的《宁兴于会瑞石广七县土地处理清理业权登记田地工作程序与方法》中，规定更为明确："所有祠堂、庙宇、神会或其他公共团体所有之产业，即以其祠堂、庙宇、神会等公共团体为业主，将其祠堂、庙宇、神会或其他团体之名称，写于业主姓名一格内，由其公产管理人或由其公推代表代为插标标明之。"④ 以此看来，祠堂、寺庙和其他民间团体的公产，恢复其苏区革命前的所有权状况，无论在法理还是在政府执政理念上，都应该没有问题。

　　然而，实际情况却非如此。1935 年 4 月，江西省政府主席熊式辉关心新收复区善后情况，特电召第 12 行政区专员邵鸿基到省询问。邵于 4 月中旬在接受记者采访时，谈到其管辖区内各县教育发展计划时声称："现在清查教育公产及划各祠堂公产收益十分之八，为普及教育的款，预

　　① 《第五一六次省会议决颁行"剿匪"区内农村土地处理条例》，《江西民国日报》1932 年 11 月 11 日第 3 版。

　　② 《奉行政院令为废止"剿匪"区内各省农村土地处理条例等五种法规仰饬属知照等因令仰知照》，载江西省政府秘书处公报室编印《江西省政府公报》第 767 号，1937 年 4 月 5 日，第 2 页；《龙岩土地即将着手整理》，《申报》1934 年 8 月 29 日第 9 版。

　　③ 《地方善后宣传大纲》，《江西民国日报》1931 年 7 月 2 日第 6 版。

　　④ 江西省政府秘书处统计室编：《经济旬刊》第 6 卷第 5、6 期合刊，1936 年 2 月 25 日，第 61 页。

定今年为筹备期间，明年为施行期间，后年为完成期间：即每保设一小学。"① 在苏区革命以前，祠堂公产每年收益如何支配，完全是宗族自行决定，除非特殊时期（如战时），地方政府从来没有置喙的余地。收复后的宁都各县祠堂公产，邵鸿基居然计划将其收益 8/10 划为教育专款。从所有权的"排他性"特点来分析，如果祠堂公产的所有权属于宗族（此点已经由产权规复法规明确规定），其相应的收益权和处分权自然属于宗族（祠堂）。那么，对其收益，地方政府根本无权过问和支配。邵鸿基的计划明显对宗族祠堂公产构成产权侵占。

其实，就在邵鸿基赴省汇报工作前不久，他已经将对祠堂、寺庙公产全面侵权的计划呈请江西省政府批示。其报告称："查本区所属宁广石于瑞会六县，被匪沦陷于兹数载……惟是各县民众，受赤匪之麻醉，匪化最深，宜亟图普及教育，灌输三民主义新知识，以矫正其错误之思想。第此项经费，款无所出，自应积极筹划，以便早日实施，再如警察薪饷、保甲经费，亦当预为计及。兹拟将各县所有祠堂公产，确定其私有公管，即其业权仍归祠堂所有，并给其登记证，其管理权归公，即责成保甲长、农村兴复委员会共同管理之。其租课以十分之二为该祠祭祀之用，十分之八为县教育专款。至于寺庙公产，一律收归公有，充作警察薪饷及保甲经费。"② 所谓"祠堂公产，确定其私有公管"，根本漠视了所有权排他性的特性；况且，即使为"私有公管"，也并没有具体期限；"至于寺庙公产，一律收归公有"，则更不知"律从何出"，简直可以说是地方政府对财产权的"肆意妄为"。但是，邵鸿基的这份请示报告抓住了问题的关键，即现代政府管理职能转型所需要举办的义务教育（即保学）、保甲、警察等诸多新型的公共事业"在在需款"，而此等经费，正如邵所指称"款无所出"，在历经战乱的收复区各县更是如此。

江西省政府接到邵鸿基的请示报告后，以问题重大，未敢擅专，即转呈国民政府军事委员会委员长行营裁夺。当年 5 月，行营依据《剿匪

---

① 《邵专员由京返省　对记者谈收复区各项情形》，《江西民国日报》1935 年 4 月 14 日第 3 版。

② 《邵专员请将各县公产拨为教育专款》，《江西民国日报》1935 年 3 月 18 日第 4 版。

区内各省农村土地处理条例》和《监督寺庙条例》① 做出批示，认为邵所拟定的处置办法与上述条例规定不相符，首先从法理上否决了邵的提议。同时，该批示又认为，宁都、广昌、石城、于都、瑞金、会昌6县，"沦陷数载，被匪最重，情形特殊，所有教育及警察、保甲经费，款无所出，亦属实情"，最后决定，"法理事实，兼筹并顾"，将邵原拟办法修改如下："一、宁都、广昌、石城、于都、瑞金、会昌六县祠堂公产，应由农村兴复委员会依照条例之规定，确定其所有权，发给管业证书。但应暂交由各该乡或镇农村兴复委员会代行管理，其田租赁金，留十分之四为该祠祭祀之用，提取十分之六为县教育专款。此项办法，自本年起，以三年为限，满三年后，应由各该县政府按照该省通行办法，另筹教育专款以资抵补。即将祠堂公产，分别发还各该祠堂管理人自行管理。二、寺庙公产，应按神祠存废标准，分别存毁，其应存者，该寺之田租赁金留十分之二为其香火之费，提取十分之八为警察保甲经费，余均准照一项祠堂公产办法处理。其应废者，准全部收归公有，作为警察保甲经费。"② 5月底，江西省政府主席熊式辉最终裁决，饬令邵鸿基遵照办理。7月，江西省政府在批示第八行政区专员公署的呈文中，对该区提取祠堂公产和寺庙田租赁金办理教育、警察和保甲等事业，再次重申了上述原则。③

　　行营的上述批示除了从法理上否决了邵的提议外，其对邵指示的实际处理办法还有四个值得注意的地方。一是调低了地方政府对祠堂、寺庙公产收益的提取比例。祠堂公产的收益（田租赁金），"留十分之四为该祠祭祀之用"，不再是邵提议的"十分之二"；"应存"寺庙的田租赁金，"留十分之二为其香火之费"，不再是原提议的"一律收归公

---

　　① 该条例第6条规定："寺庙财产及法物为寺庙所有，由住持管理之"；第8条规定："寺庙之不动产及法物，非经所属教会之决议，并呈请该管官署许可，不得处分或变更"。参见《监督寺庙条例》，载江西省政府秘书处公报室编印《江西省政府公报》第10期，1931年7月13日，第11页。

　　② 《奉行营指令本府转呈邵专员拟议处理宁广石于会瑞等六县祠堂寺庙公产办法一案转饬遵照》，载江西省政府秘书处公报室编印《江西省政府公报》第202号，1935年5月30日，第4—5页。

　　③ 《第八区行政督察专员呈送行政会议纪录分别指饬遵照》，载江西省政府秘书处公报室编印《江西省政府公报》第236号，1935年7月9日，第6页。

有"。二是规定了地方政府对祠堂、寺庙公产按上述比例提取的时间期限。"自本年起（即1935年），以三年为限，满三年后……另筹教育专款以资抵补。"三是在确定按比例提取祠堂、寺庙公产收益作为"县教育专款"和警察保甲经费的同时，规定祠堂、寺庙公产"应暂交由各该乡或镇农村兴复委员会代行管理"，明确剥夺了祠堂寺庙公产原管理人的管理权。四是做出了祠堂、寺庙公产管理权的最终裁决。即"满三年后……即将祠堂公产，分别发还各该祠堂管理人自行管理"。寺庙公产，则按照相关法规规定的"神祠存废标准，分别存毁"，其应存的寺庙，按照前项祠堂公产办法处理，满三年后，寺庙公产发还各该寺庙主持自行管理；其应废的寺庙，则"准全部收归公有，作为警察保甲经费"。行营的批示，尽管是当时情势下不得不为之的权宜之举，然而从产权规复的角度看，虽然有所变异，但仍把握住了"保护产权"这一社会重建的核心理念和规则。

三　乡村义务教育的创办与地方公产处置规则的变更

赣闽边区地方政府在确定产权规复理念并着手社会重构的同时，还面临着推进边区社会发展的任务，举凡教育、保甲、警察、公路、电信、仓储等各种乡村公共事业建设，"在在需款"，而此时的边区可谓"山穷水尽"。邵鸿基曾慨叹："地方太穷了，人财两难……田赋没整好，完全是在省政府补助之下过日子。"① 在此困境下，处于社会发展主导地位的地方政府很自然地将资金筹集来源锁定在地方公款（产）学款（产）上。那么，行营确定的上述祠堂、寺庙公产处置规则，能否适应推进社会发展的需要？在政府主导的社会发展进程中，上述规则又做了哪些方面的修正和变更？

在政府举办的各项新式公共事业中，义务教育最为急要。江西省在

---

① 徐盈:《从"收复"到"复兴"——记邵行政专员的谈话》,《大公报》1937年4月2日第3版。

全国开全面实施乡村义务教育的先河，其标志即为保学①的创办②，因而其对地方公、学款（产）的提取也最为迫切。实际上，政府对地方公、学款（产）的提取，主要是用于地方义务教育的开办。1934—1937年，南京国民政府和江西省政府颁布了一系列有关义务教育的法规，确定了提取地方公、学款（产）办理义务教育的基本规则。主要有：

1. 义务教育经费来源以地方负担为原则，具体到农村基层，则由各设立保负担。例如，1934年底，江西省政府在其制定的《江西省普设保学暂行办法》中规定："保学经费……由各设立保负担。"③ 1935年5月，行政院通过《实施义务教育暂行办法大纲》，第6条规定："义务教育经费，以地方负担为原则"。④

2. 义务教育经费具体提取来源是各保原有的公、学款（产）。1935年10月，多次修订后公布的《江西省保立小学暂行办法》规定："保立小学经费，尽先以各保原有学款（产）公款（产）拨充之，不足时按照保甲经费住户分等负担比例摊足，其办法另定之"，"保立小学校舍，除各该保内原有校舍外，得借用保内之祠宇寺庙会馆公所等建筑物"。⑤ 同时公布的《江西省推行义务教育计划》也规定："保学经费，以各保原有学款公款会款祠款庙款拨充之。"⑥

3. 确定提取公、学款（产）作为义教经费的比例不得少于60%。1935年10月，《江西省保立小学暂行办法》规定："保立小学经费，尽先以各保原有学款（产）公款（产）拨充之，不足时按照保甲经费住户分

---

① 简单地说，保学即一保全体民众的学校，分设儿童班和成人班，学校为社会教育的中心，其教学方式是义教民教同举、"管教养卫"合一，其理想目标是"一保一校"，它是以保甲组织为基础的乡村义务教育机构。

② 陈鹤琴：《江西保学的回顾与展望》（33），载江西省政府《赣政十年》编委会编《赣政十年》，1941年印，第2页（文页）。

③ 《省政府公布普设保学暂行办法》，《江西民国日报》1935年2月2日第3版。

④ 《实施义务教育暂行办法大纲民国二十四年度中央义务教育经费支配办法大纲》，载江西省政府秘书处公报室编印《江西省政府公报》第226号，1935年6月27日，第4页。

⑤ 《江西省保立小学暂行办法》，载江西省政府秘书处公报室编印《江西省政府公报》第308号，1935年10月2日，第3、4页。

⑥ 《江西省推行义务教育计划暨各项章则》，载江西省政府秘书处公报室编印《江西省政府公报》第321号，1935年10月18日，第3页。

等负担比例摊足。"① 换言之,如果各保原有公、学款(产)足够办理保学,则可"尽先"提取,似乎不必考虑提取的比例问题。同月公布的《江西省保立小学经费之收支保管及审核办法》第 2 条乙款则明确规定了提取比例的底线:各保原有公、学款(产)"拨充保学经费之数额,以除去应纳捐税及不可少之正当开支外,所余即拨充保学经费,但不得少于全数百分之六十"。②

4. 确定并强化了政府对提取作为义务教育经费的公、学款(产)的管理权限。《江西省保立小学经费之收支保管及审核办法》第 2 条庚款规定:"由学款(产)公款(产)拨充之保学经费,以不变更原管理权为原则,遇必要时,得由区署呈请县政府核准,指令保学管理委员会管理。"③ 1936 年 4 月,江西省政府公布的《江西省各县清查公款公产暂行办法》规定:各县应设立地方公款公产清查委员会,对全县地方公款公产进行清理,属于"区有"或"保有"的公款公产,"一律拨充教育经费",分别由区或保组织保管委员会管理。④ 同年 9 月,江西省政府发布《江西省各县筹集义务教育经费实施办法暨修正江西省保立小学暂行办法第十六条条文》,其第 5 条规定:义务教育暨保立小学经费的筹集,"县市或区保由人民自动公议依法呈请分担之义务教育捐款,在不抵触中央及本省法令范围内,属于全县者,由全县各公法代表会议 [议定之],属于区保者,由各该区保保甲长代表会议议定之,呈报县政府查核,转呈省政府核准";"江西省推行义务教育计划第九条规定之会款祠款庙款等项拨充义务教育经费时,得适用本办法第五条之规定"。⑤

所谓"地方公学款产",1930 年毛泽东所作的《寻乌调查》提供了

---

① 《江西省保立小学暂行办法》,载江西省政府秘书处公报室编印《江西省政府公报》第 308 号,1935 年 10 月 2 日,第 3、4 页。

② 《江西省推行义务教育计划暨各项章则》,载江西省政府秘书处公报室编印《江西省政府公报》第 321 号,1935 年 10 月 18 日,第 11 页。

③ 《江西省推行义务教育计划暨各项章则》,载江西省政府秘书处公报室编印《江西省政府公报》第 321 号,1935 年 10 月 18 日,第 12 页。

④ 《江西省各县清查公款公产暂行办法》,载江西省政府秘书处公报室编印《江西省政府公报》第 473 号,1936 年 4 月 18 日,第 1、2 页。

⑤ 《江西省各县筹集义务教育经费实施办法暨修正江西省保立小学暂行办法第十六条条文》,《江西省政府公报》第 595 号,1936 年 9 月 9 日,第 1—2 页。

一个非常好的分析案例。他将苏区革命前寻乌县的"公共地主"分为三个部分：第一是"祖宗地主"，即宗族祠堂所有的田地和现钱；第二是"神道地主"，即"神、坛、社、庙、寺、观六种"，实际上是佛教、道教等宗教组织和带有宗教信仰的民间组织所有的土地、谷子和现钱；第三是"政治地主"，分为两类，一类是考棚、宾兴、孔庙、学租等属于教育性质的团体所有的田地和"款子"，一类是桥会、路会、粮会等属于社会公益性质的民间团体所有的田地和放债的钱；此外，还有公堂或各村掌管的公共山林。① 实际上，上述寻乌"公共地主"所有的动产、不动产，就是我们通常所指的"地方公学款产"。

地方政府对于"地方公学款产"也有明确界定。《江西省各县清查公款公产暂行办法》规定："凡以一县或一区一保公共力量捐募筹集孳生之动产，及以一县或一区一保公共力量捐募购置之不动产，无业主之荒山荒田荒地均属之"，该项款产，"得一律拨充教育经费"。② 主管江西教育的官员认为：公款公产是指"寺、庙、观、祠、社、馆、公所、局帮绝产及其他团体的款产"，学款学产是指"文会、书院、采芹、膏伙、宾兴、伙马田、学田、学租、学产、书田以及其他关于教育的款产"。③ 总之，地方政府关于"地方公学款产"的解释几乎囊括了毛泽东在《寻乌调查》中所指的"公共地主"所有的动产和不动产。因此，国民政府在推进义务教育等公共事业建设进程中，这些"地方公学款产"自然全部被纳入提取的范围，上述有关义务教育的种种法规对此也都做出了原则性规定。

综上所述，与前述行营确定的祠堂、寺庙公产处置规则相比，国民政府确定的提取地方公学款产办理义务教育的基本规则有以下继承和变更：

继承方面：一是继续承认和确保了祠堂、寺庙、会社等民间组织公产的所有权。二是进一步确定提取祠堂公产作为义务教育（保学）经费的办法。三是确定了提取地方公学款产（包括祠堂、寺庙、会社等的公

① 参见《寻乌调查（1930.5）》，中共中央文献研究室编《毛泽东农村调查文集》，人民出版社 1982 年版，第 106—112、133—135 页。

② 《江西省各县清查公款公产暂行办法》，载江西省政府秘书处公报室编印《江西省政府公报》第 473 号，1936 年 4 月 18 日，第 1、4 页。

③ 陈鹤琴：《江西保学的回顾与展望》（33），载江西省政府《赣政十年》编委会编《赣政十年》，1941 年印，第 3 页（文页）。

产）每年的收益作为义务教育经费比例，即不少于60%。

变更方面:一是将寺、庙列为义务教育的提取范围，而不再是原来的提取寺庙公产8/10作为警察保甲经费，并将其提取比例与祠堂等同。二是进一步将会、社等民间组织的公学款产列为义务教育的提取范围，其提取比例与祠堂、寺庙等同。三是"保立小学校舍"可借用宗祠（祠宇）及"寺庙会馆公所等建筑物"。四是只确定了提取地方公学款产的最低比例（不少于60%），没有规定提取的最高比例。五是凡提取为义务教育经费的地方公学款产（包括祠堂、寺庙、会社等的公产），不再是"暂交由各该乡或镇农村兴复委员会代行管理"，而是交由区或保管委员会管理。六是没有规定政府提取公学款产的年限（不再是原来规定的"三年为限"），实际上是政府为自己无限期地提取祠堂、寺庙、会社等民间组织公产的收益提供法律依据。

四　祠堂寺庙会社等公产的实际处置

如前所述，自1934年底开始，赣闽地方政府即面临社会重构和推进社会发展的双重任务。1935年春以后，江西全省开始推进普遍设立保学的进程;第8区行政公署规定所属各县，在1935年8月底以前，"先就各大村市镇及保联所在地，一律成立保学"，并预计1936年将"收复地区之保学普遍完成"。[①] 1935年8月以后，第8区行政公署举办的产权规复工作业已开始。[②] 在社会重建和以乡村义务教育为主的社会发展同时推进的过程中，祠堂、寺庙、会社等民间组织的公产将经历怎样的处置命运?行营确定的祠堂、寺庙公产处置规则和国民政府确定的提取地方公学款产办理义务教育的基本规则，在具体实践中的实施效果如何? 由于资源（祠堂、寺庙、会社等民间组织的公学款产）有限和需求无限，其必然演化出的不同利益主体对公学款产的争夺或产权主体的抗争，江西省政府

---

① 《第八区专署令属办理积谷备荒　并饬各市镇成立保学》，《江西民国日报》1935年8月2日，第6版。

② 参见游海华《重构与整合——1934—1937年赣南闽西社会重建研究》，经济日报出版社2008年版，第215页。

又是如何进行协调的呢？下面，以赣闽边区祠堂、寺庙、会社等民间组织公产处置实例，作一具体分析。

1. 关于祠堂、寺庙、会社等公产的提取。存在以下三种情形：一是对祠堂公产的提取。例如，1935 年下半年，会昌县新成立的私立作新、余山、三益、并育、芝兰、至德等小学，其经费除"私人捐献者"外，"均系由各姓祠产提出十分之六至十分之八为常年经费"。① 1936 年初，南城县长就提拨祠堂款产兴办保学等事由呈文请示省政府，省政府依据《江西省推行义务教育计划》第 9 条指示，"可提拨祠款兴办保学……业已拨充保学之祠款，自无请求发还之理"②。二是对寺庙公产的提取。例如，1934 年度（1934 年 7 月—1935 年 6 月），广昌县除其他地方公学款产的田租、房租外，每月还提取了千善庙产 30 元，全年共 360 元作为全县的学产收入，并依惯例列入次年度的全县学产预算收入内。③ 1936 年，宁都县各地寺产，即遵照行营确定的规则，按 8/10 提交地方公用。④ 三是对会社等民间组织公产的提取。例如，1934 年，安远县提取了神会谷及寺庙产谷，作为地方教育、保甲、仓储、建设等费用（1933 年，安远县已为陈济棠领导的粤军所控制——笔者注）⑤；1935—1937 年，安远县每年均提取神会谷和寺庙产谷办理保学，年达 7500 元⑥。1936 年底，龙南县长向江西省政府呈文请示关于公款公产业权的确定与处理问题，江

---

① 《据会昌县呈送私立作新余山三益并育芝兰至德各小学校董会立案文件请准备案等情令仰转饬遵照》，载江西省政府秘书处公报室编印《江西省政府公报》第 292 号，1935 年 9 月 13 日，第 9—10 页。

② 《据南城县呈为可否提拨祠款兴办保学乞核示等情令仰遵照》，载江西省政府秘书处公报室编印《江西省政府公报》第 435 号，1936 年 3 月 4 日，第 26 页。

③ 参见《审查广昌县二十五年度县地方岁入岁出概算报告书》，载江西省政府秘书处公报室编印《江西省政府公报》第 638 号，1936 年 10 月 30 日，第 11、14 页。

④ 参见《宁都十一次县政会议决定荒田纳租办法》，《江西民国日报》1936 年 4 月 9 日，第 7 版。

⑤ 参见《安远县呈送该县行政会议录分别指示遵照》，载江西省政府秘书处公报室编印《江西省政府公报》第 122 号，1935 年 2 月 25 日，第 13 页。

⑥ 参见《据安远县呈送地方收支状况表请察核等情指令遵照》，载江西省政府秘书处公报室编印《江西省政府公报》第 429 号，1936 年 2 月 26 日，第 16 页；《据安远县呈请解释抽收神会谷权一案指令遵照》，载江西省政府秘书处公报室编印《江西省政府公报》第 757 号，1937 年 3 月 23 日，第 9 页。

西省政府在回文中做出"私人所有桥渡以及其他公款公产清查后,应拨归原有业主所在区保为办学经费"的指示。①

2. 关于祠堂、寺庙、会社等公产提取比例的实施情况。也分两种情形:一是基本落实了关于60%提取比例的规定。例如,1936年度,安远县第二次行政会议议决:"以神会谷60%为各保学经费",并在实践中贯彻落实。② 1936年底,江西省督学兼第4区整理地方教育特派员欧阳魁等,请示江西省政府解释《江西省各县清查公款公产暂行办法》的有关条文和相关情况,江西省政府对地方公学款产提取比例的解释是:"各姓祠产,应……依法提拨百分之六十为所在保保学经费,会馆款产,应比照祠产办理,会款应遵照江西省保立小学经费收支保管及审核办法第二条乙项(即各该保原有公学款产"拨充保学经费之数额,以除去应纳捐税及不可少之正当开支外,所余即拨充保学经费,但不得少于全数百分之六十"③)办理,自应一并清查,以便按成提拨,而防隐匿。"④ 二是有些地方的提取比例(可能)超过60%。例如会昌县,前述1935年下半年新成立的6所私立小学,其经费除"私人捐献者"外,"均系由各姓祠产提出十分之六至十分之八为常年经费"。⑤ 1936年初,江西省政府在指令安远县长张绍琨筹办保学经费时指示:"应先以各保原有公产学产拨充之;不足时,再设法商劝殷富捐助,毋得轻易就住户派捐。"⑥ 如前面推论的,如果各保有足够提取保学经费的公学款产,那么就会像会昌县一

① 《据龙南县呈请解释关于公款公产业权之确定与处理乞核示等情指令遵照》,载江西省政府秘书处公报室编印《江西省政府公报》第660号,1936年1月26日,第6页。

② 《据安远县呈请解释抽收神会谷权一案指令遵照》,载江西省政府秘书处公报室编印《江西省政府公报》第757号,1937年3月23日,第9页。

③ 《江西省推行义务教育计划暨各项章则》,载江西省政府秘书处公报室编印《江西省政府公报》第321号,1935年10月18日,第11页。

④ 《据省督学欧阳魁等呈为对于各县清查公款公产暂行办法尚有疑义条陈意见请核示等情令仰遵照》,载江西省政府秘书处公报室编印《江西省政府公报》第680号,1936年12月19日,第11页。

⑤ 《据会昌县呈送私立作新余山三益并育芝兰至德各小学校董会立案文件请准备案等情令仰转饬遵照》,载江西省政府秘书处公报室编印《江西省政府公报》第292号,1935年9月13日,第9—10页。

⑥ 《据安远县呈送第二次行政会议录请核示等情指令遵照》,载江西省政府秘书处公报室编印《江西省政府公报》第474号,1936年4月20日,第6页。

样，出现提取比例超过 60% 的情况。

3. 基本秉承"保护产权"的理念，妥善协调不同利益主体对祠堂、寺庙、会社等公产提取权的争夺，并在一定程度保护了寺庙对其公产的所有权。具体处理中，主要有三种情况。首先，不同区、保共有的公学款产，按"所有权比例"分别提取。例如，南城县在提取祠堂公产时就出现这种情况，即"原乡镇有或都有之公产，为现保甲之两保以上共有产业，并未指定公益用途，自应分拨各保办学，分划标准，究竟各保平均摊派，或以户口多寡比例照派"；当南城县长将该疑问提请省府时，省府指令："分划标准，应以户口为比例"。① 龙南县在提取神会款产时也遭遇同样情况，江西省政府对此指示："应将其应提成额，由共有之区保比例划分摊拨"或"由各该有关系保学委员会轮值管理，会款产租息即由轮值者收取"。② 其次，不同利益主体对同一公学款产争夺提取权时，以"所有权"者提取为原则。例如，石城县毗邻宁都县，该县不少公产及祠庙的田亩坐落在宁都县，当业主向宁都佃户收租时，则发现租谷已被宁都第三区第十、第十一两保联提充保学经费，该两保联认为：提取租谷"属公家正用，且已向佃户提取支付在前，难以缴回"。1936 年底，石城县长将此种纠纷报请省府裁夺，江西省政府回复："公学庙各款产，应由业权所在保依法拨用，其他各保不得以坐落该保为辞，擅自提拨，以杜纠纷，而障业权"，并严令宁都县长邵鸿基，"迅行查明制止为要"！③ 类似的争夺也出现在安远县，该县各保对于提取神会谷权，"颇多争执，有以田亩之所在保为抽收权者，有以田之业主所在保为抽收权者"，江西省政府和教育厅对于此类纠纷也给予明确指示："查保障业权，法有明定，神会田亩，其业权属于神会，抽收租谷办理保学，其权利属于神会或神

---

① 《据第七行政督察专员转据南城县呈为推行保学发生困难请核示等情令仰转饬遵照》，载江西省政府秘书处公报室编印《江西省政府公报》第 243 号，1935 年 7 月 17 日，第 18—19 页。
② 《据龙南县呈请解释关于公款公产业权之确定与处理乞核示等情指令遵照》，载江西省政府秘书处公报室编印《江西省政府公报》第 660 号，1936 年 11 月 26 日，第 6 页。
③ 《据石城县电为提拨保学经费发生纠纷请核示等情电饬遵照》，载江西省政府秘书处公报室编印《江西省政府公报》第 682 号，1936 年 12 月 22 日，第 6 页。

会股东所在之保,其田亩所在之保,不得侵夺。"① 最后,在一定程度上
保护了寺庙对其公产的所有权。例如,广昌县在筹集保学经费时,曾想
将历经战乱破坏、正徐图恢复的兴教寺的田产收归公有,兴教寺则向第 8
行政公署提出申诉,江西省政府对此纠纷提出裁决意见:如果兴教寺
"正在着手恢复,自未可悉数拨充地方教育经费","如该普莲无力兴复,
又无僧人住持,应以荒废寺庙论,依照监督寺庙条例第四条之规定,由
地方自治团体管理之"。②

4. 关于地方公学款产提取为义务教育经费后的管理情况。例如,
1934 年,安远县提取的神会谷及寺庙产谷,均由保甲自行提取,作为保
办理教育等现代化建设的费用。③ 江西省政府在对龙南县关于提取义务教
育经费的指示中,规定"按比例划分摊拨"的神会款产,"由各该保保学
委员会过户管理",或"由各该有关保学委员会轮值管理,会款产租息即
由轮值者收取"。④ 宁都县则规定,在"土地处理尚未完成以前,所有提
交教育经费之公产,暂由该管保甲征收"。⑤ 1936 年下半年,江西省政府
指令宁都、会昌、于都等第 8 行政区各县,各区各保联应以充作办理中
心小学之区有或保联有公款公产学款学产,应一律查明,改由县政府接
管。⑥ 同年底,江西省开始在全省实施设立合作金库的计划,县合作金库
的主要职责是管理地方公款收支保管事项。但至 1937 年 7 月,除宁都县

_____

① 《据安远县呈请解释抽收神会谷权一案指令遵照》,载江西省政府秘书处公报室编印
《江西省政府公报》第 757 号,1937 年 3 月 23 日,第 9 页。

② 《据第八行政督察专员查复广昌县兴教寺寺产拨充地方教育经费情形请核示等情令仰遵
照》,载江西省政府秘书处公报室编印《江西省政府公报》第 728 号,1937 年 2 月 16 日,第 12
页。

③ 参见《安远县呈送该县行政会议录分别指示遵照》,载江西省政府秘书处公报室编印
《江西省政府公报》第 122 号,1935 年 2 月 25 日,第 13 页。

④ 《据龙南县呈请解释关于公款公产业权之确定与处理乞核示等情指令遵照》,载江西省
政府秘书处公报室编印《江西省政府公报》第 660 号,1936 年 11 月 26 日,第 6 页。

⑤ 《宁都十一次县政会议决定荒田纳租办法》,《江西民国日报》1936 年 4 月 9 日第 7 版。

⑥ 参见《审查宁都县二十五年度地方岁入岁出概算报告书》,载江西省政府秘书处公报室
编印《江西省政府公报》第 637 号,1936 年 10 月 29 日,第 33 页;《审查会昌县二十五年度地
方岁入岁出概算报告书》,载江西省政府秘书处公报室编印《江西省政府公报》第 641 号,1936
年 11 月 3 日,第 9 页;《审查于都县二十五年度地方岁入岁出概算报告书》,载江西省政府秘书
处公报室编印《江西省政府公报》第 642 号,1936 年 11 月 4 日,第 15 页。

外，第 8 行政区的其他各县尚未成立县金库。① 上述情况表明，至少到抗战前，被提取为义务教育经费的祠堂、寺庙、会社等公产大部分并没有被县政府接管，区、保联、保等基层组织只是履行提取义务教育经费的职责，祠堂、寺庙、会社等民间组织的公产基本上还是由原管理人管理。

在赣闽边区地方政府提取祠堂、寺庙、会社等公产收益推进社会发展的同时，落实"产权规复"这一社会重建基本规则的工作也在稳步进行。实际上，自 1934 年底赣闽边区各县"收复"以后，回乡难民与在乡居民陆续回到家园并恢复了原有产业的所有权；江西省第 8 行政区举办的产权规复工作在 1935 年 8 月至 1936 年底全部完成，长汀、宁化、连城等闽西大部分地区在 1935 年以后也基本实现"地归原主"（闽西南地区，由于 1934 年底以后仍处于持续的半军事化状态，龙岩、永定、上杭等县除"地归原主"外，还存在或出现了多种地权处置模式）。② 赣闽边区祠堂、寺庙、会社等民间组织原有的土地等公产，在政府举办的产权规复工作中重新确定了产权（所有权），祠堂、寺庙、会社等民间组织管理人均领到了政府发放的管业证书。尽管这一产权规复工作并不能百分之百地实现"地归原主"，例如宁都"就有地主将公田划入自己私田的行为"③，但是，总体而言，边区大部分地方公产实现了"物归原主"（主要是"地归原主"）。在此过程中，民间习惯和地方舆论均起了基础性作用，产权规复工作中的程序公正④也发挥了积极作用。

"物归原主"的实现，有三方面证据可资佐证。

一是南京国民政府并不排斥宗族、宗教等民间组织，而且将其作为

---

① 参见《赣省各县成立合作金库》，《大公报》1937 年 1 月 20 日第 10 版；《未设分金库之铜鼓等 34 县关于省地方公款之收支保管事项指定邻县分金库兼办令仰遵照办理》，载江西省政府秘书处公报室编印《江西省政府公报》第 883 号，1937 年 8 月 18 日，第 5—8 页。

② 参见游海华《重构与整合——1934—1937 赣南闽西社会重建研究》，经济日报出版社2008 年版，第 212—224、234—240 页。

③ 徐盈：《匪后鸟瞰——一个所谓"封建势力的大本营"的描画》，《大公报》1937 年 3月 29 日第 3 版。

④ 江西省第八行政区各县政府在产权规复工作中，是严格按照"宁兴于会瑞石广七县土地处理清理业权登记田地工作程序与方法"所规定的 10 个步骤，即组织（各级农村兴复委员会）、划界、宣传、插标、编查、报告（陈报）、审查、公告、给证、造册依次进行的。

社会稳定的基础或约法所规定的"信仰"。① 因此,1934 年底赣闽边区大
规模战事结束以后,宗族、宗教等民间组织在边区普遍恢复。闽西的龙
岩,宗族普遍复兴,"岩中各族姓,均立有族规,藉以约束子弟";"龙门
镇赤水村郑氏,每年元旦阖族于祖祠开团拜会,合唱爱国歌,分昭穆,
序长幼,雍容一堂,自始至讫事,无敢喧哗者"。② 1935 年初在宁都,天
主教教士也很快回到原来的教堂,一边传播"福音",一边"兼售西
药"。③ 战后的瑞金,庙宇、佛堂等"又变本加厉地恢复了旧状态","那
每个庙里的神像无数,不论什么都是神",在记者的眼中,它们"简直变
成了牛鬼蛇神的避难所"。④

　　二是抗战爆发后,福建省抗敌后援会和动员会先后发起祠宇献金救
国运动,这一运动一直持续到抗战中后期⑤;抗战后期,福建省为发展现
代教育事业,创立国教基金,并于 1944 年发动各地祠堂、寺庙捐献款产
作为国教特种基金运动⑥。对上述运动,闽西祠堂、庙宇都做出一定程度

---

　　① 早在国共争战时期的 1931 年,南京国民政府就颁布《监督寺庙条例》,对有僧道住持之
寺庙及其财产、法物等明令保护。同年,江西省政府发布训令:"荒废无人管理之寺庙,得由所
属教会,征集当地各僧意见,遴选住持管理,该寺庙财产之处分,应依照监督寺庙条例第 8 条办
理(即寺庙之不动产及法物,非经所属教会之决议,并呈请该管官署许可,不得处分或变
更——笔者注)"。1936 年 8 月,福建省政府和江西省政府均转发内政部训令:"全国各级佛教会
系属宗教团体,有监督、保管寺庙财产之职权及执行教规之责任……令行各省民政厅转饬各县市
政府一体知照,以利会务,而保教产,免生阻碍。"同年 9 月,江西省开展的新生活运动中,还
发起提倡修建宗祠运动,"俾复旧规,藉固我国宗族组织之基础,以利教化"。分别参见《监督
寺庙条例》,载江西省政府秘书处公报室编印《江西省政府公报》第 10 号,1931 年 7 月 13 日,
第 11—12 页;《寺庙财产 民厅饬属保护》,《江西民国日报》1931 年 6 月 28 日第 6 版;《据民
政厅呈奉内政部令查全国各级佛教会系属宗教团体有监督保管寺庙财产之职权及执行教规之责任
仰知照并转饬知照等因转呈到府仰知照》,载福建省政府秘书处编《福建省政府公报》第 627
号,1936 年 8 月 26 日,第 5 页;《民政厅案呈奉内政部令以全国各级佛教会系属宗教团体凡执行
教规暨监督保管寺庙财产有相当之责任及职权仰知照一案令仰知照》,江西省政府秘书处公报室
编印《江西省政府公报》第 579 号,1936 年 8 月 20 日,第 10—11 页;《第三次新运联席会决定
提倡修建宗祠运动》,《江西民国日报》1936 年 9 月 6 日第 7 版。

　　② 郑丰稔纂:《龙岩县志》第 29 卷,厦门风行印刷社 1945 年印,"杂录"第 26 页。

　　③ 《赣省收复"匪区"现况》,《大公报》1935 年 2 月 19 日第 4 版。

　　④ 徐盈:《赣南杂写(四)》,《大公报》1937 年 4 月 25 日第 3 版。

　　⑤ 参见《省抗敌会订奖励办法 发动祠宇献金运动》,《福建民报》1939 年 12 月 2 日第 4
版;《省动员会奖励祠宇献金运动》,《南方日报》1942 年 1 月 24 日第 4 版。

　　⑥ 参见《地方公有寺庙款产捐献国教基金》,《东南日报》1944 年 5 月 15 日第 3 版。

的回应。例如，1939 年，永定县城苏氏家祠，将原准备办酒席的 95 元经费，送呈该县抗敌分会转汇省抗敌会。① 1940 年 6 月，武平县各姓宗祠热烈响应祠宇献金运动，县城刘家祠捐献 200 元、李家祠和林家祠各 100 元、修氏祠 50 元，万安谢氏祠捐献 200 元，武所危氏祠与谢氏祠各捐献 100 元，林王张三姓各 50 元。② 整个福建省，曾在一个时期内"捐献款额，在全国各省中，实居第一（包括个人捐款——笔者注）"，祠宇献金，"收效卓著"。③

三是在 1950 年土地改革前夕，赣闽边区宗族、寺庙、会社等民间组织所有的公共土地仍然占有较高的比率。据 1950 年福建省农民协会的调查，闽西共有田占全部山田的 50% 以上，其中永定中川村高达 70.04%，西湖村亦达 60%。④ 1950 年冬土改前的宁都专区（辖宁都、兴国、于都、瑞金、会昌、寻乌、石城、广昌 8 县），"地主田地，表面上集中不多，但都掌握了公堂桥会等公田"，例如会昌县的公田占 33.09%。⑤ 1950 年的江西省，公田占全省土地总面积的 10%—15%。⑥

正是由于"产权规复"这一社会重建基本规则的贯彻实施，才奠定了 1934 年以后赣南闽西祠堂、寺庙、会社等民间组织普遍恢复的基础。加之南京国民政府将宗族、宗教等民间组织视为社会稳定的基础或约法所规定的"信仰自由"政策的体现，也有助于祠堂、寺庙、会社等的普遍恢复。

综上所述，国民政府在推进赣闽边区社会发展的进程中，其确定的提取祠堂、寺庙、会社等民间组织公产办理义务教育的规则（包括行营

① 参见《永定县苏氏家祠　贡献酒席经费》，《福建民报》1939 年 6 月 30 日第 4 版。
② 参见《武平各姓热烈献金》，《南方日报》1940 年 7 月 1 日第 4 版。
③ 《祠宇献金运动　省抗敌会建议中央饬各省仿照办理》，《福建民报》1940 年 3 月 19 日第 4 版。
④ 华东军政委员会土地改革委员会编印：《福建省农村调查》，第 109—110 页，转引自戴一峰《环境与发展：二十世纪上半期闽西农村的社会经济》，《中国社会经济史研究》2000 年第 4 期，第 8 页。
⑤ 参见《江西省土地改革重要文献汇编》，江西省土地改革委员会 1954 年编印，第 539 页。
⑥ 参见《当代中国》丛书编辑委员会编《当代中国的江西》（上），当代中国出版社 1991 年版，第 24 页。

确定的处置规则),基本上得到贯彻落实。不过,至少到抗战前,被提取为义务教育经费的祠堂、寺庙、会社等公产绝大部分并没有被县政府接管,区、保联、保等基层组织只是履行提取义务教育经费的职责。几乎与此同时进行的战后赣闽边区社会重建,贯彻执行了产权规复这一基本规则,赣闽边区祠堂、寺庙、会社等民间组织原有的土地等公产就是在政府举办的产权规复工作中重新确定了产权(所有权),民间组织管理人均领到了政府发放的管业证书,并继续扮演着其管理人的角色。

五　结论

苏区革命后赣闽边区的产权处置,是一个非常有价值的学术话题,也是一个素为学界所忽视的课题。

1934 年底,重新控制了赣闽边区的南京国民政府,面临着社会重构和社会发展双重任务。社会重构即重新构建一个与战时社会有别的、拥有常态秩序的社会。其主要措施之一就是依照《"剿匪"区内各省农村土地处理条例》,对"被匪分散之田地及其他不动产所引起的纠纷,一律以发还原主、确定其所有权为原则",恢复赣闽边区苏区革命前的所有权状况。社会发展方面,作为从传统向现代转型中的政府,南京国民政府必须推进乡村义务教育、保甲、警察、仓储等现代公共事业建设,为社会提供公共产品。

身处双重任务实施第一线的赣闽边区地方政府,其面临的迫切问题是,战乱后极为匮乏的地方财政,无法为这些公共事业建设提供足够的资金。在此困境下,赣闽边区地方政府和官员,自然将筹资的目光锁定在祠堂、寺庙、会社等民间组织公产上。江西省第 12 行政区专员邵鸿基对祠堂、寺庙公产的处置计划就是一个典型明证。

依照南京国民政府的理念和态度,要构建拥有常态秩序的赣闽边区社会,就必须秉承"保护产权"的理念,恢复边区人民原有产业的所有权,贯彻落实"产权规复"法规。自然,恢复并保护祠堂、寺庙、会社等地方公产的所有权,是题中应有之义。然而,推进公共事业建设又不得不强行"提取公产"。向现代转型的南京国民政府,无疑陷入了两难困境。在某种程度上可以毫不夸张地说,1935 年初的赣闽边区乃至整个中国处在一个新的历史十字路口上。

历经公产处置规则的初步确定、处置规则的变更，最终，赣闽边区祠堂、寺庙、会社等民间组织原有的土地等公产在政府举办的产权规复工作中重新确定了产权，领具了管业证书。与此同时，在政府主持下，提取祠堂、寺庙、会社等民间组织公产每年一定比例的收益（不少地方提取比例在60%以上），办理以义务教育为主的公共事业也全面实施。

"保护产权"与"提取公产"，这两者之间似乎也确实构成了一种"矛盾"和"张力"。南京国民政府强行"提取公产"收益的行为事实上构成了某种程度的"产权侵占"。不过，考虑到当时情形和地方传统，这种"矛盾"和"张力"得到相当程度的缓解。当时情形和地方传统是：（1）祠堂、寺庙、会社等民间组织的公产所有权仍然归属原组织，政府明确予以法律保护（当然政府对其部分收益进行提取的行为，性质上仍为产权侵占行为，只不过不如直接"剥夺"所有权明显）。（2）被提取的绝大部分祠堂、寺庙、会社等民间组织的公产，仍然由原管理人管理，区、保联、保等基层行政组织只是履行提取义务教育经费的职责。（3）苏区革命以前，民间组织尤其是宗族等即承担办学助学、社会救济等多种地方公益事业职能，战后国民政府对民间组织部分公产收益的提取，仍然用于此领域。（4）即使是国民政府对祠堂、寺庙、会社等公产收益的提取，也充分贯彻了"所有权"者提取（就产业坐落于不同地区而言）和"按所有权比例"分别提取（就"共有产权"而言）的原则，最大限度地保护了业主的权益。

1934—1937年，南京国民政府对赣闽边区地方公产的处置，是特殊历史条件下对政府职责与行为的一种考量。在当时两难的困境下，南京国民政府对地方公产的处置举措事实上构成了某种程度的"产权侵占"行为。不过，考虑到当时的历史情形和地方传统，总体说来，仍把握住了现代政府（国家）应该履行的基本职责——"保护产权"这一核心问题。南京国民政府对于赣闽边区地方公产的处置态度与行为，实际上体现了执政政府对非国有产权保护与否的价值取向。这一价值取向，既是衡量市场经济下政府职责是否合格的一个基本风向标，也是市场经济建设能否顺利继续，乃至常态社会秩序能否建立的关键。

1934—1937年，南京国民政府对赣闽边区祠堂寺庙会社等民间组织公产的处置，是特殊历史条件下对政府行为与职责的一种考量。按照西

方现代国家（政府）理论，"人们联合成为国家并受制于政府的一个主要
的重大的目的，是保护他们的财产"，所以，"无论是谁掌握了国家的立
法权或最高权力，都应当依据确定的，正式公布且众所周知的，长期有
效的法律，而不是依据临时的命令来进行统治；应当由公正无私的法官
依据那些法律裁判纠纷"。① 从民法学的角度看，在现代中国，国家必须
为财产权利（俗称产权，包括土地产权）提供法律保护，"保护人民产
权，是建立市场秩序的基础和前提"②；"尊重并保护公民财产权利，是我
们为实现社会公平正义而进行的任何涉及财产的制度选择的基本出发点"。③
从思想史的角度看，尽管中国"个人、私人的权利，并不是有机构成国家、
社会的原理性因素"（换言之，在中国没有产生将个人之间的契约作为
"公"原理的国家论、社会论），但是，明末清初，以及继承了其取向的清
末至民国时期，百姓的"私"（私有财产权）、"欲"（生存欲、所有欲）是
得到肯定的，"'公'的实质在于百姓的自私自利是否得到满足"。④

　　因此，作为从传统向现代转型的南京国民政府，总体说来，把握住
了现代政府（国家）应该履行的基本职责——"保护产权"这一核心理
念，也顺应了中国当时"公"的社会伦理要求。在国共争战结束后的赣
闽边区，基本贯彻落实了"保护产权"的理念，并产生了积极的社会与
经济效用。1934—1937年，赣南闽西地区市场与商业逐步复苏，社会经
济也呈恢复性增长（参见本章第一节阐述）；接踵而至的抗日战争时期，
使赣闽粤边区迅速成长为东南抗战的中心和腹地，并迎来了边区的第一
次现代化浪潮（参见第四章第五节阐述）；1934年底以后，边区逐步恢复
的社会稳定和政治秩序，客观上为东南抗战夯实了基础，有力支持了中
国的持久抗战。

　　① ［英］约翰·洛克：《政府论两篇》，赵伯英译，陕西人民出版社2004年版，第201、204页。
　　② 所谓"人民产权"，既包括人民的每个个体公民的私人产权（公民私人的生活资料和生产资料），也包括由国家、也只能由国家代表的公民的全体（人民）的产权。参见纪坡民《产权与法》，生活·读书·新知三联书店2001年版，第3页。
　　③ 中国社会科学院法学研究所商法专家陈甦接受访谈时所说。参见郑成思等《中国民事与社会权利现状》，昆仑出版社2001年版，第155页。
　　④ ［日］沟口雄三：《中国的公与私·公私》，郑静译，孙歌校，生活·读书·新知三联书店2011年版，第78、275—276页。

第四节　民众的政治生存状态

第二次国内革命战争时期，史学界关于南方革命根据地的研究，大致以中共中央和主力红军开始长征为界（1934 年 10 月），形成了苏区史和南方三年游击战争史两个相互关联而又明显有别的研究领域。中共中央和主力红军长征以后，原中央苏区暨赣闽边区重新被纳入南京国民政府的控制版图，关于该地区民众的生存状态①，学界素无专门研究。南方三年游击战争史虽然有所涉及，但其关注重心在于中共游击区，显然无法涵盖本节研究主题。下面，笔者将依据文献资料和实地调查材料，对此作一客观探讨。

一　三年游击战争初期赣闽边区的民众生存状态

1934 年 10 月，中共中央和主力红军长征以后，中共中央分局、中华苏维埃共和国办事处和中央苏区军区相继成立，在赣闽边区顽强坚持斗争，统一领导和"指挥江西、福建、闽赣、赣南及闽浙赣五个军区（闽北军分区在内）及各直属的地方部队与二十四师和十军"，以及各地区的党政工作；留在中央苏区的红军和党政工作人员，共约 4 万人（其中中央分局、江西军区和赣南军区领导的部队和地方党政工作人员为 3 万余人②）。③

到 1935 年 5、6 月份，在国民党军的持续"围剿"下，留守中央苏区的 4 万红军部队和党政机关工作人员几乎全部覆没，只有少部分人突

---

① "生存状态"主要是就原中央苏区军民的政治生存状态而言。另外，除特别说明外，本节的中央苏区和赣闽边区地理范围大致相同。

② 参见中共中央党史研究室《中国共产党历史》第 1 卷（1921—1949）上册，中共党史出版社 2011 年版，第 404 页；中共赣州地委党史工作办公室编《赣南人民革命史》，中共党史出版社 1998 年版，第 321 页。

③ 参见林天乙主编，闽粤赣边区党史编审领导小组著《中共闽粤赣边区史》，中共党史出版社 1999 年版，第 205—206 页。

围到赣粤边、闽赣边、湘赣边、闽西南、闽粤边等原中央苏区周边山区打游击（其中，闽赣边仍属于原中央苏区，闽西南和原中央苏区部分地区重叠）；自此以后，赣闽边区国共争战的尘埃基本落定。① 因此，从时间上看，1934 年 10 月到 1935 年春天这段时期，仍然是国民党军和留守红军继续交战的时期。战争时期，双方均以消灭对方有生力量为主要目标。因此，国民党军对留守军民的打击和镇压无疑是残酷无情的。

革命亲历者的回忆②，以其亲身经历为这一时期的民众生存状态提供了见闻实证。例如，杨尚奎回忆："敌人不但搜山、伐林、烧山，实行'树砍光、屋烧光、人杀光'的惨无人道的三光政策，并且采取经济封锁政策。首先是并村……其次是严格控制墟场上的买卖，规定了一个人只能买一定数量的粮菜油盐和日用品，多买了就以'通匪'论罪。……严密控制了保甲制度，加强了基层反动统治力量。"③ 陈丕显记述："敌人每侵占一地，就进行绝灭人性的'清剿'。卷土重来的地主豪绅、流氓恶棍，组织了'还乡团'、'铲共团'、'暗杀团'。无数坚毅不屈的共产党员和革命群众被活埋、挖心、肢解、碎割，真是惨绝人寰！中央革命根据地当时被反动派杀害的人数达七十余万。"④ 伍洪祥回忆说："敌人在龙

① 参见游海华《重构与整合——1934—1937 年赣南闽西社会重建研究》，经济日报出版社 2008 年版，第 52—57 页。

② 新中国成立后，留守中央苏区的陈毅、杨尚奎、陈丕显、方方、张鼎丞、邓子恢、伍洪祥、刘建华、罗孟文等党政领导人先后发表或出版了回忆录。参见陈毅《忆艰苦的三年游击战争》，陈毅、肖华等《回忆中央苏区》，江西人民出版社 1981 年版；杨尚奎《艰难的岁月——杨尚奎革命回忆录》，江西人民出版社 1987 年版；陈丕显《赣南三年游击战争》，人民出版社 1982 年版；方方《三年游击战争》，载中国青年出版社编《红旗飘飘》第 18 集，中国青年出版社 1979 年版；张鼎丞《中国共产党创建闽西革命根据地》，人民出版社 1982 年版；邓子恢《龙岩人民革命斗争回忆录》，福建人民出版社 1961 年版；伍洪祥《伍洪祥回忆录》，中共党史出版社 2004 年版；刘建华《风雷激荡二十年——刘建华回忆录》，中央文献出版社 1999 年版；罗孟文《斗争在杨赣红区与白区》，江西人民出版社 1960 年版。

③ 杨尚奎（1905—1986），苏区时历任县委宣传部长、县委书记、省委宣传部长，三年游击战争时期曾任赣粤边特委副书记、书记，1949 年后曾任中共江西省委书记。杨尚奎：《艰难的岁月——杨尚奎革命回忆录》，江西人民出版社 1987 年版，第 4 页。

④ 陈丕显（1916—1995），福建上杭人，苏区时历任共青团福建省委儿童局书记、共青团中央苏区分局委员兼儿童局书记等职，三年游击战争时期曾任共青团赣南省委书记，1949 年后曾任中共上海市委第一书记。陈丕显：《赣南三年游击战争》，人民出版社 1982 年版，第 6 页。

岩驻扎有重兵，侵占了苏区各个乡村，建立了保甲制度来实行统治。在各乡都组织民团，建筑炮楼。在国民党军的支持下，地主还乡团反攻倒算，对苏区群众进行了疯狂报复，烧杀劫掠，穷凶极恶。"①

革命回忆录中所记述的国民党军和地主豪绅对原中央苏区军民的反攻倒算、阶级报复情况，也为新中国成立初期政府的实地访问和新闻记者的实地采访所证实。1950 年，中央人民政府组建南方老根据地访问团，南下慰问革命老区，一些记者随团深入原中央苏区采访，他们的访问经历和成果或在报刊以连载形式发表，或结集出版发行，其中，既有个案描写，也有概括叙述。②

新中国成立以来编撰的赣闽地方党史和革命史，不但提供了不少"大屠杀"实例（例如于都县禾丰地区、桥头天心崖下石洞，瑞金国民党军夜袭云集、九堡，以及菱角山、南门冈、竹马岗、云龙桥，龙岩的白土、永定的内山、上杭坑口的连塘村和稔田的黄砂铺等地的残杀），而且提供了十分翔实的阶级报复和反攻倒算统计数据。③ 从时间上看，大屠杀大都发生在主力红军长征以后至 1935 年上半年，这段时间正是留守军民和国民党军继续交战的时期。因此，大屠杀中被杀害的人员大都是战场战死的红军和被俘未降的军人及革命群众。

依据地方党史、革命史论著和赣闽边区地方志统计而来的数据（见

---

① 伍洪祥（1914—2005），福建上杭人，苏区时历任少共福建省委宣传部部长、白区工作部部长、省苏维埃政府执行委员等职，三年游击战争时期曾任闽西南军政委员会委员、青年部部长，1949 年后曾任福建省政协主席。伍洪祥：《伍洪祥回忆录》，中共党史出版社 2004 年版，第113 页。

② 例如，中央人民政府南方老根据地访问团闽浙赣分团编辑的《中央人民政府南方老根据地访问团闽浙赣分团工作报告汇编》（1951 年油印本）、唐铁海著的《中央老根据地印象记》（劳动出版社 1952 年版）、西虹著的《老红军行》（中南人民文学艺术出版社 1953 年版）、王树人撰写的《闽西人民坚持斗争二十年》（华东人民出版社 1953 年版，该书是先在《解放日报》上连载发表，然后结集出版的）。

③ 除表5—8 "资料来源"中已列举的地方党史和革命史论著外，主要还有刘勉玉《中央苏区三年游击战争史》，江西人民出版社 1993 年版；中共寻乌县委党史工作办公室编《寻乌人民革命史》，2000 年印；中共长汀县委党史工作委员会《长汀人民革命史》，厦门大学出版社 1989 年版；中共龙岩市委党史资料征集研究委员会编《龙岩人民革命史》，厦门大学出版社 1989 年版；中共连城县委党史工作委员会编《连城人民革命史》，厦门大学出版社 1989 年版；中共上杭县委党史工作委员会编《上杭人民革命史》，厦门大学出版社 1989 年版；中共武平县委党史教研室《武平人民革命史》，北京广播学院出版社 1995 年版。

表5-8),在一定程度上直观反映了三年游击战争时期赣闽边区的民众生存状态。对这些数据展开进一步的相关分析,无疑有助于我们深化对这种生存状态的理解。

表5-8　　　　　　　　苏区革命后原中央苏区各县被难概况

	闽　　　西　　　地　　　区 (A)							(B)
	长汀	上杭	武平	龙岩	永定	连城	合计	岩永杭3县 不完全统计
迫害致死人数	32876	76536	8560	2974	4221	1272	126439	14000
抓丁或被捕人数				1333	2400	2768	6501	
抓走妇幼人数	2430	10272	405	756	7892	1049	22804	
逃亡异地人数	3358	2950		1212	5915		13435	
毁灭村庄个数	145	105	12	33	153	76	524	510多
绝户数(户)	6383	10791	1133	1113	9467		28887	
烧毁民房间数	4516	15737		9625	271218	6574	307670	8000多
被抢杀耕牛头数	8284	14116			7766		30166	10000多
荒芜土地亩数		53063	15737		15044		83844	

	赣　　　南　　　地　　　区 (C)								
	瑞金	于都	兴国	寻乌	会昌	石城	广昌	宁都	上犹
迫害致死人数	18000	3000余	2142	4520	972	576	1000余	4820	2124
烧毁民房间数	6500	5000余	16461		1293			24592	243
被抢粮食担数			23500		3492	7395		28557	30820
被抢耕牛头数		1000多	7274		674	618		2361	
被抢猪头数			9274						
被抢衣服件数			53048						
被抢被帐床数			15682						
被抢食油斤数			201052						
被抢农具件数			98425		22844			86567	3270
被抢银洋元数			107349		4956	231755		86520	10662
夺走土地亩数								86542	

说明:1. 据本表"资料来源"所列资料编制而成。2. (A)栏统计时间为苏区革命后至1949年,龙岩、永定两县则从1928年始。3. (B)栏统计时间为1935年8—12月。4. (C)栏

统计时间为三年游击战争期间，于都则为苏区革命后至 1949 年。

　　资料来源（A）：长汀县志编纂委员会编：《长汀县志》，三联书店 1993 年版，第 629 页；上杭县志编纂委员会编：《上杭县志》，福建人民出版社 1993 年版，第 29、529 页；《武平党史通讯》总第 13 期，第 24 页；龙岩市地方志编纂委员会编：《龙岩市志》，中国科学技术出版社 1993 年版，第 596 页；永定县地方志编纂委员会编：《永定县志》，中国科学技术出版社 1994 年版，第 3 页；连城县地方志编纂委员会编：《连城县志》，群众出版社 1993 年版，第 619 页。

　　资料来源（B）：林天乙主编，闽粤赣边区党史编审领导小组著：《中共闽粤赣边区史》，中共党史出版社 1999 年版，第 225 页。

　　资料来源（C）：中共赣州地委党史工作办公室编：《赣南人民革命史》，中共党史出版社 1998 年版，第 347—348 页；中共瑞金市委党史工作办公室编：《瑞金人民革命史》，中央文献出版社 1998 年版，第 147 页；中共于都县委革命斗争史编辑委员会编：《于都人民革命斗争史》，1960 年印，第 103—104 页；中共宁都县委党史工作办公室编：《宁都人民革命史》，中央文献出版社 1993 年版，第 183—184 页。

　　首先，正如前文分析，1935 年夏以后，赣闽边区国共争战的尘埃基本落定，南京国民政府牢牢控制了原中央苏区腹地各县城乡（赣南的瑞金、兴国、宁都、石城、于都、会昌等，闽西的长汀、宁化等）。同年 4 月，江西省政府重划全省行政督察区，把之前的 13 个区缩编为 8 个，将上述赣南 6 县和广昌县划为第 8 区，区署驻宁都。[①] 自此以后，国民党军对留守红军斗争的重点转移到赣粤边、闽赣边、闽西南、闽粤边等中共游击区的"清剿"上来。换言之，在南京国民政府的统治下，原中央苏区腹地各县城乡已由战时社会进入相对和平社会，国民政府已视放下武器、停止对抗的原苏区军民为自己统治下的属民（关于此点，后文将进一步展开论述）。因此，表 5 - 8 中赣南各县（于都县除外）数据的统计时间虽然是三年游击战争期间，但实际上主要是三年游击战争初期国民党军对各县军民残酷打击的反映。

　　其次，某些数据作为地主豪绅反攻倒算的依据，不太恰当。（A）栏显示，苏区革命后，杭、武、永 3 县共荒芜土地 83844 亩。关于此点，1929 年 7 月中共闽西"一大"决议中指出，闽西"田地荒芜日多，六县统计荒田占百分之二，尤其是杭、武二县有超过百分之三、四者"；1932 年 6 月，福建省工农民主政府颁布布告称："现查我们福建省区内，尚未

----

　　① 参见《省府重新划定各行政督察区辖县》，《江西民国日报》1935 年 4 月 25 日第 3 版。

开垦的荒田、荒地,为数约计六万余担。"①　1934 年春,在已经"消灭了二十一万担"荒田②的基础上,中央土地部还提出了消灭 40 万担荒田③(4 担约合 1 亩,40 万担折合为 10 万亩——笔者注)的春耕号召。可见,所谓荒田问题,苏区革命时已普遍存在,经过长达 1 年之久的第五次"围剿"与反"围剿"战争的破坏,荒田数量还进一步增多了。因此,荒田问题,主要为战乱所致,而非其他原因使然。另(C)栏显示,苏区革命后,宁都被夺走土地 86542 亩。关于此点,如拙著所指出,苏区革命后,"地归原主"是"一个自然完成的,相对顺利的过程",是"国民政府对赣闽边区人民原有产业和产权重新进行法律确定的过程"。④　换句话说,所谓"地归原主",是恢复所有业主包括贫雇农、自耕农而非仅仅是地主豪绅的土地所有权。如果将"夺走土地"作为地主豪绅反攻倒算的依据,就必然推断出存在一些贫雇农、自耕农对另一些贫雇农和自耕农反攻倒算的结论。很明显,这一结论与阶级报复本身是相矛盾的。

最后,应该指出的是,1935 年夏直至全面抗战前,国民党军对留守红军斗争的重点转移到中共游击区后,对赣粤边、闽赣边、闽西南、闽粤边等中共游击区先后发动多期军事"清剿"行动⑤。其采取的种种"毒辣"手段或政策有经济封锁、移民并村、烧山搜山,颁发"自首自新条例""十杀"戒令和"保甲连坐"等,目的在于"消灭我们党和苏维

---

①　《中共闽西第一次代表大会决议案——土地问题决议案 (1929.7.27)》《福建省苏维埃政府土地部布告——号召广大工农消灭六万担荒田事 (1932.6.12)》,转引自许毅主编《中央革命根据地财政经济史长编》,人民出版社 1982 年版,第 463、468 页。

②　亮平:《把春耕的战斗任务,提到每一个劳苦群众的面前》,《斗争》第 49 期,1934 年 3 月 2 日。

③　参见胡海《为消灭四十万担荒田而斗争》,《红色中华》第 152 期,1934 年 2 月 20 日;亮平《把春耕的战斗任务,提到每一个劳苦群众的面前》,《斗争》第 49 期,1934 年 3 月 2 日。

④　游海华:《重构与整合——1934—1937 年赣南闽西社会重建研究》,经济日报出版社 2008 年版,第 214、215 页。

⑤　参见刘勉玉《中央苏区三年游击战争史》,江西人民出版社 1993 年版,第 50—155 页;林天乙主编,闽粤赣边区党史编审领导小组著《中共闽粤赣边区史》,中共党史出版社 1999 年版,第 247—284 页。

埃红军"，"消灭红军，消灭革命民众"。① 尤为值得注意的是，张鼎丞、方方、邓子恢、谭震林、伍洪祥等领导的小股红军，于 1935 年 4 月成立闽西南军政委员会，在龙岩、上杭、永定、连城、武平、南靖等县部分地区组成的闽西南地区，坚持游击战争，并创建了小块游击根据地，闽西南的革命力量一直保存到中华人民共和国的成立。② 显然，三年游击战争时期，国民党军对中共游击区军民的打击和镇压无疑也是残酷无情的。1935 年 4 月以后，处于半军事化状态的闽西南地区，则更是如此。表 5 - 8 中的数据在一定程度上反映了闽西各县三年游击战争时期的民众生存状态。但是，因其绝大部分县份属于游击区，并非本节的论述主题，此处不予展开论述。

二　从战后处置看赣闽边区的民众生存状态

作为战胜方的南京国民政府，其对战败方（原中央苏区军民）的处置，从一个特殊视角，为我们充分展示了赣闽边区的民众生存状态。

战后赣闽边区社会的重建与规复③，对于南京国民政府来说，不失为一个政治难题。对此，南京国民政府是相当重视的，也是比较慎重的。早在第五次"围剿"战争发动之前，在吸收历次失败经验教训的基础上，就制定了"三分军事、七分政治"的策略，希望以政治配合军事行动，

---

① 张鼎丞：《日益成熟着的反攻形势（1936.7.9）》，《闽西南军政委员会关于目前新的形势与新的任务决议（1936.1.5）》，载福建省档案馆、福建省军区党史资料征集小组、龙岩地区党史资料征集小组编《福建军事斗争史料选编（1934.10—1938.2）》，1983 年印，第 268、61 页。

② 张鼎丞、邓子恢、谭震林：《闽西三年游击战争》，载中国人民解放军福建省龙岩军分区政治部、中共龙岩地委党史资料征集研究委员会编《闽西地方武装概略》，1987 年印，第 186—213 页；《闽西南军政委代表方方给中央的报告（1937.6）》，载福建省档案馆、广东省档案馆编《闽粤赣边区革命历史档案汇编》第 2 辑，档案出版社 1987 年版，第 399—419 页。

③ "规复"是南京国民政府当局和当时新闻界对"匪区"经常使用的一个词语，语意多解，大意是指在国民政府各级党政军机构的组织和指导下，依照法律、法规、政策等文本，以及民间习惯等非文本，恢复和平（常态）社会所应具有的秩序，振兴战后"匪区"的社会与经济。

求得"匪区"问题的解决。①

"围剿"战争发动前后，南昌行营先后颁发多种法令，具体落实"三分军事、七分政治"的政策策略。1933 年 8 月，颁布《招抚"赤匪"办法》13 条，认为"五省剿匪"，"不专恃军事"，而应"以封锁绝匪经济，以招抚促匪分化"，应"对匪自新奖励，优容备至"。② 同月，"为感化投诚与俘虏份子"，南昌行营于第四厅下设立感化院，《感化院条例》第 20 条规定："被感化人已届出院时，得请求感化院就其能力，为其介绍相当工作。"③ 9 月，蒋介石在"改造军政本身""检讨过去军队缺点"的基础上，颁布 8 条救济民众办法，认为"剿匪"尤应"取得民众信仰，积极救济民众，再进与民众合作"。④ 10 月，蒋介石"以匪区即将收复"，又颁布《赣粤闽湘鄂五省处理收复"匪区"民事纠纷大纲》5 条，认为"匪区""所有人民违反法律行为，原非出本意，如有婚姻事项、典质事项、共同财产事项，及其他一切人事各种问题，系受环境之驱使，致失常性者，均应顺合人情，稍从宽大，就事实与法律可能范围内，并计划处理之"。⑤ 11 月，再颁《"剿匪"区临时施政纲要》13 条，并强调"剿匪必以培养地方元气为先，而培养地方元气又以修明政治为主，故本行营历次所颁各种法令，均系注重安居、复业两大要点"。⑥ 12 月，南昌行营令饬江西省民政厅会同别动队修订《督促各县清乡实施办法》，该办法之一为，在收复区内，应"调和来归难民与未逃民众之情感，严防互相仇视与报复（以不算旧账为惟一的口号）"。⑦ 1934 年 11 月，在赣闽边区行将全部收复之际，南昌行营在其政治工作报告中总结说，"一年以来，

---

① 黄道炫认为，第五次"围剿"战争中的"三分军事、七分政治"更多地反映了蒋介石的期望，这一政策真正效果并不像想象的那样重大，但对"围剿"的最终走向起到了一定作用。参见黄道炫《第五次"围剿"中的"三分军事、七分政治"》，《江西师范大学学报》2010 年第 5 期，第 156 页。

② 《赣行营颁布招抚"赤匪"办法》，《申报》1933 年 8 月 5 日第 8 版。

③ 同上。

④ 《蒋委员长颁布救济民众大纲》，《申报》1933 年 9 月 14 日第 8 版。

⑤ 《蒋颁布"匪区"民事纠纷纲要》，《申报》1933 年 10 月 16 日第 8 版。

⑥ 《蒋颁"剿匪"区临时施政纲要》，《申报》1933 年 11 月 1 日第 11 版；《"剿匪"区施政纲要 蒋委员长饬属一体遵行》，《大公报》1933 年 11 月 3 日第 3 版。

⑦ 《民厅督促各县积极清乡》，《大公报》1933 年 12 月 4 日第 3 版。

行营所用力最勤者，为一面集中力量，与赤匪争取最大多数之善良民众，凡赤匪欺骗压迫之者，吾人必爱护救济之而促其来归……"① 于此可见，对于苏区民众，南京国民政府本身并无寻仇报复的冲动，主观上也无引导地主豪绅进行反攻倒算的动机；对于收复后的赣闽边区社会，亦希望通过各种举措，以恢复战前的和平秩序。

然而，主观愿望并不等于现实。上述各种法令的颁布，也不意味着其在实践中不折不扣地得以执行。那么，收复后的赣闽边区社会，人们到底处于怎样一种政治生存状态呢？

以瑞金为例。1934 年 11 月 10 日，国民党东路军第 10 师师长李默庵率军进占瑞金后，组织成立瑞金临时清乡善后委员会。办理"自新"（投诚自首）是该委员会的主要工作之一。据统计，11 月 13 日到 12 月 10 日之间，办理自新人数共计 379 人；自新者经善后委员会"派员调查属实后，乃发给自新证，准其各安职业"。② 到 1935 年初前后，自新民众"每日约二三十人或四五十人不等"，瑞金清乡善后委员会副委员长傅振华（12 月 10 日左右，第 10 师移防，由汤恩伯的第 4 师接任瑞金城防；傅为第 4 师 10 旅参谋主任）向记者出示的自新人登记名册中，共有"男女四百余人"。③ 另据曾任第 4 师补充团第 5 连上士排附的胡汉文记述，汤恩伯师接任李默庵师驻防瑞金后，在其贴出的督令"自首"的布告中，有"自首"者"一律从宽，既往不咎"的规定。1935 年 1 月底 2 月初，在还乡团和别动队的配合下，汤部在全县施行"清乡"，"共逮捕了男女约有两千人，其中少数被汤恩伯在瑞金命令枪杀了，极大多数送到南昌去'感化'"；被捕后关在城内的 300 多名女干部，其中"一百多人被保释"，"其余一百多名比较年轻的女干部，被国民党军中一些中级军官奸污后，被迫与他们结了婚"。④ "自首、枪杀、感化、保释、迫嫁"，胡对"匪

① 南昌行营编：《国民党军事委员会委员长南昌行营处理"剿匪"省份政治工作报告·第一总说》，1934 年印，第 1 页。

② 《瑞金县临时清乡善后委员会工作概况》，载中国国民党陆军第十师特别党部编《收复瑞金纪事》，1935 年印，第 104 页。

③ 《赣省收复"匪区"现况》，《大公报》1935 年 2 月 3 日第 4 版。

④ 胡汉文：《国民党军进入瑞金（1962.7.12）》，载政协江西省委员会文史资料研究委员会编《江西文史资料选辑》第 21 辑，1986 年印，第 175—176 页。

都"瑞金的典型记述,大体反映了战败后原苏区军民的不同命运。

如前所述,部分留守军民遭到国民党军或地主豪绅的屠杀和报复,这种情况各县都有。前期(主力红军长征以后到1935年夏)主要集中在原中央苏区,后期(1935年夏至1937年)主要集中在中共游击区(地方党史和革命史论著对此多有论述,在此不赘)。这一事实也为《大公报》记者徐盈,于1937年春到赣东南各县的走访所佐证。他说:收复初期的保甲长,"就是由随着军队回家的'难民'来接充,他们多半正是现存的农民的对头,对头碰上对头,纠纷又怎能免得了。虽然政府严禁'报复'和'索旧债',可是又怎禁得'天高皇帝远',小村落里死个几十人,谁也是不会晓得的"。①

笔者的实地调查也提供了诸多例证。如石城县横江镇烟坊村的刘春水,曾任苏区干部,"这个人六亲不认,自己的叔伯兄弟姐妹都不留情②,国民党回来后,他被抓住押回村里,结果打得要死,村里人讲,这种人不能留,最后五马分尸"。被调查人陈裕华说,刘的上述情况"是我亲自作过调查的"。③ 石城屏山镇的红军干部傅保庭④,他不是被国民党所杀,而是被地方宗族所杀,"因为苏区时他当干部杀了人"。⑤ 曾经担任红军军事部长的大由乡王沙村人董盛良,苏区革命后参加游击队坚持斗争,他的老婆在东坑被濯龙村的保长杨汉辉带兵抓获,被逼问丈夫的下落,遭拒后"抓到大由,被杀掉了",董氏夫妇躲藏时带在身边的儿子也被冻死,死时只有两三岁。⑥

大批被俘的红军战士和未暴露身份的苏区干部,大部分被"甄别"后,情节轻微者不加追究就释放了。1934年底出任中央苦力运输工会委

---

① 徐盈:《赣南杂写(一)》,《大公报》1937年4月22日第3版。

② 地方资料记载,刘春水"曾率众斗争近亲土豪刘茂东"。参见石城县志编纂委员会编《石城县志》,书目文献出版社1990年版,第632页。

③ 游海华2006年1月石城城城实地调查。受访人:陈裕华,1942年生,大由乡濯龙村人。

④ 地方资料记载,傅保庭是革命烈士。参见石城县志编纂委员会编《石城县志》,书目文献出版社1989年版,第667页。

⑤ 游海华2006年1月石城城城实地调查。受访人:陈裕华,1942年生;赖德仁,1939年生,屏山镇长溪村人;陈必琳,1945年生,琴江镇人。

⑥ 游海华2006年1月石城县大由乡茜坑村实地调查。受访人:董桃兵(董盛良的儿子),1941年生。

员长的王贤选（赣州人），1935 年 3 月在于都被俘后，"被押解到了大
余"，他说："我没有文化，不出名，敌人搞不清楚我的身份"，之后"我
就被解往南昌，不久被释放了"。① 1935 年 3 月，担任会昌独立营连指导
员的彭国辉（于都人），被俘后和几个女同志"一起被广东军押到于都
城"，后来被释放。② 曾任《红色中华》编委委员的韩进和另一红军干部
赵品三，1935 年春突围时被俘，韩进回忆说：我们"被押到信丰县城，
由于没有暴露身份，所以后来也被当作普通俘虏给释放了"。③

　　情节稍重者被送进感化院进行"感化"。寻乌县"三·二五"暴动领
导人古柏的夫人曾碧漪（曾任中共寻乌县妇女部长，红四军总前委秘
书），被捕后没有暴露身份，被"送到九江感化院关押（感化院后由南昌
迁到九江——笔者注）"，第二次国共合作以后，"感化院解散，关在里面
的人全部释放"，她也获得了自由。④ 石城县屏山镇亨田村老红军黄元发，
随军长征，整个军团在湖南被打散，他"日走夜走"，被"广东军阀抓
到，送到南昌"，入感化院"感化"后回乡，不久（19 岁）就结婚生子，
共生了 6 个女儿、1 个儿子。⑤ 据战后到南昌考察的东北大学生考察团记
载，1933 年 8 月至 1934 年 8 月一年之中，经过南昌行营感化院"感化"
后重新获得"自由"的，共"有六千余人"，另外当时还有"二千余人"
留在感化院继续接受"感化"。⑥

　　情节严重者被投入监狱长期关押，直至第二次国共合作后被释放。
担任过中共宜黄、兴胜县委组织部部长、妇委书记的万香（兴国县人），
1935 年在泰和县被捕，被国民党军军官引诱嫁人，万坚贞不屈，被"押

---

　　① 王贤选：《往事回忆——关于中央分局和中央政府办事处的点滴回忆》，载中共江西省
委资料征集委员会、中共江西省委党史研究室编《江西党史资料》第 2 辑，1987 年印，第 192、
196 页。

　　② 彭国辉：《赣南省机关部队突围的情况》，载中共江西省委资料征集委员会、中共江西
省委党史研究室编《江西党史资料》1987 年第 2 辑，第 209、211 页。

　　③ 韩进：《红军长征后的〈红色中华〉报及其他情况》，载中共江西省委资料征集委员会、
中共江西省委党史研究室编《江西党史资料》1987 年第 2 辑，第 167 页。

　　④ 江西省妇女联合会编：《女英自述》，江西人民出版社 1988 年版，第 223、233 页。

　　⑤ 游海华 2006 年 1 月石城县屏山镇亨田村实地调查。受访人：黄元发，1916 年生，16 岁
参加革命工作，17 岁入团，18 岁当兵。

　　⑥ 东北大学豫鄂皖赣收复"匪区"经济考察团编：《东北大学豫鄂皖赣收复"匪区"经济
考察团报告书》，东北大学编辑部 1934 年版，第 101 页。

往国民党南昌九江监狱"，于 1937 国共合作后重获自由。① 曾任资溪特区青妇部部长、中共闽赣省委青妇部副部长的张士英，1935 年随闽赣省委在宁化打游击时被捕，先在宁化关押了个把月，后被押到漳州监狱里，直到 1938 年 3 月才被释放。②

　　即使暴露身份的中共高级干部，被俘后有的也被营救出来，有的判刑坐牢，到国共合作后被释放。前者如原中共江西省委书记、江西省苏维埃政府副主席陈正人的夫人彭儒，被广东独九师部所俘，后经彭儒哥哥彭瑛（时在国民党广东省党部任职）的营救，"便顺利的被释放，并偕其哥哥回到广州"。③ 参加长征的原中共福建省委书记罗明夫妇，受组织委派留在贵州工作，在关岭县遭敌怀疑被拘，出狱后辗转到上海，先被堂兄出卖抓进监狱，后在狱中被叛徒指认，作为政治犯被押送南京监狱关押，受尽折磨的罗明身体极度衰弱，经过其上海同乡的活动，罗明被保释出狱就医，后回到了家乡广东大埔县，当中学教员谋生。④

　　后者如原苏区中央政府内务部长梁伯台的妻子周月林⑤，1984 年回忆说：1935 年春与瞿秋白等一起被捕后，"我们先被关在上杭，不久瞿秋白和我被叛徒指认，听说瞿秋白被解往长汀，英勇就义。我也被押往龙岩，敌人判了我十年徒刑"。⑥ 曾任红军第 33 师参谋长的郭如岳，1935 年春在于都被俘，被敌人识破了身份，他说："就这样，我在敌第八师师部关押了三个月。后来，敌人派专人将我押送到宁都，一九三五年九月间送到南昌。江西省保安处的军法处并行营军法处以'危害民国罪'将我判刑十五年。第二次国共合作后，我才被释放出来。"⑦

---

　　① 江西省妇女联合会编：《女英自述》，江西人民出版社 1988 年版，第 316、324—326 页。

　　② 同上书，第 298、302—303 页。

　　③ 陈正人：《我的自传》，载中共江西省委资料征集委员会、中共江西省委党史研究室编《江西党史资料》第 1 辑，1987 年印，第 185 页。

　　④ 参见瞭望编辑部编《红军女英雄传》，新华出版社 1986 年版，第 182—185 页。

　　⑤ 周月林，1906 年生，上海市人，1925 年加入中国共产党，1926 年由党派往苏联学习，1931 年回国；曾任中华苏维埃共和国妇女生活改善委员会主任、苏区中央局妇女部长、中华苏维埃共和国执行委员、国家医院院长等职。

　　⑥ 江西省妇女联合会编：《女英自述》，江西人民出版社 1988 年版，第 150、160 页。

　　⑦ 郭如岳：《红军主力长征后中央苏区的斗争》，载中共江西省委资料征集委员会、中共江西省委党史研究室编《江西党史资料》1987 年第 2 辑，第 168、173 页。

除上述政治清算行为外，还乡的地主豪绅对原苏区军民的处置，主要还有"收老租、逼老债、强迫回婚"等。地方党史和革命史论著对此多有论述，表5–8中的数据（如被抢妇幼人数）也有一定程度的反映。不过，笔者想补充的是，苏区革命后的租债与婚姻问题，尽管有地主豪绅反攻倒算的成分，其背后还有更为复杂和广阔的社会经济因素，需要做进一步的考量和分析。①

值得强调的是，即使地主豪绅有着强烈的报复意愿，而其意愿能否实施还受其个人所能调动的社会资源的限制。项英曾经提及，三年游击战争时期，"地主只有依靠反动武装的保护才能进坑收租"；而有些地主，"只能当农民出到外面圩场阻拦追索，农民一进坑就不敢来，有少数逼使（原文如此——笔者注）狡猾而聪明的地主，常常用可怜哀求的方式，请求农民多少给点谷他们充饥，这样在农民的怜悯心下给他们点租"；在基本的游击区，"实际上是不还租的"。② 项英虽然讲的是游击区的情况，但在原中央苏区，又何尝不是如此？经过苏区革命的冲击，不少地主豪绅的家庭经济不但江河日下、今非昔比，而且人单势薄、门庭冷落，并不是所有原来的地主豪绅都有能力进行反攻倒算和阶级报复的。

三　停止对抗的原苏区军民的实际生存状态

从更广阔的视角看，在国共激烈战争尘埃落定以后，放下武器、停止对抗的原苏区军民，绝大部分在赣闽边区得以生存，他们在原中央苏区有着较大的生存空间。毕竟，革命高潮之后，不管是暂时的失败还是永久的胜利，人人都要居家过日子。这是社会的常态。大致分为以下四种情况。

其一是尽管生存下来，但不同程度地受到地主豪绅等地方势力的报

---

① 关于此点，可参见笔者的相关论述。参见游海华《债权变革与农村社会经济发展秩序——以中央苏区革命前后的民间借贷为中心》，《中国农史》2010年第2期；《重构与整合——1934—1937年赣南闽西社会重建研究》，经济日报出版社2008年版，第107—108、228—234、130—131页。

② 项英：《三年来坚持的游击战争》，载中共江西省委资料征集委员会、中共江西省委党史研究室编《江西党史资料》第1辑，1987年印，第96页。

复和折磨，或备受社会歧视。据原登贤县苏维埃政府主席钟家瑶回忆，他随登贤县挺进营打游击，失利后在于都庵山的一个小村子里藏匿，得到房东赖芳盛的帮助和照顾，"后来，当地的'铲共团'知道了赖芳盛掩护了红军战士"，因而"经常到他家找麻烦，逼着他交出'土匪'，并抄了他的家"①，所幸赖并没有因庇护红军而遭杀身之祸。类似情况相当普遍。项英在向党中央的报告中提到，在长期的游击区域，"敌人对于群众的监视过严，对于红军家属压迫最凶残将老婆强卖掉，一发见某某有人当游击队立即将全家或父母拉去拷打追问罚款"。② 苏区革命后，石城县屏山的一些大姓纷纷修谱，"本地起了坏作用的人（指参加红军且在地方上不得人心的人——笔者注），不准他上谱"。③ 1936 年夏，宁都石上镇鲤鳌村的一位老太太，因其已经去世的儿子曾经在苏区政府工作，而屡次遭到回乡地主的辱骂，最后忍无可忍寻图自杀。④ 瑞金沙洲坝村的共青团员黄秀英，1935 年坚持斗争被敌捉住，吊打 3 天，关押 1 个半月后被释放，在家乡平安地度过了整个抗战岁月。⑤

其二是在家乡找不到生路，只好流落异乡谋生（大部分仍在赣闽边区）。20 世纪 90 年代，曾任吉安东固镇镇长的张云德回忆，他家本在兴国鼎龙，父亲和两个叔叔都当了红军，1935 年以后，他的父亲张昆礼"不敢回家乡"，反而留在东固打长工的伯父处。⑥ 石城县屏山镇长溪村一曾任裁判部长的苏区干部，虽"受到本地熟人的保护，没有杀头，出了200 银元，但在当地还是难以生存，便跑到宁都山里谋生"。⑦ 兴国县游击队员林孟兰夫妇在敌人"围剿"下被迫放弃斗争，回到家乡城西睦敬

————————

①　钟家瑶：《登贤挺进队挺进油山》，载中共江西省委资料征集委员会、中共江西省委党史研究室编《江西党史资料》第 2 辑，1987 年印，第 212、216 页。

②　项英：《三年来坚持的游击战争》，载中共江西省委资料征集委员会、中共江西省委党史研究室编《江西党史资料》第 1 辑，1987 年印，第 93 页。

③　游海华 2006 年 1 月石城县城实地调查。受访人：陈裕华，1942 年生；赖德仁，1939 年生，屏山镇长溪村人；陈必琳，1945 年生，琴江镇人。

④　参见实业部江西农村服务区管理处编《农村服务通讯》第 15 期，1936 年 9 月，第 14 页。

⑤　参见唐铁海《中央老根据地印象记》，劳动出版社 1952 年版，第 32—34 页。

⑥　游海华 2007 年 10 月吉安市青原区东固镇实地调查。受访人：张云德，1943 年生。

⑦　游海华 2006 年 1 月石城县城实地调查。受访人：陈裕华，1942 年生；赖德仁，1939 年生，屏山镇长溪村人；陈必琳，1945 年生，琴江镇人。

村后，丈夫被敌抓住枪毙，她为逃避敌迫其改嫁，"就逃到外乡去谋生活"，新中国成立后出任兴国城关区西街妇女主任。① 上杭县才溪镇离休干部林攀阶，苏区革命失败后，他和本县一些共产党员、原苏区干部、革命群众和红军战士纷纷跑到古蛟傅柏翠处避难，他本人在古蛟以做泥水匠为生。② 曾任中央政府机关消费合作社主任的杨久庆，在突围的过程中，"因有病被留在白竹寨休养"，后来"离开白竹寨转移到南城县隐蔽，直到一九四二年才回到瑞金"。③ 原闽赣省委书记钟循仁、省苏主席杨道明，于国民党军"围剿"中突围脱险后，在福州附近的永泰县隐居并出家当和尚。④

其三是受到宗族、士绅等地方势力的保护，得以在家乡安居乐业。前述石城县大由乡的董盛良在打游击的过程中，多次遭受地主豪绅的抓捕，"第一次是陈聂华抓他后，打他，背上打烂后，倒烧酒到上面"，他是赶集被抓起来的，"结果被人救了出来"；第二次在屏山，濯龙村的保长杨汉辉带兵抓他；最后一次是水南村的陈水良"把我爸抓起来，捆起来吊在梁上打，说要杀他"，当时，董姓绅士董宝魁和陈姓主持人陈水银赶集，正好听说了这件事，经过他们的营救，才将董保了出来。之后董便在水南村帮人打长工，也做零工，砍柴卖，直到 1979 年去世。⑤ 另据屏山亨田村的黄元发回忆，从南昌"感化"回乡后，"有些人想整我，因我是大姓的人，而没有整我，我也没有被罚钱，各个宗祠会保护各自的人"。⑥ 东固暴动的几个主要领导人赖经邦、段起凤、黄启绶在 20 世纪 30 年代初去世，都留有后代（包括过继的）；苏区革命后，在熬过最初几年的艰难岁月后，他们都再次在当地安家落户，到今天已经繁衍成了大家族；其中，赖经邦的二儿子赖鹏还在当地乡公所当过乡丁。当然，他们

---

① 参见西虹《老红区行》，中南人民文学艺术出版社 1953 年版，第 13—16 页。

② 温锐、游海华 2000 年上杭县才溪镇实地调查。受访人：林攀阶，1917 年生。

③ 杨久庆：《中央政府办事处在宽田》，载中共江西省委资料征集委员会、中共江西省委党史研究室编《江西党史资料》第 2 辑，1987 年印，第 184、186 页。

④ 转引自林天乙主编、闽粤赣边区党史编审领导小组著《中共闽粤赣边区史》，中共党史出版社 1999 年版，第 213 页。

⑤ 游海华 2006 年 1 月石城县大由乡茜坑村实地调查。受访人：董桃兵（董盛良的儿子），1941 年生。

⑥ 游海华 2006 年 1 月石城县屏山镇亨田村实地调查。受访人：黄元发，1916 年生。

的安居,除得益于苏区革命后"国民党军队没有这么多来,所有事情都是叫保甲长处理"这一外在环境外,还得到了当地保长石朝云的保护。[①]

其四是几乎没有经过什么变动,他们回到家乡,重振家园。吉安东固的老红军刘信平,他在于都被捕并关押 10 多天后,被黄龙区民众医疗所的医生保释出来做司药生,干着当红军时一样的工作,1935 年农历 12 月底,他"回来后,没有人管"。[②] 另一老红军杨私臻所在的部队 1934 年被打散后,就回家种田了,他说:"没有写自新书,也没有罚款",因为"我参加革命后,又不是头头,没有仇恨"。[③] 这种情况,赣闽边区相当普遍。例如,第五次反"围剿"战争中"挂了花"的红四军副班长熊彬,回到瑞金老家,在其参加游击队之前的近 1 年中(他 1935 年底参加了钟得胜领导的游击队),并未遭敌骚扰过。[④] 苏区革命后,原随中央印刷厂搬迁瑞金的 20 多个东固当地职工,大概有 12 人或 16 人回到东固。其中,有邱祖贻(排字工人)、邹如玉、古远来(副厂长)、古远宏(参加长征中途回来)、戴林祥、郑家胜、郑传芳、郑传飞等。回来后,古远宏种田隐居,结婚生子,直至 1982 年去世;邱祖贻和邹如玉夫妇则回到家乡三彩做医生,开了惠济药店,邱还代他的哥哥做过 3 个月的保长。[⑤] 再如闽西,曾经当过兆征县苏维埃政府副主席的吴秀英、上杭暴动领导人黄进兴的妻子何细妹,她们并未因与革命相连而丢失性命。[⑥]

有意思的是,留守军民中,个别的甚至力农致富,成为发家致富的典型。曾任石城县文化局局长的陈裕华回忆,他家是大由乡濯龙村马面排,父亲陈辉盛(1916 年生)"人长得高大,英俊,16 岁就参加了红军,

---

① 游海华 2007 年 10 月吉安市青原区东固镇敖上村、崩江下村实地调查。受访人:赖明河(赖经邦孙),1944 年生;段家海(段起凤孙),1964 年生;黄昌久(黄启绶孙),1958 年生;刘信平,1918 年生。

② 游海华 2007 年 10 月吉安市青原区东固镇崩江下村实地调查。受访人:刘信平,1918 年生。

③ 游海华 2007 年 10 月吉安市青原区东固镇敬老院实地调查。受访人:杨私臻,1914 年生,东固螺坑村人,1929 年参加红军。

④ 参见西虹《老红区行》,中南人民文学艺术出版社 1953 年版,第 64—71 页。

⑤ 游海华 2007 年 10 月吉安市青原区东固镇实地调查。受访人:夏淑英(原中央印刷厂职工邱祖贻和邹如玉夫妇的儿媳),1959 年生,娘家为六渡村;古珍葵(原中央印刷厂石印部主任古远宏的儿子),1941 年生,三彩村人;刘宗沛,1926 年生,西城刘家人。

⑥ 参见唐铁海《中央老根据地印象记》,劳动出版社 1952 年版,第 65—69 页。

任排长，负责军士训练，很有号召力，后任红军看守所长"，红军长征后，他父亲和 36 人留下来坚持了几个月的斗争，"后看形势不对，剩下的几个人便到山里，把枪埋了，各自回家，后来在家被抓，便一一交代枪支埋藏地点，这些人便没有事，地方政府不了了之。我父亲便这样留下来了，没有受苦。至于是否写了自新书，他没有说，我不清楚"。自此以后，陈辉盛专心家业经营，加上老婆很精明，家境逐渐富裕，积累到 100 多亩田，到新中国成立初时，他家还被划为地主。①

四　结论

三年游击战争时期赣闽边区民众的生存状态，是一个十分有意味的话题，也是一个素为学界所忽视的课题。

1934 年，随着第五次军事"围剿"的进展，赣闽边区重新被纳入南京国民政府的控制版图。对于战后赣闽边区的重建与规复，蒋介石和当时的南昌行营是比较慎重的，他们希望在"三分军事、七分政治"的策略下，通过各种举措，包括重建赣闽边区地方政权、恢复社团组织、调适社会心理（难民救济和民众思想整合等）、调整社会关系（妥善处置战后婚姻纠纷等）、"地归原主"和复苏社会经济等，以恢复战前的秩序。②

在此背景下，对于战败方——原中央苏区军民，除顽强抵抗的给予枪杀外，其他均视不同情况加以处理：情节轻微或自新具结者不加追究；情节严重者区别对待：有的关押一段时间后予以释放，有的被送进感化院加以"感化"，有的被投入监狱长期关押，后来陆续获得自由。重获自由或停止对抗的原苏区军民，绝大部分在赣闽边区得以生存，但各自有着不同经历和命运。有的不同程度地受到地主豪绅等地方势力的报复和折磨，或备受社会歧视；有的在家乡找不到生路，只好流落异乡谋生（大部分仍在赣闽边区）；有的受到宗族、士绅等地方势力的保护，得以在家乡安居乐业；有的几乎没有经过什么变动，他们回到家乡，重振家

---

① 游海华 2006 年 1 月石城县城实地调查。受访人：陈裕华，1942 年生。
② 参见游海华《重构与整合——1934—1937 年赣南闽西社会重建研究》，经济日报出版社 2008 年版。

园。有意思的是,留守军民中,个别的甚至力农致富。

值得强调的是,三年游击战争时期的赣闽边区,国民党军和地主豪绅的阶级报复是清晰可见的,是有迹可循的。地方党史和革命史论著对此多有论述,这在一定程度上折射出战后民众的生存环境和状态。不过,应加指明的是,从时间上看,1934 年 10 月到 1935 年夏天这段时期,是国民党军和留守红军继续交战的时期,前者对后者的打击与镇压无疑是残酷无情的。从地点上看,1935 年夏,国民党军牢牢控制了原中央苏区腹地各县城乡,自此以后,国民党军和地主豪绅的打击与镇压对象主要转向了中共新开辟的游击区。

综上所述,绝大部分原中央苏区军民得以生存的事实,表明 1935 年夏以后的赣闽边区(不包括中共游击区),尽管不乏阶级报复的行为和情绪,但总体看来仍是一个相对和平的社会,基本上恢复了普通民众所需要的相对稳定的生存环境。毕竟,革命高潮之后,不管是暂时的失败还是永久的胜利,老百姓还是要居家过日子。这是社会的常态。正因为此,接踵而至的抗日战争时期,使赣闽边区迅速成长为中国东南抗战大本营的中心,并迎来了边区的第一次现代化浪潮(参见第四章第五节阐述)。边区逐步恢复的社会稳定和政治秩序,也为东南抗战夯实了基础,有力支持了中国的持久抗战。

第五节　地方政府的现代化转型

苏区革命(国共战争)的一个重大"成果",就是引发了南京国民政府对中国基层政治制度的重大变革,包括推行保甲、裁局改科、分区设署、设置行政专员等。赣闽边区当然是最早实施上述政治制度变革的地区。学界已有的研究①大都是从政治制度史的角度,勾勒出民国县制变革

---

① 主要有程方的《中国县政概论》,商务印书馆 1939 年版;钱端升等的《民国政制史》,商务印书馆 1946 年版;张厚安、白益华主编的《中国农村基层建制的历史演变》,四川人民出版社 1992 年版;林炯如等编著的《中华民国政治制度史》,华东师范大学出版社 1995 年版;孔庆泰的《中华民国政治制度史》,安徽教育出版社 1998 年版。

的大致轮廓，对于"裁局改科"的具体施行状况、施行过程和效果等并没有展开实证性研究。一些学者在论述民国县制变迁、县政实验或县政改革时，对裁局改科均有所涉及，但没有做系统而深入的探讨。① 周联合对裁局改科作了专门的考察；其对"局""科"的沿革与性质、法律地位和管理体制，以及裁局改科的由来及其在全国的实施概况②等，均作了较好的史实梳理。但是，其对裁局改科施行效果的评价，却有诸多值得商榷之处。因此，本节对裁局改科所做的述评，主要是针对周文展开讨论。

一　以精简机构、节省经费来衡量裁局改科是否合适

北洋政府时期，中国县行政制度就已经开始摆脱传统而走向现代，主要表现在：县行政长官任用私人势力履行县政职能的情况开始得到改变、司法与行政开始有所分离、法制化的行政经费制度开始建立等。③ 南京国民政府成立以后，继续推进县行政制度改革进程，1935 年以后从"剿匪"省份首先实施、而后推行至全国的裁局改科，就是其中的重要举措之一。对于裁局改科，周联合认为，它的实施"并未能达到精简机构、节约经费和提高行政效率的目标"。④

就一般意义上论，裁局改科不言自明，似乎应该包含着裁减机构、节约经费等通常行政改革具有的基本内容。但是，20 世纪 30 年代中期南京国民政府发动的裁局改科，其主要内容和目的是否包含裁减机构、节约经费（至于是否提高行政效率，后文将展开讨论）？却值得认真分析。

---

① 参见于建嵘《近代中国地方权力结构的变迁——对衡山县地方政治制度史的解释》，《衡阳师范学院学报》（社会科学版）2000 年第 4 期；刘海燕《30 年代国民政府推行县政建设原因探析》，《民国档案》2001 年第 1 期；贾世建《浅析南京国民政府的县政实验》，《天中学刊》2003 年第 1 期；王先明、李伟中《20 世纪 30 年代的县政建设运动与乡村社会变迁——以五个县政建设实验县为基本分析样本》，《史学月刊》2003 年第 4 期；郑起东《华北县政改革与土劣回潮（1927—1937）》，《河北大学学报》（哲学社会科学版）2003 年第 4 期。

② 参见周联合《南京国民政府县政府裁局改科研究》，《晋阳学刊》2004 年第 6 期。

③ 参见魏光奇《走出传统：北洋政府时期的县公署制度》，《史学月刊》2004 年第 5 期，第 53 页。

④ 周联合：《南京国民政府县政府裁局改科研究》，《晋阳学刊》2004 年第 6 期，第 79、80 页。

换言之，如果不是，那么，以"裁减机构、节约经费"来衡量或评价裁局改科就显得不太合适。

1934 年 12 月 31 日，南昌行营颁布《"剿匪"省份各县政府裁局设科办法大纲》，训令豫、鄂、皖、赣、闽 5 省遵照办理。"大纲"第 1 条即云："本行营为谋县政府权力责任之集中，并充实其组织，以增进县政府效率起见，特制定大纲。"① 同时，南昌行营在颁布各省遵照"大纲"办理"裁局设科"的训令词中，阐明了增进县政府效率的 5 点主要举措，即县政改良的 5 点希望，其主要内容之一就是"充实县政府组织"（包括增设科、经征处和县金库等机构，同时增添县政府行政人员和相应的经费等），进而达到"县政府权力责任之集中"，最终实现"增进县政府效率"的目的。②

从"大纲"的具体规定来看，对于裁减机构，大纲第 3 条规定："县政府所属公安、财政、教育、建设各局，现经设置者，概行裁撤，将其职掌分别归并于县政府中之各科管理"；第 6 条规定：除特殊情形外，"各县城乡现有之公安机关及警察，概行裁撤，改于县政府中设警佐一人，各区署中设巡官一人，并设警长警士若干人"，分别派驻重要乡镇从事训练、保安、户口、卫生、交通等一切警察事务。③ 如果说，从"裁局"的意义上来理解"裁减机构"，当然没有问题，但是，要注意到的是，"裁局"的替代结果是"设科"，从而实现"扩府"的目的。对于行政经费，大纲第 7 条第 3 小点规定："县政府裁撤各局节余之经费，应移充本县事业费及分区设署经费"；第 4 小点规定："各县原有教育经费或建设专款，在县金库统收统支下，仍应另立项目，保持其独立性质，不

---

① 《"剿匪"省份各县政府裁局改科办法大纲江西省各县政府组织规程》，载江西省政府秘书处公报室编印《江西省政府公报》第 222 号，1935 年 6 月 22 日，第 4 页；《"剿匪"省份县府裁局设科》，《申报》1935 年 1 月 1 日第 18 版。

② 《"剿匪"省份各县政府裁局改科办法大纲江西省各县政府组织规程》，载江西省政府秘书处公报室编印《江西省政府公报》第 222 号，1935 年 6 月 22 日，第 1—3 页；《"剿匪"省份县府裁局设科》，《申报》1935 年 1 月 1 日第 18 版。

③ 《"剿匪"省份各县政府裁局改科办法大纲江西省各县政府组织规程》，载江西省政府秘书处公报室编印《江西省政府公报》第 222 号，1935 年 6 月 22 日，第 4—5 页；《"剿匪"省份县府裁局设科》，《申报》1935 年 1 月 1 日第 18 版。

得挪充别用"。① 根据以上规定来看，教育经费与建设专款，属于专款专用；其他各局裁撤后，即使有多余的经费，也是作为"本县事业费及分区设署"等行政之用。

以上分析表明，"裁局改科"大纲和南昌行营颁布5省执行的训令词中，都没有将裁减县府机构、节约经费列入此次行政改革的主要内容。也就是说，裁减机构、节约经费并不是裁局改科的主要内容，更不是其主要目的。

与裁减机构、节约经费相反，南昌行营颁布各省办理"裁局改科"的训令词中，其县政改良5点希望中的第2点——"充实组织"，倒是充分说明："各局既裁之后，县府事务，益加繁剧，其原有组织，自当稍加扩大，另为增科添员，并酌加其行政经费，俾克延揽人才，共资佐治。"② 即在裁局改科这一县政改革设计之初，就已经明确："增科添员，并酌加其行政经费"，将是此次县政改革的直接和必然结果。

最先实施裁局改科的江西、福建两省，提供了最好的佐证。1935年7月1日，江西省各县政府全部实施新组织，即裁撤各局，县政府分设三科，管理一切行政事务。③ 福建省稍晚几月，于10月1日全省正式"裁局改科"。④ 与裁局改科以前相比，赣、闽两省县政府职员和经费都有显著增加，具体增长情况参见表5-9。另据统计，裁局改科以前，江西省83县县政府年支总经费共为1162104元，1935年实施新组织后，年支总经费增加到1585656元，每年新增经费423552元。⑤

---

① 《"剿匪"省份各县政府裁局改科办法大纲江西省各县政府组织规程》，载江西省政府秘书处公报室编印《江西省政府公报》第222号，1935年6月22日，第5页；《"剿匪"省份县府裁局设科》，《申报》1935年1月1日第18版。

② 《"剿匪"省份各县政府裁局改科办法大纲江西省各县政府组织规程》，载江西省政府秘书处公报室编印《江西省政府公报》第222号，1935年6月22日，第2页；《"剿匪"省份县府裁局设科》，《申报》1935年1月1日第18版。

③ 参见《今日廿四年度开始　各县府实施新组织》，《江西民国日报》1935年7月1日第5版。

④ 参见《闽省将改革地方行政制度》，《申报》1935年9月20日第8版。

⑤ 《"剿匪"省份各县政府裁局改科办法大纲江西省各县政府组织规程》，载江西省政府秘书处公报室编印《江西省政府公报》第222号，1935年6月22日，第13页。

表 5 - 9　　　　　　　裁局改科前后江西、福建两省县府职员
及月支经费概况

		职员	经费 (元)	职员	经费 (元)	职员	经费 (元)	职员	经费 (元)
		1932 年 7 月— 1935 年 6 月		1935 年 7 月— 1937 年 6 月		1938 年 11 月— 1940 年 10 月		1940 年 11 月—	
江西省	一等县	16	1328	47	1738	31	2134	77	5351
	二等县	15	1178	41	1576	27	1863.5	64	4590
	三等县	12	998	37	1494	26	1717.6	55	4032
		1927 年— 1928 年		1928 年— 1932 年		1933 年— 1935 年 9 月		1935 年 10 月—	
福建省	一等县		750	28	1050	41	1400		2100
	二等县		615	26	865	38	1200		1900; 1600
	三等县		480	20	680	32	970		1300

说明：1. 据本表"资料来源"所列资料编制而成。2. 县政府职员包括县长、秘书、科长、科员、事务员、雇员、警佐、技士、督学、政务警察、杂役等，1932 年 7 月—1935 年 6 月的江西县政府职员不包括政务警察和杂役。3. 1933—1935.9 栏内，另有一种说法：一等县经费为 1398 元，二等县经费为 1198 元，见《大公报》（天津版）1933 年 7 月 3 日第 6 版。4. 1935 年 10 月栏中，1900 元为二等甲种县政府经费，1600 元为二等乙种经费。

资料来源（A）：王次甫：《十年来之江西民政》（2），载江西省政府《赣政十年》编委会编《赣政十年》，1941 年印，第 4—5 页（文页）。

资料来源（B）：《闽改组各县政府》，《申报》1935 年 8 月 20 日第 10 版；潘守正：《福建省县组织沿革（一）》，载福建省县政指导委员会编《福建县政》第 1 卷第 3 期，1936 年 10 月 15 日，第 5、9 页；《福建省县组织沿革（二）》，《福建县政》第 1 卷第 5 期，1936 年 11 月 15 日，第 8 页；《闽省改行新县制》，《大公报》1933 年 7 月 3 日第 6 版；《闽省将改革地方行政制度》，《申报》1935 年 9 月 20 日第 8 版。

　　对于裁局改科的这一直接和必然结果，周文却予以当然批评，并认为"裁局改科后，管理体制并未理顺，县政府科的设置也逐渐增加，行政经费自然谈不上节省"，并导致了后来"户籍室、督导室、技术室、统计室、会计室、情报室、承审室等种种名目之设置"，以及"各种名目繁多的委员会"等。但是，正如周文所显示的，这些科、室、委员会的增

设，绝大部分都是在 1939 年《县各级组织纲要》颁布之后，尤其是 40
年代才出现的现象。① 而且这些科、室、委员会的增设，实际上是中日对
决和国共争雄的战时环境决定的，并不是裁局改科本身导致的问题。可
以说，这种"倒果为因"的说法，并不具有说服力。

综上所述，所谓"裁减机构、节约经费"属于"精细化"层面的改
革。在某种程度上讲，以蒋介石为领导的南京国民政府 30 年代初刚刚稳
定，其面临的主要问题是如何建立一个有效率的、能整合社会力量的基
层政府（即县政府），而不是在此基础上对县政府如何进行进一步"精细
化"改革的问题。可以说，裁减机构、节约经费既不是裁局改科的应有
之义，也不是其应改革的既定内容，更不是主要目的。因此，用裁减机
构、节约经费的标准来衡量和评价 20 世纪 30 年代南京国民政府的裁局改
科，显然很不恰当。

二　裁局改科是否提高了县政府的行政效率

如前文所引，周文认为：裁局改科的实施，"并未能达到精简机构、
节约经费和提高行政效率的目标"。笔者在上文的分析中已经指明，南昌
行营颁布"裁局改科"大纲训令"剿匪"5 省首先施行，其主要目的是
"谋县政府权力责任之集中，并充实其组织，以增进县政府效率"。因此，
裁局改科是否提高了县政府的行政效率，是衡量或评价南京国民政府裁
局改科成败的关键之点。那么，如何考察裁局改科后县政府的行政效率
呢？笔者认为主要应从以下两个方面着手。

第一，应分析南昌行营颁布的《"剿匪"省份各县政府裁局改科办法
大纲》的主要改革点（即主要改革内容）在县政府是否落实到位；裁局
改科后，县政府是否将基层行政权力、责任集中于一身。

我们先看主要改革点是否落实到位。1934 年 12 月 31 日，南昌行营颁
布"剿匪省份各县政府裁局改科办法大纲"，全文共 11 条，其主要改革点
有：（1）县政府上行下行文书，概以县长名义行之。（2）县政府所属公安、
财政、教育、建设各局，全部裁撤，其职掌分别归并县政府各科管理。

---

① 参见周联合《南京国民政府县政府裁局改科研究》，《晋阳学刊》2004 年第 6 期。

（3）县政府置秘书1人，同时分设三科，教育、建设合为一科，其他各项事务，由各省根据实际需要，合理分配。（4）县佐治人员概由县长遴选，呈经省政府严加审查，分别核委或备案。承办教育、建设事务的佐治人员，必须具有专门资格或相当的学识经验，另外可酌设督学及技士。（5）公安机关及警察概行裁撤，改在县政府中设警佐1人，各区署中设巡官1人，另设警长、警士若干人，分别派驻重要乡镇，接受各级长官的监督指挥，办理基层保甲、训练、卫生、交通等各项事务。（6）除特税外，县府设经征处或由主管科统一征收应征的省、县正附税捐，同时设置县金库，接管县财政委员会出纳组所管理的县财政之收入、支出及保管事项。（7）县政府裁局改科所节余的经费，应移充本县事业费及分区设署经费。（8）各县原有的教育经费或建设专款，在县金库统收统支下，仍应独立，不得挪用。① 上述改革点归结到一点，就是首先应看县政府组织是否充实完善。

以最先实施裁局改科的江西、福建两省为例。1935年上半年，江西省政府接到裁局改科的训令后，随即令民、财、教、建四厅，会同拟定实施办法。当年上半年，"江西各县政府组织规程"和"各县政府组织规程经费概算"相继拟定②；7月1日，江西各县分为三等，各县政府全部实施新组织暨"裁局改科"。③ 依照上述规程，县政府分设三科，第一科掌管保甲、公安、禁烟、卫生、救济、礼俗等民政事务，第二科掌管编制预决算、征收、会计等财政事务，第三科掌管教育、合作、水利、交通、度量衡等建设事务；裁局改科以后，所有科室都集中一处办公。与江西省相比，福建省则稍晚几月，于10月1日全省正式裁局改科。④ 在此之前，福建省也制定了县政府组织规程和员额俸给办法，将全省各县分为三等，例如闽西各县，龙岩、长汀为一等县，连城、上杭、永定、

---

① 参见《"剿匪"省份各县政府裁局改科办法大纲江西省各县政府组织规程》，江西省政府秘书处公报室编印：《江西省政府公报（1935.6.22）》第222号，1935年6月22日，第4—5页；《"剿匪"省份县府裁局设科》，《申报》1935年1月1日第18版。

② 参见《本省各县分区设署廿四年度开始实行》，《江西民国日报》1935年1月30日第3版；《各县政府实行裁局设科　变更组织改订经费》，《江西民国日报》1935年6月23日第5版。

③ 参见《今日廿四年度开始　各县府实施新组织》，《江西民国日报》1935年7月1日第5版。

④ 参见《闽省将改革地方行政制度》，《申报》1935年9月20日第8版。

武平、漳平为二等县，宁化、清流、明溪为三等县①；县府下设三科，各科编制、经费、职权与江西略同（见表 5-9）。上述两省的裁局改科都是一步到位，全省各县县政府于同一时间正式并全面实施。可见，裁局改科后，县政府组织较之以前"充实完善"了。

那么，县政府组织充实完善是否就意味着它把权力、责任集中于一身呢？众所周知，20 世纪 30 年代初，各省县政府都是依照 1928 年 9 月南京国民政府颁布的《县组织法》所规定的"一府四局"的架构组建的。该法规规定：县府按照县的等级设置 2—4 科，同时各县又设立公安、财务、建设、教育 4 局，必要时可以增设卫生局、土地局等。② 次年 6 月，南京国民政府重订《县组织法》，颁布全国实施。与上年的《县组织法》相比，1929 年的《县组织法》主要改变点有：县政府增设秘书 1 人，县府科数减为 1—2 科，没有改变原来"一府四局"的县府组织架构。这种"一府四局"的组织架构，明显存在着两个不利于县政府权力集中的因素：一是各局局长，均由省主管厅指派或委任，对上直接呈报主管厅，对下则直接发布局令，自成系统，县长"无从充分行使监督指挥之权"③；二是"县政府组织太简，经费过少，佐治人员不过六七人至十数人，而最高待遇，月薪不及百元……若不增加其经费，充实其组织，实无以增进效率，而完成其任务"④。裁局改科则对症下药，使这种现象得到根本扭转，表现在：（1）县政府增设为三科，全面接管裁撤各局原来掌管的事务。（2）县秘书、科长、督学、技士等佐治人员全部由县长遴选，呈经省政府审查或备案。（3）县政府上行下行文书，概以县长名义行之。可见，县府裁局改科以后，南京国民政府把原来分散各局的县级行政权力全部收归县政府，形成了"一府独尊""一枝独秀"的局面，权力与责任可谓高度集中。

县政府裁局改科后，县政府"充实完善""行政效率"较之以前有

---

① 参见《闽省县政府新组织》，《申报》1935 年 3 月 11 日第 9 版；《闽省行政制度变更》，《申报》1935 年 3 月 3 日第 9 版。

② 参见中国第二历史档案馆编《中华民国史档案资料汇编》第 5 辑第 1 编政治（一），江苏古籍出版社 1994 年版，第 87—93 页。

③ 《剿匪省份县府裁局设科》，《申报》1935 年 1 月 1 日第 18 版。

④ 《鄂豫皖赣等十省最近施政报告（九）》，《大公报》1934 年 6 月 12 日第 3 版。

所提高的另一个表现是：县佐治人员和行政经费均大幅度增加。仍以江西、福建两省为例。如表 5—9 所示，1935 年 7 月以后，江西省各县县政府职员增加了 2 倍左右，经费增加了 1/3 左右；同年 10 月以后，福建省各县县政府经费也增加了 1/3 左右。表 5—9 还显示，1938 年底以后，江西省各县县政府人员减少了 1/3 左右，经费绝对数虽然增加不少，但按照可比价格计算①，实际购买力有所减少。这不是裁局改科的结果，而是因为江西省抗战后，实行"紧缩通案及国难薪章（即节约财政经费、减少薪水——笔者注）"②的缘故。更何况，进入 20 世纪 40 年代以后，与 1935 年的裁局改科相比，县政府职员又增加了 1/3 左右，县政府职员总数是裁局改科以前的 4 倍以上。县政府职员和行政经费的大幅度增加是裁局改科后行政效率提高的一个基本或充分保证。

第二，尽管如此，县政府职员和行政经费的大幅度增加并不必然表明县政府行政效率的提高，还必须分析在上述两个新增条件下，与裁局改科之前相比，县政府的行政管理是否有所改进，是否符合行政机构管理职能现代化转型的趋势。

从以上角度分析，笔者认为，裁局改科以后，县政府的行政管理较之以前有所改进，其行政管理改革符合政府职能现代化转型的趋势。主要表现在以下几个方面。

其一，县税收统征，县金库独立，收支完全分开。《"剿匪"省份各县政府裁局改科办法大纲》第 7 条规定：除特税外，各县应征的省、县正附税捐，概归县府统一征收，由主管科或设经征处统一征收；设置县金库，接管原来由县财务委员会出纳组管理的县财政收入、支出及保管等事项。③这样，改革之后，结束了原来一县之中"税局林立""各自为政"，以至于造成"虚耗巨额之经费"和征收人员"到处婪索"的局面。

---

① 如果以 1937 年物价指数为 100，则 1938 年为 131，1939 年为 220。参见史全生主编《中华民国经济史》，江苏人民出版社 1989 年版，第 470 页。

② 王次甫：《十年来之江西民政》（2），载江西省政府《赣政十年》编委会编《赣政十年》，1941 年印，第 5 页（文页）。

③ 参见《"剿匪"省份各县政府裁局改科办法大纲江西省各县县政府组织规程》，载江西省政府秘书处公报室编印《江西省政府公报》第 222 号，1935 年 6 月 22 日，第 5 页。

同时，县经征处专"司经征而不收现"，县金库则"专收现而不经征"，既可以克服以往"经征人员交代不清、匿报卷逃"的弊端，又可以使县金库"克尽调剂地方金融之效用"。① 上述制度设计，符合现代财政和会计管理原则，也为政府财政管理的现代化转型奠定了制度化规则。以上制度设计，首先在"剿匪区"得以逐步实施。以江西省为例。裁局改科实施以后，经过 1935 年下半年的准备，到 1936 年，江西全省 83 县中有 36 县县政府内设立了经征处，经征范围只限于田赋、契税；1937 年下半年起，江西各县"一律设置经征处，为县政府内部之一部分，受县长之指挥监督，经征收田赋、契税及营业、屠宰各税"。② 至于县金库，1935 年，南昌、新建等 18 县先后设立；次年，余江、新干等 18 县紧跟其后；1937 年，由于省金库附设于江西裕民银行，其用人、行政完全由行方主持，因而各县分金库相应附设于裕民银行各县分支行处内，由各行分支行处添设专办金库事务人员，专司其责；到 1940 年，各县均在银行内附设了县分金库。③ 至此，县财政上的经征、出纳两权，完全分开，收支两条线清清楚楚。江西的实施情况说明，裁局改科以后，县政府的财政管理职能正逐步向现代化转型迈进。

其二，适应社会经济发展或当时政权特殊的需要，县政府设立了许多新机构或增加了新职能，进行专门化管理。长期以来，卫生、救济、基础教育、合作、水利、公路、电信、度量衡等地方公共产品或公共事务，一般都由地方宗族、善团或其他社会团体兼管，县府裁局改科以后，上述公共产品、公共事务或为县府成立的专门科室、委员会等接管，或为县府的其他科室兼管（参见本节前文所述县府各科职能）。总之，县府逐渐承担起地方公共产品供给的责任。另外，周文认为，"裁局改科之后，管理体制并未理顺"，并以"教建合一"（教育和建设统归第三科管理——笔者注）在实际中难以"兼筹并顾"为例，加以证

---

① 《"剿匪"省份县府裁局设科》，《申报》1935 年 1 月 1 日第 18 版。

② 文群：《十年来之江西财政》（3），载江西省政府《赣政十年》编委会编《赣政十年》，1941 年印，第 6 页（文页）。

③ 参见文群《十年来之江西财政》（3），载江西省政府《赣政十年》编委会编《赣政十年》，1941 年印，第 6—7 页（文页）。

明。① 应该说,周文指出了裁局改科后县政府改革中的不足和问题。最先实施裁局改科的江西、福建等省在实践中很快就意识到问题之所在,并作了相应的调整。1936 年度（1936 年 7 月—1937 年 6 月）,江西省各县政府均"再增设一科,连前共计四科","以原第三科专掌教育事务"②,第四科管理建设事务。1936 年 6 月,福建省也将建设事务划给第一科,第三科专掌教育;1938 年,福建全省有 34 县的县政府增设了一科,专门管理建设事务,即一、二、三、四科分掌民政、财政、教育、建设等。③县政府的这种基层调整得到了上级政府部门指导和认同。正如周文指出的,1936 年 5 月,"十省地方高级行政人员会议"强调:"教育建设两项,如财力充裕,仍以分设二科为适";1937 年 6 月,行政院公布《县政府裁局改科暂行规程》,原则上规定实行裁局设科,"但在人口众多,事务繁剧之县份,有设局之必要时,得由省政府决议设置之"。④ 这说明,裁局改科中的不足和问题在实践中不断得到完善,其结果是县政府管理职能的进一步增强。周文以裁局改科中某些方面暂时的不足否定裁局改科本身,显然没有说服力,而且周文的结论和论据之间也构成了明显的矛盾。

　　其三,为满足边区地方政权机构重建和县府裁局改科等人才的需要,赣闽两省都培训了大批专门的行政人员,开创了由政府培训专门管理人才的制度。1932 年,江西省政府在民政厅内附设县政研究会,自 1932 年1 月至 1933 年 5 月共办 5 期,参加研究会会员共计 344 人。1934 年 10月,江西省政府将县政研究会改设为县政人员训练所,轮调全省县长、县佐及区长各项人员,分班、期训练;1935 年至 1937 年 2 月,共办 6期,合计训练人员 1375 人,其中县长 149 人、县佐人员 153 人（包括财务及普通行政人员）、教建人员 209 人、区政人员 864 人（区长 274 人,

① 参见周联合《南京国民政府县政府裁局改科研究》,《晋阳学刊》2004 年第 6 期。

② 王次甫:《十年来之江西民政》(2),载江西省政府《赣政十年》编委会编《赣政十年》,1941 年印,第 4 页（文页）;程时煃:《十年来之江西教育》(4),载江西省政府《赣政十年》编委会编《赣政十年》,1941 年印,第 3 页（文页）。

③ 参见杨洪潮编《民国福建省地方政权机构沿革资料（1911—1949）》,福建人民出版社1994 年版,第 105 页。

④ 周联合:《南京国民政府县政府裁局改科研究》,《晋阳学刊》2004 年第 6 期,第 80 页。

区员 590 人)。另外，在 1932 年至 1937 年 4 月间，江西省政府还训练了各级警务人员 346 人，训练合作人员 424 人（包括豫鄂皖赣四省农村合作指导人员训练所培训的 109 名江西学员①）。② 1935 年，县府"裁局改科"与"分区设署"时，江西省民政厅特将县训练所第一、第二期毕业学员名册，颁发各专员转饬各县长，从中选择保荐区长、科长。③ 福建省行政人员的培训工作则开始于 1935 年。当年 2 月，福建省县政人员训练所正式成立，到 1936 年 9 月，共计培训财政、建设组、民政、督学等各类人才 1014 名（其中区政学员 533 人）。④ 为才尽其用，1936 年 3 月，福建省还出台了"各县行政人员任用规则"，规定：（1）合格的县行政人员除考查成绩，认为可以免训或经甄别考试及格者外，均须受予职务相当之训练。（2）合格而经过训练或认可免训或甄别考试及格者，一律编入县行政人员候选名册。（3）县长任用县行政人员须于候选名册中遴选，不得在候选名册外。⑤ 可以说，上述培训的人才，基本上满足了地方行政制度改革的需要。所以，1936 年"双十节"，福建省政府主席陈仪在总结一年来的工作时说："县区政人才，经过了几次训练，分发出去，现在各地的县区署公务人员，都已完全革新，统一了。与各县经征处、县金库、新会计制度、度量衡制度等的实施，同时也取得联络了"⑥，表达了相当程度的满意。

通过以上分析，我们可以说，与裁局改科之前相比，县政府职员和行政经费的大幅度增加，县政府权责比较集中，开创了现代的"公务员"培训与管理制度，县府行政管理有很大改进，行政效率应该有所提高。

---

① 另一种说有"102 人"，参见《江西省农村合作事业》，载中国国民党中央委员会党史委员会编《革命文献》第 86 辑，第 480 页。

② 张含清：《十年来之江西干部训练》（11），载江西省政府《赣政十年》编委会编《赣政十年》，1941 年印，第 2—4 页（文页）。

③ 参见《今日廿四年度开始　各县府实施新组织》，《江西民国日报》1935 年 7 月 1 日第 5 版。

④ 参见《福建省县政人员训练所工作报告（1935.2.7—1936.9.10）》，载福建省县政指导委员会编《福建县政》第 1 卷第 5 期，1936 年 11 月 15 日，第 1 页。

⑤ 参见《福建省政府训练县政人员之整个计划及其意义》，载福建省县政指导委员会编《福建县政》第 1 卷第 2 期，1936 年 10 月 1 日，第 2 页。

⑥ 《陈主席一年来福建省政之回顾》，福建省县政指导委员会编：《福建县政》第 1 卷第 3 期，1936 年 10 月 15 日，第 1—2 页。

县政府裁局改科基本符合行政机构管理职能现代化转型的趋势。

三　以孙中山的地方自治理论来评价县府的裁局改科是否恰当

周文认为:"裁局改科与设置行政督察专员公署、改设区署、推行保甲制度一起,取消了正在尝试的地方自治,使县政完全变成了官治,是对孙中山县自治思想的背离。"[①] 周先生的此种观点可能来源于张厚安、白益华主编的《中国农村基层建制的历史演变》一书,该书作者认为:分区设署制度、保甲制度等的实行,"背离了孙中山地方自治学说",并对此作了详细的论述。[②] 笔者认为,此种观点既脱离了时代环境,也缺乏对孙中山的县自治思想作客观的考察。

其一,孙中山的自治理论是其对西方"民主"政治精华的汲取和其个人对中国国情的体验而形成的,并不是其对中国"民主"政治实践的总结。不错,毛泽东曾称孙中山是"伟大的革命先行者"。这个"先行者"是指他在中国民主革命准备时期,以鲜明的中国革命民主派立场,同中国改良派作了尖锐的斗争。他在这一场斗争中是中国革命民主派的旗帜;也指"他在辛亥革命时期,领导人民推翻帝制、建立共和国的丰功伟绩;还指他把旧三民主义发展为新三民主义的丰功伟绩。我们甚至可以说,孙中山是中国民主革命的先行者,不过其含义也仅仅是指孙先生是一个"民主"制度的信仰者,是一个争取中国实现民主的先行者,而决不是一个"民主"制度的实行者[③]。正因为如此,孙中山"革命尚

---

① 周联合:《南京国民政府县政府裁局改科研究》,《晋阳学刊》2004 年第 6 期, 第 81 页。

② 参见张厚安、白益华主编《中国农村基层建制的历史演变》,四川人民出版社 1992 年版, 第 132—133 页。

③ 辛亥革命后中国虽然在一定程度上实现了民主制度,可惜只是昙花一现。例如, 谢俊美认为:孙中山所组建的资产阶级政府,以及他将民权主义的思想、内容等转化为具体的政策法令或以法律形式颁布的行为,体现了资产阶级所标榜的民主精神,具有划时代的意义。但是, 由于短命的南京临时政府和孙中山辞去了临时大总统,他的民权主义思想未能进一步实施便告结束。因此, 我们还无法对他的民权主义实践活动做出更多的评价。1924 年 10 月, 孙中山本人总结三民主义奋斗史也曾说:"说到结果,民族主义只有一半成功,民权主义到今日还觉得是失败……民生主义更是没有工夫去做。"分别参见谢俊美《略论孙中山的民权主义思想》,载中华炎黄文化研究会、上海炎黄文化研究会编《孙中山与现代文明》,苏州大学出版社 1997 年版, 第 358—359 页;《孙中山选集》,上海人民出版社 1981 年版, 第 929 页。

未成功，同志仍需努力"的话语才能成为激励革命后来者的政治遗训；也正因为如此，毛泽东在 1956 年才敢于自豪地宣布我们完成了孙先生没有完成的民主革命，并且把这个革命发展为社会主义革命。1924 年 4 月，孙中山公布经他手订的《国民政府建国大纲》，全面阐述了他的建国和治国学说。其中，大纲用了 11 个条款具体规定了地方自治建设的内容和方法，亦即他的地方自治理论。可以说，孙中山的地方自治理论更多的是学理性研究，而不是中国"民主"施政之总结。因此，孙中山的地方自治思想能否作为近代中国"民主"制度实施的准绳，是值得探讨和商榷的。

其二，回顾孙中山的一生，我们知道，孙中山虽然具有 30 多年的革命经历，但他执政的时间却过于短暂，担任中华民国临时大总统不过 90 来天（1912 年 1 月 1 日—4 月 1 日），担任全国行政职务和地方小政府行政领导的时间也不长①，其心神且几乎为外部的军事行动和内部的人事纠纷、派系争夺所困扰。可以说，孙中山革命精神坚韧，革命经验丰富，是一个名副其实的革命家。但作为一个著名的政治家，他并不具备成熟的执政经验。甚至有国外学者评价说，"孙中山本人有时也是个不切实际的梦想家"②；因他的这种性格特点而著称的"孙大炮"的雅号更是中外

---

① 据笔者统计，1912 年 4 月至 1925 年 3 月的近 13 年中，孙中山担任全国行政职务和地方小政府行政领导的时间总共不到 6 年。其具体职务和时间分别为：中国铁路总公司总理（1912.9.11—1913.7.23；1912 年 10 月 14 日以前有实权而无职务）、中华民国军政府大元帅（1917.9.1—1918.5.4）、中华民国军政府政务总裁（1918.7.16—1919.8.7；七总裁之一）、中华民国非常大总统（1921.5.5—1922.6.16；1920 年 11 月 29 日重组军政府，恢复职权）、中华民国陆海军大元帅（1923.2.21—1925.3.12）。分别参见广东省哲学社会科学研究所历史研究室、中国社会科学院近代史研究所中华民国史研究室、中山大学历史系合编《孙中山年谱》，中华书局 1980 年版，第 151、164、212、227、229、245、270、277、294、310、372 页；李松林等编《中国国民党大事记》，解放军出版社 1988 年版，第 59、60、87、91、92、93、97、105、108、116、121、140 页。

② ［美］布赖恩·克罗泽：《蒋介石》（原名《失去中国的人》），封长虹译，内蒙古人民出版社 1992 年版，第 34 页。

闻名①。对于这样一个具有革命浪漫激情的政治家，我们姑且不论他的地方自治理论是否完善合理，逻辑是否严密并符合中国国情，我们必须明白的是，任何政治理论能否施行于近代中国，都必须接受近代中国政治实践的检验，孙中山的地方自治理论也同样如此。我们决不能以任何外来的或新的理论、"理想"来裁判中国"现实"，更不能以之作为南京国民政府施政的必行指导思想和准则②。说得更清楚一点，作为政治宣传可以，作为施政的借鉴也行，完全转化为实际的施政措施则未必行得通。

其三，20世纪以来的中国政治变革史揭示：民主作为一种学说、理论或思想，其能否转变为中国的现实制度还需要长期反复地实践。在中国这样一个有着几千年专制文化传统的国家中，"民主"与"自治"的引入、生根、成长则更为艰难；或者说，即使近代中国有相对稳定的中央政权或相对和平的社会环境，"民主"也需要在长期的实践中摸索前行。从这个意义上说，即使孙中山的地方自治理论是真理，也并不一定能原样照搬在近代中国的土壤上实行。美国著名历史学者孔斐力就认为，孙的地方自治理论的"历史根源混乱，加上表达含糊不清，毫不

---

① 广东人称只会空口说白话、瞎吹的人做大炮。宋庆龄曾回忆说："孙中山辞去临时大总统职务以后，就在中国各地旅行，设法发起一个运动，以挽救1911年的革命的成果，造成一个富强的国家。在许多这样的集会上，他还谈到社会主义的问题，中外报纸当时不是不报道他的演讲，就是弯曲和诽谤他，称他为'大炮'，意思是说他只是一个空想家。"中国同盟会会员、原江西省议会议员陈劭先也回忆："当年流传一种说法，'先生是理想家'，甚至称为'孙大炮'。"广东侨胞、中国同盟会会员梅斌林则记述他在美国芝加哥的亲见亲闻：1913年，孙中山到芝城为革命筹款，芝城的华侨上层人物攻击孙中山所宣传的革命道理是"车大炮"；一天，一个侨胞气势汹汹地对正要进店门宣传的孙中山说："你不要进来，我不听你的'大炮'。"此外，老同盟会会员何香凝、胡汉贤和孙中山的卫士范良等在其回忆文章中都提到过孙先生有"大炮"的雅号。分别参见宋庆龄《孙中山和他同中国共产党的合作》；陈劭先《辛亥革命后孙中山在广东的几起几落》；梅斌林《孙中山在美国芝加哥》；何香凝《对中山先生的片段回忆》；胡汉贤《中山先生的海外革命活动》；尚明轩等编《孙中山生平事业追忆录》，人民出版社1986年版，第428、269、208—209、41、179页；范良《唤起民众》，载《中山先生轶事》编辑组等编《中山先生轶事》，中国文史出版社1986年版，第61页。

② 据老同盟会会员许德珩回忆，孙中山早在1919年10月的几次讲演中，"就批判和抛弃了曾经有过的'教育救国'、'实业救国'、'地方自治'等不切实际的想法"。参见许德珩《难忘的会见》，载《中山先生轶事》，中国文史出版社1986年版，第230页。

奇怪，很难在中国的地方社区产生一种可行的立宪民主形式"。① 孔的看法，或许从另一角度说明了孙的理论难以被南京国民政府贯彻执行的原因。

综上所述，周先生以孙中山的地方自治理论来"评判"南京国民政府 30 年代的裁局改科，是不太恰当的。

四　结论

通过以上梳理和分析，我们知道：用裁减机构、节约经费，以及用孙中山的地方自治理论，来衡量或评判南京国民政府 30 年代的裁局改科是很不恰当的。当然，裁局改科在具体的实施中，存在着一定的问题。例如周联合所指出的抗战以后县政府科、室、委员会的猛增。但是，这些问题基本上都是由客观环境（例如战时环境）决定的，并不是裁局改科本身必然导致的。裁局改科中的某些不足之处，也在实践中不断得以完善。例如周文指出的裁局改科之初"教建合一"导致管理体制不顺的问题，1936 年中期以后在江西、福建等省均以教、建分设科室而告合理解决。

从政治制度史的角度来看，20 世纪 30 年代中期以后的裁局改科，是中国现代政府转型的重要步骤之一，是有进步意义的。表现在以下方面：县政府增设了许多专门机构或增加了新职能，为社会提供了更多的公共产品；改革后的县政府职员和行政经费得以大幅度增加，强化了其对社会的管理能力；县府财政收支两条线分开；开创了现代的"公务员"培训与管理制度，等等。其结果是，与以前相比，县政府权责比较集中，行政管理有很大改进，行政效率有了明显提高，县政府裁局改科基本符合行政机构管理职能制度化发展的趋势。这对近代中国整体现代化的发展，有明显的积极作用。正如程方所指出："裁局改科以后，不但在财政上可以统收统支，并且在人事上亦可集中人力，而事权之划一组织的紧

---

① ［美］费正清、费维恺编：《剑桥中华民国史（1912—1949）》下卷，刘敬坤等译，中国社会科学出版社 1994 年版，第 392 页。

凑,更可收指挥灵便,运用敏捷之效"①;从最低意义上来说,正如外国学者所评述的:"不论这项改革是否达到了加强县长权力的目的,必须承认它所取代的制度是浪费的和混乱的。"②

美国学者在分析近代中国政治现代化时指出,1916—1949年,"中国35年权威的丧失使它失去了国家权力的指导力量,而在此期间,其他现代化中的国家却在最大程度上有目的地运用这种权力来推进现代化的变革";他们认为,强有力的中央政府和紧密的地方控制是现代化后起之秀(例如日本和俄国)的基本特征。③可以说,20世纪30年代中期以后南京国民政府县政府的"裁局改科",就是国家重拾"失去的中央权威",强化中央政府对社会的整合能力,并运用国家权力来推进中国现代化的努力尝试。

因此,对于裁局改科,不但要将其放在政府管理制度化发展的视野中去认识,而且应将其应放在民国内忧外患的政府生存环境中考量。实际上,裁局改科的实施,既是"剿匪"各省在特殊环境下的内在需求,也是近代中国政治现代化发展的必然逻辑。从这个角度来看,南京国民政府的裁局改科、分区设署、推行保甲,以及设置行政专员等制度的系列演变,"表现出一种偏离孙逸仙的地方自治概念,并向着更有力的官府控制体制发展的总趋向"④,是有着一定的积极意义的,而不仅仅是如周先生所指出的"缺乏制度创新,丧失了'现代化的导向'"⑤等消极作用。当然,这种国家集权趋向在有利于推进中国现代化变革的同时,毫无疑问也存在着地方社会主动性与灵活性丧失的可能性。但是,问题的关键不是我们是要地方自治、民主自

---

① 程方:《中国县政概论》,商务印书馆1939年版,参见周谷城主编《民国丛书》第4编(22),上海书店1992年影印版,第51页。

② [美]费正清、费维恺编:《剑桥中华民国史(1912—1949)》下卷,刘敬坤等译,中国社会科学出版社1994年版,第397—398页。

③ 参见[美]吉尔伯特·罗兹曼主编《中国的现代化》,国家社会科学基金"比较现代化"课题组译,江苏人民出版社1995年版,第410、657页。

④ [美]费正清、费维恺编:《剑桥中华民国史(1912—1949)》下卷,刘敬坤等译,中国社会科学出版社1994年版,第393页。

⑤ 周联合:《南京国民政府县政府裁局改科研究》,《晋阳学刊》2004年第6期,第81页。

由还是要国家集权，而是在近代中国的现实国情下，如何合理界定上述两者的边界，从而充分发挥各自的优越性，以更快地推进中国现代化的进程。

第 六 章

结　语

　　赣闽粤边区是江西、福建、广东三省交界的边陲地区，是中国传统典型的丘陵山区农村社会。在市场、革命、战乱等因素作用下，近代边区经历了怎样的变动与转型？这些变动与转型给我们今天和谐社会的构建，提供了哪些可资借鉴的经验和启示呢？

第一节　市场之变迁与激励

　　近代以来，在西方列强"炮舰""商品""资本""文化"等的冲击下，中国传统社会与经济结构发生了巨大的变化。在此背景下，赣闽粤边区的市场网络也发生了重大变迁。

　　首先，新式的邮电通信网、公路交通网和传统的古陆道网、水运网有机对接、互为补充，构建了边区的近代新型市场网络。其次，这一新型市场网络为信息的快速传递、人流物流的频繁流动提供了可能。最后，19世纪中叶潮汕开埠以后，边区有了更为便捷的出海口和进出口通道。梅韩水运、汀韩水运，潮汕铁路，筠门岭与梅汕连接的公路逐步取代贡水，成为边区最繁忙的运输线；汕头不仅以其优越的出海口地位，取代赣州成为边区最主要的转运中心，而且以其崭新的近代工商业城市文明形象，成为边区墟镇城乡效法的榜样。

　　边区市场网络的重大变迁，全面改变了边区在全国交通与市场的地位。传统社会中，赣闽粤边区境内崇山峻岭，沟壑丛生，交通不便，长期以来一直是全国市场网络的终端，也是三省社会经济的边缘化地区。

19 世纪中叶以后，因为有了更为便利的进出口通道和出海口，其与国内外市场的联系比之以前更加紧密，西方资本主义生产方式、商品和科学技术文化循着韩江水系逐渐向北延伸展拓，其边缘化地位并没有随着赣江—大庾岭商道的衰落而沉沦，反而逐步得到全新的改变。抗日战争时期，由于华北和长江沿线的沦陷、东南出海口的被封锁、边区公路交通网和邮电通信网的连接与完善，此时的赣闽粤边区不但是东南沿海和大西南、大西北等抗战大后方沟通的孔道，而且是中国东南区域（国统区）的市场中心，是中国东南抗战的大本营。

市场网络的重大变迁在相当程度上决定了边区社会与经济的转型。从历史发展的长河来看，赣闽粤边区的社会与经济，在复杂动荡的近代中国，仍然呈现出缓慢向上演进的发展趋势（苏区革命时期除外）。

以边区的农业为例。19 世纪下半叶以来，边区农业面对新的市场竞争和战乱等环境，经历了兴衰嬗变、重组调适的适应性变革。一方面，大部分传统经济作物如烟叶种植业呈现出衰落的趋势，蓝靛和苎麻种植业走向没落，养殖业如养牛业受到打击。另一方面，赣南的甘蔗种植业依然兴盛，战乱时农民的粮食作物种植面积大为扩张；烟叶种植和木材业尽管呈衰落趋势，但仍占有相当的市场。20 世纪初以来，尤其是 30 年代中期以后，为复兴农村、赈济农业，边区地方政府相继设立专业化农业管理机构，积极从事农业示范与推广工作。受市场的激励，社区组织和普通民众也组建了一些近代农业企业，引进了一些农业种养品种。边区农业职业学校的创办，则为边区农业的转型与革新培养了一批适时性人才。

边区农业转型步伐与华北、江南地区差异性明显。后者早在 19 世纪下半叶就经历了近代资本主义市场的激荡，并开始出现了近代农业新技术、新管理、新人才、新的经营方式等新的因素，但赣闽粤边区到 20 世纪初期才明显感受市场震荡，农业新因素迟至民国中后期才较为普遍出现。抗日战争和其后的国共内战时期，华北和江南沦为战区。赣闽粤边区却因地处东南抗战大本营的腹地，农业反而拥有了一个相对稳定、良好的发展环境。

因而，从更长的历史时段和宏观上看，近代赣闽粤农业呈现的是积极地渐进性演进和转型。

　　农民经济观念的变迁也是如此。近代以来，地处三省交界的寻乌县，其农民就业、消费、生产经营和市场风险意识等经济观念在承袭传统的同时，呈现出明显的近代化发展趋势。

　　首先，寻乌农民逐渐"跳出""民力稼穑，女勤纺绩"这一"以农为本"就业观的圈子，大量进军商业、圩镇和挤入商道谋生；农民兼业现象极为普遍，兼业收入占全年收入的1/3。其次，面对不同的市场环境和生产条件，农民能够灵活地运用土地租佃制度，实现家庭资源的优化配置，也能够熟练地掌握价值规律，尽可能地实现收益的最大化；城乡借贷市场中存在普遍的"高利盘剥"现象；农民之间的借贷、租赁、买卖儿子等经济行为也通常需要提供"抵押品"或"签订"契约，以规范买卖双方的交易行为。尽管某些经济行为已经突破了社会正常道德的底线，但不可否认的是，以上种种经济行为，都反映了农民经营（生产）理念、投机心理、逐利观念、风险意识等市场观念日趋发展成熟的趋势。最后，农民消费观在继承传统"俭朴"的同时，增添了"稍尚侈靡""喜好洋货"等新的内容，生活用品越来越多地依赖于向市场购买，衣着款式和头发样式日益追尚山外世界的流行"亮点"，商品化和"西化"发展趋势较为明显。

　　农民经济行为反映的是实实在在的经济观念变迁。寻乌农民经济观念的变迁，为我们反思传统小农经济理论并重新认识农民，提供了绝好的史实依据。

　　学界传统观点认为，农民是小生产的眷恋者，是保守、封闭、落后、平均主义的代名词，中国农民兼业行为的普遍与紧密程度，严重阻碍了市场交换的发展，进而将小农经济归结为中国传统社会现代化转型难以顺利实现的"罪魁祸首"。小农（经济）在中国现代化进程中，自然而然地成为被改造的对象或被消灭的目标。的确，在中国传统社会中，小农表现出上述种种特性。但是，这种种的特性，实在是专制政权、超经济强制政策和在意识形态领域严厉控制的产物，是社会主导者长期以平均主义改造农民的结果，而非农民本性使然。① 因此，学界传统观点将中国

---

　　① 参见温锐、游海华《劳动力的流动与农村社会经济变迁——20世纪赣闽粤边区实证研究》，中国社会科学出版社2001年版，第370、371页。

长期落后的板子打在农民的屁股上，显然大失公平。

寻乌农民经济行为与观念变迁的个案说明，从长时段和整体行为反应来看，传统农民与近代商品经济乃至大生产方式并非"格格不入"，而是在面对市场求生存的过程中被动或主动地选择和适应。作为市场主体的农民，他们在市场中的具体表现（是"退缩""保守"还是"进取""主动"），全视市场环境的优劣和市场主体资格的"有无多少"而定。因此，他们并非注定是中国现代化的"绊脚石"，相反倒很可能成长为市场经济的"搏击者"和现代化的"适应者"。在中国"三农"问题陷入困境、"三农"解结招数难寻的今天，尽快落实农民市场主体资格，还农民市场主体权利，完善市场经济体制和环境建设，是中国农村现代化乃至中国现代化能否成功实现的关键之举。

第二节　革命之兴起与动员

中央苏区革命是近代赣闽粤边区变动与转型的重要篇章。

大革命失败以后，赣闽边区是农民暴动的频发地，是 20 世纪 30 年代中国共产党人领导土地革命斗争的中心地区。中国共产党在这里创建了中央苏区，建立了中华苏维埃共和国。

中央苏区革命是如何发生的？长期以来，学界乃至社会各界的主流观点认为，帝国主义的压迫与国内尖锐的阶级矛盾、土地占有的不均和农民的极端贫困，是红色革命爆发的根本原因。这一陈说虽高屋建瓴，但广受质疑。它显然忽视了赣闽边区的地方特性，缺乏对该地区历史发展多重面相做准确把握。

19 世纪中叶以来，赣闽边区的社会生态环境逐渐陷入严重的失调状态。一方面，浩浩荡荡的近代资本主义市场与工商业大潮在带给赣闽边区发展机会与繁荣希望的同时，也带来了残酷的竞争和破产的风险。依赖传统谋生方式的农民面对激烈的市场竞争环境，一时应对失据，生存陷入困境。另一方面，民元以来，地方军阀的混战与黑金政治，恶化了边区农民的生存环境，堵塞了底层百姓的谋生之途。而外来的新兴思潮、政党组织犹如旋风，它们和地方固有的士绅争斗暗流交汇激荡。阶级矛盾、土客矛盾、宗族矛盾、姓氏矛盾等多种社会矛盾逐渐汇集成社会不稳定的洪流，深深撼动着古老的赣闽山区。

赣闽边区地方经济与社会结构的深层变动，有赖于强有力的政府对之进行有效整合；被市场竞争机制暂时淘汰出局的边区底层农民，有赖于现代政府的社会保障制度给予及时的必要的救济；外来西方思潮的本土化也需要一定的时间，思想文化界的新派与旧派，既需要实践中相互间的磨合，更需要对待思想异己的宽容。遗憾的是，进入 20 世纪以来，帝制的覆灭也伴随着"中央权威"的丧失，中国进入一个诸侯称雄且连绵不已的时代；新兴的政党势力——国共两党又未能精诚合作，错失整合国家与社会的时代良机。1927 年春夏，国共两党最终走向政治分野，中国共产党在政治弱势形势下，转入农村展开武装割据斗争，寻求夺取政权的另一条道路。社会生态环境严重失调的赣闽边区，恰在此时成为催生革命最好的温床。

作为中央苏区重要组成部分的东固苏区，对它的解剖，可以进一步增进对中央苏区革命兴起的认识。

东固原隶属于吉安县（今吉安市青原区），是吉泰盆地中的一个小盆地。近代以来，社会生态环境趋于失衡的吉泰盆地孕育了诸多社会不稳定的因子。首先，依赖传统谋生方式的农民面对激烈的市场竞争环境，可能一时应对失据，生存陷入困境，进而可能对现存社会秩序产生不满。其次，家仇私恨和多种社会矛盾逐渐汇集成社会不稳定的洪流，"洋教"的楔入和"会匪"等民间秘密组织的普遍存在，给复杂动荡的乡村社会进一步增添了不稳定因素。最后，延续着传统管理职能和管理思维的县政府，不仅无法完成其整合社会的任务，其行政行为反而进一步恶化了地方的生态环境。

1924 年以后，中国共产党利用大革命浪潮席卷全国的有利时机，积极创造机会将党的基层组织深深地扎根于乡土之中，并大力吸纳吉泰盆地的知识青年；东固的不少知识分子则充分把握了时代赋予的机会，在地方权力舞台中崭露头角。1927 年，国共两党分道扬镳，新型政党组织的分野为地方革命的兴起提供了契机。在大革命党派斗争和地方权力争夺的刀光剑影之中，东固的地方中共知识分子一个个铩羽而归。长期的求学生涯和政治斗争中日益增进的私人与组织情感，逐渐使他们形成为一个坚强的战斗堡垒，政治斗争的挫折则把他们推到一个必须采取一致行动的关头。为革命理想（政治信仰）和个人前途计，赖经邦、高克念、曾炳春、汪安国等终于采取了革命行动。社会生态趋于失衡的吉泰盆地，则为他们提供了一大批追随者或行动者，尽管这些追随者或行动者各有各的目的。东固革命的风暴由此兴起，并得以扩展。

革命兴起以后，如何持续激发农民的革命热情，是革命发动者面临的紧要课题。由于两千多年的封建专制统治，传统中国农民有着保守、驯服的特性，要发动其冒着造反杀头的危险，支持乃至参加革命工作，是一项难度极大且极富挑战性的工作。在大革命失败以后的白色恐怖统治之中，尤其是 1927 年冬至 1928 年春江西的系列农民暴动走向低潮以后，1929 年 11 月至 1930 年 10 月，中国共产党和红军领导农民创下了"十万工农下吉安"的革命壮举，其背后有着中国共产党成功的农民动员机制和策略因素。包括：高度整合的党组织和红军，它们是农民动员的发动机；自上而下普遍建立的苏维埃政府和群团组织，深入的土地改革，广泛开展的妇女动员，和群众利益密切相关且通俗易懂的宣传口号和标语，有组织的教育与训练活动，形式多样群众大会的召开，"抓两头促中间"阶级斗争策略和不同阶层区别对待政策的实施。这些机制和策略构成了系统的有机的农民动员工程，使得长达一年之久的"九打吉安"步步推进，高潮迭起。当然，除此以外，"十万工农下吉安"之所以成功，还有其他诸多因素。

第三节　战争之机遇与破坏

伴随革命而来的国共争战，以及随后的全民族抗日战争，是近代赣闽粤边区变动与转型的另一重要篇章。

如果从 1929 年初朱毛红军转战赣南闽西开始算起，到 1934 年中共中央和主力红军长征为止，中央苏区革命前后长达 6 年之久。南京国民政府则对之发动了多次"围剿"，此后又对留守的红军和游击队展开了多次"清剿"。随后，边区迎来了八年民族抗战。战争给边区经济与社会造成了巨大震荡。从大量人口的非正常流动现象中，可窥一斑。据资料统计，在国共两军"围剿"与反"围剿"战争开始(1929 年前后)的中央苏区及其周边地区,人口在 650 万左右。战乱中,赣闽粤边区有 35 万—40 万青壮劳力参加红军;期间,赣闽边迁流出难民约有 65 万(包括交战边界的厌战难民);因长期战乱导致的人口损亡数约在 150 万。抗战期间,作为东南抗战大本营的赣闽粤边区,又接纳了百万外来避难人口。40 年代后半期,边区向海外的迁移人口达到数万人或 10 万左右。

战争,给赣闽边区带来了积极与消极双重影响。

中央苏区革命给赣闽边区带来了翻天覆地的变化,这些变化已有众多的中共党史和中国革命史著作作了充分描述,在此无须赘述。

战争有时带来的则是机遇和积极影响。1938 年以后,东南沿海、华中、华南等地先后沦陷,日军控制了长江中下游两岸和中国漫长的海岸线。江西、浙江、福建、广东四省党政军机关纷迁至武夷山山麓,以赣闽粤边区为中心的国统区,一跃成为中国东南抗日的大本营。凭借这一特定历史时期和特殊的地理区位,边区首次改变了其区域社会边缘化的尴尬境地,而成为战时中国东南区域的政治经济中心。它接纳了东南各省党政军机关,以及沦陷区难民、银行、学校、医院、新兴产业等各项资源和当时先进生产力的内迁。在国民政府大力恢复和加强对边区人民控制与管理的同时,该地区迎来了第一次现代化浪潮。

首先是工业企业林立。除沦陷区内迁不少工厂以外,在市场的引导与刺激下,也为解决军民物资短缺的需要,边区创办了一批关系国计民生的工业企业。其次是公路网络的连接、汽车运输业和邮电通信业的兴起。官营、私营或官商合营的汽车公司纷纷成立。再次是文化教育、金融、旅栈饮食业等服务业的内迁与创办。最后是边区政权延续了清末以来的政府职能社会化、现代化转型趋势,不少新的行政管理机构次第设立,社会经济管理职能逐步加强,并逐步向乡村延伸。应民族抗战的特殊需要,边区政权整合社会和组织民众的能力大为提高。历受东南抗日战火洗礼和激荡的边区民众,其国家与民族观念日益增强,"抗日救亡"成为时代主流。

国共内战发生在赣闽边区,带来的当属消极影响。

从社会经济史的角度而言,至少表现在三个方面。一是这场持久剧烈的战争,不仅造成大量人口非正常流动,而且造成人口性别比例严重失衡，地方元气大伤，这对战后社会经济的发展无异于釜底抽薪。二是持久的战乱几乎耗尽了边区社会所积累的财富。这些财富本来可以很好地转化为农村现代化发展的原始资本。三是战争不仅打断了边区近代以来的经济现代化进程，而且使边区社会经济沦落到"谷底"，近于崩溃。

战争与战乱也冲击了赣闽边区正常的社会发展秩序。民间借贷和债权变革从一个侧面反映了这种冲击。中国传统的民间借贷，因其较高的利息率，及其对加剧社会贫富分化所具有的推动作用，人们通常将其与"高利贷"画等号。苏区革命中，在"一概废债是最正确的"认识和要求下，传统社会以来的债权被彻底废除，民间借贷几乎停止。随之而来的却是农村金融的停滞和资金的严重短缺，农民反而深受"闭借"之苦和"剪刀差"的严重侵害。苏区革命以后，国民政府重新确认了"欠债还钱"的原则和苏区革命前后的债权，赣闽边区又进入一个债务纠纷重重的时期。赣闽边区的社会经济，则随着债权的废除与恢复而激荡沉浮、伤筋动骨。中央苏区革命前后赣闽边区债权变革与农村社会经济兴衰的史实表明，对民间借贷放任自流和简单取消，都是不可取的政策选择。

从长远来看，废除债权所带来的消极影响，如苏区内和集体化时期农村金融产品的严重短缺、后苏区时期严重的债务纠纷、助长了贫苦农民的"平均主义"思想、扭曲了传统社会以来的正常产权经济伦理等，不仅窒息了小农经济的活力及其发家致富的内在冲动，而且破坏了商品经济（市场经济）社会的正常发展秩序。历史反复证明，民间债权债务关系不是主观意愿随意取消得了的，它是人类社会经济发展到一定历史阶段的必然产物，可能要与人类社会相伴始终。从社会发展观的角度看，保护债权和保护物权一样，是人类社会和谐发展的基本守则，它理应成为人们经济生活中的常识。在历经激烈产权变革的 20 世纪中国，以及市场经济发育日趋成熟的今天，这一常识似乎更具现实意义。

总体看来，南京国民政府统治下的赣闽粤边区，受战争影响，其社会经济发展进程与东南沿海地带有很大不同。当东南沿海地区抓住十年黄金期（1927—1937）大力建设的时候，赣闽粤边区正处于土地革命战争剧变的时期，错失发展良机；当东南沿海沦于外敌入侵战火蹂躏之时，边区反而迎来了难得的历史发展机遇。当然，战时带来的发展机遇是短暂的，是不稳定的。战争必然带来乱世，不仅是我们诠释南京国民政府统治时期赣闽粤边区社会经济曲折发展的原因之一，也是我们研究中国近代社会经济变迁进程不应忽视的背景。

第四节　战后之回归与延续

战争毕竟是人类社会的非常态。中共中央和主力红军长征以后，原中央苏区暨赣闽边区重新被纳入南京国民政府的控制版图。对于战后赣闽边区的重建与"规复"，蒋介石、南昌行营和赣闽边区地方政府都是比较慎重的，希望在"三分军事、七分政治"的策略下，通过多种举措的实施，以恢复战前的社会规则与和平秩序，延续中国现代化的发展进程。

早在战时，对于迁逃到国统区的难民，赣闽两省政府就成立了专门机构，采用急赈、冬赈、工赈、"匪区"学生豁免学费、设立难民收容所等措施进行救济，其工作重心在于救急，即给流落他乡、无衣无食的战争难民提供最基本的衣、食、住等物质条件，使其享有最低生活水平的保障。战后，则采取了蠲免"匪区"田赋和田租、难民免（减）费乘车（舟）回乡等多项"免政"措施。尽管其救济工作并非尽善尽美，但毕竟为难民提供了一些实质性帮助，给予了他们生活下去的希望。这为战后边区的恢复与重建，奠定了良好基础。

进入1934年，随着国共间大规模战事的逐步消弭，赣闽边区市场与国内外市场重归统一，民间自由贸易逐渐恢复，商品经济重获生机，区域市场与商业渐现生气。1935年下半年以后，赣闽边区市场与商业逐渐恢复常态。这一切，既得益于战事的结束、战后封锁与油盐等公卖政策的逐步取消，也得益于现代市场网络（公路交通网、邮电与电报网、电话网络）的重建或新建、自由市场的自我激励，以及战后初期地方政府运送大批米粮、食盐救济边区民众的努力。

1935年春，赣闽地方政府启动了农村合作与金融下乡的工作，派员分赴边区各县农村，指导农民组织农村利用合作预备社，然后通过合作预备社将低息农业救济贷款发放给社员，使农民有资本从事春耕生产。当年，江西省第8行政区宁都、兴国、于都、会昌、瑞金、石城、广昌7县共获得农业救济贷款、农仓贷款、特种贷款等至少70万元以上，闽西的龙岩、长汀等县也获得数万至 10 万元贷款不等。正是由于政府指导农民创办农村合作的"主动",才使得农村合作在特殊环境(战后救灾)和特殊历史时段(1935—1937),充分发挥了它的金融下乡与资本扶助功能,从而启动与刺激了农村经济的复苏进程。"人事"的努力加上"天时"的助力(农业丰收),战后边区农村经济开始呈恢复性成长。

社会重建最为重要的工作是"产权规复"(即恢复苏区革命以前的产权占有状况)。实际上,1934 年底前后的岁月,随着战事的结束、国民政府统治的恢复、难民的回乡等,苏区革命以前赣闽边区的物权状况(债权处置见上节相关阐述)自然而然地恢复了(主要是"地归原主")。[①]尽管如此,历经战乱以后,产权的恢复只有得到政府的确认才具法律和民间双重保障意义。赣闽边区的祠堂、寺庙、会社等地方公产,经过处置规则的初步确定、处置规则的变更和实际处置三个阶段,到 1936 年底,南京国民政府依照相关法律重新确定地方民间组织原有公产的所有权,发放管业证书,同时每年提取民间组织公产一定比例的收益,用于发展以义务教育为主的地方公共事业建设。赣闽边区"产权规复"与此同时完成,地方公产"规复"工作实为"产权规复"工作的一部分。

战后产权处置工作,是特殊历史条件下对政府行为与职责的一种考量。南京国民政府对于地方公产的处置态度与行为,实际上体现了执政政府对非国有产权保护与否的价值取向。这一价值取向,既是衡量市场经济下政府职责是否合格的一个基本风向标,也是市场经济建设能否顺利继续,乃至常态社会秩序能否建立的关键。总体说来,在国共争战结束后的赣闽边区,作为从传统向现代转型的南京国民政府,把握住了现代政府(国家)应该履行的基本职责——"保护产权"这一核心理念,也顺应了中国当时"公"的社会伦理要求,奠定了社会重构、社会稳定和社会可持续发展的基石。

如何处置战败方(中央苏区)军民,是关系到战时社会能否顺利过渡到正常社会的关键问题。总体上看,对于原中央苏区军民,南京国民政府采取了区别对待、停止对抗者不究等相对宽松的处置方法。绝大部

---

① 参见游海华《重构与整合——1934—1937 年赣南闽西社会重建研究》,经济日报出版社 2008 年版,第 212—214 页。

分原中央苏区军民得以生存的事实表明,1935年夏以后的赣闽边区(不包括中共游击区),尽管不乏阶级报复的行为和情绪,但相对构建了一个和平正常的社会,基本上恢复了普通民众所需要的持续稳定的生存环境。毕竟,革命高潮之后,不管是暂时的失败还是永久的胜利,老百姓还是要居家过日子。这是社会的常态。

应现实环境需要,战时和战后的南京国民政府对中国基层政治制度进行了重大变革,包括在农村基层推行保甲、县以下分区设署、县政府裁局改科、省县之间设置行政公署等。赣闽边区当然是最早实施上述政治制度变革的地区之一。这些基层政治制度变革,无疑强化了政府对民众的控制和对社会的整合能力,既是"剿匪"各省在特殊环境下的内在需求,也是近代中国政治现代化发展的必然逻辑。值得注意的是,如何合理界定国家与社会、政府与民众权力的边界,是中国政治现代化发展悬而未决而又亟待解决的问题。

由此可见,随着战争难民的救济、基层政治制度的变革、封锁与油盐公卖政策的逐步取消、现代市场网络的重建或新建、农村合作与金融"下乡"、产权规复、对原苏区军民的合理处置等举措的采用和实施,战后社会重建与整合的任务基本完成。这其中,既有对战前社会发展规则的回归,也有重新修订和厘定;既有对战前现代化发展的延续,也有新的开拓和创新;甚至出现和承继了许多新旧弊端与问题。但不可否认的是,重整后的赣闽边区,在接踵而至的抗日战争时期,迅速成长为中国东南抗战大本营的中心,并迎来了边区的第一次现代化浪潮;边区逐步恢复的社会稳定和政治秩序,也为东南抗战夯实了基础,有力支持了中国的持久抗战。

主要参考文献

一 论著

1. ［德］柯武刚、史漫飞：《制度经济学》，韩朝华译，商务印书馆 2002 年版。

2. ［美］布赖恩·克罗泽：《蒋介石》（原名《失去中国的人》），封长虹译，内蒙古人民出版社 1992 年版。

3. ［美］费正清、费维恺编：《剑桥中华民国史（1912—1949）》下卷，刘敬坤等译，中国社会科学出版社 1994 年版。

4. ［美］吉尔伯特·罗兹曼主编：《中国的现代化》，国家社会科学基金"比较现代化"课题组译，江苏人民出版社 1995 年版。

5. ［日］沟口雄三：《中国的公与私·公私》，郑静译、孙歌校，生活·读书·新知三联书店 2011 年版。

6. ［英］约翰·洛克：《政府论两篇》，赵伯英译，陕西人民出版社 2004 年版。

7. 《邓小平文选》第 3 卷，人民出版社 1993 年版。

8. 《毛泽东选集》第 2 卷，人民出版社 1966 年版。

9. 曹伯一：《江西苏维埃之建立及其崩溃（1931—1934）》，"国立"政治大学高级研究生毕业论文。

10. 程方：《中国县政概论》，商务印书馆 1939 年版。

11. 何友良：《苏区制度、社会和民众研究》，社会科学文献出版社 2012 年版。

12. 何友良：《中国苏维埃区域社会变动史》，当代中国出版社 1996 年版。

13. 黄道炫:《中央苏区的革命（1933—1934）》,社会科学文献出版社 2011 年版。

14. 吉水革命斗争史编纂委员会编:《吉水革命斗争史》,1959 年印。

15. 纪坡民:《产权与法》,生活·读书·新知三联书店 2001 年版。

16. 孔庆泰:《中华民国政治制度史》,安徽教育出版社 1998 年版。

17. 孔永松、邱松庆:《闽西革命根据地的经济建设》,福建人民出版社 1981 年版。

18. 赖建诚:《近代中国的合作经济运动——社会经济史的分析》,大学联合出版委员会出版 1990 年版。

19. 李伯重:《理论、方法、发展趋势:中国经济史研究新探》,清华大学出版社 2002 年版。

20. 林金枝:《近代华侨投资国内企业概论》,厦门大学出版社 1988 年版。

21. 林炯如等编著:《中华民国政治制度史》,华东师范大学出版社 1995 年版。

22. 林强主编:《中共福建地方史》上册,中央文献出版社 1993 年版。

23. 林天乙主编:《中共闽粤赣边区史》,中共党史出版社 1999 年版。

24. 刘勉玉:《中央苏区三年游击战争史》,江西人民出版社 1993 年版。

25. 龙岩市委党史资料征集研究委员会编:《龙岩人民革命史》,厦门大学出版社 1989 年版。

26. 钱端升等:《民国政制史》,商务印书馆 1946 年版。

27. 史全生主编:《中华民国经济史》,江苏人民出版社 1989 年版。

28. 谭钜生等编:《江西省地理》,江西教育出版社 1989 年版。

29. 王健民:《中国共产党史稿·江西时期》,香港中文图书供应社 1974—1975 年出版。

30. 温锐、游海华:《劳动力的流动与农村社会经济变迁——20 世纪赣闽粤三边地区实证研究》,中国社会科学出版社 2001 年版。

31. 温锐、游海华等:《百年巨变与振兴之梦——20 世纪江西经济研究》,江西人民出版社 2000 年版。

32. 温锐:《理想历史现实——毛泽东与中国农村经济之变革》,山西高校联合出版社 1995 年版。

33. 温锐:《中央苏区土地革命研究》,南开大学出版社 1991 年版。

34. 吴承明：《中国的现代化：市场与社会》，生活·读书·新知三联书店 2001 年版。

35. 许怀林：《江西史稿》，江西高校出版社 1993 年版。

36. 杨会清：《中国苏维埃运动中的革命动员模式研究》，江西人民出版社 2008 年版。

37. 游海华：《重构与整合——1934—1937 年赣南闽西社会重建研究》，经济日报出版社 2008 年版。

38. 张厚安、白益华主编：《中国农村基层建制的历史演变》，四川人民出版社 1992 年版。

39. 郑成思等：《中国民事与社会权利现状》，昆仑出版社 2001 年版。

40. 中共赣州地委党史工作办公室编：《赣南人民革命史》，中共党史出版社 1998 年版。

41. 中共连城县委党史工作委员会编：《连城人民革命史》，厦门大学出版社 1989 年版。

42. 中共龙岩地委党史资料征集研究委员会编：《闽西革命根据地史》，华夏出版社 1987 年版。

43. 中共于都县委革命斗争史编辑委员会编：《于都人民革命斗争史》（三修稿），1960 年印。

44. 中共长汀县委党史工作委员会编：《长汀人民革命史》，厦门大学出版社 1989 年版。

45. 中共中央党史研究室：《中国共产党历史·第一卷（1921—1949）》上册，中共党史出版社 2011 年版。

46. 周其仁：《产权与制度变迁——中国改革的经验研究》，社会科学文献出版社 2002 年版。

二 论文

1. 《锲而不舍 永创一流》，《中共党史研究》1999 年第 3 期。

2. 《中共党史研究前沿和热点问题座谈会摘要》，《中共党史研究》1998 年第 4 期。

3. 曹树基：《明清时期的流民和赣南山区的开发》，《中国农史》1985 年第 4 期、1986 年第 2 期。

4. 戴一峰:《环境与发展:二十世纪上半期闽西农村的社会经济》,《中国社会经济史研究》2000 年第 4 期。

5. 傅衣凌:《中国传统社会:多元的结构》,《中国社会经济史研究》1988 年第 3 期。

6. 何友良:《苏区农村的宗族势力及其消亡》,《江西社会科学》1994 年第 12 期。

7. 黄道炫:《第五次"围剿"中的"三分军事、七分政治"》,《江西师范大学学报》2010 年第 5 期。

8. 黄道炫:《一九二〇——一九四〇年代中国东南地区的土地占有——兼谈地主、农民与土地革命》,《历史研究》2005 年第 1 期。

9. 李金铮:《革命策略与传统制约:中共民间借贷政策新解》,《历史研究》2006 年第 3 期。

10. 李金铮:《旧中国高利贷与农家关系新解》,《浙江学刊》2002 年第 6 期。

11. 李金铮:《区域路径:近代中国乡村社会经济史研究方法论》,《河北学刊》2007 年第 5 期。

12. 李金铮:《中国近代乡村经济史研究的十大论争》,《历史研究》2012 年第 1 期。

13. 林金枝:《解放前华侨在广东的投资状况及其作用》,《学术研究》1981 年第 6 期。

14. 林金枝:《近代华侨在汕头地区的投资》,《汕头大学学报》1986 年第 4 期。

15. 唐立宗:《一个县城的近代发展:以赣州的城区建设与市容变迁为例(1912—1945)》,《近代中国》第 153 期。

16. 唐立宗:《在"盗区"与"政区"之间——明代闽粤赣湘交界的秩序变动与地方行政演化》,《台大文史丛刊》118,台湾大学文学院 2002 年出版。

17. 王先明:《中国近代乡村史研究及展望》,《近代史研究》2002 年第 2 期。

18. 魏光奇:《走出传统:北洋政府时期的县公署制度》,《史学月刊》

2004 年第 5 期。

19.　温锐：《民间传统借贷与农村社会经济——以 20 世纪初期（1900—1930）赣闽边区为例》，《近代史研究》2004 年第 3 期。

20.　温锐：《清末民初赣闽边区土地租佃制度与农村社会经济》，《中国经济史研究》2002 年第 4 期。

21.　徐畅：《高利贷与农村经济和农民生活关系新论——以 20 世纪二三十年代苏、浙、皖三省农村为中心》，《江海学刊》2004 年第 4 期。

22.　游海华：《发展抑或衰败——清末民国赣闽粤边区墟镇变迁研究》，未刊稿。

23.　游海华：《江西公路与东南抗战》，《抗日战争研究》2010 年第 3 期。

24.　游海华：《近百年中国农村建设考察》，《福建论坛》2009 年第 1 期。

25.　俞如先：《清代民国时期闽西培田民间借贷利率研究》，《福建论坛》2008 年第 3 期。

26.　张侃：　《从宗族到国家：中国共产党早期的基层政权建设——以 1929—1934 年的闽西赣南为中心的考察》，《福建论坛》2002 年第 5 期。

27.　周联合：《南京国民政府县政府裁局改科研究》，《晋阳学刊》2004 年第 6 期。

28.　周晓虹：《试论社会史研究的若干理论问题》，《历史研究》1997 年第 3 期。

29.　朱国宏：《中国人口的国际迁移之历史考察》，《历史研究》1998 年第 6 期。

三　民国报刊

1.《大公报》（天津）1932—1937 年。

2.《地学杂志》第 5 期，1933 年 5 月再版。

3.《东方杂志》第 38 卷第 6 号，1941 年 3 月 16 日。

4.《东南日报》1944 年。

5.《斗争》第 49 期，1934 年 3 月 2 日。

6.《福建民报》1939、1940 年。

7. 《赣南民国日报》(赣州) 1941 年。

8. 《广州民国日报》(广州) 1925 年。

9. 《红色中华》第 152 期, 1934 年 2 月 20 日。

10. 《红色中华》第 64 期, 1933 年 3 月 27 日。

11. 《江西民国日报》1930—1940、1944—1945 年。

12. 《力行日报》(南昌) 1946、1947、1948 年。

13. 《南方日报》(南平) 1940、1942 年。

14. 《三民日报》(赣州) 1940 年。

15. 《汕报》(汕头) 1949 年。

16. 《申报》(上海) 1932—1936 年。

17. 《新赣南日报》(赣州) 1935 年。

18. 《新赣南旬刊》1941 年。

19. 《正气日报》(赣州) 1942、1943、1944 年。

20. 《知行报》(瑞金) 1945 年。

21. 福建省县政指导委员会编:《福建县政》第 1 卷第 2、3、5 期, 1936 年 10 月 1 日、10 月 15 日、11 月 15 日。

22. 福建省运输公司编:《福建运输》第 2 期, 1940 年印。

23. 福建省政府秘书处编译室编:《闽政月刊》第 9 卷第 2 期, 1941 年 8 月。

24. 福建省政府秘书处公报室编:《闽政月刊》第 3 卷第 3、5 期, 1938 年 11 月、1939 年 1 月。

25. 福建省政府秘书处公报室编:《闽政月刊》第 4 卷第 1、3 期, 1939 年 3 月、1939 年 5 月。

26. 福建省政府秘书处统计室:《统计月刊》第 2 卷第 4 期, 1936 年 4 月 1 日。

27. 福建省政府统计处编:《统计副刊》第 38 号, 1941 年 10 月 31 日。

28. 福建省政府统计处编:《统计月刊》第 3 卷第 3、4 期, 1936 年 9 月 1 日、10 月 1 日。

29. 广东省政府秘书处统计室编:《广东统计汇刊》第 2 期, 1940 年 10 月。

30. 江西省赈务会编:《江西赈务丛编(1933.1—1934.5)》, 1934 年印。

31. 江西省政府经济委员会编:《经济旬刊》第 3 卷第 5 期,1934 年 8 月 15 日。

32. 江西省政府秘书处公报室编印:《江西省政府公报》第 10—883 号,1931 年 7 月 13 日至 1937 年 8 月 18 日。

33. 江西省政府秘书处统计室编:《经济旬刊》第 4 卷第 6 期,1935 年 2 月 25 日。

34. 江西省政府秘书处统计室编:《经济旬刊》第 4 卷第 9 期,1935 年 3 月 25 日。

35. 江西省政府秘书处统计室编:《经济旬刊》第 5 卷第 2、3 期合刊,1935 年 7 月 25 日。

36. 江西省政府秘书处统计室编:《经济旬刊》第 6 卷第 4 期,1936 年 2 月 5 日。

37. 江西省政府秘书处统计室编:《经济旬刊》第 6 卷第 5、6 期合刊,1936 年 2 月 25 日。

38. 江西省政府秘书处统计室编:《经济旬刊》第 8 卷第 11 期,1937 年 4 月 15 日。

39. 江西省政府统计室编:《经济旬刊》第 7 卷第 6 期,1936 年 8 月 25 日。

40. 实业部江西农村服务区管理处编:《农村服务通讯》第 15 期,1936 年 9 月。

四　地方志

1. 安远县志编纂委员会编:《安远县志》,新华出版社 1993 年版。

2. 曾国藩等修、顾长龄汇编:《江西全省舆图》(二)(清同治七年本),台湾成文出版社有限公司 1989 年影印。

3. 陈诒修、陈政均纂:《瑞金县志稿》,1942 年印。

4. 赣县志编纂委员会编:《赣县志》,新华出版社 1991 年版。

5. 郭灿、赖定俸等纂修:乾隆《瑞金县志》。

6. 黄恺元修、邓光赢纂:《长汀县志》,1942 年铅印,长汀县博物馆 1983 年重刊本。

7. 会昌县志编纂委员会编:《会昌县志》,新华出版社 1993 年版。

8. 吉安市地方志编纂委员会编:《吉安市志》,珠海出版社 1997 年版。

9. 吉安县志编纂委员会编:《吉安县志》,新华出版社 1994 年版。

10. 江西省吉安县人民政府地名办公室编纂:《吉安县地名志》,1987
年印。

11. 蕉岭县志编纂委员会编:《蕉岭县志》,广东人民出版 1992 年版。

12. 李正谊等修、邹鹄纂:《吉安县志》,1941 年铅印,江苏古籍出版社
1996 年影印版。

13. 林善庆主修:《清流县志》,1947 年修,福建地图出版社 1989 年版。

14. 龙岩市志编纂委员会编:《龙岩市志》,中国科学技术出版社 1993
年版。

15. 梅县志编纂委员会编:《梅县志》,广东人民出版社 1994 年版。

16. 宁都县志编纂委员会编:《宁都县志》(内部版),1986 年印。

17. 平远县地方志编纂委员会编:《平远县志》,广东人民出版社 1993
年版。

18. 丘复等纂:《武平县志》,1941 年印。

19. 瑞金县工商行政管理局编:《瑞金县工商行政管理志》,1988 年印。

20. 瑞金县志编纂委员会编:《瑞金县志》,中央文献出版社 1993 年版。

21. 上杭县地方志编纂委员会编:《上杭县志》,福建人民出版社 1993
年版。

22. 石城县志编纂委员会编:《石城县志》,书目文献出版社 1989 年版。

23. 泰和县地方志编纂委员会编:《泰和县志》,中央党校出版社 1993
年版。

24. 王衍曾修、古有辉纂:《长宁县志》,光绪三十三年(1907 年)活字本。

25. 魏瀛等修、钟音鸿等纂:《赣州府志》,清同治十二年刊本,台湾成文
出版社有限公司印行。

26. 吴宗慈主编:《江西通志稿》第 19 册,江西省博物馆江西通志稿整理
组 1985 年印。

27. 武平县志编纂委员会编:《武平县志》,中国大百科全书出版社 1993
年版。

28. 兴国县志编纂委员会编:《兴国县志》(内部版),1988 年印。

29. 兴宁县志编纂委员会编：《兴宁县志》，广东人民出版社 1992 年版。

30. 徐元龙修，张超南、林上楠纂：《永定县志》，1949 年印。

31. 寻乌县志编纂委员会编：《寻乌县志》，新华出版社 1996 年版。

32. 永定县志编纂委员会编：《永定县志》，中国科学技术出版社 1994 年版。

33. 于都县志编纂委员会编：《于都县志》，新华出版社 1991 年版。

34. 张汉等修、丘复等纂：《上杭县志》，1938 年印。

35. 长汀县志编纂委员会编：《长汀县志》，生活·读书·新知三联书店 1993 年版。

36. 郑丰稔纂：《龙岩县志》，厦门风行印刷社 1945 年印。

五　文史资料

1.《龙岩文博》第 6 期，1999 年印。

2. 福建上杭客家联谊会编：《上杭客家》第 1 期，1999 年印。

3. 全国政协文史资料委员会编：《文史资料存稿选编精选·国共内战回眸》第 7 辑，中国文史出版社 2006 年版。

4. 政协安远县委员会文史资料委员会编：《安远文史》第 7 辑，1996 年印。

5. 政协福建省宁化县委员会文史组编：《宁化文史资料》第 4 辑，1984 年印。

6. 政协福建省委员会文史研究委员会编：《福建文史资料》第 7、35 辑，1983、1996 年印。

7. 政协福建省委员会文史资料编辑室编：《福建文史资料》第 4、5 辑，福建人民出版社 1981 年版。

8. 政协广东省梅州市文史资料委员会编：《梅州文史》第 2 辑，1989 年印。

9. 政协江西省委员会文史资料研究委员会编：《江西文史资料选辑》第 8、16、17、20、21 辑，1982、1985、1985、1986、1986 年印。

10. 政协江西省信丰县委员会文史资料研究委员会编：《信丰文史资料》第 3 辑。

11. 政协连城县委员会文史组编:《连城文史资料》,第 8、23 辑,1987、1996 年印。

12. 政协龙岩市委员会文史资料工作组编:《龙岩文史资料》第 12、14 辑,1985、1987 印。

13. 政协梅县委员会文史资料委员会编:《梅县文史资料·张学基文集》,1995 年印。

14. 政协梅县文史资料编辑委员会编:《梅县文史资料》第 7、19、25、28、30 辑,1983、1991、1993、1996、1999 年印。

15. 政协梅州市委员会文史资料委员会编:《梅州文史》第 3、9、11、13 辑,1990、1995、1997、1999 年印。

16. 政协宁都县委员会文史资料研究委员会编:《宁都县文史资料》第 4 辑,1989 年印。

17. 政协平远县文史资料编辑委员会编:《平远文史资料》第 9 辑,1998 年印。

18. 政协平远县文史资料编辑委员会编:《平远文史资料》第 2 辑,1987 年印。

19. 政协上杭县委员会文史资料编辑室编:《上杭文史资料》总第 4、5、8 期,1984、1984、1985 年印。

20. 政协石城县文史资料编辑委员会编:《石城文史资料》第 3 辑,1990 年印。

21. 政协武平县委员会文史资料工作组编:《武平文史资料》总第 5 辑,1985 年印。

22. 政协永定县委员会文史资料编辑室编:《永定文史资料》第 6 辑,1987 年印。

23. 政协长汀县委员会文史资料委员会编:《长汀文史资料》第 26 辑,1995 年印。

24. 政协浙江省委员会文史资料研究委员会编:《浙江文史资料选辑》第 24 辑,浙江人民出版社 1983 年版。

六　其他资料

1.《当代中国》丛书编辑委员会编:《当代中国的江西》上,当代中国出版社 1991 年版。

2.《江西省土地改革重要文献汇编》,江西省土地改革委员会 1954 年编印。

3.《游客话江西》,上海汉血书店 1937 年版。

4. 陈庚雅:《赣皖湘鄂视察记》,上海申报月刊社 1936 年版。

5. 陈丕显:《赣南三年游击战争》,人民出版社 1982 年版。

6. 陈毅、肖华等:《回忆中央苏区》,江西人民出版社 1981 年版。

7. 邓子恢:《龙岩人民革命斗争回忆录》,福建人民出版社 1961 年版。

8. 东北大学豫鄂皖赣收复"匪区"经济考察团编:《东北大学豫鄂皖赣收复"匪区"经济考察团报告书》,东北大学编辑部 1934 年版。

9. 福建省档案馆、福建省军区党史资料征集小组、龙岩地区党史资料征集小组编:《福建军事斗争史料选编 (1934.10—1938.2)》,1983 年印。

10. 福建省档案馆、广东省档案馆编:《闽粤赣边区革命历史档案汇编》第 2、3 辑,档案出版社 1987、1988 年版。

11. 傅家麟主编:《福建省农村经济参考资料汇编》,福建省银行经济研究室 1941 年版。

12. 古作邦:《七十忆往》,1975 年印。

13. 黄日星、张德意:《江西期刊综录》,江西人民出版社 1994 年版。

14. 江西内河航运史编写组: 《江西内河航运史》,人民交通出版社 1991 版。

15. 江西省档案馆、中共江西省委党校党史教研室编:《中央革命根据地史料选编》(上、中、下册),江西人民出版社 1982 年版。

16. 江西省妇女联合会、江西省档案馆选编:《江西苏区妇女运动史料选编》,江西人民出版社 1982 年版。

17. 江西省妇女联合会编:《女英自述》,江西人民出版社 1988 年版。

18. 江西省赣东南中央苏区革命斗争史料调查队编:《瑞金人民革命斗争

史料》,1959 年印。

19. 江西省交通厅公路管理局编:《江西公路史》第 1 册,人民交通出版社 1989 年版。

20. 江西省军区党史资料征集办公室编:《江西革命暴动》1988 年印。

21. 江西省社会科学院历史研究所编《江西近代工矿史资料选编》,江西人民出版社 1989 年版。

22. 江西省政府《赣政十年》编委会编:《赣政十年》,1941 年印。

23. 江西苏区交通运输史编写组编:《江西苏区交通运输史》,人民交通出版社 1991 年版。

24. 蒋祖缘主编:《广东航运史(近代部分)》,人民交通出版社 1989 年版。

25. 经济部江西省农村服务管理处编:《江西农村社会调查》,1940 年印。

26. 李默庵口述:《世纪之履:李默庵回忆录》,中国文史出版社 1995 年版。

27. 林传甲:《大中华江西省地理志》,江西省教育学会 1918 年印。

28. 林开明主编:《福建航运史(古近代部分)》,人民交通出版社 1994 年版。

29. 刘建华:《风雷激荡二十年——刘建华回忆录》,中央文献出版社 1999 年版。

30. 刘治乾主编、江西省政府统计室编:《江西年鉴》1936 年印。

31. 罗孟文:《斗争在杨赣红区与白区》,江西人民出版社 1960 年版。

32. 南昌行营编:《国民党军事委员会委员长南昌行营处理剿匪省份政治工作报告》,1934 年印。

33. 彭明主编:《中国现代史资料选辑》第 4 册,中国人民大学出版社 1989 年版。

34. 盛叙功:《福建省一瞥》,上海商务印书馆 1927 年版。

35. 唐铁海:《中央老根据地印象记》,劳动出版社 1952 年版。

36. 王树人:《闽西人民坚持斗争二十年》,华东人民出版社 1953 年版。

37. 王松年编著《江西之特产》,联合征信所南昌分所 1949 年版。

38. 王孝槐主编:《江西邮政通信简史》,江西人民出版社 1997 年版。

39. 伍洪祥:《伍洪祥回忆录》,中共党史出版社 2004 年版。

40. 西虹：《老红区行》，中南人民文学艺术出版社1953年版。

41. 萧冠英：《六十年来之岭东纪略》，广州培英图书印务公司1925年初版，广东人民出版社1996年影印版。

42. 许毅主编：《中央革命根据地财政经济史长编》，人民出版社1982年版。

43. 杨洪潮编：《民国福建省地方政权机构沿革资料》，福建人民出版社1994年版。

44. 杨尚奎：《艰难的岁月——杨尚奎革命回忆录》，江西人民出版社1987年版。

45. 张鼎丞：《中国共产党创建闽西革命根据地》，人民出版社1982年版。

46. 中共吉安地委党史工作办公室编著：《吉安英烈》，中共党史出版社1992年版。

47. 中共江西省委党史研究室编：《江西英烈》，江西人民出版社1989年版。

48. 中共江西省委党史资料征集委员会、中共江西省委党史研究室编：《江西党史资料》第1、2、7、10辑，1987、1987、1988、1989年印。

49. 中共中央文献编辑委员会编：《毛泽东农村调查文集》，人民出版社1982年版。

50. 中国国民党陆军第十师特别党部编：《收复瑞金纪事》，1935年印。

51. 中国国民党中央委员会党史委员会编：《革命文献》第85、86辑。

52. 中国青年出版社编：《红旗飘飘》第18集，中国青年出版社1979年版。

53. 中国人民解放军福建省龙岩军分区政治部、中共龙岩地委党史资料征集研究委员会编：《闽西地方武装概略》，1987年印。

54. 中国社会科学院经济研究所中国现代经济史研究组编：《革命根据地经济史料选编》上册，江西人民出版社1986年版。

55. 中国社会科学院经济研究所中国现代经济史组编：《第一、二次国内革命战争史料选编》，人民出版社1981年版。

后　记

　　赣闽粤边区不是我的家乡，但是一块令我神往的地方，一块令我感到满足的地方。每次遇到来自边区的人，心底就会升起一种莫名的亲切感。这种亲切感，可能是从温锐老师引导我从事边区相关研究开始的，也可能是从阅读毛泽东的《寻乌调查》开始的。可以确定的是，这种亲切感，是在查阅众多边区文献资料中渐渐孕育的，是屈指算来17年的边区研究经历逐渐累积的。有人问，幸福是什么？每个人的理解是不同的，但有一点是相同的，即幸福表现为一种满足感。感谢我的学术引路人温锐老师，感谢拥有美丽山水和纯朴人们的赣闽粤边区，因为他的引导和它的独特存在，使我找到了人生的这种满足感。

　　拙著的立意最早可以追溯到我高校工作的第二年（2000年）。那一年，我申报的课题（商道、墟镇与赣东南农村经济市场化进程——以近代的寻乌、会昌、瑞金为例）获得江西省哲学社会科学基金的重点资助。2004—2006年，我先后发表了5篇课题相关论文。2007年，我申报的课题（市场变迁与地域社会经济转型——以清末至民国时期赣闽粤边区为例）获得江西省高校人文社科基金的重点资助。此后的3年内，我又发表了5篇课题相关论文。

　　系列文章的发表，使我有了结集并扩写成书的想法。调入新单位的这几年，我一边草拟专著的提纲，从宏观上思考著作的谋篇布局，一边继续撰写专题论文，填空补缺提纲中涉及的还未撰写的部分，以使结构相对平衡、全书更为完整。今天呈现在大家面前的拙著，就是近几年断断续续忙碌的结果，是在10年来所发表论文的基础上，改写、扩写、新撰写而成的。① 其中，有 4 节的内容涉及论文发表时的 4 位合作者②，拙著收录时得到他们的允许，在此表示衷心的感谢！当然，本书的出版并不意味着我对赣闽粤边区关注的结束，而是象征着一个新的征程的开始。

拙著的完成，要感谢多年来给我学术养分的师友，他们的帮助、关心、鼓励，乃至默默注视，都是我学术成长的动力源泉；感谢先后为我提供良好工作环境的江西师范大学历史系和浙江工商大学马克思主义学院，也要感谢家人默默的付出。拙著的出版，还要感谢赣南师范学院中央苏区研究中心，感谢将拙著纳入其出版计划，期望并祝愿中心发展前景美好，为更多专业研究者提供更好的学术交流平台。

拙著付梓之际，除了发自心底的感谢和感恩，也夹杂着其他诸多复杂的情感。

例如不安。拙著的出版，是个人的一孔之见，其中可能伴随着史观的预设、认识的肤浅、史料的误读、结构的失衡、内容的欠缺、涉猎史料的不全和片面等。所谓术业有专攻、研究无止境，只能祈求读者的不吝赐教和批评。

例如愧疚。人的时间和精力总是有限的，工作时间过长，意味着陪伴家人时间的减少；专业研究上的耗精费力，意味着对家庭照顾的不周。

例如无奈。书中所肯定的保护产权的社会发展观，虽然和近年来所确认的规则相一致，但是现实中的一些事情并不因所引发的层出不穷的群体性事件而止步。法律文本与社会现实之间的落差，远远超出书生们

---

① 除了下面 4 篇合作者的文章外，其他主要文章有：《清末至民国时期赣闽粤边区市场网络的传承与嬗变》，《中国社会经济史研究》2006 年第 4 期；《农村合作与金融 "下乡"——1934—1937 年赣闽边区农村经济复苏考察》，《近代史研究》2008 年第 1 期；《农民经济观念的变迁与小农理论的反思——以清末至民国时期江西省寻乌县为例》，《史学月刊》2008 年第 7 期；《债权变革与农村社会经济发展秩序——以中央苏区革命前后的民间借贷为中心》，《中国农史》2010 年第 2 期；《南方三年游击战争时期赣闽边区民众政治生存状态考察》，《中共党史研究》2012 年第 7 期；《苏区革命后赣闽边区地方公产处置研究》，《近代史研究》2013 年第 3 期。

② 4 篇文章分别是：温锐、游海华：《抗日战争时期赣闽粤边区的第一次现代化浪潮》，《抗日战争研究》2004 年第 4 期；杨丽琼、游海华：《20 世纪三四十年代赣闽粤边区的人口运动》，《南昌大学学报》2005 年第 2 期；游海华、曾亚农：《1934—1937 年赣南闽西市场与商业恢复研究》，《福建师范大学学报》2006 年第 2 期；何斌、游海华：《苏区农民动员的机制与策略——以 "九打吉安" 为例》，《农业考古》2011 年第 1 期。

的想象。

这个世界会好吗？100年前传统知识分子的疑问，依然时时跃上我的心头。

游海华

2013 年 7 月 10 日（初稿）、2015 年 7 月 28 日（定稿）

于浙江工商大学综合楼 1239A 室